权威·前沿·原创

皮书系列为

"十二五""十三五""十四五"时期国家重点出版物出版专项规划项目

BLUE BOOK

智 库 成 果 出 版 与 传 播 平 台

城市运营蓝皮书
BLUE BOOK OF URBAN OPERATION

中国城市运营指数报告
（2024~2025）

CHINA URBAN OPERATION INDEX REPORT
(2024-2025)

面向"十五五"培育发展新质生产力

Cultivate and Develop New Quality Productive Forces for the 15th Five Year Plan

国研经济研究院课题组／著

社会科学文献出版社
SOCIAL SCIENCES ACADEMIC PRESS（CHINA）

图书在版编目（CIP）数据

中国城市运营指数报告 . 2024~2025：面向"十五
五"培育发展新质生产力 / 国研经济研究院课题组著 .
北京：社会科学文献出版社，2025.6. --（城市运营蓝
皮书）. -- ISBN 978-7-5228-5624-7

Ⅰ. F299. 23

中国国家版本馆 CIP 数据核字第 2025QT8261 号

城市运营蓝皮书
中国城市运营指数报告（2024~2025）
——面向"十五五"培育发展新质生产力

著　　者／国研经济研究院课题组

出 版 人／冀祥德
责任编辑／连凌云
责任印制／岳　阳

出　　版／社会科学文献出版社·皮书分社 （010）59367127
　　　　　　地址：北京市北三环中路甲 29 号院华龙大厦　邮编：100029
　　　　　　网址：www. ssap. com. cn
发　　行／社会科学文献出版社 （010）59367028
印　　装／三河市东方印刷有限公司

规　　格／开 本：787mm×1092mm　1/16
　　　　　　印 张：25.25　字 数：378 千字
版　　次／2025 年 6 月第 1 版　2025 年 6 月第 1 次印刷
书　　号／ISBN 978-7-5228-5624-7
定　　价／168. 00 元

读者服务电话：4008918866

《中国城市运营指数报告（2024~2025）》
编 委 会

李　清　蕾奥规划城市运营一体化研究与促进中心研发专员

张　宸　蕾奥规划创新与研发中心研发专员

刘泽洲　蕾奥规划顾问咨询事业部经理

刘晋文　蕾奥规划顾问咨询事业部副经理

刘奕博　蕾奥规划顾问咨询事业部高级研发主管

杨丽娜　蕾奥规划产业规划部经理

任锴夫　蕾奥规划产业规划部技术主任

纪秀丽　蕾奥规划创新与研发中心研发主管

巫子帆　蕾奥规划城市运营一体化研究与促进中心研发专员

刘爱丽　蕾奥规划城市运营一体化研究与促进中心咨询经理

雷碧玉　蕾奥规划城市运营一体化研究与促进中心市场运营副经理

陈　州　蕾奥规划城市运营一体化研究与促进中心投资项目经理

沈雅琴　蕾奥规划创新与研发中心研发专员

朱梦涵　蕾奥规划创新与研发中心研发主管

杨远超　蕾奥规划创新与研发中心研发专员

王松才　中国经济时报社融媒体中心副主任（主持工作）

徐昌照　蕾奥规划城市运营高级顾问

主要编撰者简介

姚莲芳　经济学博士，国研经济研究院总经济师。主要研究领域为城市发展战略研究、产业转型升级研究、经济形势分析、新型能源发展研究等。近年来，参与或主持了城市运营研究、氢基能源发展、新质生产力培育与发展、健康社区建设等重要研究课题。在《中国软科学》《学习与实践》《改革与战略》《经济纵横》等核心期刊，以及《择要》《调查研究报告》《经济要参》等内部刊物上发表学术论文、研究报告百余篇，出版个人专著2部、合著2部。主持、参与各级各类课题百余项，近20项决策建议获得各级领导肯定性批示，多项成果被有关部门采纳。

孙超然　国研经济研究院研究主管。主要研究领域为区域经济发展研究、城市发展战略研究、城市更新研究、产业转型升级研究等。近年来，参与了城市运营研究、城市更新战略与实施路径研究、高新区高质量发展研究、区域协同政策体系研究等重要研究课题。在《调查研究报告》《决策》等内部刊物上发表研究报告若干篇，作为主要执笔人出版合著1部。

前　言

2024 年我们编写的《中国城市运营指数报告（2023）——从"增量"到"存量"》从"稳定收入""优化要素""盘活资产""服务民生"四个关键环节构建可量化的城市运营指数及其应用体系，在同等级或相邻等级的城市中开展城市运营指数的分析和评价。报告重塑了中国城市化进程的底层逻辑，对于推动和引领城市运营模式在城市治理领域的应用，提升我国城市治理水平和模式创新能力，促进城市高质量发展，具有重要的理论价值和实践意义。

当前经济动能正处于转换的关键时期，我国新型城镇化和城市发展面临着新形势。截至 2024 年末，我国城镇化率达到 67%，基础设施建设和公共服务水平日益提高，为满足居民美好生活需要、推动高质量发展、实现中国式现代化奠定了坚实的基础。经过四十余年的高速度增长，我国经济、社会等各方面都呈现出新的发展特征，传统动能如房地产业的驱动力逐渐减弱，根据国家统计局的数据，2024 年我国房地产业增加值同比下降 1.8%，占GDP 的比重也从 2023 年的 6.8% 下滑至 6.3%。城市发展从增量开发转入存量更新，面临要素类型多样、参与主体多元、空间信息复杂、城市历史文脉脆弱等挑战，城市发展的精细化必然带来对管理精细化的要求，促进城市治理体系和治理能力现代化是实现高质量发展的关键措施。

如何解决存量产业用地中利用效率低等问题，实现向存量要空间、向低效要效率，已成为现阶段我国城市发展的迫切要求。这需要我们适应新的发

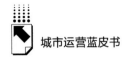
展要求，寻求新的经济增长点和发展动力，培育城市经济增长的新动能，转变城市发展方式，聚力于全要素生产率大幅提升，着力于实现城市形态、功能、模式迭代升级。随着新一轮科技革命和产业变革持续向纵深推进，一些新兴动能，比如以数字经济为代表的新动能正在迅速崛起，以高科技、高效能、高质量为特征的新质生产力加速孕育壮大，深刻影响人类生产生活方式，改变城镇空间格局，提升城市治理水平，持续推动新型城镇化进程。新质生产力不仅对经济增长作用巨大，更具有加速城市可持续发展的动能，对存量时代城市品质提升为主要内涵的系统更新具有催化作用，包括科技创新、产业升级、要素优化、功能完善，以及全面推进城市运行方式、生产方式、生活方式，乃至形态和功能体系的创新性质变。

《中国城市运营指数报告（2024~2025）》以"面向'十五五'培育发展新质生产力"为主题，聚焦城市高质量运营与新质生产力培育相协同，旨在通过优化"人、地、财、产、技、数、政、文"等要素配置，突出收入可持续、资产与要素适配、民生服务效率、城市智慧治理，促进城市健康、高效、可持续发展。我们构建了以新质生产力为核心的城市运营分析框架，突出城市运营和新质生产力是推动城市高质量发展的重要力量。其中，新质生产力是城市发展的核心动力和内在要求，城市运营则是城市高质量发展的重要路径。同时，新质生产力与城市运营两者相辅相成、相互促进，城市运营有助于推动新型劳动者、新型劳动对象、新型劳动工具等新型要素发展，加快生产力发展跃迁，为新质生产力培育提供有力支撑和保障；新质生产力蕴含着巨大的变革力量，为城市运营提供更加先进高效的技术支撑和强劲的创新活力，促进城市要素提质增效。

在 2023 年度报告的基础上，我们对评估框架进行了更新优化，新增了一级指标"智慧治理"，着重关注数字政府、品牌营造和营商环境对城市运营的影响，由此构成了稳定收入、优化要素、盘活资产、服务民生、智慧治理五大一级指标共同评估城市运营效能。综合考虑城市的人口规模、经济发展水平和行政级别，我们将 296 个地级以上城市分为Ⅰ+级至Ⅵ级，进一步展开城市分级研究，动态跟踪城市运营的全景进展。通过评估选择各分级城市的标杆，进行标杆城市典型案例分析，提炼形成城市高质量运营与新质生产力协同发展的工具箱、方法论和案例库，以"干中学"的思路推动我国各级各类城市运营质量整体提升。

新质生产力的发展为城市发展提供了全新的视野，成为促进城市高质量发展和新型城镇化建设的重要动能，并深刻推动城市的成长机制发生改变，驱动城市发展的转型与重塑。党的二十届三中全会《决定》提出"深化城市建设、运营、治理体制改革，加快转变城市发展方式"，这是践行人民城市理念的内在要求，是推动城市可持续发展的必然选择。进入"人民城市"的新发展阶段，要完整、准确、全面贯彻新发展理念，主动适应加快发展新质生产力的时代变革，整体性重塑城市发展新动能、新格局、新优势，积极探索制度体系创新，持续推动城市运营实践。深化城市运营体制改革是一个系统工程，需要政府、市场和社会各方的共同努力，紧密结合城市区位优势、资源禀赋、产业特征，综合考虑城市发展阶段、基础条件等因素，因地制宜采取适合城市特点的发展策略，差异化有序推进城市运营体制改革。

希望通过这个报告，能够让决策者、研究者和社会各界更加重视新形势下城市运营理论研究与实践发展。课题组愿意和社会各界一起，进一步深入推进城市治理水平提升和模式创新，共同推动我国城市高质量发展。

国研经济研究院课题组

2025 年 5 月

摘　要

本报告以"面向'十五五'培育发展新质生产力"为主题，聚焦城市高质量运营与新质生产力培育相协同，通过优化"人、地、财、产、技、数、政、文"等要素配置，围绕收入可持续、资产与要素适配、民生服务效率、城市智慧治理，促进城市健康、高效、可持续发展。报告旨在提炼形成城市高质量运营与新质生产力协同发展的工具箱、方法论和案例库，以"干中学"的思路推动我国各级各类城市运营质量整体提升。

新质生产力的发展为城市高质量发展注入强劲动力，并深刻驱动城市发展转型与重塑。城市运营与新质生产力相互促进、协同发展。展望"十五五"时期，城市需要从多方面进行创新和变革，推动城市规划变革，加强城市有机更新，拓展运营融资渠道，推进城市智慧发展，实现运营主体多元化，并因地制宜深化城市运营体制改革，以此推动城市可持续高质量发展。

报告构建了涵盖"稳定收入""优化要素""盘活资产""服务民生""智慧治理"五大领域的城市运营指标体系，旨在评估城市运营现状与趋势。评估发现我国城市财政体系正经历深度调整，城市间要素配置分化明显，数字、技术等要素对全要素生产率提升作用显著，同时，各等级标杆城市形成特色运营模式。面对挑战，需要通过激活存量资源、优化要素配置、提升治理效能等路径，推动城市从规模扩张转向质量跃升，为新质生产力培育提供支撑。

在城市运营的各具体领域：稳定收入领域，面临税收增长动能不足等挑战，建议健全循环机制、创新债务治理等协同改革；优化要素领域，城市要

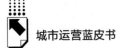

素配置呈梯度分化，建议实施要素配置效能提升工程；盘活资产领域，城市面临土地过度资本化等问题，建议实施"城市资产焕新工程"；服务民生领域，城市间教育和就业水平、城乡协调水平呈现"两头好，中间弱"的特点，建议实施"民生服务提质增效工程"；智慧治理领域，我国城市数字治理整体处于初级阶段，建议在各方面进行针对性改革。

报告对标杆城市在城市运营各领域的实践案例进行深入剖析，并总结其成功经验为其他城市高质量运营提供借鉴。其中，优化要素的重点是保障科技创新，协同要素配置，融合数字经济与实体经济；盘活资产需全面梳理分类，协同城市更新与产业升级，重视社会资本应用；提升品质应注重公共服务功能织补，重视创新生态营造，注重城市文脉和数字政府建设。

关键词： 城市运营　新质生产力　高质量发展

目　录 ⏏

Ⅰ　总报告

Ⅱ　分报告

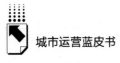
Ⅲ 案例篇

Ⅳ 专题篇

皮书数据库阅读**使用指南**

总 报 告

B.1

中国城市运营形势分析与展望
（2024~2025）

国研经济研究院课题组*

摘　要： 本报告聚焦中国城市运营形势，深入探究新质生产力与城市发展、城市运营之间的紧密联系，为城市在新时代背景下的高质量发展提供理论支撑与实践指引。伴随城镇化进程推进，我国城市发展进入从增量扩张向存量更新、内涵提升发展的关键转型期，面临人口结构变化、房地产市场调整、财政收支压力等挑战，亟须寻找新的发展动能。新质生产力作为符合新发展理念的先进生产力，在城市发展中发挥着重要的作用。通过推动新型要素汇聚、产业结构优化、动能转换以及城市形态升级，为城市高质量发展注入强劲动力。城市运营是培育和发展新质生产力的重要环节。城市不仅是生产力要素的载体，更是生产关系的集合，而城市运营是构建新型生产关系的重要途径。城市运营与新质生产力相互促进、协同发展。城市运营助力新质

---

* 执笔人：姚莲芳，经济学博士，国研经济研究院总经济师，主要研究领域为城市发展战略研究、产业转型升级研究、经济形势分析、新型能源发展研究等。

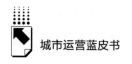

生产力形成，通过优化资源要素配置，为新型劳动者、劳动资料和劳动对象的发展提供支持；新质生产力则为城市运营提供技术支撑，提升城市要素质量和效率，为城市运营创新注入活力，推动城市运营理念、空间和主体等方面的创新变革。展望"十五五"时期，新质生产力促使城市发展导向发生显著变化，包括管理模式从"建设"向"治理"转变、空间格局从产城融合向创产城融合转变、财务资金从资本性收入向运营型收入转变、关键要素从土地要素向数字要素转变、治理主体从政府主导向多元参与转变。为顺应这些变化，城市需要从多方面进行创新和变革，如推动城市规划变革、加强城市有机更新、拓展融资渠道、推进城市智慧发展、实现运营主体多元化，并因地制宜深化城市运营体制改革、强化顶层设计、提供资金支持、建立多元主体参与路径和构建要素激励机制等，以此推动城市可持续的高质量发展。

关键词： 城市运营　城市动能　新质生产力　运营体制改革

一　城市发展核心动能转向新质生产力

目前，我国城市发展模式进入从外延扩张转向内涵提升、从大规模的增量建设转向存量更新为主的新阶段。新质生产力的发展为城市发展提供了全新的视野，并深刻驱动着城市发展的转型与重塑。进入发展新阶段，新质生产力成为促进城市高质量发展和新型城镇化建设的重要动力和支撑力，将推动城市经济发展的新动能、城市的成长机制进一步发生改变。

（一）城市发展模式转变要求城市发展动能转换

截至2024年末，我国城镇化率达到67%，城市发展已逐渐由注重增量发展的"外延扩张"阶段转向注重存量更新、"内涵提升"的高质量发展阶段。

一是城镇人口快速增长拐点已经显现。2014年以来，我国劳动年龄人口总数开始降低，2022 年总人口数量首次下降；2023 年末全国人口 14.0967 亿人[①]，比上年末减少 208 万人，人口自然增长率为-1.48‰；2024 年末全国人口 14.0828 亿人，比上年末减少 139 万人，人口自然增长率为 -0.99‰。同时，我国人口老龄化程度不断加深。截至 2023 年末，全国 60 周岁及以上老年人口 29697 万人，占总人口的 21.1%；全国 65 周岁及以上老年人口 21676 万人，占总人口的 15.4%。全国 65 周岁及以上老年人口抚养比 22.5%。截至 2024 年末，60 周岁及以上人口 31031 万人，占全国人口的 22.0%，同比增长 4.5%；其中 65 周岁及以上人口 22023 万人，占全国人口的 15.6%，同比增长 1.6%[②]。

二是房地产市场正处于调整期。2023 年中国城镇住宅存量为 335.5 亿平方米，城镇住房套数 3.74 亿套，城镇人均住房建筑面积 35.9 平方米，城镇住房套户比为 1.07，一线、二线、三四线城市的套户比分别为 1.01、1.09、1.12。城镇住房整体已经达到静态平衡，主要矛盾已从总量短缺转变为大城市、保障房等结构性供给不足。中国指数研究院数据显示，2024 年 1~6 月，全国百城新建住宅价格同比降低 0.8%，一线城市核心地段房价保持韧性，同比增加 1.2%，但三四线城市跌幅扩大，同比下降 3.5%，市场分化显著。根据国家统计局数据，2024 年，全国房地产开发投资比上年下降 10.6%，新建商品房销售面积比上年下降 12.9%，新建商品房销售额下降 17.1%[③]。购房者观望情绪浓厚，部分城市二手房挂牌量激增，买方市场特征凸显。

三是地方财政收支面临挑战。地方财政收入和支出的差额逐步增加，难有余力推动城市大规模增长。自 2008 年以来，我国地方财政收入和支出的差额逐步增加。在支出方面，为更好满足人民对美好生活的需要，地方政府

---

① 全文数据主要来源于国家统计局公开信息、Wind、企业预警通数据库数据，以及各地统计公报。

② 《中国统计年鉴 2023》《中国统计年鉴 2024》，国家统计局官网，https://www.stats.gov.cn/sj/。

③ 《2024 年全国房地产市场基本情况》，国家统计局官网，https://www.stats.gov.cn/sj/zxfb/202501/t20250117_1958328.html。

在教育、文体、社保、医疗、社区事务、住房保障等"大民生"领域的支出占比不断提升，财政支出刚性越来越强。但在收入方面，随着经济下行压力增加，地方政府收入增长持续承压。据中指研究院数据，2024 年，全国 300 城住宅用地出让金达 2.08 万亿元，同比下降 27.81%；成交楼面均价为 5443 元/米^2，同比下跌 5.91%；平均溢价率为 4.29%，较 2023 年同期下降 0.35 个百分点，土地出让收入的下降直接影响了对土地收入依赖程度大的城市建设。政府债务还本付息压力也较大，在 2024 年政府债务进入还本付息高峰期，进一步加重了财政支出的负担。

城市发展从增量开发转入存量更新，我国城市发展逐步由"增量时代"向"存量时代"过渡，是一种旧模式向新模式的转变，面临要素类型多样、参与主体多元、空间信息复杂、城市历史文脉脆弱等挑战，城市发展的精细化必然带来对管理精细化的要求，促进城市治理体系和治理能力现代化是实现高质量发展的关键措施。如何解决存量产业用地中利用效率低等问题，实现向存量要空间、向低效要效率，已成为现阶段我国城市发展的迫切要求。这需要我们适应新的发展需要，在技术和模式层面以及管理和制度层面进行广泛的创新，进一步深化城市规划、建设、治理改革。

（二）新质生产力是城市发展的强劲动力和支撑力

新质生产力是在新发展阶段，符合新发展理念、适应新发展格局的先进生产力。党的十八大以来，国内外经济环境发生了重大变化，对中国如何创造经济增长新动能、扎实推进经济高质量发展提出了新的挑战和要求，这也是新质生产力提出的时代背景。2023 年 7 月，习近平总书记创造性提出了"新质生产力"概念。2024 年 1 月，在中共中央政治局第十一次集体学习时，习近平总书记对"新质生产力"定义作出系统性阐述：新质生产力是创新起主导作用，摆脱传统经济增长方式、生产力发展路径，具有高科技、高效能、高质量特征，符合新发展理念的先进生产力质态。它由技术革命性突破、生产要素创新性配置、产业深度转型升级而催生，以劳动者、劳动资料、劳动对象及其优化组合的跃升为基本内涵，以全要素生产率大幅提升为核心标志，特点是创新，关键在质优，本质是先进生产力。同时强调，"发展新质生产力是推动高质量发展的内在要求和重要着力点""新质生产力已经在实践中形成并展示出对高质量发展的强劲推动力、支撑力"。

城市作为人口聚集的关键区域、创新活动的核心发源地以及经济增长的重要驱动力，其高质量发展在经济社会整体高质量发展进程中占据着举足轻重的地位。在科技持续进步、产业结构不断演变的当下，发展新质生产力成为城市迈向高质量发展的内在需求，并且在实际发展中已切实转化为推动城市高质量发展的强大动力与支撑力。新质生产力对经济增长的推动作用显著，同时还具备推动城市可持续发展的强大效能，这体现在促进科技创新、助力产业升级、优化要素配置、完善城市功能等多个层面，全方位推动城市在运行模式、生产方式、生活形态，甚至城市形态与功能体系等方面实现创新性的深刻变革。新质生产力对于存量时代以提升城市品质为核心的系统性更新工作有着显著的催化作用。

第一，促进城市新型要素汇聚。新质生产力借助对生产要素的创新性配置，以及对劳动者、劳动资料和劳动对象的优化组合，促使新型生产要素向城市聚集，为城市高质量发展提供助力。一是技术要素的汇聚。在科技革命与产业变革持续深入发展的大背景下，以互联网、云计算、物联网、区块链、人工智能等为代表的前沿科学技术的广泛应用与普及极大地提升了城市的数字化程度，成为推动城市高质量发展的关键驱动力。二是资本要素的汇聚。新质生产力的发展促使大量的中长期资本流入科技创新、数字经济、绿色发展等新兴领域与业态，在城市培育新兴产业、推动绿色发展以及助力传统产业转型升级等方面发挥着重要的作用。三是高层次人才的汇聚。接受过高等教育的人口所代表的人力资本密度，对于城市高质量发展意义重大。新质生产力能够加速战略科学家、卓越工程师等研究型人才，以及高素质技能人才的培养进程。四是数据要素的汇聚。通过搭建城市数据服务平台，构建城市数据大脑，完善公共数据资源体系，推动数据在不同部门、行业与地区之间的汇聚融合，充分释放数据红利，为城市规划、建设、管理、服务以及运营的一体化提供支撑，助力城市发展迈向数智化、

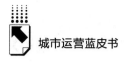
智慧化与信息化。

第二，促进城市产业结构优化。产业是城市发展的根本动力，而产业升级则是城市高质量发展的核心所在。一座城市在未来竞争中能否脱颖而出，其产业能否朝着高能级、高价值、高创新的方向转型升级是极为关键的因素。改造提升传统产业，培育壮大新兴产业，前瞻性布局未来产业，构建完善的现代化产业体系，这是加快发展新质生产力的内在要求。一方面，推进城市传统产业的改造升级，提升其技术水平与附加值，以更好地契合新的市场需求与发展趋势。另一方面，推进城市新兴产业的培育壮大。结合城市自身的资源优势与科技实力，大力培育新材料、新能源、节能环保、类脑智能、量子信息等战略性新兴产业，着力打造生物制造、商业航天、低空经济等新的增长引擎。此外，还要推进城市未来产业的超前布局。面向未来制造、未来信息、未来材料、未来能源、未来空间、未来健康等产业发展方向，从技术创新、产品突破、企业培育、应用场景开拓以及产业竞争力提升等多个维度，系统规划城市发展的全新赛道与未来蓝图。

第三，促进城市动能转换。新旧动能转换是实现城市高质量发展的关键。新质生产力以科技创新为引擎，以产业升级为主导方向，以提升全要素生产率为目标，推动城市发展动能从依赖要素投入与投资驱动转向创新驱动。具体而言，一是推动城市的数字化发展。新质生产力赋能城市基础设施、公共服务、社会管理等多个领域的数字化应用，全面提升城市的服务能力与品质，让城市居民能够充分享受数字生活带来的便利与红利。二是推动城市的绿色化发展。通过提升城市污染治理效率，提高资源能源利用效率，加强城市环境保护与生态修复工作，增强城市在绿色低碳转型方面的内生动力。三是推动城市的创新型发展。将基础研究与原始创新置于突出位置，通过推进科教融合、加强人才培养、优化学科建设等举措，促使创新要素向城市集中，使城市成为重要的创新高地。

第四，促进城市形态升级。城市高质量发展最终体现在城市形态的不断迭代更新上。新质生产力代表着生产力的一次重大飞跃，是引领和推动城市形态变迁的关键力量。回顾城市的发展历程，不同阶段的生产力发展水平与特性决定了城市不同的功能与形态。农业社会时期的生产力水平相对较低，城市发展在很大程度上依附于农村，其主要功能集中在军事防御与政治管控方面。随着生产力的逐步发展，城市逐渐成为手工业与商品交易的中心，集市功能日益凸显。到了工业社会，专业化的大规模社会生产彻底改变了以往分散、孤立、自给自足的生产模式，人口与资源大量向城市聚集，城市规模不断扩张，城市化进程加速推进，这一时期的城市经济功能愈加突出。当前，全球正经历着新一轮的科技革命与产业变革，人工智能、大数据、云计算、物联网等数字智能技术不断发展，创新型城市、智慧城市、算力城市等新型城市形态成为未来城市发展的重要方向①。

二 城市运营是实现城市发展的新质生产力

中国城市已经不可逆地走出建设时代，进入运营时代。为了更好地提高民生支出效率，满足人民对美好生活的需要，必须进一步优化城市资源要素配置，以城市运营促进城市资产增值和综合效益提升，以实现城市高质量发展。在《中国城市运营指数报告（2023）》中，我们对城市运营的基本概念和本质进行了分析②。城市运营是地方政府及专业的城市运营商会同多元主体，遵循市场规律，以城市收支管理为核心，通过运营城市资产尤其是存量资产，优化"人、地、财、产、技、数、政、文"等要素配置，提高投资和支出效率的治理模式。更深层次地看，城市运营本质是运营主体通过稳定收入、优化要素、盘活资产、服务民生、智慧治理等一系列策略和措施来优化城市资源和要素配置，促进各种资源的高效配置和使用。城市运营通过对城市要素的管理与运营实现低效资产的价值提升和价值重构，并最终实现

① 项松林、孙悦：《新质生产力引领城市高质量发展：机理、困境与路径》，《四川师范大学学报（社会科学版）》2024 年第 4 期。

② 国研经济研究院课题组：《中国城市运营指数报告（2023）》，社会科学文献出版社，2024。

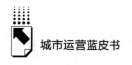

城市资产的增值。从生产力和生产关系的角度看，城市运营是构建新型生产关系的重要途径，其本身成为城市高质量发展的新质生产力。

（一）城市是生产关系的集合

城市不仅是生产力要素的重要载体，也是生产关系的集中呈现，属于"生产力"和"生产关系"兼而有之[①]。城市从物质内容上看是各种要素的集合，但从深层次看则体现为生产关系的集合。

马克思认为，现代城市不仅是一系列物质形态的分布和组合，更是特定区域内生产力与生产关系、经济基础与上层建筑、文化生活与意识形态的流动与聚集。在经济学的理解中，城市是非农产业和非农业人口的集聚地，是某一区域或国家的经济中心，它凸显了城市的经济要素集聚特征。社会学将城市描述为由不同的异质个体组成的居住共同体，凸显了城市的社会分化和人口的异质性特征。公共管理学则将城市定义为优质公共服务资源的集聚地，城市的本质在于提供优质公共服务，城市发展有赖于优质公共服务提供支持[②]。尽管各个学科从不同的角度对城市做出不同的解读，但可以看出，城市是以要素聚集为基本特征的。资源的丰富性和多样性是城市发展的基础。

城市不仅是物质资源的聚集地，更是生产关系的集合地，是广泛的社会关系和经济活动的交汇点。城市要素通过不同的方式组合，形成了城市内部和城市之间的复杂关系，体现在经济活动、社会结构、政治关系、文化交流和融合等各方面，而城市的发展和繁荣则依赖于城市要素的有效利用和生产关系的合理协调。

（二）城市运营是构建新型生产关系的重要途径

"新质"指明了未来生产力发展的方向，城市要尽快调整改进生产关系

---

① 王富海：《将城市视作发展新质生产力的"生产关系"》，《城市规划学刊》2024 年第 4 期。

② 杨宏山、黄文浩：《论城市的性质与治理使命》，《中共中央党校学报》2016 年第 6 期。

以适应和促进新质生产力的发展。城市是生产关系的集合，最有活力的各类发展要素聚集在城市。通过优化这些生产关系，城市运营推动城市发展进入新阶段。进入存量发展时代，城市运营构建"新质生产关系"的作用更加突出。

城市运营本质上与空间权利、人的发展、利益分配等生产关系范畴的概念息息相关，影响着每一座城市的经济、社会、文化、政治生活，为同时期社会生产力的爆发增长贡献力量。一是从生产资料所有制的角度看，空间开发权的释放提高了资产效益。过去的土地财政制度释放了土地价值，为建设阶段创造了强劲的低息融资工具。在存量更新的背景下，为提高城市土地利用率，在盘活存量土地的过程中会面临复杂的产权关系问题。对存量空间资源，即空间开发权进行重新分配、限制和供给，将调动社会和市场对城市更新和运营的积极性。传统由政府运营的公益性空间资产逐渐向市场要效益，将鼓励城市运营的多元主体参与，从而提高资产效率，实现资产多元收益。二是从生产中人与人的关系角度看，空间组织方式的调整促进了人的发展。相对于城镇化初期进程而言，由于城市化的迅速进行和都市空间的急剧膨胀等因素，人类的生产方式已经"由空间中事物的生产转向空间本身的生产"[①]。城市空间实践不再是一个抽象的地理空间，而是具有了非常丰富的社会属性，这使得"显性"人口的城镇化、土地利用等要素转变为多种形式的、"隐性"的深层空间实践。城市运营驱动城市空间从规模形态到功能使用的重塑与转型，人工智能、大数据、云计算、数字孪生、智能建造等颠覆性技术将进一步在不同层级作用于城市空间，重构城市空间转型，以土地用途为核心的功能布局及结构正在向以人为核心的方向发展。三是从分配关系的角度看，存量价值的挖掘促进了社会公平。将城市视为一个可以加载各种"公共服务"的空间平台，城市政府则同企业家一样，其核心工作是发现并设计最优的公共产品提供模式[②]。城市运营坚持"人民城市"理念，通

---

① 孙全胜：《空间生产——从列斐伏尔到福柯》，《江汉大学学报》（社会科学版）2015年第4期。

② 赵燕菁：《大崛起：中国经济的增长与转型》，中国人民大学出版社，2023。

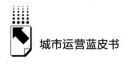

过增强发展潜力、优化要素资源，促进城市自然资源和人文资源的增值，提高城市的综合财富值，提升城市居民生活质量和幸福感，这是城市运营的目的。城市的更新和运营不仅是物质空间的重塑，更是社会关系的重构和公共利益的再分配，通过系统性空间治理解决城市问题、改善人居环境，促进城市相对落后区域走向复兴，通过盘活存量增加土地的货币价值并提供在该地区公共项目开发所需的资金，获得的资产增值使市民受益。

构建新型生产关系是城市运营当前的迫切任务。在过去的增量发展时代，城市建设主要是围绕增量空间生产和土地财政形成，因而被视为一种重要的"生产力"，进入存量发展时代，城市大规模建设通过提供土地、直接参与生产和创造财富的"生产力"属性实际上已经消失了，通过整合协调各类城市要素、协调空间关系、优化城市功能，城市运营为社会财富的创造提供支撑和赋能，城市运营塑造新型生产关系的作用更加突出。城市运营跨出自身工具性改进的范畴，在新技术革命、城市新阶段和国家新发展"多期叠加"条件下推动形成城市发展新格局。一是聚焦城市智慧化进程对空间组织形式的深远影响。智慧城市正逐步演变为新质生产力最为关键的拓展方向与核心应用场景。在城市范畴内，远程办公模式日益普及，网络公共服务持续优化升级，智能交通体系蓬勃发展，低空经济领域不断创新突破，这些具有变革性的前沿技术，正全方位、深层次地重塑经济社会的组织架构以及城市的空间布局模式。伴随着这一系列变化，城市空间的权利权益格局变得愈加复杂，需要以更精细、更科学的方式对新型城市空间的权利与权益进行划分、界定与管理，进而推动生产要素实现更高效、更具创新性的优化配置。二是突出城市多元化发展给城市创新活动带来的影响。新质生产力的核心就在于创新发挥主导作用。基于生产关系的视角，城市运营工作需着力研究并设计契合创新者需求、以多元化为显著特征的软硬环境体系。具体而言，包括精心培育尺度精细、成本低廉且创新氛围浓厚的灵活空间，积极打造丰富多样、生动鲜活且数量庞大的应用场景，出台一系列针对性强的空间政策，激发全社会的创新活力，为城市创新发展注入源源不断的动力。三是重视城市包容性发展对运营方式造成的影响。发展新质生产力客观上要求进一步释放各类生产要素的潜能与活力。在城市发展的转型过渡阶段，面对城市中新涌现的功能业态以及全新建设方式，城市运营应秉持更为包容的态度，给予新事物足够的生长空间与发展时间。在包容发展的同时，也要坚守公众利益的底线，让城市始终洋溢着"人民城市为人民"的情怀，切不可为了追求所谓的"新质"而轻易摒弃仍具价值的"旧质"[①]，而是要在传承与创新中寻求平衡，推动城市实现可持续的高质量发展。

（三）城市运营成为城市高质量发展的新质生产力

城市运营代表着一种精细化、系统化、智慧化的城市治理模式，与新质生产力代表着更创新、更高阶、更可持续的发展方向一致，通过持续的运营和更新，城市综合能级和居民生活质量不断提升，城市将实现"劳动者、劳动资料、劳动对象及其优化组合的跃升"，促进城市实现"全要素生产率大幅提升"。可以说，当中国城市化发展从增量时代进入存量时代，城市运营便成为城市高质量发展的新质生产力。

在城市增量建设阶段，房地产业和大建设业带动城市快速发展。进入存量提质阶段，着力推动城市内涵式发展和高水平治理的城市运营成为城市高质量发展的重要路径。城市运营的本质就是以高水平治理推动城市的高质量发展，其目标在于保障城市经济高质量增长，城市资产品质提升，城市收支平衡、债务可控，城市创新环境、人居环境和公共服务、市政服务满足城市发展需要，进而增强城市抵抗风险和波动的韧性，不断满足市民美好生活的需要，持续提升城市的吸引力，实现城市的稳定、健康、可持续的高质量发展。城市经济的发动机从扩张建设转向存量运营，主要工作发生了显著变化，稳定收入、优化要素、盘活资产、服务民生和智慧治理成为关键点，城市运营替代房地产业成为城市发展的重要产业集群。

"稳定收入"是城市高质量发展的重要基础。随着"土地财政"和"土地金融"发展模式遇到瓶颈，城市运营着力于扩大城市收入来源，稳定城

---

① 王富海：《将城市视作发展新质生产力的"生产关系"》，《城市规划学刊》2024 年第 4 期。

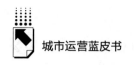

市税收收入，拓展"土地金融"以外的综合融资渠道，从依靠土地使用权转让的一次性收入，向获取可持续城市运营现金流收入转型，从而确保城市政府和专业运营商有能力开展城市运营相关工作。

"优化要素"是城市高质量发展的重要支撑。城市运营着力于充分挖掘各大要素使用效率和资源潜力，通过有限的财政投入，带动社会资本投资为城市发展提供动能的人力、金融、土地、技术和数据等关键要素，从而提高要素质量，增强城市竞争力，更好地助推城市经济的持续增长。

"盘活资产"是城市高质量发展的重要抓手。通过维护并不断提升高速城镇化阶段积累的土地、基础设施等巨量存量资产价值，并通过运营资产形成稳定收益，同时降低融资成本，提供优良的绿色生态环境和营商环境、商誉口碑等无形资产，从而提升财政可持续能力、促进国有资产保值增值、扩大有效投资。

"服务民生"是城市高质量发展的根本目标。民生发展和民生改善是以人为核心的城市发展的核心要义，城市运营就是要量入为出，提高支出和服务效率，产生更大的公共服务效益，增强发展潜力、优化发展空间，推动城市业态、功能、品质不断提升，更多更好地服务市民。

"智慧治理"是城市高质量发展的重要手段。城市运营通过智慧治理为自身赋能，将市民、数据、技术以及城市各种要素连接起来，从而优化城市资源配置、提升城市要素效率，革新原有的治理手段和公共服务供给方式，建立起共建共治共享的城市治理体系，从而最终实现让人民生活更美好的目的。

三　城市运营与新质生产力相辅相成相互促进

城市运营和新质生产力都是推动城市高质量发展的重要力量，两者相辅相成、相互促进。城市是新质生产力的重要载体，城市运营有助于推动新型劳动者、新型劳动对象、新型劳动工具等新型要素发展，加快生产力发展跃迁，为新质生产力培育提供有力支撑和保障。新质生产力强调高科技、高效能、高质量，蕴含着巨大的变革力量，为城市运营提供更加先进高效的技术支撑和强劲的创新活力，促进城市要素提质增效。

（一）城市运营助力加快形成新质生产力

新质生产力是以科技创新发挥主导作用的生产力，是摆脱了传统增长路径、符合我国经济高质量发展要求的生产力，其发展离不开城市这个重要载体。城市是生产要素聚集、投入产出高效、公共产品丰富的规模化空间，是形成新质生产力的空间支点和重要实践场域。随着科技进步和产业结构的持续演变，培育和发展新质生产力成为城市运营的重要任务。新质生产力要素包括新型劳动者、新型劳动资料、新型劳动对象等新型要素，各要素之间是相互作用、相互关联的有机统一体。只有生产力诸要素实现高效协同，才能迸发出更强大的生产力。城市运营通过优化城市资源和要素配置，为新质生产力的新型要素发展提供强有力的支持，其核心在于吸引和集聚优质人才、提升劳动资料使用效能、促进生产要素高效配置。

1. 城市运营与新型劳动者

优化城市资源要素，推动教育、科技、人才融合发展，提升劳动者素质和能力，为新质生产力发展培育和储备人才。教育发展、科技创新、人才培养，三者相辅相成，缺一不可。城市运营持续优化民生服务，加强用于提高劳动者素质和技能水平的财力保障，强化对创新和技能教育的支持，培养具有创新精神和创新能力的人才，激发劳动者的创造力和能动性，为新质生产力发展储备优秀战略人才和技能人才。

提高民生服务和城市治理水平，提升城市能级品质，营造舒适宜居的生产生活空间，为新质生产力发展吸引和集聚人才。城市品质是城市内部各要素集成发展的综合反映，城市的功能品质逐渐成为吸引创新人才、集聚创新活动、促进知识产生的关键，也是城市高质量发展的重要因素。为缓解以往粗放式发展带来的城市病以及城市发展不平衡不充分矛盾，以激发创新活力和提升场所品质为重点，通过对城区、园区、楼宇的运营，重塑城市空间，进而提升城市发展能级、土地利用效能、空间品质活力，促进城市品质提

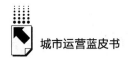

升,吸引知识与技术型创新人才进而吸引高新技术企业集聚。在以高质量、可持续为核心的"存量"发展新常态下,城市运营促进吸引人才、留住人才、培养人才、集聚人才的环境的营造。

2. 城市运营与新型劳动资料

城市运营是推动新型劳动资料广泛使用的重要场景。城市运营过程中需要大量新基建、新材料、新能源、新装备、新创意、新技术、新设计和新工艺,创造出对新型劳动资料的市场需求,极大地刺激新型劳动资料的应用。城市运营通过对大模型、云计算、人工智能等数字技术的应用,推动各类智能传感器、工业机器人、自动化物流仓储系统、虚拟现实和增强现实设备等新型劳动资料的广泛使用,促进城市数字化转型、智慧化发展。尤其是城市数据要素的融入使得传统劳动资料具备了更强的智能化、自动化和网络化特征。例如,智能机器人、数字化生产线以及基于大数据和云计算的生产管理系统等,都是新型劳动资料的典型代表。

城市运营为新型劳动资料效能的有效发挥提供支撑。城市运营中对基础设施的建设,如交通、通信、能源等,为新质生产力的发展提供了必要的物质条件和支撑。在数智化时代,5G、工业互联网、大数据和算力中心等新型基础设施和新一代信息通信技术的迅速发展,对有效发挥数据、算力、算法等新型劳动要素的作用,促进新质生产力发展具有重要支撑作用。例如,5G网络使越来越多的智能家电设备、可穿戴设备、共享汽车等不同类型的设备以及公共设施实现联网和实时管理,提高了这些设备的智能化水平,为现实生产力注入越来越多的"智能"要素。数据要素的运营也促进了创新要素的高效配置,数字技术能够基于其网络架构优化这一机制,化解市场机制引发的配置不经济。

3. 城市运营与新型劳动对象

城市运营不断开辟生产活动的新领域新赛道新空间,拓展劳动对象的种类和形态。从产业运营看,以培育壮大战略性新兴产业和未来产业为重点,推动战略性新兴产业融合集群发展,加强对未来产业的统筹谋划,夯实发展新质生产力的物质基础。从政府政策看,通过财政奖补、税收优惠以及支持强化基础性研发等举措支持科技创新，不断促进新发现的自然物、注入更多技术要素的原材料发展。从要素配置看，消除要素在市场准入和退出过程中的障碍，推动土地、劳动力、资本等生产要素自由流动和高效配置，将数据要素融入创新要素，延展创新要素使用边界。从拓展空间看，通过盘活城市优质资源释放发展空间、激发发展新活力，在存量载体中导入新产业、新业态，挖掘潜力拓展劳动对象，提供更多符合市场需求的产品和服务。

城市运营将数据作为关键生产要素，提升新型劳动对象的协同效应。数据要素是数字时代最活跃的要素，直接作为生产要素参与价值创造和分配。首先，数据要素能够优化科技创新要素配置。实现科技创新的要素包括劳动、资本、土地、技术、数据、企业创新精神等实体要素和虚拟要素。通过对数据要素的挖掘分析和利用，可以降低信息交互偏差和要素交易成本，推动创新要素流向高生产效率、高边际产出的企业和行业，打通"信息孤岛"和"数据壁垒"，从而实现要素高效配置。其次，通过运营发挥数据要素的"融合剂"作用，能够推动现有业态和数字业态跨界融合，衍生叠加出新环节、新链条、新的活动形态，加快发展智能制造、数字贸易、智慧物流、智慧农业等新业态，促进精准供给和优质供给，更好满足和创造新需求。再次，城市运营适应新质生产力发展要求，依托数据要素的自由流动、协同共享和高效利用，促进生产组织方式向平台化、网络化和生态化转型，将不断提升生产要素组合效率，提高全要素生产率。

（二）新质生产力赋能城市运营提质增效

新质生产力是以科技创新为核心，融合信息技术、高端制造、绿色环保等新兴产业形态的生产力，它与传统生产力相比，具有更高的效率、更广的应用范围和更强的创新能力。新质生产力蕴含着巨大的变革力量，是撬动经济社会发展全局的新支点新引擎，它在推动生产方式变革、优化资源配置、提升全要素生产率的同时，也必然引致城市运营变革，为城市运营提供技术支撑，为城市要素提质增效创造新契机，为城市运营创新注入新活力。

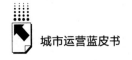
1. 为城市运营提供技术支撑

新质生产力是在经济发展和社会进步中，通过新技术、新模式和新业态等方式，推动生产效率提升和社会福祉增加的力量。从作用方向看，新质生产力为城市运营提供物质技术支撑，互联网、大数据、人工智能等新一代信息技术已经深度应用到经济发展、社会治理、民生服务等城市运营各领域。

城市运营是一个复杂系统工程，对人力、物力、财力、组织等要素投入有着巨大需求。新质生产力通过技术进步提高劳动生产率，不断增加社会财富，夯实了城市运营的物质基础。基于互联网、大数据、云计算、区块链、人工智能等多种新型技术手段的应用，有效支撑城市运行态势全面感知、趋势智能预判、资源统筹协调、行动人机协同，推动城市运营逐渐向着人机交互型、数据分析型、主动发现型、及时处置型的形态转变，为快速发现问题、灵敏回应需求以及高效解决问题提供了基础与保障。尤其是 AI 技术强大的数据处理能力和学习能力，为城市运营带来革命性的变化。通过城市智慧运营对城市各类数据进行收集、整合、分析和应用，为市民创造舒适和便捷的社会生活环境，从而优化城市管理和服务，提升市民的生活质量和幸福感。

2. 提升城市要素质量和效率

新质生产力以新技术、新模式和新产业为标志，通过创新配置生产要素和技术革命性突破，实现对城市资源要素的合理配置和高效利用，为城市高质量运营注入动力，提高城市运营的科学性和精细化水平。特别是数据作为新质生产力的核心要素，将驱动城市关键资源的高效配置，推动基于数据和智能算法的运营模式，实现城市运营从经验式、被动式向数据驱动、主动式、智能化转型。

从提升城市要素质量来看，伴随生成式人工智能等数字技术的快速发展，传统生产要素与数智化生产要素融合升级，数智化技术叠加、延伸和放大了传统生产要素的功能，极大提升了生产要素质量。新质生产力能够有效推动数字技术在生产过程中与资本、劳动力等生产要素深度融合，使生产要素具备数字化、智能化特征，从而促进生产要素属性的延伸，推动生产要素向多元化、复杂化和高级化方向发展。

从提升城市要素效率来看，在传统自动化生产向"数智自动化"生产转型的过程中，新质生产力作为一种"生产潜力"，能够助推生产要素突破规模报酬递减规律的可能，使资本、劳动力、土地等传统生产要素摆脱时间和空间的限制，实现要素资源合理流动，最大限度减少要素资源流动过程中的耗散和损失，显著提高效率，促进高质量发展。例如劳动力要素与数字技术结合，掌握新型生产工具的劳动力，将成为引领新质生产力发展的主导者，数智化人力资本成为形成新质生产力最积极、最活跃的因素，为经济高质量发展提供源源不断的动力。

3. 为城市运营创新注入新活力

城市作为现代经济发展的重要载体，其竞争力和可持续发展能力的提升离不开源源不断的创新动力。新质生产力的发展，为城市运营创新提供了更加广阔的舞台和更加丰富的资源，推动了理念创新、模式创新、管理创新等多方面的创新，为城市运营注入新的活力。

一是促进城市运营理念创新，将"以人为本"作为城市运营的重要标尺。当数据成为基础性战略资源和革命性关键要素，围绕数据驱动进行的运营活动需要新的组织形式、新的资源配置、新的生产工具，拓展新的产业边界，因此城市运营理念需要调整，将"以人为本"作为推动城市发展的核心取向、城市运营的重要标尺。包括从注重城市规模扩张向释放城市场景空间转变，从关注传统劳动力向汇聚高度数字化素养的创新创业人才转变，从做强传统优势产业向培育数据驱动的新业态新物种转变，使城市更加宜居宜行，提升城市品质和吸引力，进而造就高品质现代化城市，吸引更多高端人才和企业入驻，形成良性循环，推动城市可持续发展。

二是促进城市运营空间变革，城市空间尽可能包容多元的活动内容和价值取向。新质生产力重新定义城市的能力和空间形态，数字化向城市的全过程、全要素和全场景渗透，围绕数据驱动所产生的全新的生产、生活空间组织关系需要新的空间来承载。技术革命引起的生产方式变革，特别是制造业

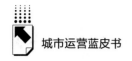
和服务业集聚式发展、规模化生产经营，塑造着城市居民的居住、消费、娱乐等行为以及生活方式的演变，也决定了城市交通出行、住房、公共基础设施和商业空间布局的演变。传统的城市空间格局将会发生改变，生产空间、商业空间、居住空间、公共设施空间和绿色空间将会出现融合化趋势，从以物为导向的城市空间日益转向为以人为导向的城市空间格局。

三是城市运营主体多元化，推动形成共建共治共享的新局面。新质生产力蓬勃兴起，数字经济异军突起，推动技术、资本、人才等创新要素加速跨界流动，带来了一场深刻的社会重构，扁平化成为社会分工格局的新趋势。平台经济的兴起，改变了企业组织方式，员工身份流动增强，不再对企业形成路径依赖。共享经济打破产权界限，闲置资源得以充分利用。在数据要素时代，生产要素的重新组合和优化，数据要素的普及和应用使得信息更加透明、交流更加便捷，传统的"信息孤岛"逐步实现互联互通，极大赋能基层自治、民主协商、社会参与。

四　面向"十五五"深化城市运营体制改革

党的二十届三中全会《决定》提出"深化城市建设、运营、治理体制改革，加快转变城市发展方式"，这是践行人民城市理念的内在要求，是推动城市可持续发展的必然选择。我国城市发展从增量时代转向存量时代，是一种旧模式向新模式的转变，面临着要素类型多样、空间信息复杂、参与主体多元等挑战，需要我们适应新的发展需要，在技术、管理、制度等层面进行广泛的改革创新。同时，新质生产力的发展为城市发展提供了全新的视野，成为促进城市高质量发展和新型城镇化建设的重要动能，并深刻推动城市的成长机制发生改变，驱动城市发展的转型与重塑。城市运营需要顺应城市发展导向变化，完整、准确、全面贯彻新发展理念，着力建设人民城市，重建以"数据驱动"为机制的内涵式、质量型、生态化城市增长新动力结构，整体性重塑城市发展新动能、新格局、新优势，推动城市高质量发展。

（一）新质生产力背景下城市发展导向变化

新质生产力的发展通过对资源配置方式、空间组织模式和增长动能的重塑，促使城市管理方式、城市空间格局、城市财务逻辑、城市生产要素和城市发展主体等产生一系列变化。

1. 城市管理模式从"建设"转向"治理"

（1）新质生产力深刻影响城市治理的内在逻辑

随着新质生产力的加速形成，算力驱动的数字化、智能化变革正深刻影响城市治理的内在逻辑。

一是从封闭走向开放。从治理形态看，算力突破了传统的时空边界，数字平台的广泛应用使得政府治理从封闭走向开放，实现了治理形态的"脱域化"。治理形态"脱域化"的本质，是政府职能与社会资源在数字空间的优化配置，从而提升治理的灵活性、适应性和回应性，更好地应对复杂多变的内外部环境。

二是从分散走向协同。在管理体制革新的过程中，技术手段也实现了对治理的嵌入，原有的科层组织模式在技术嵌入治理的过程中被重塑，职能分割、数据孤岛的困境通过技术手段得到改善。治理系统与经济社会系统实现了深度融合，政府治理、企业治理、社会治理、个人自治交织成一张无边无际、有机统一的治理网络，城市治理体系实现了全覆盖、全过程、全方位的系统集成和功能优化。城市治理将出现跨层级、跨地域、跨行政系统、跨部门、跨领域的协同推进机制和开发建设模式。

三是从粗放走向精准。通过数字技术，政府能够实现24小时不间断的服务和监管，提供更为便捷、高效的公共服务。数据驱动的治理模式让政府决策更加依据事实、面向需求，公共资源配置更加高效、精准。从城市实施网格化管理的流程再造，到"一网通办""最多跑一次"等政务模式创新，到"数字孪生""城市大脑"的落地实践，以大数据为依托、智慧化为目标的技术手段不断推动城市管理水平的进步，城市正在逐渐变得"更智慧、更美好"。

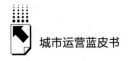
（2）新质生产力发展需要新质的城市治理

新质生产力不仅对经济增长作用巨大，更具有加速城市可持续发展的动能，包括科技创新、产业升级、要素优化、功能完善，以及全面推进城市运行方式、生产方式、生活方式，乃至形态和功能体系的创新性质变。同时，新质生产力对存量时代城市品质提升为主要内涵的系统更新具有催化作用，包括思想理念、发展方向、战略举措上的层级跃升，设施质量、产品质量、生活质量上质的提高，以及历史风貌、形态样貌、精神面貌上的总体改观。城市发展新质生产力与城市治理的深度融合不仅是物理空间的重构，更是经济结构的转型。一方面，随着城市进入存量化发展时代，城市治理模式将在优化资源配置、提升全要素生产率等方面发挥重要作用。通过数字化转型赋能，城市治理本身能够成为一种新质生产力，推动城市社会经济的发展。另一方面，加快发展新质生产力将会进一步催生城市空间形态的新变化、经济发展的新模式和居民生活的新形态。

城市管理机制创新是城市空间创新的前提。新质生产力的发展推动了新技术和新的技术集成的出现，传统的旧有的技术标准和治理手段、管控方式、法律规范等难以适应和满足变化的新时代需要，与此同时，社会治理水平和治理能力也需要借助新技术加快现代化步伐。例如，城市建设主要对象不再是土地开发，更多是存量的空间盘活，一座建筑物的再利用改造的空间使用引导、审批流程、税收政策等如何适应新的要求作出调整？大型综合体的屋顶花园是否可以作为城市公园对公众开放？重庆李子坝轻轨车站与住宅的功能垂直叠合，不仅体现创新的价值，也是创新治理的结果。

同时，城市治理将更加体现绿色化、数字化和精细化的融合。随着"双碳"目标的提出，城市更新不再仅仅关注建筑外观和基础设施的翻新，更要贯彻绿色发展理念，实现资源高效利用、生态环境友好和低碳可持续发展。近年来，大数据、物联网、人工智能等高新技术快速发展并在各行业开展大量应用实践，未来城市发展将更多运用数字化技术手段，全面提升城市治理的智能化水平。例如，基于智慧城市管理系统，实时监测并优化城市交通、能源等基础设施运行状态，提升城市安全韧性。

另外，要重视城市的包容性发展对城市管理方式的影响。发展新质生产力在客观上要求进一步释放各生产要素的活力，在转型过渡期需对城市新出现的功能业态和建设方式等采取更加包容的态度，让城市管理风格更有几分"松弛感"。与此同时，城市治理要坚守公众利益，坚持发展健康的、符合规律的城市经济社会结构，切不能急功近利地为了"新质"而驱逐"旧质"，而应保持人民城市应有的温度。

2. 城市空间格局从产城融合转向创产城融合

（1）城市空间出现新趋势与新特征

新质生产力背景下发展动力以知识信息要素为核心的创新驱动为主，推动城市发展的核心动力是基于新知识、新技术、新产业、新业态等的创新创造。生产力要素依附于空间的承载，新质生产力的发展必将伴随着城市空间新的趋势和特征。

一是创新主体以及创新要素在空间上更加集聚。战略性新兴产业、未来产业更加强调自主培育和发展，创新创业生态系统对创新的作用更加凸显，同时抢占相关领域全球发展的主导权和话语权为主要导向，发展更多表现出"自下而上"的鲜明特征，创新主体与服务群体开放式共享共生，企业、研究院所、高校、金融等机构集聚并相互赋能和增值。新质生产力主导的新型城市空间以各类型科创空间为中心进行空间重组，推进城市各类空间与科创空间的全方位融合并为其提供配套，形成科创要素动能释放的整体空间环境，消除长期存在的科创机构孤芳自赏和科创空间孤岛化悬隔的现象。

二是知识型青年产业群体崛起为主体力量。新质生产力依托新科技、新制造，催生出全新的应用场景，激发了多样化的新需求。掌握新知识、新技术，充满新活力、怀揣新需求的青年群体成为新质生产力的从业者主体。这一新型劳动者对生活品质往往有着更高追求，人际交往需求更为丰富，期望拥有高效率、便捷且即时响应的生活服务体系，同时青睐多样化的城市场景与个性化的生活空间，并且倾向于在功能集成的小尺度空间内满足自身各类活动需求。企业与员工愈加重视通过要素之间的交互融合来激发创新灵感。受此影响，科技创新活动呈现向中心城区回流的趋势与潮流。

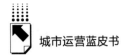

三是实验室化和智能化生产空间的出现①。新科技要形成新质生产力、成为发展的新动能，必须实现产业化，因此承载新质生产力的新质产业空间是新城市空间的重要组成部分。与传统的产业空间相比，新质生产力的产业空间可以在楼宇型办公空间中安排，而不是在大体量厂房中布设，并且伴随着智能制造的普及，其产业空间呈现高度智能化和无人化的特征，并出现了少量产业工人和技术人员与机器人协同工作的场景，科学家、工程师和高技能人才取代了劳动密集型的产业工人成为新质产业空间的主体人群。

（2）发展空间以"创产城"融合模式为主

城市空间趋势变化需要新质的空间予以承载。与新质生产力、空间场景的新需求相适应，发展空间也需要相应变革。随着经济发展从要素驱动、投资驱动走向创新驱动，促进创新功能、产业功能、城市功能在空间上的结合成为重要的发展主题，以创新功能带动产业功能与城市功能的城市功能区大量涌现，"产城融合"逐步转向功能复合的"创产城融合"。

新质生产力的本质是创新驱动，因此，能够有效促进新质生产力发展的空间首先应该能够满足创新主体的空间需求。创新主体的空间需求取决于创新主体特征、创新转化路径等诸多因素，不同类型创新主体的特质及其要素需求存在显著的差异，这些差异使其在空间上具有不同的选址与布局偏好，并基于此形成了不同的空间分布与组织特征。这个过程中"创产城"深度融合的必要性愈加凸显，产业的空间演进成为功能集成式的空间，由此支撑产业组织方式的革新。在单个园区内部，跨活动边界的空间融合普遍出现，包括产业与创新空间融合、生产与生活空间复合、数字空间与实体空间耦合，以及新产业空间中人类与类人机器人共存协作。比如，苏州工业园区在园内形成核心商务区、科教创新区、文化会展区。

盘活存量空间，改造老旧厂区、街区，对城市的物质空间与产业结构调整的遗存空间进行更新改造，形成拥有更多新业态新模式、新产品新服务的

---

① 王凯、赵燕菁、张京祥等：《"新质生产力与城乡规划"学术笔谈》，《城市规划学刊》2024年第4期。

都市特色产业集聚区，吸引创新人才集聚与创新企业入驻，推动创新资源、产业发展和城市建设三者的相互促进，成为地方经济发展的重要途径。例如，一些创新城市领先探索城市空间发展的新形态，积极打造"15分钟生活圈""TOD"等，建设"定制城市"，构建以智慧化城市为支撑的空间体系，从而让科技人才拥有美好的生活和创业生态。

3. 城市财务资金从资本性收入转向运营性收入

（1）城市发展条件呈现阶段性变化

近年来，我国城市急速扩张模式的发展条件出现了阶段性的变化，驱动城市扩张发展的几大要素出现"拐点"。自1994年起，我国实施分税制财政体制，但完备的地方税体系一直未能有效建立，因此我国地方政府运行极为倚重由房地产支撑的"土地财政"。随着城镇化进程放缓，人口老龄化加速、少子化现象加剧，房地产市场低迷，土地财政难以为继，地方财政举步维艰。统计显示，2023年国有土地使用权出让收入仅为5.8万亿元，较之2021年高峰时期的8.7万亿元直接减少近3万亿元。而土地财政的弱化进一步加剧了地方财政的脆弱性，以2023年为例，地方财政收支缺口高达11.91万亿元，占当年地方财政收入的比重高达101.64%。[①] 尤其是随着高质量发展和加快构建以国内大循环为主体、国内国际双循环相互促进的新发展格局等国家战略的提出，民生类需求支出的比重也在逐步增加，未来的公共支出还会更多。此外，"土地财政"和"土地金融"的拉动效应越来越低，风险越来越大。

城市发展要素的变化趋势表明过去快速扩张的城市建设发展路径依赖已受到极大冲击。实际上，在全世界城市漫长的发展史上，大规模快速新建都只是阶段性的，更新和运营才是城市发展的常态。

（2）把已形成的资产变为现金流

在从"高速度增长"转向"高质量发展"之后，资本型增长阶段已接

---

① 《2023年财政收支情况》，中国政府网，https://www.gov.cn/lianbo/bumen/2024 02/content_6929621. htm2。

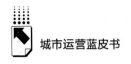

近尾声，城市化运营型增长阶段已经开始。城市从追求投入转向追求收益，把高速增长阶段的投入变为税收和现金流，是城市化新阶段的主要目标。

在城市化高速度增长阶段，国内大多数城市政府在城市建设和管理中趋向于采用以经营土地为核心的城市经营模式，地方政府的土地金融的融资效率远超其他融资方式。在城市的运营阶段，资本性收入不再重要，运营性收入成为增长的新约束，同时运营性支出会快速增长。政府支出更多地转向民生，提供更好的公共服务，其前提是政府必须有足够的税收，获得足够的税收是城市实现高质量发展的前提。存量时代城市营收渠道将从土地和房产销售收入为主转向产业升级、资产升值和消费增加等带来的税收为主，更加注重城市运营带来的可持续收入。城市的产业、环境、文化、基础设施等资源价值开始显现，城市运营从原来关注土地资源向关注全域所有资源拓展，通过对城市资源进行整合、优化、创新，针对潜在生态、历史人文价值地区以及城中村、旧工业区等潜在活力地区进行资源价值识别与策略营造，提升资源利用水平与资源价值，取得城市资源的增值和城市发展最大化。

4. 城市关键要素从土地要素转向数字要素

（1）数字成为生产要素

我国的经济发展围绕土地、劳动力、资本等传统生产要素，充分释放了生产力，使得城市发展在过去很长一段时间内保持了较高的增速。各地围绕着土地财政构建经济制度、政策体系乃至职能部门，地方财政的来源主要依靠土地出让、房地产相关税收、城投企业土地抵押融资和地方政府债券融资等方式的土地财政。但土地本身是有限的，特别是在生态文明新时代下，我国更加注重内涵式集约绿色发展的城市空间模式。随着传统要素对经济发展的驱动作用逐渐减弱，新质生产力将引领经济发展实现质量、效率、动力方面的深层次变革。同时，一些新兴要素表现出变革要素组合方式的独特能力。数据通过资源化、资产化、资本化的三次价值赋能投入生产过程中，催生出新产业新业态新模式，成为当前城市竞争的主要领域。

数字成为生产要素，未来城市将基于土地的开发建设走向基于数据的开发建设，土地开发的线性增长与滚动发展将被数字孪生的爆发成长与井喷发展所替代。围绕数字要素市场化配置改革这条主线，强化场景驱动的数字资产化，这将锚定我国新时代城市发展的数字要素新引擎。未来城市的竞争就在于如何搭建更为智慧化的数字城市决策体系，夯实安全通信渠道，使得服务于创新发展的知识与资本得以高密度汇聚与有效传播，并及时转化为现实世界的科技制造实现。城市综合运行管理数据主要来源于城市运行的各个方面，包括但不限于交通、环境、能源、公共安全、社会经济等领域，涵盖了实时监测数据、历史数据、预测数据等多种类型（见表1）。

表1　城市运营和管理的主要数据类型

城市运营数据类型	城市运营具体内容
基础设施运行数据	涉及道路、桥梁、隧道、管网等基础设施的运行状态监测数据
公用事业服务数据	包括水、电、气、热等公用事业服务的供应情况、消费数据以及故障报告等
公共安全监控数据	涵盖消防、治安、应急等领域的监控视频、报警信息、事故记录等，用于保障城市安全
环境监测数据	涉及空气质量、水质、噪声等环境要素的实时监测数据，反映城市环境质量状况
城市管理执法数据	包括城市管理部门的执法记录、行政处罚、违规行为等，用于规范城市管理秩序
社会经济统计数据	涵盖人口、就业、产业、收入等社会经济指标，为城市发展规划和政策制定提供依据
交通运行管理数据	包括公共交通、出租车、私家车等交通方式的运行数据，以及交通拥堵、事故等实时信息
公共服务设施运行数据	涉及公园、图书馆、博物馆等公共服务设施的使用情况、维护记录等
城市事件响应数据	包括突发事件、紧急情况的响应记录、处理流程以及结果反馈，用于评估城市应急响应能力
智慧社区管理数据	涵盖社区内的居民信息、物业服务、活动组织等，实现社区的精细化管理和服务

（2）运营数据成为重要方式

突破土地空间的有限性，开拓数字空间的无限性，将成为新时代城镇化高质量智慧发展的新趋势。数字时代城镇化高质量发展的引擎来自数字要素

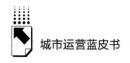
的创新力。与此同时，"十四五"规划指出，要"激活数据要素潜能"，"以数字化转型整体驱动生产方式、生活方式和治理方式变革"。数据要素的价值来自其创新性场景的应用；在场景之中数据得以确权、流转、治理、共享、收益、再生产等。伴随数字要素的价值挖掘，城市新场景、新技术、新制度、新文化等将会全方位地涌现出来；而城市公共数据集与 AI 训练、公共数据分析仿真、公共数据交易等软硬件体系将会构成这种新型创新力的基石。基于此，随着数字孪生城市与生成式人工智能的深度发展，越来越多的数据将会在数字与现实城市之中加速生产出来，而那些高频率使用、高质量、高附加值的数据将会被实时识别出来，及时被沉淀，被转化为城市的财富、知识与幸福。

随着政策环境的优化，中国城市的数据要素市场体系也在逐步形成。北京、上海等城市已经形成了较为完善的数据要素市场体系，数据交易规模和交易额逐年上升。数据资产运营涉及数据交易、数据服务、数据产品开发等多个方面，市场活动日益频繁。同时，运营模式也在不断创新。贵阳市探索的"数据产品化—数据资产化—数据资本化"的转化路径，就是对数据资产运营模式的一种创新探索，推动了数据资产的市场化运营。

5. 城市治理主体从政府主导转向多元参与

（1）"人民城市"理念引领城市发展

"人民城市"的概念最早是在 2015 年中央城市工作会议上提出的。在这次会议上，习近平总书记提出了"做好城市工作，要顺应城市工作新形势、改革发展新要求、人民群众新期待，坚持以人民为中心的发展思想，坚持人民城市为人民"的要求。[①] 此后"人民城市"逐步成为中国城市发展的重要指导思想。从一般意义上来看，人民城市即坚持以人民为中心的城市发展观，坚持人民至上，注重人民城市人民建、人民城市为人民、由人民共享发展成果。此后，作为新时代城市发展与城市建设重要指向的人民城市这一理念得到了更为系统和全面的阐释，尤其是 2019 年习近平总书记在上海市

---

① 《习近平总书记在中央城市工作会议上的讲话》，新华网，2015 年 12 月 22 日。

考察时围绕着"人民城市人民建、人民城市为人民"这一主题，[①] 对人民城市概念进行了明确的表达，回答了中国需要建设什么样的城市、怎样建设城市等重大理论命题。

参与性是人民城市的基本属性。"人民城市人民建、人民城市为人民"的重要理念，即是在主体参与推进城市发展方面，从以往以政府主导的模式，转向更加注重政府、市场、社会和市民的共同参与。随着城市化进程的深入推进，城市中的个体差异与利益诉求日益多元，公共事务的复杂程度不断上升，同时，信息技术的发展也为多元主体参与城市管理提供了可能，各方诉求通过政策网络和信息渠道传至政府部门，最终形成由单一权威到多元主体参与共治的城市发展格局。

（2）充分发挥社会各方的能动性

只有不断激发多元主体合作，才能为城市发展真正构筑强有力的基石。政府、市场主体、社会组织和公众等主体都是城市发展的参与者。通过多方参与，将城市治理"独角戏"变成多元参与的"大合唱"，并通过公平公开的竞争和博弈，寻求最广泛的社会共识，降低城市治理的经济社会成本。

在城市治理的具体事务中，各主体的诉求各不相同、参与阶段不同，因而需要重新塑造多元主体的行动者角色，充分发挥社会各方的能动性。对于政府来说，不仅需要为城市发展设计科学的前进方向，也要为其他主体参与城市建设发展工作提供有效的平台和途径。具体来说，在完成各项发展工作的过程中，各级政府要重视市场主体、社会组织和公众的力量，既要通过政府职能转移和与社会组织合作等方式丰富发展手段，也要加强对其他主体的科学指导和密切监督。此外，社会组织和公众，不仅是城市发展的主要受益者，而且是推进各项发展工作的重要实践者。相对于政府来说，这两种类型的发展主体能够更加清楚地给出发展需求，例如通过公

---

① 《习近平在上海考察时强调　深入学习贯彻党的十九届四中全会精神　提高社会主义现代化国际大都市治理能力和水平》，中国政府网，https://www.gov.cn/xinwen/2019-11/03/content_5448158.htm。

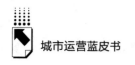

众议程和政府议程的推进，为政府的制度设计和政策制定及实施提供有效帮助。

（二）以城市高质量运营顺应城市发展导向变化

新质生产力背景下城市发展导向变化将引致城市治理范式变革。城市是新质生产力孵化、培育、成长和发展的核心舞台。主动适应加快发展新质生产力的时代变革，城市发展的新逻辑与新思路需要认识、尊重和顺应城市发展导向的变化，在统筹、整合、优化城市资源的基础上，对城市资源进行高质量运营。这不仅是一场多维度、多层次的系统性变革，更是城市发展价值的全新塑造，要注重城市规划、城市更新、融资模式、创新驱动、运营主体等方面的创新和转变，从而促进城市运营长期效益的实现，推动城市资源增值和城市可持续发展。

1. 城市规划变革

科学合理的城市规划是实现城市良好运营的重要途径和保障。与此同时，城市发展的模式转换也不断地向城市规划提出了新的转型要求。新质生产力和新型生产关系的发展深刻驱动着城市的转型与重塑，城市规划被赋予新的时代使命，亟须不断创新理念、方法、制度和手段，以更好地适应并引领城市高质量发展。

一是规划理念转变。在促进新质生产力发展的背景下，城市规划需要思考新技术革命、城市新阶段和国家新发展"多期叠加"条件下的城市发展新格局新任务，城市规划的核心任务也不再是建设，而是更新与新质生产力相适应的生产关系。首先，城市规划的作用机制发生变化。从以"搭好台"为主转向帮忙"唱好戏"，进入服务城市运营的规划新阶段，提供各种政策研究、咨询、策划、判断，提供实时跟踪的"好服务"。其次，应对市场化改革导向从传统的空间规划逐步转为社会人文综合规划。除了优化城市土地和空间资源配置、合理调整城市布局、协调各项建设、完善城市功能之外，还要在有效提供公共服务、整合不同利益主体的关系、维护城市整体和公共利益等方面发挥更加积极的作用。再次，规划要服务创造现金流的目标。存量发展阶段城市规划要解决的问题是盘活资产厚植税源，抓手从单一的土地转向"人、地、财、产、技、数、政、文"多样化的要素，通过规划让存量资产带来的收益大于等于其运维所需的成本，建立更加稳定、可持续的地方收入来源。

二是相关制度的转变。适应优化存量、完善功能、提升品质的实际需要，城市规划向全过程、全覆盖、精细化、多维度转变，需要进一步深化城市规划制度的改革。首先，加强规划与上下游的贯通与衔接，进一步推动控规管理转型。规划的细化及其实施应准确体现城市总体规划与发展战略的要求，对所有的建设活动进行有效管控。同时，充分体现后续城市运行维护的管控要求，针对无建设行为或微量建设行为做出正确预判，强化规划弹性适应能力，制定出原则明确又弹性灵活的管控规则，以应对未来城市空间微观层面上功能不断调整与变化的需要。其次，充分发挥基层政府作用推动规划实施。就城市规划而言，重大决策部署由城市政府制定，但更多的行动内容需要基层政府结合自身空间条件加以协调匹配、校正实施。因此，城市规划要以区级政府为实施主体，从而统筹解决规划实施过程中的复杂问题。再次，完善公众参与制度。建立科学化、民主化的规划决策机制，严格执行规划公示制度，推行规划听证制度，将社会公众、专家学者、责任规划师、责任建筑师等与城市规划工作紧密结合，广泛听取民情民意、汇聚多方智慧。

三是规划范式转变。随着存量时代的到来，城市规划的空间颗粒度也越来越细化，小微公共空间由于其日常性、便捷性得到人们更多的关注和使用，特别是城市的智慧化发展对经济社会组织方式及空间模式带来颠覆性的改变。首先，城市规划注重三维空间、应用场景和行为。在空间营建上，城市规划改变过去模块化、标准统一的空间供给模式，针对不同创新主体的特定需求情境，以细颗粒、低成本、高浓度的灵活空间适配创新活动。在空间组织上，关注创新网络的积极效用，打造具有显著网络链接效应的创新合作载体，通过丰富、鲜活、巨量的应用场景去检验创新产品的市场价值。其次，把城市体检作为重要抓手。聚焦城市规划体系的核心变量，把握人、地、财、产、技、数、政、文等关键要素，围绕生态宜居、健康舒适、安全韧性、交通便捷、风貌特色、整洁有序、多元包容、创新活力的建设目标，把城市体检作为统筹城市规划、建设、管理工作的重要抓手，判断存量改什么、增量加什么，再做解决问题的规划，解决"好不好"的问题。再次，科技创新赋能城市规划编制手段。人工智能算法与算力，尤其是生成式人工智能的快速发展，为城市规划治理的科学化与精细化水平提升带来了新的机遇。发挥人工智能的协同优势，强调对大数据资源的广泛利用和信息技术平台建设，利用行业大数据资源对城市人口活力、城市交通活力和商业活力等进行监测和评估，将形成更加综合全面的城市现状画像。利用新技术赋能规划，用多元数据去支撑规划的编制，包括空间分析和动态的模拟、智慧平台的搭建等，将大数据和人工智能技术应用于城市规划各环节，成为规划转型和创新发展的重要方向。

2. 城市有机更新

在高质量发展和城市内涵发展的战略指引下，城市更加注重生活品质提升，存量优化成为地方政府追求发展的一个重要考量，城市更新是优化存量提高城市资源利用效率的有效路径。推进居住区城市更新需要探索适宜的模式，特别是城市治理现代化对城市更新提出新的要求。城市更新不仅是城市空间的改造、修补和重塑，更需要从运营的角度激发片区发展活力，带动产业升级，促进城市的可持续发展。有机更新是综合型的城市更新模式，它超越了传统以物质形态改造为主的范畴，更加注重内容提升，包括城市功能共享、产业共生、文脉传承、多元主体参与、可持续运营管理等。

城市有机更新主张城市建设应该按照城市内在的秩序和规律，顺应城市的肌理，采用适当的规模、合理的尺度，依据改造的内容和要求，妥善处理关系，在可持续发展的基础上探求城市的更新发展。一是激发城市的空间活力，尊重并珍惜城市的"烟火气"和"市井味"，适度宽容城市"非正式空间"。特别是要正视老龄化时代的提前到来，加大力度推进城市适老性改造。在城市公共资源配置中，应正视城市空间的公平正义问题。加快中低收入阶层住宅供应体制改革，为相关群体提供有尊严且可接受的生活空间。二是推动既有生产空间向新型生产空间转变，通过挖掘盘活城市既有低效空间资源，不断满足经济发展的空间需求，不断提高城市的经济能级。特别需要加强对新型城市经济生产活动的空间需求的研究，注重城市各类经济技术园区的"城区化"，加强生活服务设施建设和适当兼容居住空间，提高产城融合水平。三是体现延续和传承城市历史文化的作用，在保护延续城市历史风貌的前提下，进行必要的小尺度提升性改造或小规模"针灸式"改造。城市的历史文化遗产不是城市发展的包袱，而是城市竞争力的源泉。激发历史空间的当代活力，保护的根本出路是在最大限度保存历史文化信息的前提下，根据"最小干预原则"进行细心修复和适度的适应性改造。四是符合可持续发展需求，呵护既有的良好城市生态系统。在城市有限的土地资源条件下，加强城市生态空间的系统性和网络性，兼顾城市生态空间的集中与均衡分布，适当增加城市中心地区的小型街头绿地和口袋公园。五是不断提高城市韧性即抗风险能力，优化提升规划建设标准，健全城市防灾设施体系，加强城市应对各类环境变化特别是气候变化的适应性建设。

自主更新将成为未来城市有机更新的主导模式。新阶段的城市更新在更新理念和目标上呈现由物到人、由小到大的转变，更加重视人的多元化需求，体现更新的人民性、整体性、系统性和持续性。城市更新工作需要在政府指导下充分发挥公众的作用，倡导公众参与式的自主更新模式，形成全社会的城市更新理念，使城市不仅在物质层面焕发新生，更在社会和文化层面获得持久的生命力。这种模式也有利于减轻政府的公共资金投入，提高政策服务水平，最终可以形成"政府—企业—居民"多方共建共治的良性局面。推动城市自主更新，需要从两个方面发力：一是推动城市更新中的公众参与，转变群众的更新理念。通过宣传、试点等方式，提高居民的自主更新意识，建立社区利益共同体和行动联盟，增加居民对社区的认同感、归属感，并且由共同组织来负责理清利益纠葛，代表居民与政府、开发商进行谈判，为民争取最大化的利益。二是尽快形成政策支持和机制建设。政府应出台一系列政策，制定相应的标准，对审批流程等进行规范，因地制宜、量力而行

给予财政激励，如微增容、危房补贴、历史建筑修缮补贴、节能减碳补贴等。积极引入专业的第三方服务机构，推动自主更新向专业、规范、高效的方向发展。

3.融资渠道多样

城市运营要实现城市高质量发展的核心目标，需要建立多元化和可持续的融资模式，确保可持续资金投入保障城市运营的动能。城市运营项目一般投资额较大，在实施过程中，需要解决资金从何而来的问题。很多城市运营项目实际周期较长，未来盈利不确定，较难获得金融机构的投资。同时，在防范化解地方债务风险与应对经济下行压力的双重背景下，财政资金对于基础设施的投资支持受到明显制约，众多地方融资平台的资产负债率普遍偏高，导致其通过银行贷款、债券发行等传统融资渠道遭遇重重困难。因此，需要为城市运营开拓更为广泛多样的融资渠道。

"运营"意味着城市的发展不是完全依靠政府资金和平台，而是使城市有形资产和无形资产通过市场运作最大限度地盘活存量、引进增量，广泛利用社会资金进行城市建设，以实现城市资源配置的最优化和效益的最大化，实现城市的自我积累、自我增值。从国家近几年发布的关于城市更新的系列政策可以看出（见表2），城市更新融资模式从政府引导、市场运作、公众参与的框架式指引转变为以设立专项借款、用好增发国债、地方政府专项债等为主的具体探索，并进一步通过设立示范城市，中央财政给予定额补助扩大更新范围，推动城市更新成片发展。

表2 国家推动城市更新的系列政策

发布时间	文件名称	与投融资模式相关的内容
2020年7月	《国务院办公厅关于全面推进城镇老旧小区改造工作的指导意见》（国办发〔2020〕23号）	将城镇老旧小区改造纳入保障性安居工程，中央给予资金补助，省级人民政府要相应做好资金支持
2021年8月	《关于在实施城市更新行动中防止大拆大建问题的通知》（建科〔2021〕63号）	除了加大财政支持力度，要吸引社会专业企业参与运营，以长期运营收入平衡改造投入，鼓励现有资源所有者、居民出资参与微改造

续表

发布时间	文件名称	与投融资模式相关的内容
2022 年 5 月	《关于银行业保险业支持城市建设和治理的指导意见》（银保监发〔2022〕10 号）	引导银行保险机构支持城市更新项目，鼓励试点先行，坚持"留改拆"并举，为城镇老旧小区改造等民生工程以及现代化物流体系、便民生活圈网点等提供金融支持
2022 年 6 月	《"十四五"新型城镇化实施方案》（国函〔2022〕52 号）	优化财政资金支出结构，发行地方政府专项债券支持符合条件的公益性城镇基础设施建设项目。引导社会资金参与城市开发建设运营，规范推广政府和社会资本合作（PPP）模式，稳妥推进基础设施领域不动产投资信托基金（REITs）试点
2023 年 7 月	《关于在超大特大城市积极稳步推进城中村改造的指导意见》	将符合条件的城中村改造项目纳入地方政府专项债券支持范围。设立城中村改造专项借款。鼓励银行业机构按照市场化、法治化原则提供城中村改造贷款

　　城市运营项目具体可采用的投融资模式包括：利用财政资金直接投资、申请专项债及开发性政策性金融机构资金、授权地方国企实施、政府与社会资本合作模式、设立城市更新基金、市场主体自主投资等（见表3）。城市运营项目投融资模式设计需要结合地方具体的综合财力、资源禀赋，以及具体项目的经营属性、商业模式、回报机制、潜在风险等综合考量，从投资主体、融资模式、平衡机制等多维度统筹谋划。

表3　城市运营项目投融资主要模式

投融资模式		适用情形	优势	劣势
财政安排专项资金	直接投资	资金需求不大、公益属性较强、未来收益不明确的综合整治、土地前期开发、社会民生等项目	项目启动快，政府操盘便于整体把控	财政资金有限，投资强度不会很高
	政策支持与专项资金	资本金注入、投资补助、贷款贴息等方式，减免城市更新项目行政事业收费	有助于降低企业成本，激发市场活力	减弱自身创新能力，形成对政策的依赖

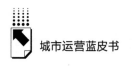
续表

投融资模式		适用情形	优势	劣势
财政安排专项资金	开发性政策性金融机构资金	用于支持交通、能源、水利等网络型基础设施建设,以及信息、科技、物流等产业升级基础设施	相对较低成本,且在贷款额度和期限上具备较好的选择性	投资量大、时间长、见效慢,风险相对较大
	申请专项债	具有一定盈利能力,能够覆盖专项债本息、实现资金自平衡的项目	专款专用,资金成本低,运作规范	专项债总量较少,投资强度受限,经营提升效率不高
授权地方国企实施	"投资人+EPC"模式	政府进行整体规划把控,投资回报期限较长,需要一定补贴的项目,适用范围广泛	引入专业运营商,整合资金优势、建设优势和运营优势	收益平衡期限较长,存在合规和隐性债务风险
	城市合伙人模式	适用于片区综合开发、城市更新、城中村改造等类型项目	有效利用国企资源和融资,整合资金优势	存在隐性债务风险,融资难度大、综合成本高
政府与社会资本合作	PPP、BOT、TOT、ROT等方式	边界较为清晰、经营需求明确、回报机制较为成熟的项目	引入社会资本提高更新效率及经营价值,风险收益合理分摊	受10%红线影响,运作周期较长,符合机制的项目偏少
	特许经营	有经营性收益的项目	可赚取合理利润,风险较小	经营自主权受到较大限制
设立城市更新基金		政府重点推进项目,资金需求量大、收益回报较为明确的项目	整合各方优势资源,多元筹集资本金及实施项目融资	成本较高,退出机制不明确,面临实施上的诸多挑战
市场主体自主投资	运营商主导模式	商业改造价值较高、规划清晰、开发运营属性强的项目	较快推进项目建设及运营,政府只需进行规划、监管	开发商利益至上,可能疏于公共设施或空间建设,缺乏整体统筹
	属地企业或居民自主更新模式	项目自身经营价值高,主体自主诉求高	更新方式灵活,可满足多样化需求,减少财政压力	政府监管难度大,项目进度无法把控,容易忽视公共区域的改善提升

4. 城市智慧发展

智慧城市是运用物联网、云计算、大数据、空间地理信息集成等新一代信息技术，促进城市规划、建设、管理和服务智慧化的新理念和新模式。[①]
推进城市数字化转型与智慧化发展是新时期促进城市高质量发展、高效能治理和高品质生活的重要举措，也是推动城市治理体系和治理能力现代化的必然要求。

中国智慧城市建设始于 2008 年金融危机后，并经历了多个发展阶段，已经成为城市经济转型发展的重要载体。从 2014 年国家发改委等八部门发布《关于促进智慧城市健康发展的指导意见》，到 2024 年国家发改委等四部门发布《关于深化智慧城市发展推进城市全域数字化转型的指导意见》，十年来，中国智慧城市建设从试点示范到百花齐放，建设范围从部门信息化到城市全域数字化，在推动服务资源普惠均等、提高现代化治理水平、创新经济发展形态、提升国家综合竞争力等方面发挥着重要作用，智慧城市建设也呈现出战略性、整体性与系统性的特征，更突出强调"数据"价值（见表 4）。

表 4 中国智慧城市建设历程

2009 年	2012 年	2014 年	2018 年	2021 年	2024 年
中国政府正式提出智慧城市建设，引入智慧城市概念	住建部正式印发八部门出台《国家智慧城市试点暂行管理办法》，智慧城市进入试点阶段	国家发改委等八部门出台《关于促进智慧城市健康发展的指导意见》，迈向新型智慧城市建设	首次出台《智慧城市顶层设计指南》，提出智慧城市顶层设计的总体原则、基本过程等具体建议	"十四五"规划使城市竞速迈进"智慧城市"赛道，智慧城市加速发展	国家发改委等四部门发布《关于深化智慧城市发展推进城市全域数字化转型的指导意见》

资料来源：国研经济研究院分析。

我国各地多措并举打造新型智慧城市，以数字技术为牵引，以场景应用为切入点，借助数字化、智能化手段，服务于城市经济、政治、文化、社

---

① 金星晔：《我国智慧城市建设与发展：现状、困境及对策》，《CIDEG 决策参考》总第 33 期。

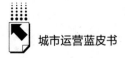
会、生态文明建设各领域全方面数字化转型，尤其在城市管理、公共安全、旅游、医疗、教育等领域。例如，在交通管理方面利用决策数据优化交通路线、缓解交通拥堵；在环境保护方面通过分析决策数据发现污染源、制定治理措施；在公共服务方面根据决策数据调整资源配置、提升服务质量。

　　未来，中国智慧城市发展将迈入新阶段，数字化与城镇化深化融合，数字基础设施建设持续推进，数字经济创新发展，数据要素加速驱动，数字技术集成融合不断成熟。随着 AI 大模型和数字孪生技术的迅速发展，其在城市建设中的应用场景和需求也不断拓展，全面赋能城市运营管理的方方面面。生成式人工智能、多模态大模型、脑机接口、智能机器人、Web3.0 等及其伴随的芯片技术变革，都预示着未来城市将在数字化领域发生前所未有之大变局，也将是发展新质生产力的主战场。智慧城市的运营和服务将得到进一步重视，各地将把智慧城市工作重心由建设转到运营上来。充分发挥数字网络、人工智能等新技术的作用，建设并完善城市全要素全过程精细化数字化管理系统，让数字技术和人工智能深度参与城市体检和城市运营监测。公共数据授权运营试点将在区域和行业层面不断深化，鼓励和支持企业主体开展公共数据的社会化利用，改善智慧城市服务流程和市民用户体验。

　　5. 运营主体多元

　　存量时代城市运营更注重政府、市场、社会和市民多元主体参与下的共建共治共享。城市建设阶段的主体就是政府，而城市运营阶段主要在已有的空间格局和资源上开展，涉及建成空间上多样化、分散化的产权和物权，相对复杂的多方利益关系，并且存在更新周期长、资金平衡和沟通协调难度大等挑战，结合国内外成功经验，城市运营实施应由所有产权人包括公众、市场等多元主体主导，开展社会主动实施和政府引导实施、自下而上和自上而下结合的模式，从而创造出维持城市发展的现金流。

　　政府在城市运营中仍然扮演着重要的角色，但随着模式的转变，政府责任逐渐减弱，市场化主体参与度提升。未来，城市运营将成为由政府引导、市场自发调节以及市民积极参与共同构成的高效协同体系，包括政府与居民、政府与企业、居民与企业之间的协同合作。多元主体参与将有利于各方发挥优势，政府高效的协调能力有助于实现公共资源的合理分配，企业的创新精神则为实践带来活力，居民的参与将提高政策的透明度和执行的公正性，共同促进技术、资本以及公共服务要素与新质生产力的深度融合。政府、企业和公众等各个层面也将获得城市发展的最大效益。在实践中，包括投资方、房地产开发商、施工建造方、政府平台公司、规划设计院等在内的多个主体都参与到了城市运营中。

（1）地产开发商：以房建为核心拓展

房地产开发企业是最早提出要转型为"城市综合运营服务商"的，也是目前发展最为成熟的一类企业，在物业、公寓、养老、城市环卫等城市服务领域，在产业园区、产城融合、未来社区、物流地产、文旅项目等产业相关和城市配套方面均有涉足。物业服务作为伴随房地产开发业务而生的行业，是很多房企从单纯的"开发商"转型为"综合服务运营商"过程中，占比较高的一类服务。观点指数发布的2023年物业服务企业排行榜中，碧桂园服务、保利物业、龙湖物业、万科物业和华润万象生活是排名前五的企业（见表5）。

表5　地产开发公司转型城市运营商案例

地产开发公司	转型运营内容
碧桂园	城市服务业务主要包含城市市政服务、城市空间运营、城市社区治理三大方面内容
中国金茂	业务覆盖城市运营、物业开发与管理、酒店经营、零售商业、商务租赁和增值业务
万科	2018年，万科战略定位迭代升级为"城乡建设与生活服务商"，万科经营服务业务主要包括物业服务、物流仓储、长租公寓、酒店与度假业务等
华远地产	聚焦于代建、酒店经营、资产管理与运营、物业管理、城市运营服务等业务，实现业务的战略转型

（2）城投公司：推进公共事务和产业投资

城投公司转型城市运营商具有较多的优势。城投公司往往具有国资背景，掌握国有资源，能更高效地推动存量空间活化工作，城投向城市运营商转型可以实现国有资产保值增值。同时城投面临融资监管环境收紧的形势，过去背负的包袱较重，影响到城投向城市运营商转型。目前，城投在城市运营方面的发展步伐也在明显加快，城市运营业务方面主要涉及四大板块，包括城市建设开发板块、城市公共服务板块、城市资产运营板块、产业投资发展板块，涉及城市公交、轨道交通、高速、铁路、港口、机场运营及与之相关的高铁站、高速服务区、停车场、充电桩、加油站等基础设施的建设，供电、供水、污水处理、供气、供热、环卫、固废处理、消防、殡葬、公共管网管理等城市公共服务，物业管理、旅游景区、酒店餐饮、商业租赁、停车场等资产经营性项目，文化、教育、娱乐、金融以及城市着力发展的产业投资等业务（见表6）。

表6　城投公司转型城市运营商案例

城投公司	转型运营内容
首创水务	固废处理、河道与流域治理、水环境治理、海绵城市建设等以生态环境为核心的城市综合环境治理服务
上海城投	包括但不限于城市水源地建设、污水处理、垃圾处理、房产置业、城市交通基础设施建设、临港新片区开发等综合性城市开发运营服务
广州城投	国内领先的"智慧城市综合服务运营商"，提供智慧水务、智慧城管、智慧停车、智慧医疗、智慧教育、智慧交通、智慧安全等行业智慧城市综合解决方案，打造以数据驱动的城市智能应用体系
合肥建投	围绕"专业化与多元化相结合的城市运营服务商，引领战略性新兴产业发展的国有资本操盘手"的目标，经营工程建设、城市运营服务、商业百货、战略性新兴产业投资、乡村振兴与现代农业、文旅博览六大业务板块
郑州城发	由传统的"投资为主"向"投资与运营并重"的保障性租赁住房、城市更新、产业园建设运营等新兴业务转型升级
日照城投	塑造"城市综合运营服务商"身份定位，城市开发、产业赋能、运营保障三大产业板块，布局数字经济、环保低碳等产业创新领域

（3）建筑企业：结合自身优势转型

在增量向存量市场转变的大环境下，部分建筑企业积极从建筑施工向城市运营转型。目前在城市运营上参与较广、较早的建筑企业有中国建筑、隧道股份等，很多建筑企业也设立了运营公司，择机进入城市运营市场。发展城市运营业务，是完善企业全产业链商业模式的重要一环，同时也有利于获取长期稳定的现金流。在建筑央企中，中建体系在城市运营业务转型方面走在前列。近几年，中国建筑各子企业敏锐捕捉市场需求，在城市更新、城市运营等领域创新探索，投资建设了一批标杆项目，成功开辟了一片新的市场（见表7）。

表 7　中建系各工程局旗下城市运营平台及聚焦领域

企业名称	成立时间	转型运营内容
中建一局建设发展公司	1953 年	产城运营、能源管理、水务和新能源运营、智慧运营
中建玖合城市运营管理（上海）有限公司	2002 年	城市新型生态宜居社区、物业服务
中建三局城市投资运营有限公司	2019 年	城市综合开发和产业协同联动，提供规划设计、投资开发、产业导入、资产运营等综合解决方案
中建四局城市运营服务有限公司	2013 年	生活空间服务、商办空间服务、生产空间服务、公共空间服务，包含物业城市、住宅、5A 写字楼、五星级酒店、公园、医院、院校、案场、单位后勤服务、商业综合体、餐饮、重点施工项目等多种物业形态
中建五局城市运营管理有限公司	2019 年	市政综合、综合管廊、公园与场馆、停车场、商业、科教园区
中建七局城市投资运营管理有限公司	2021 年	以城市物业运维、城市资产运营为核心业务，以产业招商为培育业务，以投资、科创为赋能业务的"2+1+2"产品体系，聚焦基础设施、城市更新、水务环保、智慧城市运营等领域
中建八局投资发展公司	2019 年	基础设施、大型公共建筑、城镇综合建设、创新环保等领域
中建科工集团运营管理有限公司	2020 年	会展场馆、体育场馆、文化场馆、城市运营、产业园区
中建方程投资发展集团有限公司	2014 年	努力打造"国内一流城市发展运营商"，主要包括三大业务：城镇综合建设投资、房地产投资、城市运营

（4）规划设计院：转向谋划全局的"全设计"

"土地财政"模式的终结、政府体制及事业单位改革、城市精细化治理时代来临、规划技术创新面临瓶颈等因素交织在一起，推动规划行业进行"大变革"。

规划设计院应当在全产业链中去思考，重新定位其角色和功能，与上下

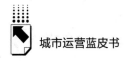

游更紧密结合，以更开放的心态融合周边领域，从"小规划"跨步到谋划全局的"全设计"，并在全设计行业产业链条的基础上，横向扩展到土地整理、融资、招商、运营等环节。

对于转型，市场化的规划机构相对积极。例如清控人居控股集团提出，"将选择与地方政府合作，介入城市托管运营，全程负责城市新区、产业园区的策划设计建造运营托管"，纵向可提供"策划+规划+设计+服务的全方位的技术解决方案"，这可以看做从设计行业向城市综合运营商转型的一种尝试。再如，蕾奥规划提出融"目标谋划+空间规划+运营策划+行动计划"于一体的"行动规划"，公司通过内部数字化转型，对现有客户实现网络化管理，形成高频次响应互动的客户需求管理平台，公司智慧城市业务以用户需求为导向，以持续运营为牵引，围绕城市的规划、建设、管理、运营发展过程中的痛点，统筹数字化转型与智慧化建设的顶层设计，提供场景化的数字化解决方案。公司研发的产品主要有蕾奥产业大脑、城市蕾达、资产管理平台公园宇宙、控制性详细规划实时运行系统、AI 辅助规划设计系统、AIGC 技术应用平台等。

（三）因地制宜深化城市运营体制改革

进入"人民城市"的新发展阶段，要完整、准确、全面贯彻新发展理念，主动适应加快发展新质生产力的时代变革，整体性重塑城市发展新动能、新格局、新优势，积极探索制度体系创新，持续推动城市运营实践。深化城市运营体制改革是一个系统工程，需要政府、市场和社会各方的共同努力。国家层面通过提供政策支持和制度保障等措施，增强市场资源配置活力，辅助和支持城市资产的运营。各地政府则要紧密结合城市区位优势、资源禀赋、产业特征，综合考虑城市发展阶段、基础条件等因素，因地制宜采取适合城市特点的发展策略，差异化有序推进城市运营体制改革。

1. 强化顶层设计和工作机制

一是构建城市运营规划管理体系。我国已经逐步建立国土空间规划体系，进入新时期需要孕育新的规划管理体制机制，在此体系下推进城市运营规划管理体制机制的重构与塑造，内容包括建立健全城市运营项目规划的技术标准体系、政策法规体系、规划编制方法及审批程序、规划实施监督体制机制等，明确城市运营的目标、实施策略和重点任务，鼓励盘活存量和低效用地，促进城市内涵、集约、创新发展。迄今我国一些城市对城市更新进行了地方立法，但还没有从城市运营的角度进行立法。随着城市运营工作的普遍开展，迫切需要建立健全完备、稳定、可操作性强的多层次法律体系。

二是构建城市运营的政府部门协同机制。运营项目规划和建设过程中涉及多个政府部门、建设方、开发主体、运营商以及各类人群，建立统筹建设和运营模式是协调平衡各大需求的主要方式，同时也是保障项目理性落地并且能够实现最佳回馈的重要手段。当前，各层级、各部门间还未建立起有效的协调配合机制，数据整合方式落后，同时，不同部门公共数据开放共享不足、流通不畅，数据的上下贯通呈现相对"不对称"现象，导致在城市运营的过程中难以形成合力。需要相关部门机构协同完成，从体制机制上打破部门分割界限，在政策制定、规划方案审议、监督实施等方面形成合力。

为顺利推进城市更新进程，在实践中，很多城市采取了建立一个统筹机构统一协调各部门管理的方式。其具体做法主要有两种。做法一是设置较高级别的协调机构。如由不同部门成员组成的城市更新委员会负责协调市级相关部门，同时协调下一级政府的相关部门。目前上海、广州、深圳等城市都采用这种做法。现行上海市城市更新法规中规定，市一级设立城市更新工作领导小组，成员由上海市政府及相关管理部门组成，负责全市更新工作涉及的重大事项的统筹、协调与决策；领导小组下设办公室，办公室设在市规划资源主管部门，负责牵头具体起草更新计划、工作任务、配套政策等。做法二是通过部门联席会议制度协调城市更新工作，明确牵头部门与协办部门，由同级政府赋予牵头部门明确的权力和责任，代表同级政府协调各部门工作。

三是建立城市运营项目入库审批制度。以行政手段为优质项目快速立项"保驾护航"。开展城市运营项目的全生命周期监管，对违法、违规行为及不良现象起到防微杜渐的作用。发挥地方各级人大代表和政协委员的作用，汇集反映人民群众的意见建议，督促落实城市运营各项工作，保证工作实效。优化城市运营行政审批流程。（北京市先后制定了《关于率先行动改革优化营商环境实施方案》（京发〔2017〕20号）、《北京市进一步优化营商环境行动计划（2018—2020年）》等改革政策，为解决行政审批种类多、手续繁杂、时间长等问题对审批流程进行了优化。）

四是建立城市体检工作机制。构建"政府主导、部门协同、公众参与、专家指导"四级联动的城市体检工作机制，充分调动社会各界力量参与。加强城市体检与城市运营专项规划、项目策划、年度计划等工作的无缝衔接，形成发现问题到解决问题的完美闭环机制。建立"一年一体检、五年一评估"的常态化体检评估机制，持续对城市进行全面健康检查与诊断。

五是制定城市运营指标体系，强化评估考核。以住房和城乡建设部城市体检指标为基础，结合人民群众身边的急难愁盼问题，调整优化相关指标。根据运营目标、发展定位和职能，因地制宜新增特色指标，构建可评价、可感知、可量化的城市运营指标体系。重点关注在上一年度城市体检中分值明显偏低的指标，持续监测并督促对城市运行短板弱项的改进。将城市运营数据纳入城市信息模型（CIM）、"数字住建"等平台建设，构建动态管理、及时更新的数字化管理系统。

2. 提供系统性的资金支持

一是政策资金支持。城市运营项目往往承担着社会公益属性和文物、环境保护等职能，通常建设周期长、资金压力大，高投入低回报的特点决定了很多项目很难实现投入产出的平衡。如果市场激励机制不够充分，就可能导致社会资本没有参与的积极性或市场化运作模式难以为继等问题，需要政府提供政策资金支持，以增强市场积极性。通过发挥财政资金的杠杆作用、实行税收优惠、提供合理补贴、灵活运用容积率奖励、采取符合规律的金融支持等多种办法来吸引多方面的社会资本参与到城市更新中来，是保证我国城市更新战略长期稳定发展的必由之路。此类激励手段包括为城市运营项目提供政策性贷款、政府贴息、地价征收减免、税收减免等。例如，对更新项目中的基础设施部分明确政府职责，直接由政府投入或是提供配套项目的容积率奖励；对于文物保护投入给予一定的腾退及保护修缮补贴；建立土地出让金返还、税费减免、贷款贴息、产业及商业业态调整资金支持等各类灵活政策；将城市有机更新贷款从房地产开发贷款中分离单列，或建立政策性贷款支持政策；统筹住房城乡建设、规划资源、生态环保、文旅、水利等相关领域专项资金，加大对城市运营项目的财政奖补力度，发挥财政资金在项目前期的撬动作用。

二是金融创新支持。城市运营涉及的产业链条较长，主要靠持有经营获得收益，需要创新金融支持方式。城市运营下的融资链条分为"投资—建设—运营"三个环节，分阶段推动金融创新支持。在城市运营项目启动前期，由于盈利的不确定性较大，较多地需要股权方式的融资，可采取基金化的投资方式融资，通过设立基金等金融品种进行支持。城市运营产业基金一般是政府引导性基金，资金来源是行业国企，同时吸纳银行、非银金融机构及民间资本等社会资金。随着项目改造进程的深入，项目不断成熟、风险点逐渐排除，运营资产价值逐渐显现，可更多利用债权方式融资，主要包括银行贷款、信托贷款与政策性金融贷款。当项目进入运营阶段后，由于经营过程的现金流已经趋于稳定，这个环节可采取资产证券化的方式进行融资。这类金融工具主要包括房地产投资信托基金、抵押贷款证券化和收益权资产证券化。当前迫切需要各级政府部门联合有关金融机构构建长效作用机制，引导和鼓励保险、金融机构进入城市运营领域，创新出更多能够减轻更新企业负担、激发其参与城市运营积极性的金融产品。

三是社会资本参与。积极吸引社会资本尤其是民营企业参与城市运营，不仅是促进城市内涵式增长的战略选择，也是促进城市高质量发展的现实需求。运营项目类型不同，其投融资模式和资金来源也不同。综合整治类项目的公益性较强，资金需求较低，主要由政府主导实施。拆除重建和有机更新类项目的经营及收益性较明显，资金需求较高，一般根据其经营特性采取政府与社会资本联合或纯市场化运营模式。对于经营性较强、规划明确、收益回报机制清晰的项目，宜采用市场化模式引入社会资本主导实施。对于公益性要求高、收益回报机制相对不清晰、规划调整较复杂的项目，宜采用政府与社会资本合作的模式。为此，需要构建多元化可持续的投融资机制，吸引社会资本参与城市运营。加强政府领导，充分发挥城投平台、国有企业资金、资源优势，挖掘社会资本设计、运营、管理能力，根据城市运营项目类型采取差异化措施，为社会资本参与城市更新提供合理路径。在保障公共利益前提下，鼓励将可经营、可出租、可出售的资产通过特许经营、社会投资人+EPC、EPC+O等市场化模式多渠道融资。综合运用银行贷款、政策性开发性金融贷款、企业债券、资产证券化、不动产投资信托基金等金融工具，助力城市运营项目可持续发展。鼓励社会资本通过特许经营等方式参与城市建设和更新改造。发挥政府投资基金的引导作用，发展耐心资本，支持符合条件的项目发行基础设施领域不动产投资信托基金。

3. 建立多元主体参与路径

城市运营必然涉及多元利益主体，面对不同的更新利益诉求，在实施过程中既要鼓励多元主体积极参与，又要界定各自角色职能，实现政府、市场和产权人权益动态平衡，探索政府引导、市场运作、公众参与的可持续模式。社会多元主体的参与度越高，城市运营的质量就越高，项目的实施过程就越顺畅。

一是政府提供政策支持和制度保障。由于我国城市政府在城市资源配置中，尤其是土地和空间资源配置中，以及基础设施和公共服务等供给中起主导作用，并通过相应的法律规范和政策支持为企业发展提供了较强的引导和支撑，因此城市政府在城市运营中起着主导作用。政府需要制定严格的立项规则、拆赔标准等引导运营秩序。为借助市场的高效运维能力，规划编制权建议交给市场和产权人，政府则通过核心要素管控、法定规划控制等方式规避市场的负外部性。对于土地出让权，尝试实行差异化的土地出让制度，政府优先收储重点地区土地，其他地区则允许自主改造和协议出让，并通过建立地价与拆建比、拆赔比联动机制，限制过度逐利行为。

二是城市运营商深度参与运营服务提供。要更好地盘活城市资产、优化要素配置，政府必须借助企业与市场的力量，城市运营商是政府与市场间不可缺少的中间环节。城市运营比产业运营面临的要素更多，需要平衡和解决的问题也更多，因此需要有一个高效的城市运营集成服务商，来实现顶层策划牵引，跨领域、跨行业的资源整合，深度参与全周期的运营服务提供，并产生行业话语权和影响力。城市运营商既可以是政府的平台公司，也可以是市场化的投资企业或专业化的运营机构，往往是城市运营资产的所有者、使用者或托管方，其角色不同于高速城镇化阶段的开发商，而是更多地偏向于资产管理者、优化要素者或城市发展增信平台，覆盖城市发展中的产业园区、城市更新、存量资产盘活等业务环节。围绕城市资源整合全产业价值链，深入城市运营过程中的各个环节，实现上下游产业链的相互协作，以此构建城市运营商，助力各地方政府推动城市向前发展。

三是社会力量参与监督、反馈和共同治理。城市运营涉及多个利益相关者的项目，只有通过广泛而深入的公众参与，了解各方需求，进行协商，才能够让各方都能分享项目带来的效益，实现多赢的局面，这就需要充分发挥规划管理的艺术。例如，通过城市更新片区策划方案、实施方案公示、征求利害关系人意见、相关意愿征询、组织专家论证等多种形式，在各个环节实现城市更新的公众参与，引入公众咨询委员会和居（村）民理事会制度，充分保障权利人的知情权、参与权，减少规划管理成本。为避免权利的不对等致使某一方失效，建议引入社区规划师、听证会等"第四方"组织，加强主体间的交流和信任，落实城市运营"最后一公里"。

4.构建要素激励机制

对城市运营过程中的利益关系调整，实质上就是权责和利益在政府、运营商、居民等不同利益相关者之间的再分配。在城市运营涉及的制度建设中，存量资产的产权、用途、功能以及容量等都需依附于要素的性质、权属、区位等特征，政府的政策激励也需要围绕要素的权益增值与利益再分配展开，提升城市资源和要素配置效率，实现城市资产的自我滚动、积累和增值。

一是有序推动存量用地再开发。盘活存量土地和低效用地是我国推进新型城镇化和实现城市高质量发展的关键策略，也是推进城市运营的重要举

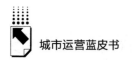

措。在实践过程中，盘活存量土地和低效用地涉及土地权利人多、利益关系复杂，资金投入量大、盘活周期长，经营主体积极性有待提高，需要进一步强化政策激励。第一，加快发展土地二级市场。进一步完善二级市场管理政策法规，规范交易流程，鼓励存量用地流转，支持有条件企业市场化收购房企存量土地，推进交易信息公开，健全市场监管机制，完善相关税费政策。第二，推动土地混合开发和用途转换。健全土地混合开发利用相关制度，促进产城融合、职住平衡，营造高品质社区；允许存量土地、存量建筑依法调整土地用途，推进容积率转移和奖励机制。第三，完善土地节约集约利用政策。严格城镇开发边界管理，强化规划期内新增建设用地总量刚性约束，推动批而未供土地利用，采取依法收回、协议收回、调整用途和规划条件后使用等方式分类处置闲置土地，完善土地收储机制和再开发收益分配机制。地方政府还应根据实际情况制定更为详尽的实施细则，例如，如何规范已出让土地变更规划条件，财政税收等鼓励政策，收回、收购闲置土地程序，在具体实施过程中做到有章可循；收回的闲置土地如何处置，也需根据各地城市规划、产业布局、人口状况、住房供需等情况做好妥善安排。

二是创新产权激励制度。适宜的城市运营模式既要搭建有利于运营主体协商的路径，又要具备保障运营规划顺利实施的方式和产权转移机制。城市运营项目实施主体只有在各产权相关人达成一致同意的产权共享、让渡或补偿等处置协议之后，方能获得对现存物产进行盘活处理的权限。因此，产权就成了决定城市运营项目可否推进的首要因素之一。产权界定明晰、运行方式合理和产权经营有序的制度才能实现城市资源再配置的顺畅推进。面对产权关系复杂、收益分配不公等问题，在产权确定上可尝试采取重新确权、完善产权登记制度、设置产权比例门槛等方式明晰更新改造中各类产权关系，在产权转移上合理保障产权人的土地增值收益权，积极探索权利变换、协议出让等多元产权转移机制。同时，要利用合理的产权制度激励多方主体更有效地经营城市空间资源，最大限度地使配置过程的外部性内在化，提高资源利用效率。在目前的实践中，基于产权激励的制度创新主要涉及五个方面：对历史产权的整理，鼓励多主体共同参与项目的申报与实施，对土地采取差异化的供应方式，设立原产权人自主更新中物业自持比例的最低限制，合理调整产权地块边界与产权年限。

三是激发数据要素活力。数据要素既增加了城市运营的复杂性，又为市域社会治理创新提供了具体思路，充分发挥数据要素赋能城市运营的乘数效应，将推动城市运营模式创新。第一，建构并完善数据产权制度。不同于传统生产要素，智能化数字信息基础设施等数据要素具有非排他性。因此，必须加快探索数字产权确权授权方式，实现持有权、加工权、经营权的合理配置，探索并构建劳动者和数据要素紧密结合的持有权的实现形式，优化多元主体数据产权配置结构，从而促进数据的有序流动。第二，健全数据共享和协调机制。从城市运营的角度，打破数据的"碎片化"限制，持续稳定地推动数据共享，科学制定政府部门内部、各部门之间的数据共享机制，制定行业数据和政务数据的共享标准。同时，要加强数据管理组织构建，将管理的目标及责任落实到具体部门，形成协同联动的合力。第三，完善数据合规监管机制。在城市数字化转型背景下，各类数据跨行业、跨机构的交换传输越来越多，数据之间的边界越来越模糊，数据合规监管机制需进一步完善。建立覆盖整个数据生命周期的数据安全和隐私保护机制，在保证数据质量的同时强化风险监测和安全防护，提高敏感数据快速识别、数据风险实时感知、数据风险溯源等技术防护能力，确保数据安全风险可管可控。建立健全城市治理全流程数据安全管理制度，针对重要数据、核心数据，尽快明确判定、识别标准和管理存储规定。

B.2
中国城市运营指数报告
（2024~2025）

国研经济研究院课题组*

摘　要： 报告围绕"人、地、财、产、技、数、政、文"八大要素，构建了涵盖"稳定收入""优化要素""盘活资产""服务民生""智慧治理"五大领域的城市运营指标体系。报告指出，我国城市财政体系正经历深度调整，土地市场调整使土地财政收入占比下降；城市间要素配置分化明显，数字、技术等要素对全要素生产率提升作用显著；不同规模和层级的城市在盘活资产方面各有特色；城市服务民生效能呈现显著层级分化与区域集聚特征；城市智慧治理体系呈现多维分化、梯度演进的特征。实践中，不少城市探索出城市运营的好经验成为标杆城市。激活存量资源、优化要素配置、提升治理效能是推动城市从规模扩张转向质量跃升的重要路径。

关键词： 指标体系　城市分级　标杆城市　学习标杆

一　城市运营指标体系的构建

（一）城市运营基本元素与领域

城市是一个复杂的巨系统，这个系统由多个要素构成，超级多样的城市

---

* 执笔人：姚莲芳，经济学博士，国研经济研究院总经济师，主要研究领域为城市发展战略研究、产业转型升级研究、经济形势分析、新型能源发展研究等；孙超然，国研经济研究院研究主管，主要研究领域为城市运营研究、区域经济发展研究等。

要素相互作用，多重结合，表现出来的属性、能力和效用形成城市的功能和活力。居民、政府和机构是城市最基本的主体要素，此外，还有自然资源、人力资源、文化旅游资源、生态资源、资本资源等城市资源要素，公路和市政等城市基础设施资源，教育、医疗、金融、物流、社区服务、消防应急、防灾减灾、安全等城市保障型机构要素，以及法律、政策等其他要素。城市自起源时就占据了生产力发展源头和生产力要素集聚中心的地位，并不断巩固，成为生产力最活跃最先进的地域。

城市要素与生产要素是有区别的。城市要素指的是与城市发展相关的各种资源和条件，包括土地、城市基础设施等实体"硬资产"，也包括人力资源、科技、数字、文化、营商环境、治理水平等同样起到关键性作用的"软资产"，我们将其归纳为"人、地、财、产、技、数、政、文"8要素。生产要素是进行社会生产经营活动时所需要的各种资源，生产要素包括土地、劳动力、资本、技术、数据五种①，在西方经济学中，将企业家才能也列入生产要素。城市要素更多地关注城市作为一个整体拥有的资源和条件，而生产要素则侧重于生产过程中的具体资源投入。城市要素与生产要素虽然在一些基本资源上有重叠，但两者在功能、作用和目的上存在显著差异。城市作为一个复杂的社会、经济和文化系统，其发展动力在于要素高度的集聚效应和多元化的服务功能；而生产要素则更直接地参与财富和价值的创造过程，是生产和经济活动的基础。

关于城市运营指标体系，本研究在2023年成果的基础上，围绕城市收支保留了城市运营"稳定收入""优化要素""盘活资产""服务民生"4个领域指标，进一步完善指标框架，新增了"智慧治理"方面的指标，形成了5个领域16个分项的城市运营指标体系，以更好更全面地评估、分析我国城市运营的特点及最新的变化。

城市运营的8要素通过网络化形态融入5大领域，8要素和5大领域形

---

① 《中共中央 国务院关于构建更加完善的要素市场化配置体制机制的意见》，中国机构编制网，2022年11月20日。

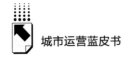

成一种相互交织、相互孪生的关系。

"人"，是城市发展的出发点和目标，城市发展必须坚持以人民为中心的发展思想。在城市运营中，"人"既体现为人口、劳动力和人才对促进城市发展的极端重要性，更体现为"人"作为城市服务的对象，满足人民美好生活向往是城市发展的最终目标①，城市运营应在城市财力受到诸多约束条件下，对人均指标进行投入产出评估，并提出改善建议，从而提升城市公共服务水平。具体来说，人力要素的部分被纳入"优化要素"领域，而"人民城市"服务人民部分被纳入"服务民生"领域。

"地"，是经济发展的基本要素和当前城市运营的核心资产。城市运营并不否认"土地财政"和"土地金融"对中国经济做出的巨大贡献，同时在新发展阶段更要评估由此引发的债务风险，通过因城施策、创新市场机制等方式，对城市土地资源利用方式和土地资本交易模式进行优化，改变城市财政依赖土地财政单次高回报收益的模式，转为以债券、基础设施领域不动产投资信托基金模式和股权投资等多种融资途径扩充财力。在城市运营中，鼓励多元主体参与，引入社会资本，联合开发方、运营方、资金方，提升运营效率，助力实现城市土地资源配置和效益的最大化。围绕土地构建的土地财政也是我国地方政府长期仰仗的重要收入来源，因此土地为出让对象提供收入的价值被纳入"稳定收入"，而土地作为城市重要存量资产和未来发展空间承载地的价值被纳入"盘活资产"。

"财"，即资本，是城市发展的核心驱动力之一，亦是城市运营进程中的关键环节。若想全方位提升城市的资本运营能力，需要从多个维度着手。一方面，优化城市资产结构势在必行，营造优质营商环境同样不可或缺，这二者能显著增强城市对资本的吸引力。尤为重要的是，要着重强化政府引导资金的杠杆作用，提升其带动社会资本踊跃投入的效能。另一方面，精准制定契合城市比较优势的发展战略至关重要，将资源精准投向那

---

① 宋光辉：《人民对美好生活的向往　就是城市管理的终极目标》，《株洲日报》2018 年 9 月25 日。

些能够创造更高收益、更具发展潜力的城市发展领域。如此一来，便能逐步构建起城市投融资的良性循环体系，稳步提升城市财政的稳定性，全方位增强城市的融资能力，为城市的持续、健康发展筑牢根基。如何更好地实现城市收支平衡是本研究的出发点之一，"财"作为城市现金流维持城市运营的基础要素部分，被纳入"稳定收入"中的税收可持续性和债务融资能力部分，而"财"所代表的社会财富积累，被纳入"优化要素"中的金融要素。

"产"，产业发展是城市发展的源泉，产业崛起促进经济发展是我国改革开放四十多年来最重要的经验和根本依据。产业化与城镇化协同共进，是推动现代化进程的关键支柱。城市之所以能吸引人口并实现集聚，产业的蓬勃发展与高效集聚起着决定性作用。要实现城市的高质量发展，产业升级和提高人民收入水平是根本基础。从城市运营视角来看，产业发展状况直接关系到税收情况，产业投资态势又与城市债务紧密相连。产业发展离不开基础设施的完善、人力资本的支撑、科技资产的助力、生态条件的保障以及开放环境的营造，而这些要素，均需通过持续优化城市运营来实现提升。进而构建起要素结构升级与产业结构升级相互促进、相辅相成的良性循环，为城市发展注入源源不断的动力。其中，"稳定收入"通过税收、土地出让、债务融资均可以在一定程度上反映产业发展对经济发展的促进作用；"优化要素"中的技术要素、数字要素反映了新经济对产业发展的助推作用；"盘活资产"中的固定资产部分反映了城市产业发展的积累，土地资产和生态资产反映了城市产业发展的效率和侧重点；"智慧治理"中的营商环境反映了城市产业配套环节的发展水平。产业的重要性和对城市运营的巨大影响决定了，在研究中需要通过多领域多视角来评价不同城市产业发展的成效。

"技"，技术进步是人类进步的阶梯。创新，作为驱动发展的核心动力，对城市进步起着不可替代的关键作用；技术，更是推动产业升级的核心要素，深刻影响着城市的经济结构与发展轨迹。在城市运营实践中，提升城市的"软资产"质量至关重要，其中包括强化人力资本积累与优化科技资产

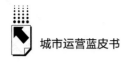
配置。城市应依据自身所处的发展阶段以及产业特色，合理规划并优化支出结构，将重点放在提升科创投入效率上。通过精准投入，确保科技创新资金能够高效转化为实际生产力，从而助力产业升级，推动城市经济持续增长。本研究主要通过"优化要素"中的技术要素反映城市综合技术水平，此外，数字要素、数字政府也在一定程度上反映了新技术的应用情况。

"数"，数字既是一种要素，也是一种资产，其作为要素已经对城市发展、经济发展起到了至关重要的作用，而其作为一种资产的价值仍在不断探索中。进入数字经济时代，数据一跃成为城市极为关键的资产，同时也是城市运营得以稳健推进的重要保障。城市宛如一个庞大复杂的有机系统，往昔传统的决策手段与管理模式，在当下已愈加难以契合城市发展的需求，难以有力支撑城市高效运转。与之形成鲜明对比的是，借助大数据、物联网技术搭建的，融入人工智能辅助管理的全新模式与决策方法，宛如为城市运营者提供了精准导航。它能助力决策者将复杂的城市系统难题层层拆解，从海量信息中精准抓取关键数据，实现系统化的优化分析，从而为完善城市运营工作提供切实可行的方案，推动城市在数字化浪潮中稳步前行。本研究主要通过"优化要素"的数字要素环节评价各城市的数字化发展水平，通过"智慧治理"的数字政府部分评价数字技术在基层治理中的应用情况。

"政"，我国各级地方政府在各地的生产、生活实践中起着领导核心的作用，既直接引导经济发展，也是民生兜底的总负责。政府的服务职能主要通过"服务民生"和"智慧治理"来表现，一个侧重改善城市公共服务"硬环境"，一个侧重完善城市治理"软实力"。

"文"，文化实力是城市差异化竞争角逐的重点，文化调性是城市个性的集中体现。本研究中，文化要素主要通过"智慧治理"中的城市品牌来表现。

（二）城市运营模型搭建及指标调整

2024年的指数设计，在围绕城市收支两条线基本脉络的基础上，更加强调城市运营与城市高质量发展、新质生产力的关系。通过研究相对发达城市在全要素生产率提升等方面好的做法和经验，深入研究不同等级城市如何通过城市运营来激励技术革命性突破、促进市场要素创新型配置、赋能产业转型升级、助力新型生产关系素质，从而最终催生、促进新质生产力的发展，最终实现城市高质量发展总目标。在指标设计上，加大了对数字、生态、碳排放等热点难点问题的关注力度，以更全面地分析比较不同城市的发展水平和未来潜力。

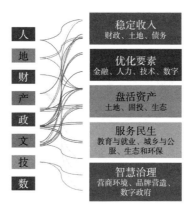

图1 城市运营模型

本研究在2023年研究的基础上，围绕"人、地、财、产、技、数、政、文"八大要素，从"稳定收入""优化要素""盘活资产""服务民生""智慧治理"五大领域入手构建一级指标。从实现投资和支出的效率提升，充分挖掘数字要素的潜力，盘活生态资产，大力提升治理能力，筑牢城市经济的高质量增长根基，推动城市资产品质迈向新高度，确保城市实现收支平衡，将债务风险控制在安全范围内，营造优良的城市创新环境，使人居环境得到显著改善，让公共服务与市政服务全方位契合城市发展的多元需求，进一步优化营商环境，深度拓展数字治理的广度与深度等方面进行深入分析研究，在此基础上形成了16个二级指标、55项三级指标（标准化后）（见表1）。

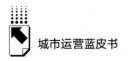

表1　城市运营指标体系

一级指标	二级指标		三级指标
稳定收入	1	税收可持续性	一般公共预算收入增速
			财政自给率
			税收收入/一般公共预算收入
			GDP增量/财政支出增量
	2	土地财政稳健性	非工业用地出让价格变动
			非工业用地供地面积变动
			非工业用地成交率变动
			城乡建设用地规模/常住人口规模
			税收收入/建成区面积
	3	债务融资能力	债务规模增速
			债务空间
			发债平台数量及评级
			城市融资成本
优化要素	4	人力要素	劳动力人口占比
			高质量人口占比
	5	金融要素	存贷款余额
			存贷比
	6	技术要素	专利授权量
			发明专利授权占比
			R&D经费支出/GDP
	7	数字要素	城市互联网发展水平
			数字普惠金融指数
盘活资产	8	土地资产	二产、三产土地资产效率
			存量非工业土地出让价值
			增量土地价值
	9	固定资产	固定资产存量
	10	生态资产	生态系统服务价值总量
			绿色全要素生产率
			地方政府绿色发展关注度
			二氧化碳排放绩效
服务民生	11	教育与就业	师生比
			生均教育支出
			万人新注册企业数量
			调查失业率（逆向）

一级指标	二级指标		三级指标
服务民生	11	教育与就业	人均公共服务支出
	12	城乡协调与基本公共服务均等	城乡居民可支配收入比改善率
			人均一般公共预算支出
			万人拥有公交车数量改善率
			千人拥有病床数量改善率
			市政公用设施建设固定资产投资额
	13	生态和环保	PM2.5年平均浓度改善率
			建成区绿化覆盖率改善率
			市政公用设施建设固定资产投资额
			单位GDP耗水量改善率
			单位GDP耗电量改善率
			单位GDP碳排放量改善率
智慧治理	14	营商环境	知识产权纠纷结案数/当年专利授权量
			开放程度[外商直接投资（FDI）、外贸依存度]
			城市政府服务指数
	15	品牌营造	城市文化品牌影响力
			城市旅游品牌影响力
			品牌传播影响力
	16	数字政府	城市数据及信息化基础设施
			城市政府数字服务能力
			城市政府数字治理能力

1. 稳定收入：综合财力稳定性

从收支两条线综合考虑城市现金流水平是本研究的一大特点，而通过"稳定收入"研究来衡量不同城市开源节流水平是城市运营的重要基础。需要说明的是，城市运营关注收支综合效益的最大化，而不是结余的最大化，这一思路也直接指导了指标设计。二级指标中，在上年研究税收、土地出让以及地方政府债的基础上，将国资平台发债情况（发债平台数量及评级+城市融资成本）纳入"债务融资能力"。在"税收可持续性"中，增加了GDP增量因子；在"土地财政稳健性"中，增加了城乡建设用地规模指标，从而更完整地描述地方政府收入、支出和债

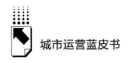

务的关系，更准确地评估不同城市在"稳定收入"方面的综合情况（见表2）。

表 2　稳定收入部分城市运营指标及评估方式

一级指标	二级指标	三级指标及其评估方式
稳定收入	税收可持续性	一般公共预算收入增速×财政自给率、税收收入/一般公共预算收入、GDP 增量/财政支出增量
	土地财政稳健性	非工业用地出让价格变动×非工业用地供应面积变动、非工业用地成交率变动、城乡建设用地规模/常住人口规模、税收收入/建成区面积
	债务融资能力	债务规模增速+债务空间、发债平台数量及评级+城市融资成本

税收可持续性：税收二级指标保留了一般公共预算收入增速和财政自给率两项三级指标，新增了 GDP 增量/财政支出增量的关系指标。一般公共预算收入增速选取"营改增"全面铺开后的平均增速以降低短期波动性的影响。财政自给率=城市的一般公共预算收入/一般公共预算支出。通过一般公共预算收入增速指标、GDP 增量/财政支出增量关系指标来回顾城市收支平衡的发展情况，通过财政自给率体现地方政府的财政健康程度，最后通过两者相乘，综合考虑收支数量和质量对税收可持续性的影响。

考虑到不同等级城市税收规模的巨大差距，本研究沿用分级赋权重的设计方法，考察高等级城市的一般公共预算收入的收支平衡水平对我国地方财政健康发展的巨大影响，而低等级城市财政自给率普遍较低长期存在，因此，税收可持续性指标中的增速权重随城市等级下降而逐渐降低，财政自给率权重逐渐升高。

土地财政稳健性：土地财政稳健性和土地创税能力是新型城镇化高质量发展阶段区别于高速城镇化发展阶段的重要指标。伴随着房地产市场的根本性变化，土地市场的风险已经显现，本研究根据近年来各城市的非工业土地供应量、土地成交量和土地价格等情况，分析不同城市土地市场风险的结构性特征，为化解风险提供一种先见性的条件指标支撑。

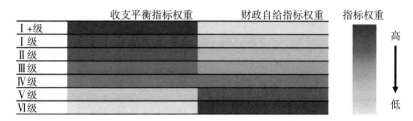

图2　各等级城市税收可持续性指标权重

资料来源：国研经济研究院分析。

具体来说，若数年间土地供应量持续下降的同时土地成交率也在下降，已经可以判定城市土地市场可能出现了风险；若在供应量下降的同时土地价格也同步下降，这就很可能表明该城市土地市场已经出现了较大的风险。

在土地市场低迷的当下，从存量土地中寻求收益就成了必然选择，通过测算各城市单位面积建设用地土地的创税能力，来判断城市存量土地的收益前景。

债务融资能力：债务融资在新型城镇化发展阶段越来越重要。债务规模本身不是问题，偿还能力才是考察的关键。债务指标中，在保留了地方政府债务规模增速和债务空间两个三级指标的基础上，新增了城市平台债务指标，包括了近三年在公开市场发债的城投平台数量、平台评级、融资规模，评估国有资本整体质量。并结合各个平台债券的票面利率，分析各地市国资与其融资成本是否相匹配。

通过对比地方政府综合债务负担、融资需求和偿债能力，评估地方政府投资与支出效率、分析如何更加充分并合理地运营各地市量级庞大的国资平台，从而综合判断不同城市运用债务工具促进城市发展的能力和效率。

2. 优化要素：推动发展新质生产力

"优化要素"是城市运营的核心过程，即如何通过城市运营吸引更多的高端要素集聚，提升产业能级，形成稳定收益。2024年的研究进一步充实

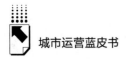
了人力和技术要素的评价体系，新加入了数字要素二级指标，从而更好地呼应时代需要（见表3）。

表3　优化要素部分城市运营指标及评估方式

一级指标	二级指标	三级指标及其评估方式
优化要素	金融要素	存贷款余额、存贷比
	人力要素	劳动力人口占比×高质量人口占比
	技术要素	专利授权量×发明专利占比×R&D经费支出/GDP
	数字要素	城市互联网发展水平×数字普惠金融指数

2024年的研究沿用了"适度超前"的概念进行计算，但对适度超前的评判进行了进一步的完善，以同一指标在城市分级平均一定程度到远超于城市分级平均的区间内为基础，综合经济社会发展水平进行交叉论证，从而更准确地得出"适度超前"的结论。分级平均的区间计算方法如下：

$$(\bar{x}_i + 2 \times \sigma_i) > x_{i.\,benchmark} > (\bar{x}_i + \alpha \times \sigma_i)$$

$\bar{x}_i$ 分级城市平均值

σ_i：分级城市标准差

α：系数，选取原则为保证每个城市分级中都存在至少1个最佳城市的最大值。

$x_{i.\,benchmark}$：分级适度超前城市

传统上人力、金融和技术是产业发展最重要的要素，随着数字技术的革命性进步，数字应用的大幅推广，数字要素被广泛认为有机会成为新时代重要的发展推动力。

金融要素：综合考虑了数据可获得性，仍沿用金融资产指标，主要考察城市金融机构存贷款余额和存贷比情况。

人力要素：人力资本指标包含劳动力人口占比、高质量人口占比两个三级指标。其中，高质量人口占比包括受高等教育人口占比与R&D研发人员

占比。指标设计沿用了上年高等级城市中更应关注高质量人口指标权重，而低等级城市则应更关注劳动力人口指标的大原则。

技术要素：技术要素指标包括专利授权量、发明专利授权占比以及 R&D 经费支出/GDP，新增了 R&D 经费支出/GDP，对应学、研两类技术要素。同样沿用了专利相关指标，尤其是发明专利授权占比权重随城市发展由高到低呈现从高到低排序的权重考虑。

数字要素：从互联网发展和数字金融发展两方面对数字经济综合发展水平进行测度。互联网发展即城市互联网发展水平采用互联网普及率、相关从业人员情况、相关产出情况和移动电话普及率四个方面的指标。对于数字金融发展，采用中国数字普惠金融指数[①]。参考人力要素、技术要素给指标设定权重，高等级城市更关注互联网发展水平，低等级城市更关注普惠金融发展水平（见图3）。

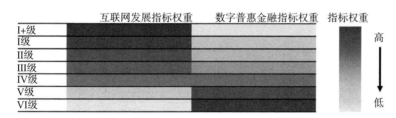

图3 各等级城市数字经济指标权重

资料来源：国研经济研究院分析。

3. 盘活资产：提升资产运营效率

进入存量阶段后，我国城市运营的核心目标转向了盘活资产。这意味着，城市运营需致力于提升当地经营性资产的质量，通过有效运营增加资产密度，并努力降低资产的使用成本。与优化要素相似，城市资产质量并非单纯追求高标准，而是追求最适合当地发展的适度水平。例如，固定资产投资若过度超前，不仅会导致前期建设背负高额债务，还会使后期维护

[①] 郭峰等：《测度中国数字普惠金融发展：指数编制与空间特征》，《经济学》（季刊）2020年第4期。

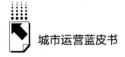

费用居高不下，严重影响资产效益。同样，土地资产价值若远高于城市发展水平，将引发高地价、高房价问题，不利于内需的扩大和实体经济的发展。

盘活资产直接关系到城市经济的活力和可持续发展。为实现这一目标，城市运营需通过科学规划和合理布局，提升经营性资产的质量。这包括优化资产结构，提高资产利用效率，以及创新运营模式降低成本等（见表4）。

表4　盘活资产部分城市运营指标及评估方式

一级指标	二级指标	三级指标及其评估方式
盘活资产	土地资产	二产、三产土地资产效率,存量非工业土地出让价值,增量土地价值
	固定资产	固定资产存量
	生态资产	生态系统服务价值总量×绿色全要素生产率×地方政府绿色发展关注度×二氧化碳排放绩效

土地资产：土地资产是城市最主要的资产之一，土地资产的运营是资产运营的核心。为了更好地反映城市土地资产的运营能力，本研究在保留存量非工业土地出让价值和增量土地价值这一数量指标的基础上，用单位面积建设用地的经济产出和债务投入的关系（二产、三产土地资产效率）这一指标来衡量城市土地资产运营的效率。例如，单位建设用地经济产出高而债务低的城市土地资产运营水平高；单位建设用地经济产出高而债务也高的城市较充分地运用了债务工具；单位建设用地经济产出低而债务也低的城市土地运营的活力不足；单位建设用地经济产出低而债务较高的城市，土地资产运营的效率较低。

固定资产：本指标运用永续盘存法，将各城市的固定资产投资额度转化为固定资产存量价值。首先，固定资产存量反映了近年来各城市在基础建设方面的投入情况。优良的城市基础设施是城市发展的基石，能够显著增强对人才和产业的吸引力，为城市的持续繁荣提供有力支撑。其次，考虑到许多基础设施等固定资产的所有权通常归属于政府、政府平台企业或国资企业，这些资产在某些特定情境下具备变现或者金融产品化可能性。通过出售、出让、证券化这些基础设施的所有权或收益权，地方政府可以有效弥补财政收入的不足，从而应对特定的财政挑战。

生态资产：生态资产的评估，有别于服务民生章节的生态环境保护，并非就生态论生态，更多地关注生态产品的生态效益向经济效益、社会效益转化。在指标设计上分了两个层次，首先是测算各城市的生态家底量，其次是研究各城市的生态资产运营能力。在生态产品价值的货币化核算方面，已经有许多研究基础和量化测算数据，本研究选用生态系统服务价值总量（ESSV）指标来衡量各城市的生态家底。而由于生态产品价值的市场化仍在探索中，各地方政府的绿色生产能力很大程度上决定了其生态资产运营能力。在绿色生产能力方面，本研究从绿色全要素生产率（GTFP）、地方政府绿色发展关注度和二氧化碳排放绩效这三个维度来进行指标设计。

4.服务民生：提高民生改善效率

习近平总书记指出，"中国式现代化，民生为大"[①]。稳收入、优要素、盘资产，最终的落脚点还是增进民生福祉，提高人民生活品质。提供优质公共服务，也是地方政府的工作重点，如何用好民生支出，尤其是提高城市政府民生服务的效率是城市运营的关键。本研究延续上年的二、三级指标，重点考察城市在"教育与就业""城乡协调与基本公共服务均等""生态和环保"三大二级指标 16 项三级指标上的表现。

表 5　服务民生部分城市运营指标及评估方式

二级指标	二级指标细分	三级指标及其评估方式
教育与就业	教育	师生比/生均教育支出
	就业	万人新注册企业数量+调查失业率（逆向）+人均公共服务支出

---

① 《总书记的人民情怀："中国式现代化，民生为大"》，《人民日报》2024 年 8 月 6 日。

续表

二级指标	二级指标细分	三级指标及其评估方式
城乡协调与基本公共服务均等	城乡协调	城乡居民可支配收入比改善率/人均一般公共预算支出
	基本公共服务均等	（万人拥有公交车数量改善率+千人拥有病床数量改善率）/市政公用设施建设固定资产投资额
生态和环保	生态	（PM2.5 年平均浓度改善率+建成区绿化覆盖率改善率）/市政公用设施建设固定资产投资额
	环保	（单位 GDP 耗水量改善率+单位 GDP 耗电量改善率+单位 GDP 碳排放量改善率）/市政公用设施建设固定资产投资额

教育与就业：教育和就业是增进民生福祉的基础工程和改善民生的压舱石。教育三级指标包括师生比和生均教育支出；就业三级指标包括万人新注册企业数量、调查失业率（逆向）和人均公共服务支出。

城乡协调与基本公共服务均等：本研究中城乡协调指标主要考虑城乡居民可支配收入比改善率；基本公共服务均等指标为市政公用设施建设固定资产投资额、万人拥有公交车数量改善率和千人拥有病床数量改善率。

生态和环保：生态和环保可细分为生态环境质量指标和节能环保指标。其中生态环境质量指标为市政公用设施建设固定资产投资额改善空气质量（PM2.5年平均浓度）和建成区绿化覆盖率的效率。节能环保指标为市政公用设施建设固定资产投资额改善单位 GDP 耗水量、耗电量、碳排放量的效率。

5. 智慧治理：让城市更聪明更智慧

智慧治理是建构具有包容性、整合性以及可持续性的城市运营的关键环境，城市治理创新可借助技术变革达成，这一过程融合了技术驱动与政府引领，催生出多元协同的治理新模式。"智慧治理"既需要智慧技术助力，更重在政府治理能力的提升，本研究围绕营商环境、品牌营造、数字政府三个维度构建智慧治理指标体系。

表6　智慧治理部分城市运营指标及评估方式

一级指标	二级指标	三级指标及其评估方式
智慧治理	营商环境	产权保护:知识产权纠纷结案数/专利授权量,知识产权纠纷结案数/GDP;对外开放:外商直接投资(FDI)、外贸依存度;政府服务:透明指数、廉洁指数、关心指数
	品牌营造	城市文化品牌影响力×城市旅游品牌影响力×品牌传播影响力
	数字政府	城市数据及信息化基础设施×城市政府数字服务能力×城市政府数字治理能力

营商环境:营商环境指数测算涉及范围广,以《中国城市营商环境研究报告2023》为例,构建了包括市场环境、政务环境、法治环境、人文环境等一级指标,融资、创新、公平竞争、资源获取等13项二级指标,金融机构存贷比、专利数量、研发投入等22项三级指标,可以认为广义的营商环境测算与本研究关于城市运营水平的测算有部分交叉。本研究的营商环境测算更多地聚焦于城市知识产权保护、开放程度及政府服务水平三个方面。知识产权保护主要通过地方知识产权审判结案数与该城市专利授权量、城市GDP的对比关系来衡量。开放程度主要通过该城市外商直接投资(FDI)、外贸依存度来测算。政府服务水平分为政府公正透明、廉洁、关心企业发展三组指数。

品牌营造:在新技术革命浪潮中,智慧治理的侧重点逐渐转向"算力技术"与"人文技术"相辅相成的综合治理模式。它尤为重视技术理性和价值理性的深度交融,致力于满足多元主体在多元化、多层次上对个体社会利益的表达需求。通过积极规制技术变革可能引发的"人文失落"困境以及价值认知盲区,在推动服务型政府转型重构的进程里,同步达成社会"善治"的目标。本研究参考《中国城市品牌影响力报告》指标体系设计,借用了其部分数据结论,通过城市文化品牌影响力、城市旅游品牌影响力、品牌传播影响力三个指标来反映不同城市营销与品牌化发展水平。

数字政府:智慧治理借助新兴技术,给政府与公众同步带来"赋权"与"赋能"。在未来社会治理体系里,以往那种线性、链式、科层化的"垂

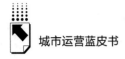

直独立型"组织架构将被淘汰，取而代之的是更强调多元主体实质参与、线上线下融合的"整体智能型"治理架构。这意味着要搭建一个政府、社会、公众等多元主体都能参与的平台生态圈，依靠完备规则约束各主体行为，让它们在共生中不断进化，最终促使"善智"与"善治"相互促进、协同发展。本研究通过城市数据及信息化基础设施、城市政府数字服务能力、城市政府数字治理能力三个指标展开数字政府指标评价。

二 城市运营指数评估结果

（一）分级分类城市基本情况

在保留 2023 年城市分级指标设计的基础上，考虑到虽然七普数据具备权威性、准确性、全面性等特点，但已经过去了近四年时间，各城市人口、经济发展都出现了显著的变化，因此，参照《城市统计年鉴 2023》和各地统计局公开数据，将城市分级中的人口和经济数据更新至 2022 年，根据如下公式进行城市分级。

$$城市分级综合得分=行政权重×人口得分^{\alpha}×经济得分^{1-\alpha}$$

仍将全国 296 个地级及以上城市分为 I+级至 VI 级共七级。通过观察分级综合得分情况，也考虑到方便不同年份各级城市比较，仍保留各级城市数量不变（I+级城市 4 个、I 级城市 9 个、II 级城市 20 个、III 级城市 34 个、IV 级城市 64 个、V 级城市 86 个、VI 级城市 79 个），但城市定级和各级内城市排序均有显著变化。

综合来看，在 IV、V 级城市中，山西省城市评级提升显著，有 5 个城市评级提升。山西作为工业大省，在经济结构中，工业占 GDP 的比重显著高于全国平均水平。其工业得以稳固发展，煤炭产业起到了关键支撑作用。山西坐拥得天独厚的煤炭资源，在国内能源版图中占据重要地位，是我国极为重要的综合能源基地，同时也是主要的电力外送基地。2020~2023 年，山西煤炭产量以几乎每年亿吨的速度增产，在 2023 年更是达到了 13.78 亿吨，为保障全国的能源供应做出了巨大贡献。① 目前，山西省处于新旧动能加速转换阶段，数字经济、高端装备制造、新能源汽车、新材料、新能源等新兴产业快速发展，战略性新兴产业、高技术产业增加值增速快于规模以上工业企业，非煤工业、制造业增速快于煤炭工业，工业结构不断优化；同时，现代服务业集聚区建设不断加快。近几年来，山西一直在努力转型，打破固有的产业特性，同时，又承担着能源保供任务。当下，保供任务的缩减，也为山西转型发展带来了"窗口期"。

（二）城市运营指数整体结果

1. 土地市场深度调整，城市稳收入路径转换遇挑战

我国地级以上城市财政体系正面临结构性调整，区域分化与债务压力交织的特征日益显著，部分传统经济大省亦显露增长疲态，城市间财政收入呈现明显梯度差异。尽管 2020～2023 年低等级城市财政收入年均增速达 6.2%，略高于高等级城市的 5.1%，但受制于自身造血能力薄弱与高等级城市虹吸效应，这种增速差异难以根本改变财政资源分布格局。2023 年 I+级城市和 I 级城市贡献了全国近 4 成的地方财政收入，而 V 级、VI 级城市合计占比不足两成。受制于产业基础薄弱与资源虹吸效应，其内生发展动力仍显不足。财政自给能力的分化更为突出，III 级及以上城市维持较强造血能力，而 VI 级城市平均财政自给率仅 23%，高度依赖转移支付的特征短期内难以改变。这种财政分化态势在收支缺口持续扩大的背景下，凸显出地方财政体系仍面临结构性困难。

政府债务增速整体趋缓但呈现出显著的分化特征。2017 年以来地级以上城市债务余额年均增速普遍控制在 20% 以内，但融资平台有息债务演变轨迹出现重大转折。2021 年前，低等级城市依赖债务融资的特征明显，但

---

① 赵芳：《金台观晋｜山西一季度 GDP 减速背后亮点不少，转型发展正在加速》，人民网山西频道，http://sx.people.com.cn/n2/2024/0510/c189134-40839599.html。

此后I+级和I级城市融资平台债务规模快速膨胀，其中9个I级城市2021~2023年债务余额激增86.78%，同期VI级城市债务规模却年均缩减34.78%。这种剧烈调整使I级城市综合债务余额占比从2021年的14.88%跃升至2023年的27.8%，成都更以3.4万亿元的债务规模成为全国之最。这种债务格局的逆转，既反映出高等级城市在土地财政式微背景下强化债务融资的迫切需求，也暴露出低等级城市土地锚定效应弱化导致的融资能力衰退，可能对区域经济发展形成长期制约。债务风险呈现区域聚集态势，辽宁、广西等四省区集中了全国66%的债务困难城市，其中辽宁省64.3%的地级市面临债务困境。短期兑付压力方面，新一线城市1年内到期债务占比7.83%，显著高于二三线城市的5%~6%，部分城市流动性风险值得警惕。债务风险的形成机制呈现复杂特征，既包含市场对城市发展前景的预期判断，也反映出地方政府财政结构的深层次问题。

国有平台融资市场呈现利率下行与结构优化的特征。各级城市发债利率整体较2020年显著下降，其中I+级城市短期债利率低至2.15%。发债主体评级持续改善，VI级城市AA级主体发债占比从91.3%降至68.4%，反映出市场对低等级城市信用资质的审慎态度。融资成本呈现典型层级特征，VI级城市平均利率仍超6%，五年内短期债务占比升至93.2%，其中三年期债务占比34.85%且利率高于其他期限。区域分化特征依然显著，宁夏等8省区国企平均发债利率逆势上升，暴露出部分地区国有资产质量提升的困境。通过构建发债平台评级综合得分体系分析，31个城市因融资成本与平台发展水平协调较好成为标杆。而成都、西安等新一线城市利率显著高于同级均值，折射区域信用溢价抬升。广东10个地市及榆林、宁德等能源城市虽具备融资成本优势，但平台建设滞后制约发展潜力。

土地市场深度调整对地方财政形成系统性影响。2023年土地财政收入占比已跌破40%，较2021年下降12个百分点，直接导致各级城市综合财力平均缩水8%~22%。土地市场风险呈现空间扩散特征，全国98个城市被纳入土地风险名单，四川、安徽等中西部省份与山东、广东等东部经济大省同时面临压力。风险城市类型分布呈现"中间大、两头小"特征，Ⅱ级城市近半数存在土地风险，V级城市风险数量最多，反映出上一轮土地扩张周期中过度杠杆化的后遗症。值得关注的是，12个城市在土地成交率持续走低的同时仍维持高土地财政依赖度，这类"双高风险"城市面临财政结构转型的严峻挑战。而低等级城市因土地市场提前"冰封"反而风险相对可控。土地市场的深度调整正在重塑地方财政格局，高等级城市凭借产业和人口集聚优势尚能维持风险可控，而前期过度依赖土地金融杠杆的城市正面临发展模式转型的阵痛。

总体而言，我国城市财政体系正经历深度调整期，高等级城市在维持财政主导地位的同时面临债务扩张压力，低等级城市虽取得化债成效但发展动能受限，中间层级城市则承受着土地财政退潮的直接冲击。这种多层次、多维度的财政分化格局，既考验着地方政府治理能力，也对构建可持续的地方财政体系提出新的课题。

2. 要素协同效应呈现"乘数级差异"

当前我国城市要素配置格局呈现显著层级分化特征，人力、金融、技术、数字四大核心要素的集聚与流动正重塑城市发展版图。在人口总量达峰与产业结构升级的双重背景下，要素配置效率已成为决定城市竞争力的关键变量。基于近三年296个地级以上城市的多维度数据分析显示，要素配置效率与城市能级呈现非线性关联，不同层级城市在要素优化路径上呈现差异化特征，要素优化配置既存在梯度转移的客观规律，也展现出政策引导下的主动突破，不同能级城市在要素配置策略上呈现出差异化发展路径。

通过构建要素耦合协调度模型发现，前10%城市的要素协同指数达0.82，较后10%城市高4.1倍。数据分析显示，当四类要素配置协调度提升0.1个单位，全要素生产率平均增长8.7%。要素错配成本测算表明，人力和技术错配导致年效率损失约3800亿元，金融和数字错配造成资源配置效率下降12%。值得注意的是，中西部城市要素协同提升弹性系数达1.38，显著高于东部城市的0.92，显示后发地区要素优化具有更大潜能。

人力要素呈现梯度转移与极化扩散特征。2020~2023年人口迁移数据显示，I级城市年均新增常住人口29.8万人，增速达2.53%，形成新的人口

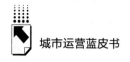

集聚极，标志着中国城镇化进入新一线主导的新阶段。值得注意的是，人口流动呈现"双峰分布"：前20%的 I 级和 II 级城市吸纳了全国76%的跨省流动人口，而后50%的 IV～VI 级城市年均人口流失率达0.83%。II 级城市20~35岁人口占比达38%，较 VI 级城市高14%，但技能匹配度缺口扩大至23%。

在人力资本质量方面，研发人员密度与城市等级呈强正相关，I+级城市每万就业人口中研发人员达187人，而 VI 级城市仅为24人，差距扩大至7.8倍。结构性矛盾体现在29个城市人力资本超前城市，其高校毕业生本地就业率中位数仅41%，人力要素投入产出效率较均衡城市低38%。这种要素配置的时空错配，既反映出区域发展不平衡的客观现实，也体现出产教融合机制仍有待进一步优化完善。人力要素超前度指数超过1.2的城市，其全要素生产率损失年均3.7%，主要源于教育投资回报率下降和岗位创造能力不足的双重挤压。

金融要素配置凸显规模集中与效率分化特点。截至2023年末，前10%城市的金融机构存贷款余额占全国总量的53%，较2021年提升2.4个百分点，资源集聚度持续增强。金融要素配置呈现"双轨并行"特征。北京、上海以占全国7.2%的存贷款规模持续巩固金融中枢地位，其资金集聚度达到次级城市的4.3倍。存贷比指标揭示高等级城市的规模优势，其中 I 级城市平均存贷比达78%，显著高于 IV 级城市的52%。金融要素配置效率对城市经济增长的贡献度呈 U 形曲线：当存贷规模突破1.5万亿元阈值后，每增加1%的信贷投放可带动 GDP 增长0.08个百分点，较阈值前（0.15个百分点）下降47%，反映出超大规模城市金融资源配置效率的边际递减规律。

值得关注的是，36个城市面临金融要素滞后困境，这些城市不良贷款率中位数为2.3%，较标杆城市高1.8倍，其中鄂尔多斯等能源型城市信贷投放与产业转型需求错配率达63%，传统产业贷款占比超75%，显示出金融体系对新兴产业升级的拉动作用尚未充分释放。这种分化格局既验证了金融资源向高等级城市集聚的市场规律，也反映出多层次资本市场建设仍有待深化。

技术要素投入产出呈现规模效应与边际递减规律。研发经费投入强度（R&D/GDP）随城市等级阶梯式下降，I+级城市达3.8%，VI级城市仅0.9%，但投入产出效率呈现非线性特征。数据分析显示，当城市R&D经费突破500亿元阈值后，每万元研发投入专利产出提升42%，而低于100亿元时边际效益递减显著。专利质量维度上，高价值发明专利占比从I+级城市的68%降至VI级城市的19%，技术转化率差距更达5.3倍。值得注意的是，17个技术滞后城市的规上工业企业研发覆盖率不足30%，其战略性新兴产业产值占比均值仅为14%，较技术适度超前城市低21个百分点。

数字要素发展暴露基础设施鸿沟与渗透率瓶颈。数字基础设施渗透率与城市等级强相关，I+级城市每百人互联网用户达92户，较VI级城市高2.3倍，但数字技术渗透深度呈现分化：前20%城市数字经济核心产业增加值占比达28%，而后30%城市该指标不足6%。数字普惠金融发展水平与城市移动支付效率高度相关，数字普惠金融指数超过350的城市，其小微企业数字支付渗透率达79%，而指数低于250的城市该指标仅为43%。数字鸿沟还体现在要素联动效应——在数字要素标杆城市，数字技术对劳动生产率提升贡献率达37%，而在滞后城市该贡献率不足15%。

3. 资产盘活成效不依赖城市规模，不同底色城市各擅胜场

盘活资产不仅反映了城市在土地、固定资产和生态资产方面的有效利用，还揭示了城市在实现经济增长和可持续发展方面的平衡。随着城市运营模式的不断转型，如何盘活资产、提高资源利用效率，成为推动城市获得后发优势的关键。不同规模和层级的城市在资源利用方面各有特色，只要善用自身优势，创新运营模式，就能释放巨大的经济和社会效益。通过整合土地和文旅资源，重庆在城市更新上探索出了诸多创新运营模式；合肥则通过科创主题，激活固定资产的价值再造。VI级城市中，山南、林芝等低等级城市通过挖掘生态资源的潜力盘活资产，亦是优质的单项样本。

我国地级以上城市土地资产运营效率呈现显著层级分化。土地价值与债务承载能力、产业发展效能形成深度关联。I+级城市存量土地价值较VI级

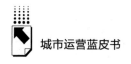

城市高出 8.3 倍，其单位面积融资能力达到每平方公里 42.7 亿元，形成显著的资本集聚效应。土地价值效率方面，2020~2022 年，仅 37.5% 的城市实现地均 GDP 持续增长，其中 I 级城市全部实现正增长，而 IV~VI 级城市中地均 GDP 下降的城市占比达 28.6%，反映出低等级城市土地价值转化效率亟待提升。

通过构建地均 GDP 与债务的评估模型，32 个标杆城市展现出高效运营特征，其平均地均 GDP 达每平方公里 6.3 亿元，债务负担率控制在 45% 以内。福建省三座城市通过低效用地再开发试点，累计盘活土地 27.9 万亩，推动地均 GDP 提升 19.6%。与之形成对比，39 个运营落后城市平均债务规模增速超出 GDP 增速 14.2 个百分点，其中长三角城市占比达 41%，这些城市虽然经济总量占全国的 23%，但土地财政依赖度均值达 67%，显著高于全国平均水平。

分产业门类来看，工业用地运营效率呈现双轨分化特征，I+级至 II 级城市工业地均 GDP 达每平方公里 9.8 亿元，较 III 级以下城市高 3.2 倍。重工业城市表现突出，榆林市 2022 年工业地均 GDP 达 112.82 亿元/平方公里，包头市、唐山市等地均超过 60 亿元，但此类资源型城市技术外溢效应有限，其经验可复制性低于同等级制造业城市。值得关注的是，9 个 I 级城市中有 33% 的工业用地效率低于同级均值，显示高等级城市内部存在显著的结构性失衡。

商业用地运营面临系统性挑战，在第三产业占比超 50% 的背景下，89%的城市商业用地开发超前于产业发展需求。2023 年商业地均 GDP 较 2020 年下降 12.7%，其中 II 级城市空置率上升至 18.3%，较疫情前提高 6.5 个百分点。债务风险指标显示，地均债务/GDP 比值超过 1.2 的城市达 39 个，这些城市平均政府性基金收入依赖度达 58%，债务规模增速较 GDP 增速高出 9.8 个百分点，形成明显的风险积聚。

固定资产配置呈现显著层级分化特征。在总量格局方面，I 级城市展现出强劲后发优势，固定资产存量较 I+级城市多 1.2 万亿元，差距较 2019 年扩大 24.8%。而 V~VI 级城市存量增幅仅为高等级城市的 17%~21%，层级间差距持续扩大。Ⅱ级城市在规模扩张与效率提升方面表现尤为突出。2019~2021年Ⅱ级城市单位面积固定资产存量增长24.7%，达到每平方公里16937元，超越Ⅲ级城市成为单位面积投资效率最高的层级。这种效率跃升主要源于技术进步带来的边际效益提升，其固定资产投资对GDP增长的弹性系数达0.38，较Ⅲ级城市高0.12个点。

28个标杆城市单位投资GDP产出达4.7元/万元，较全国均值高38%。其中河南省6个Ⅴ级城市通过民间资本激活实现9.5%的民间投资增速，推动2024年固定资产投资增长6.9%，成为低等级城市突围的典型。

26个城市显现过度投资风险，这些城市平均投资转化效率仅为标杆城市的63%。结构性矛盾在27个落后城市更为突出，固定资产落后城市平均工业用地效率较标杆城市低52%，单位基建投资带动的服务业增加值增量不足标杆城市的40%，凸显存量时代资源配置效率的关键作用。厦门市2023年固定资产投资增速降至0.5%，电子制造业产能利用率不足峰值期的15%，千亿产业集群数量较相邻城市少4~8个，反映出产业基础薄弱导致的投资吸引力衰减。

我国地级以上城市生态资产运营评估揭示出显著的空间分异特征与治理效能差异。基于对296个地级市的生态系统服务价值、绿色全要素生产率（GTFP）、政府治理效能及碳排放绩效的多维度测算，数据显示城市生态资产运营能力与城市能级呈现复杂非线性关系。在生态系统服务价值总量维度上，城市能级每下降一级，生态服务总量平均增加23.6%，其中Ⅵ级城市人均生态服务价值达Ⅰ+级城市的118倍，高等级城市人工生态基础设施投资强度达到低等级城市的4.3倍，形成"高投入—高治理"的生态维护模式。

绿色全要素生产率分析显示，Ⅰ+级与Ⅰ级城市GTFP均值较Ⅱ级以下城市高出38.7%，但其内部差异系数达0.42，远高于其他能级城市0.28的平均水平。值得注意的是，经济发展水平与绿色技术效率的相关系数仅为0.31，印证了"先发优势"与"后发优势"并存的转型特征。研究表明，地方政府绿色发展关注度每提升1个单位，GTFP相应增长0.0477个单位，

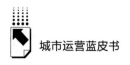
但 I 级城市在此项指标的得分较 I+级城市低 19.3%，反映出快速发展阶段环境治理的边际效益递减规律。

碳排放绩效评估揭示出能级跃迁的生态拐点效应。I 级城市单位 GDP 碳排放强度较 I+级城市降低 17.9%，其平均碳排放福利绩效指数领先 I+级城市 43.4%。与之形成对比的是，IV 级城市平均碳排放经济效益指数仅为 I 级城市的 53.6%，且单位能耗 GDP 产出较全国均值低 21.3%。数据表明，当城市人均 GDP 突破 8 万元时，碳排放绩效提升速度加快近 30%，验证了经济发展水平对生态治理的基础支撑作用。

综合评估显示，40 个生态资产运营标杆城市形成三大类型：以北京为代表的科技创新型（研发强度超 6%）、以杭州为代表的数字治理型（数字经济占比 58.2%）、以内蒙古城市群为代表的资源转型型（传统能源占比下降 12.4%）。其中内蒙古 5 个标杆城市的实践表明，生态补偿基金可使生态系统服务价值有效增长。与之相对，24 个运营滞后城市虽拥有全国 15.6% 的生态资源本底，但其生态资产转化效率仅为标杆城市的 31.7%，暴露出生态资产运营能力的短板。

4. 服务民生效能呈现显著层级分化与区域集聚特征

我国地级以上城市服务民生效能呈现显著层级分化与区域集聚特征。评估数据显示，城市行政层级差异可解释超半数民生服务效率差距，其中生态环保领域层级差异最大，教育与就业次之，城乡协调最小。区域格局呈现"双核驱动"态势：长三角地区在生均教育支出和创业活跃度方面保持领先，I 级城市年均教育投入达 8.2 万元，超出全国同级均值 20.6%，万人新增企业数量 46.7 家；珠三角则以师生比优化速度和城乡融合成效见长，年均提升 2.3 个百分点的师生比优化率，以及年均缩减 4.8% 的城乡收入差距，均位居全国首位。值得注意的是，低等级城市在部分领域实现突破，VI 级城市 PM2.5 浓度以年均 7.2% 的降幅超过 I+级城市的 4.1%，单位 GDP 耗水量改善率 9.3%，较全国均值高出六成。

教育与就业领域呈现效率梯度与区域极化格局。I+级生均教育支出达到 VI 级城市的 3.5 倍，其中长三角 I 级城市 8.2 万元的投入水平，较全国同级均值高出 20.6%，但师生比呈现"U 形曲线"特征，I+级和 VI 级一头一尾优于中间层级。就业市场效率随城市能级衰减的特征明显，I+级城市创业活跃度是 VI 级城市的 3.2 倍，但珠三角 II 级城市展现出特殊竞争力，其 38.5 家的万人新增企业数量，较长三角同级城市多出 17.7%，失业率年均降幅 0.9 个百分点，领先京津冀同级城市 80%。VI 级城市就业指标逆势提升尤为亮眼，调查失业率 1.2 个百分点的年降幅超过 I+级城市 71%，万人新增企业数量 24.3 家，较上一层级城市增长 30.6%，印证人口流动对资源配置的优化效应。

城乡协调发展呈现两端突破与中间迟滞的阶段性特征。I+级与 VI 级城市在缩小城乡收入差距方面成效显著，年均降幅分别达到 5.1% 和 6.3%，较中间等级城市 3.2% 的平均水平优势明显。公共服务均等化进程显现分化态势，I+级城市公交服务覆盖率 92%，比 VI 级城市高出 35 个百分点，但医疗硬件均等化取得突破性进展，IV 级城市千人床位数 6.7 张，已达 I+级城市 94% 的水平。交通基建投入产出效益呈现倒 U 形曲线，中间等级城市道路面积每增长 1% 带动 GDP 提升 0.38%，效益值分别是 I+级和 VI 级城市的 1.8 倍和 1.3 倍，反映了中间等级城市基建边际效益最大化特征。值得警惕的是，I+级城市城乡融合进入深水区，其乡村收入 3.15% 的增速较城镇仅高出 9 个百分点，远低于 VI 级城市 40 个百分点的城乡增速差，反映了高密度城市化地区的融合瓶颈。

生态环境改善呈现全域进步与路径分化的特征。2019～2022 年全国城市 PM2.5 浓度年均下降 4.6%，其中 VI 级城市 7.2% 的降幅较 I+级城市多出 75 个百分点，展现后发优势。绿色发展效率的层级梯度显著，I+级城市单位 GDP 颗粒物排放量仅为 VI 级城市的 26%，但 VI 级城市年均 9.3% 的改善速率达到 I+级城市的 3.4 倍。区域治理路径差异明显，珠三角 II 级城市每万元绿化投资创造 0.42% 的经济增长率，较长三角同级多出 20 个百分点；东北老工业城市单位能耗年均 5.1% 的降幅，领先西部同级城市 34 个百分点。生态脆弱区治理成效突出，三北防护林区域城市单位固碳经济产出达 0.87 万元，超出全国均值 40%，生态价值转化机制初见成效。

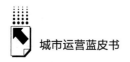

民生服务领域存在显著的协同效应与数字赋能空间。教育与就业前 20 城市中，78%同时位列城乡协调前 30%，其公共服务支出弹性系数（1.32）较非重叠城市（0.91）高出 45%。生态环保与城乡发展呈现负向耦合，PM2.5 浓度每降低 1 微克，IV 级城市城乡收入比缩减 0.12%，但 I+级城市该效应仅为 0.03%，反映了环境治理对中低等级城市城乡融合的强驱动性。数字技术赋能效应显现，政务数字化水平每提升 1 个百分点，VI 级城市医疗资源均衡度提高 0.7%，为 I+级城市的 3.5 倍，揭示后发地区跨越式发展的可能性。

面向未来，三大结构性矛盾亟待破解：一是，资源配置效率的层级固化现象突出，I+级城市民生支出占财政比重 68%远低于 VI 级城市的 82%，但单位投入民生改善值所反映的支出效率则为 VI 级城市的 2.3 倍；二是，硬件均等化与软件落差并存，IV 级城市医疗床位数已达 I+级城市的 94%，但医师密度仅为 58%；三是，短期改善与持续能力错配，VI 级城市生态投入强度超过 I+级城市 63%，但技术支撑体系完备度仅为 I+级城市的 28%。

5. 智慧治理与数字化转型加速，城市充分拥抱数字化

在数字化浪潮推动下，我国地级以上城市智慧治理体系呈现多维分化、梯度演进的特征。评估数据显示，城市行政层级与智慧治理水平呈现强正相关，I+级城市综合指数达到 VI 级城市的 3.9 倍，其中数字政府领域层级差异最为显著，标准差系数达 0.51，远超营商环境的 0.38 和城市品牌的 0.42。区域格局呈现"双轨驱动"态势：沿海城市外贸依存度均值较内陆高出 2 倍，但内陆 I+至 III 级城市在外商直接投资（FDI）领域实现反超，吸引量较沿海同级城市高出 12%~18%，印证治理能力对地理劣势的补偿效应。进一步分析显示，2022 年城市能级可解释 58%的智慧治理水平方差，较 2019 年提升 12 个百分点，马太效应强度排序为数字政府（$\beta=0.73$）>营商环境（$\beta=0.68$）>城市品牌（$\beta=0.61$），凸显高阶城市在数字治理领域的持续领跑优势。

营商环境评估揭示出显著的层级梯度与区域突破并存格局。I+级城市在知识产权保护领域占绝对优势，其知识产权纠纷结案数与 GDP 比值较 I 级城市高出 3.2 倍，专利授权量纠纷处理效率领先 II 级城市 41%。对外开放格局呈现"双轨并行"态势：沿海 VI 级城市外贸依存度达非沿海同级城市的 5.8 倍，而内陆 I+ 至 III 级城市 FDI 吸引量反超沿海城市 12%～18%，印证内陆基础设施与软环境同步提升成效。政府服务指数揭示层级递进规律，I+ 级城市透明指数较 VI 级城市高 58%，但 I 级城市企业关心指数反超 I+ 级城市 9.7%，凸显发展型城市的服务主动性。

城市品牌建设呈现行政能级主导、旅游驱动突破的特征。I+ 级城市品牌影响力指数达 VI 级城市的 4.3 倍，其中传播力差距达 5.8 倍。相对而言，旅游品牌成为跨层级发展突破口，VI 级旅游城市影响力均值超过 65% 的 IV 级非旅游城市。细分维度显示，文化品牌离散系数高于传播影响力和旅游品牌，反映历史文化资源的刚性约束，其中 I+ 级城市文化品牌指数较 VI 级城市高出 4.4 倍。传播力层级差持续扩大，I+ 级城市新媒体曝光量是 VI 级城市的 18 倍，但旅游品牌呈现"扁平化"特征，VI 级旅游城市以 23% 的游客接待量增速反超 I+ 级城市 11% 的游客接待量增速，验证了"资源驱动型"品牌路径的有效性。值得注意的是，行政能级对品牌溢价的影响呈现非线性特征，I 级城市 38% 的品牌经济转化率较 I+ 级城市的 41% 仅低 7.3%，但较 VI 级的 12% 高出 3.2 倍，显示中高等级城市品牌运营效率趋近。

数字政府发展深度绑定城市能级，I+ 级城市数字治理指数较 VI 级城市高 3.9 倍，其中服务能力差距达 5.2 倍。评估显示，响应效率随能级提升呈指数级改善，每提升一个城市等级，诉求办理时长缩短 37%，满意度提升 8.2 个百分点。基础设施先行特征明显，II 级城市数据平台覆盖率达 I+ 级城市的 96.7%，但数字服务能力仅为 I+ 级城市的 64.9%，反映了"重硬件轻软件"的建设惯性。政务协同效能层级差持续扩大，I+ 级城市跨部门数据共享率较 VI 级城市高出 4.1 倍，其中民生领域数据贯通率差距最大，I+ 级城市较 VI 级城市高出 6.5 倍。值得关注的是，中西部城市在特定领域实现突破，非沿海 I 级城市数字基建投入强度较沿海同级城市高出 23.5%，数据中心覆盖率（68%）反超 9 个百分点，为后续能力跃升奠定了基础。

智慧治理体系的区域协同效应逐步显现。长三角城市群在营商环境领域

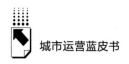
形成显著优势，其Ⅰ级城市知识产权结案效率超出全国均值32%，政府服务指数领先京津冀、珠三角城市群。成渝双城经济圈在数字治理领域表现突出，政务数据共享率较长江中游城市群高出22.6%，其中成都数字服务能力指数进入全国前五。黄河流域生态城市在品牌建设上独具特色，Ⅳ级旅游城市影响力指数超过全国同级城市均值15.8%，其中文化品牌贡献度达62%。但区域内部差异依然显著，粤港澳大湾区Ⅰ+级与Ⅵ级城市数字治理指数差达到3.4倍，大于长三角的2.9倍和京津冀的3.1倍，反映了区域内协同深度仍有待加强。

评估发现，三大领域存在显著的能力耦合关系。营商环境前20的城市中，有16座城市同时位列数字政府前30%，其政府数据开放度较非重叠城市高出43%。城市品牌与营商环境的相关性系数达0.68，其中旅游品牌与FDI吸引量呈现强正相关，显示"软实力"对经济要素的吸附作用。数字政府建设对营商环境的赋能效应显著，政务数字化水平每提升1个百分点，企业开办时长缩短0.7天，产权登记效率提高12%。值得注意的是，这种协同效应存在能级门槛，仅在Ⅰ+至Ⅲ级城市呈现显著相关性，Ⅳ级以下城市尚未形成有效反馈机制。

面向未来，智慧治理体系需破解三大结构性矛盾：一是，层级分化加剧与区域均衡发展的战略平衡，当前Ⅰ+级城市数字治理投入强度（GDP占比2.8%）是Ⅵ级城市（0.9%）的3.1倍；二是，硬件投入与能力建设的效率转化，全国城市数据平台平均利用率仅为61%，其中Ⅵ级城市低至29%，资源配置效率有待提高；三是，治理创新与制度供给的协同适配，评估显示城市自主创新政策数量每增加10项，治理效能提升4.7%，但Ⅳ级以下城市政策供给量仅为Ⅰ+级城市的18%。

三 标杆城市发展情况评估

不同城市自身规模、定位、发展阶段、禀赋条件不尽相同，必然导致不同城市间经济社会等各方面的巨大差异，各城市培育新质生产力、推进城市高质量发展的路径必然会存在区别，包括公共服务在不同城市中也有不同的标准和要求。因此，本研究认为对我国城市运营状况进行整体排名或打分不符合客观规律，也缺乏现实指导意义。此外，本研究的指标设计方法也不支持整体打分，一是将城市分成不同的等级，分级进行分析和评价；二是考虑到某一个单一指标对不同等级城市的重要性不同，即使在同一指标框架内，也需要分级对指标设计不同的权重。本指数研究在每一等级的城市中选择标杆城市，标杆城市并非得分最高，而是最适合该标杆城市当前的发展阶段，且具有进一步提质增效的潜力。

通过评估，我国各分级城市运营标杆城市如下所示。

（一）I+级城市：上海、北京、深圳、广州

I+级城市是我国最重要、最均衡的城市。其中北京市是我国首都，上海市长期是我国最大、发展水平最高的城市，广州市、深圳市则是我国改革开放的最前沿，在高速发展中相对其他的副省级城市形成了比较优势。整体上看，I+级城市的历史沿革、未来发展方向都特点鲜明，具有不可复制性，研究认为四大I+级城市均为城市运营的标杆城市。

1.上海市：城市运营各领域较为均衡，生态改善效率优势明显

上海市"稳定收入"方面表现最为突出，一般公共预算收入常年领跑全国，且领先优势巨大，2023年上海市一般公共预算收入领先第二名北京市达2131.40亿元。同时，上海市财政自给率高，融资平台建设、债务融资成本优势突出。在"优化要素"领域，上海市在金融、科技、人力聚集程度上仅落后于北京市，在数字要素方面需适当加强。在"盘活资本"领域，上海市土地资产的运营能力优秀，单位面积城镇建设用地GDP同级最高，通过债务拉动单位面积建设用地创造GDP的效率较为突出。在"服务民生"领域，上海市在生态和环境保护环节的支出效率对比其他I+级城市具备比较优势。

2.北京市：要素运营能力最为突出，真正实现了创新引领、文化引领

北京市在人力要素、金融要素、技术要素、数字要素四方面均为同级标

表7　各分级城市运营标杆城市

等级	稳定收入			优化要素				盘活资产			服务民生			智慧治理		
	税收可持续性	土地财政稳健性	债务融资稳健性	人力要素	金融要素	技术要素	数字要素	土地资产	固定资产	生态资产	教育与就业	城乡协调与基本公共服务均等	生态和环保	营商环境	品牌营造	数字政府
Ⅰ+	上海市		上海市	北京市	北京市	北京市	北京市	上海市	北京市	北京市	广州市	广州市	上海市	北京市	北京市	深圳市
Ⅰ	杭州市 成都市 宁波市	苏州市 杭州市	南京市 苏州市	武汉市 南京市	杭州市	成都市	杭州市	苏州市 无锡市	天津市	杭州市	苏州市 杭州市 南京市	南京市 无锡市 宁波市	武汉市 苏州市 天津市	宁波市 成都市 武汉市	杭州市 重庆市 成都市	杭州市 成都市 无锡市
Ⅱ	鄂尔多斯市 长沙市 济南市	鄂尔多斯市 青岛市 常州市 绍兴市	南通市 青岛市 郑州市	长沙市、沈阳市、南昌市	郑州市 长沙市	佛山市、长沙市、合肥市、郑州市	佛山市 厦门市	佛山市、福州市、泉州市、鄂尔多斯市	郑州市 西安市 合肥市	合肥市 鄂尔多斯市	东莞市 泉州市 大连市	福州市 大连市 东莞市	佛山市 沈阳市 东莞市	大连市 泉州市 烟台市	西安市 长沙市 青岛市	烟台市 西安市 长沙市 济南市 郑州市
Ⅲ	榆林市 珠海市 嘉兴市	温州市 湖州市 淮安市 泰州市	湖州市 淮安市 泰州市	乌鲁木齐市 石家庄市 泰州市	昆明市、嘉兴市、长春市、台州市、金华市、哈尔滨市、南宁市	哈尔滨市 石家庄市	嘉兴市	榆林市 漳州市	徐州市、长春市、洛阳市、潍坊市	昆明市、包头市、乌鲁木齐市、哈尔滨市、呼和浩特市	泰州市 盐城市 中山市	榆林市 惠州市 台州市	长春市 中山市 漳州市	淄博市 金华市 嘉兴市	昆明市 洛阳市 哈尔滨市	贵阳市 潍坊市 呼和浩特市
Ⅳ	长治市 晋城市 海口市 威海市	十堰市 黄石市 南平市 威海市	连云港市 黄石市 南平市 威海市	威海市、大庆市、柳州市、湘潭市、晋城市、荆门市	连云港市、江门市、银川市、廊坊市、海口市	兰州市、舟山市、柳州市、湘潭市、邯郸市	威海市、兰州市、大庆市、宁德市、龙岩市、银川市、莆田市、廊坊市、汕头市、盘锦市、衢州市	宁德市、廊坊市、沧州市、晋城市、玉溪市、曲靖市、孝感市、茂名市、湛江市	宝鸡市 保定市	宜宾市 保定市 邯郸市	湘潭市 玉溪市 克拉玛依市	曲靖市 荷泽市 宁德市	衡阳市 西宁市 上饶市 保定市	绵阳市 江门市 南平市	兰州市 海口市 保定市	绵阳市 连云港市 呼和浩特市 威海市

续表

	稳定收入			优化要素				盘活资产			服务民生				智慧治理	
	税收可持续性	土地财政稳健性	债务融资能力	人力要素	金融要素	技术要素	数字要素	土地资产	固定资产	生态资产	教育与就业	城乡协调与基本公共服务均等	生态和环保	营商环境	品牌营造	数字政府
V	朔州市	哈密市	拉萨市	乌海市、呼伦贝尔市、黄冈市、铜陵市、本溪市、阳泉市、吉林市	吉安市、鞍山市、泸州市、秦皇岛市、周口市、商丘市、南充市、黄冈市、桂林市、邢台市、张家口市、六安市、拉萨市	大同市、益阳市、双鸭山市、韶关市、吉林市、宿州市、防城港市	肇庆市、鞍山市、大同市、秦皇岛市、北海市、铜陵市、景德镇市、本溪市、防城港市	朔州市、驻马店市、汾阳市、黄冈市、运城市、汉中市、揭阳市、忻州市	焦作市、吉安市、平顶山市、聊城市、驻马店市、周口市、三门峡市、商丘市、哈密市、鹤岗市、邢台市、吉林市	乌海市、丽水市、呼和浩特市、攀枝花市、汉中市、韶关市	哈密市	内江市	忻州市	商丘市	吉林市	铜陵市
	达州市	晋中市	桂林市								六安市	双鸭山市	阳泉市	聊城市	桂林市	开封市
	吕梁市	赤峰市	淮北市								鹤岗市		张家口市	邵阳市	大同市	拉萨市
VI	雅安市	陇南市	定西市	酒泉市、鸡西市、白山市、黑河市、通化市	抚顺市、佳木斯市、百色市、毕节市、辽阳市、齐齐哈尔市、绥化市、朝阳市、葫芦岛市	四平市	黄山市、抚顺市、金昌市、辽阳市、丹东市、云浮市、丽江市	汕尾市、黑河市、绥化市、陇南市、丹东市、山南市、昌都市	拉萨市、六盘水市、广安市、松原市	石嘴山市、三亚市、河源市、白山市、保山市、普洱市、河池市、资阳市、丽江市、伊春市、山南市	吐鲁番市	资阳市	乌兰察布市	酒泉市	三亚市	齐齐哈尔市
	巴中市	白城市	四平市			三亚市					林芝市	海东市	云浮市	天水市	黄山市	牡丹江市
	儋州市	张掖市	汕尾市			怀化市					锦州市	临沧市	牡丹江市	丹东市	安康市	汕尾市

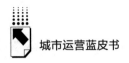

杆，体现了北京市在高水平要素聚集方面的全面性。表明了北京市在文化中心、国际交往中心、科技创新中心方面的巨大成就。北京市作为同级中唯一的北方城市，在生态资产运营方面超过了其他三座南方城市，成为同级标杆。其中，北京市在绿色全要素生产率方面的优势较为突出。

在智慧治理方面，北京市在营商环境、品牌营造两方面为同级标杆。综合地方知识产权司法审批和专利授权情况来看，北京市在知识产权保护方面优势较为突出；综合外商直接投资额和FDI依存度来看，北京市在外商吸引力方面优势较为突出。这两点一定程度上也反映了北京市要素聚集优势对营商环境的提振作用。

在金融要素方面，北京市充分体现了总部经济的优势。2023年，北京市各金融机构存贷款余额合计超过35.7万亿元，超过上海市，位列全国第一，也大幅超过深圳市、广州市。从存贷款结构来看，北京市存贷比仅为45.12%，低于上海市的54.67%，体现了北京市金融机构强大的经营能力和多元化的融资渠道，不仅存贷款余额最高，存贷款结构也最优。

在技术要素方面，北京市的R&D内部经费支出和R&D人员数量位列全国第一，在发明专利授权数占比方面位列全国第一，体现了首都北京在技术人才队伍，技术投入和成果产出方面的优势地位。北京市在数字要素方面的优势主要体现在普惠金融发展水平最高。

3.深圳市：资产盘活效率较高，数字产业发展突出

深圳在短短四十余年间从一个"小渔村"成长为服务近两千万人口的国际大都市，实现了经济的跨越式增长和城市规模的高速扩张。深圳市城镇化率达99.8%，接近100%，无法通过新增建设实现城市提升。因此，深圳市是我国较早开展城市更新盘活城市资产的城市。在长期的城市更新历程中，深圳市探索出了一条契合城市发展、市民权益和产业升级的城市更新路径，为我国实施城市更新行动提供了宝贵的经验。

深圳市综合债务率仅为8.02%，债务负担轻；土地财政依赖度仅为17.71%，可以认为已经跨过了土地财政阶段，迈向了高质量发展阶段。深圳市单位面积建设用地债务规模同级最低，单位面积建设用地创造的 GDP 与承载的债务之比为 4.78，土地资产运营效率同级最高。深圳市数字经济活跃，互联网产业发展水平高。

近年来，深圳市各区积极探索政务服务创新，在智能化和基层治理方面成果显著，深圳市的数字政府建设也在同级中处于领先地位。

4. 广州市：保持了民生服务效率领域的标杆地位

广州市保持住了其在教育与就业、城乡协调与基本公共服务均等方面的优势地位，体现了民生普惠是一个长期培育、长期见效的领域，也符合舆论中常见的"广州是一线城市中幸福指数最高的"这一大众认知。参考《广州蓝皮书：广州社会发展报告（2024）》一书，据 2023 年的调查结果，广州居民的幸福感平均分数是 6.83 分。被调查者在回答"总的来说，您觉得自己的生活幸福吗？"问题时，选择"很幸福"的占 7.5%，选择"比较幸福"的占 40.6%，选择"中等"的占 39.2%，回答"不太幸福"和"不幸福"二者之和的比例仅有 12.7%，较 2022 年的 13.1%下降了 0.4 个百分点。其中，市民对"医疗服务质量"满意度最高[1]，在回答"和一年前相比，您觉得医疗服务质量是否有所提高？"这一问题时，回答"明显提高"及"有些提高"的占比分别是 7.1%和 37.2%；觉得医疗服务质量"没有变化"的比例是 48.0%；感觉"有些下降"及"明显下降"的占比分别只有 5.9% 和 1.8%。

（二）I 级标杆城市：杭州、成都、苏州

I 级城市名单与上年报告一致，仍为苏州市、武汉市、南京市、杭州市、重庆市、天津市、无锡市、成都市和宁波市。如果说 I+级城市代表了我国城市发展的最高成就，那么仍处在快速发展阶段的 I 级城市就是我国当前城市发展的核心增长点。相比较 I+级城市更强的综合性、均衡性和稳健

---

[1] 《广州蓝皮书：广州社会发展报告（2024）》，社会科学文献出版社，2024，第 215、218、220 页。

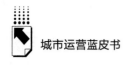

性，I 级城市突出自身特色，提升均衡性，减少风险因素是城市发展下一步的工作重点。

整体上看，2023 年评估得出 I 级城市中城市运营最全面的城市为杭州市、成都市和苏州市。2023 年的杭州市在各分项列入标杆的次数分别为 12 次，成都市和苏州市各 7 次。需要说明的是，所有的 9 座 I 级城市都至少获评了 2 次标杆，说明了 I 级城市深厚的底蕴和各具特色的运营现状。

从指标结果上看，I 级城市在"稳定收入"领域出现了新变化，平台债务规模快速增加，将对地方财政产生深刻影响。在"优化要素"和"盘活资产"方面体现出不同城市禀赋条件和发展路径的差异，值得注意的是，受到债务快速增加的影响，I 级城市仍需探索提升土地资产运营效率。在"服务民生"和"智慧治理"方面，I 级城市普遍体现出较高水平。

表 8　I 级城市城市运营评价标杆城市

稳定收入	税收可持续性	杭州市	成都市	宁波市
	土地财政稳健性			
	债务融资能力	苏州市	成都市	南京市
优化要素	金融要素	杭州市		
	人力要素	武汉市、南京市		
	技术要素	成都市		
	数字要素	杭州市		
盘活资产	土地资产	苏州市、无锡市		
	固定资产	天津市		
	生态资产	杭州市		
服务民生	教育与就业	苏州市	杭州市	南京市
	城乡协调与基本公共服务均等	南京市	无锡市	宁波市
	生态和环保	武汉市	苏州市	天津市
智慧治理	营商环境	宁波市	成都市	武汉市
	品牌营造	杭州市	重庆市	成都市
	数字政府	南京市	宁波市	天津市

在财政收入方面，杭州市、成都市、宁波市保持了多年高增长。在财政自给率方面，杭州市、苏州市自给率超过 90%，优于所有的 I+ 级城市。受

限于 2023 年房地产市场的低迷，本级没有城市在土地交易规模、成交率、单价三方面均呈上升趋势，土地出让方面本级无标杆。在地方政府债务方面，综合考虑城市发债能力和债务负担，苏州市综合债务率仅为 7.87%，同级最低。但近两年 I 级城市的平台债务规模快速增长，2023 年 I 级城市平均平台债务规模已达地方政府债的近 3 倍，后续应着重关注 I 级城市的平台债务健康程度。

在优化要素方面，I 级城市整体表现较为均衡，各城市间发展水平相近，在二级指标中，个别城市表现突出，被列入标杆行列。金融要素上，杭州市金融机构存贷款总额达到 14.62 万亿元，位列全国第五。人力要素上，武汉市、南京市高等教育优势突出。在技术要素方面，成都市各项较为均衡，在 R&D 经费支出方面具备一定优势；苏州市在专利授权量方面优势突出，但在 R&D 经费支出方面仍需加强。

在盘活资产方面，苏州市、无锡市单位面积土地创造的 GDP 较高、负债较低，土地资产运营效率较高、负担较轻。I 级城市普遍建设标准较高、固定资产质量较高，下一步如何用好固定资产，为城市带来稳定的现金流是本研究关注的重点。I 级城市普遍生态本底条件良好，地方政府对绿色发展高度关注，其中杭州市在绿色全要素生产率方面优势突出，成都市在二氧化碳排放绩效方面具备优势，成为标杆城市。

在服务民生方面，I 级城市普遍在教育、公共服务方面表现较为均衡。苏州市、杭州市在城镇职工基本养老保险覆盖率分别为 77.4%、76.5%，达到了 I+ 级城市水平。I 级城市平均城乡居民人均可支配收入之比由 2020 年的 1.96 下降至 2022 年的 1.9，整体上城乡收入差距进一步缩小。宁波市、杭州市城乡居民可支配收入较高，城乡差距较小，2022 年两市城乡居民人均可支配收入之比分别为 1.69、1.71；武汉市、重庆市农村居民收入改善幅度最大，分别为 7.7%、6.7%，城乡均衡发展的趋势逐渐由东南沿海扩展至内陆中心城市。

在智慧治理的营商环境和品牌营造方面，I 级城市指标评价方差较小，发展水平相近。数字政府建设方面则差距较大，杭州市、成都市这两座数字

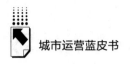

经济集聚度高、数字化转型充分的城市位列标杆。无锡市在数据及信息化、城市数据、数字服务及数字治理方面表现均衡，同样位列标杆。

标杆城市具体情况如下：

1. 杭州市：新经济发展龙头，服务民生标杆

杭州市在"稳定收入""优化要素""盘活资产""智慧治理"四大领域均成为同级标杆，杭州市在城市运营新框架下的指标表现相较于上年更为突出，反映出杭州市的产业选择、发展路径更贴合高质量发展的要求，能更好地催生新质生产力的培养，将城市运营得更好。

在"稳定收入"方面，2017～2023年杭州市一般公共预算收入复合增长率为7.6%，同级最高，且面对疫情冲击，仅有杭州市、成都市在这期间每年都保持了一般公共预算收入正增长。近十年来，杭州市财政自给率长期保持在100%上下，财政收入健康韧性和健康程度同级最高。杭州市金融市场活跃，国资发债平台建设在全国处于领先位置，平台平均发债利率由2022年的4.03%下降至2023年的3.64%，降幅明显，社会融资成本显著下降。

在"优化要素"方面，2020～2023年，杭州市常住人口增长4.66%，同级第二。杭州市金融资本实力雄厚，存贷款余额同级第一；R&D经费支出同级第一，且大幅领先其他8座城市，体现了杭州市夯实数字经济研发底座的不懈努力。杭州市信息传输、计算机服务和软件业从业人员占比达2.8%，在高等级城市中仅次于北京市和西安市，超过了同为互联网产业重镇的上海市、深圳市。

在"盘活资产"方面，杭州市的生态资产运营能力同级第一，在绿色全要素生产率、地方政府绿色发展关注度方面具有比较优势。在"服务民生"领域，杭州市在城乡协调与基本公共服务均等方面指标优异。在"智慧治理"领域，杭州市在品牌营造和数字政府方面位列同级第一。

2. 成都市：中西部智慧城市标杆

成都市在"服务民生""智慧治理"领域均成为同级标杆，在多项三级指标中也位列标杆，城市运营水平进一步提升，在中西部的优势进一步

提升。

在"稳定收入"方面，成都市在税收、债务两方面都成为同级标杆。成都市是Ⅰ级城市中第二座多年来所有年份一般公共预算收入均实现正增长的城市。2017~2023年成都市一般公共预算收入复合增长率为6.09%，同级第二。

在"优化要素"方面，成都市在技术要素细分领域为同级标杆。成都市在技术要素方面的优势主要体现为经费充足：成都市R&D经费支出达654.9亿元，全国第五，同级中仅次于杭州市，相较于其他7座城市优势显著。

在"服务民生"方面，成都市在三个三级指标单项中虽不突出，但整体上表现相对均衡。在"智慧治理"方面，成都市表现强势，充分发挥了新经济产业转型的成效，在营商环境、品牌营造、数字政府三个三级指标中均位列标杆。

3. 苏州市：财政收支典范城市

苏州市在"稳定收入""盘活资产""服务民生"三大领域成为标杆城市，也在多个三级指标中位列标杆。

分领域来看，在"稳定收入"指标中，2023年苏州市财政自给率93.73%，为同级第二，在Ⅰ级城市中优势较为明显。但与自身相比，2020年以前苏州市常年保持着财政自给率超过100%，疫情后苏州市的财政自给优势有所减小。苏州市地方政府债务余额规模较小，再举债空间较大；同时，2022年以来，苏州市平台债务规模快速增加，符合这一时期Ⅰ级城市的普遍规律。2023年，苏州市综合债务规模在Ⅰ级城市中仅为第七，平台债务平均利率3.32%，同级最低，债务健康程度较高。

在"服务民生"指标中，苏州市在教育与就业、生态和环保方面达到甚至超过了部分Ⅰ+级城市的平均水平。尤其是就业水平同级领先。2022年苏州市调查失业率为1.62%，同级最低。在环境改善方面，苏州市近年来也取得了诸多成效。PM2.5浓度由2019年的36降至2022年的27；单位GDP颗粒物排放由2019年的2.23降至2022年的1.15，降幅近50%；单位

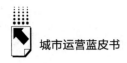

GDP 耗水量、耗电量更是出现了成倍下降，体现了苏州市转型发展、绿色发展取得了新的突破。

（三）Ⅱ级标杆城市：长沙、郑州、佛山、鄂尔多斯

在城市运营新分析框架下，长沙市在各领域中合计获得 7 次标杆，成为同级城市运营最均衡的城市；郑州市、佛山市各获 6 次标杆，紧随其后。在 20 座Ⅱ级城市中有 12 座获 3 次及以上标杆，说明了Ⅱ级城市虽然城市类型、自身禀赋各不相同，但运营水平相近，并未拉开显著差距。其中，鄂尔多斯市在城市分级跃升的基础上，在Ⅱ级城市中获 4 次标杆，位居同级第三，城市运营水平提升显著。

表 9　Ⅱ级城市城市运营评价标杆城市

稳定收入	税收可持续性	鄂尔多斯市	济南市	长沙市
	土地财政稳健性	南昌市	鄂尔多斯市	常州市
	债务融资能力	南通市	青岛市	绍兴市
优化要素	金融要素	郑州市	长沙市	青岛市
	人力要素	长沙市、郑州市、沈阳市、南昌市		
	技术要素	佛山市、长沙市、合肥市、郑州市		
	数字要素	佛山市、厦门市		
盘活资产	土地资产	佛山市、福州市、泉州市、鄂尔多斯市		
	固定资产	郑州市	西安市	合肥市
	生态资产	合肥市、鄂尔多斯市		
服务民生	教育与就业	泉州市	东莞市	大连市
	城乡协调与基本公共服务均等	福州市	大连市	东莞市
	生态和环保	佛山市	沈阳市	东莞市
智慧治理	营商环境	大连市	泉州市	烟台市
	品牌营造	西安市	长沙市	青岛市
	数字政府	烟台市	济南市	郑州市

标杆城市具体情况如下。

1. 长沙市："网红"城市中的"顶流"

长沙是Ⅱ级城市"稳定收入"和"优化要素"的整体标杆。在"稳

定收入"方面，主要体现在税收可持续性较为突出，2017~2023 年，长沙市一般公共预算收入复合增长率 6.3%，同级第二。同期内，Ⅱ级城市有三座实现了一般公共预算收入无负增长年份，长沙市是其中之一。

在"优化要素"方面，长沙市优势更为突出，在人力要素、金融要素、技术要素三方面分别成为同级标杆。长沙市是同级中较好的将要素优势转化为发展优势的城市。

此外，长沙市是"品牌营造"三级指标的标杆城市。长沙市是我国最早的网红城市，长沙的网红城市出圈之路最早可以追溯到 2000 年左右，通过省级电视打造娱乐综艺节目，提升了长沙在全国的知名度。长沙市多年来深耕城市品牌建设和城市全球营销，2013 年通过央视发布电视城市形象宣传广告和联合旅游网站、网络媒体传播，全面启动了"快乐长沙，宜游胜地"的城市形象宣传。近年来，长沙市把握时代脉络，通过新媒体矩阵建设，引导网友参与互动，网友自发在抖音、微博、今日头条、小红书等平台上制作推出大量长沙旅游攻略、视频、笔记，引发关注热议，吸引无数游客打卡，这种全民参与的传播方式，正成为流量引爆的关键。[①]

2. 郑州市、佛山市：要素运营各具特点

郑州市、佛山市与长沙市相似的是，两座城市在"优化要素"方面优势较为突出，郑州市在人力要素、金融要素方面成为同级标杆，佛山市在技术要素、数字要素方面成为同级标杆。此外，郑州市是"智慧治理"的整体标杆，在"盘活资产"的固定资产存量、"智慧治理"的数字政府建设方面，也成为标杆。而佛山市是"盘活资产"的整体标杆，在"盘活资产"的土地资产运营、"服务民生"的生态和环保方面成为分项标杆。郑州市、佛山市在城市运营框架下指标各具特点，在多个领域中具备竞争力，表现较为均衡。

人力要素方面，2023 年，郑州市在郑高等院校 68 所，在校普通本专科

---

① 徐文迪、彭冬冬：《长沙，你是懂"城市营销"的》，36 氪湖南，https://www.36kr.com/p/2124449686145157。

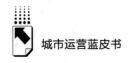

生和研究生合计 146.5 万人，居全国第二。普通本专科生比上年增加 6.35 万人，增长 4.77%；研究生比上年增加 0.49 万人，增长 7.49%。[①] 郑州市人口、人才聚集效应仍在不断释放。金融要素方面，郑州市金融机构存贷款余额 6.79 万亿元，同级第二。在固定资产存量方面，郑州市固定资产存量达到 6.47 万亿元，同级第三。Ⅱ级城市整体上在数字政府建设方面与Ⅰ级城市有较大差距，而郑州市在数据及信息化基础设施方面，接近Ⅰ级城市平均水平。

技术要素方面，2023 年由佛山企事业单位牵头、参与完成的省科技奖共 23 项，佛山市获奖数连续 5 年居全省地级市第一。城市间科研经费的差别，很大程度上与企业投入多少有关，2023 年佛山市全社会研发投入增长显著，很大程度上也依赖于企业拉动。2023 年前三季度，美的集团研发投入 100.14 亿元，同比增长 12.30%；海信家电研发投入 19.18 亿元，同比增长 18.10%；新宝电器研发投入 4.13 亿元，同比增长 21.32%。

佛山市在土地资产运营效率方面优势突出。单位面积建设用地承载GDP 高达 67.19（I+级至Ⅱ级城市中最高），单位面积建设用地债务仅为15.64，单位面积 GDP 与债务比值 4.29，这一比值在高等级城市中仅次于深圳市、东莞市，而佛山市在单位面积建设用地承载 GDP 规模上又远高于深圳市的 32.85 和东莞市的 9.36，综合来看，佛山市土地运营效率在高等级城市中优势显著。佛山市在环境和市政公共服务改善方面，也颇见成效。

3. 鄂尔多斯市：城市运营提升显著

鄂尔多斯市在多项效率类指标中表现突出，是"稳定收入"的整体标杆，同时也是税收可持续性、土地财政稳健性两项标杆。在"盘活资产"领域，鄂尔多斯市也被称为土地资产运营、生态资产运营的标杆城市。

在税收可持续性方面，2017~2023 年，鄂尔多斯市的一般公共预算收入年均复合增长率高达 14.31%，同期Ⅱ级城市该指标中位数仅为 2.82%。

---

① 《2023 年郑州市教育事业发展统计公报》。

2023 年鄂尔多斯市一般公共预算收入达 910 亿元，同级中超过了佛山市、东莞市、沈阳市，和合肥市、厦门市、西安市在同一水平线。在土地财政稳健性方面，鄂尔多斯市近年来土地供应规模、土地成交总价基本保持了稳定上升的趋势，仅成交单价在 2022 年有小幅下降，整体上看土地市场较为健康。近年来，鄂尔多斯市的经济持续稳定增长，地区生产总值不断增加。经济的增长为财政收入的增长提供了坚实的基础。与此同时，随着经济的发展，鄂尔多斯市吸引了周边大量的人口迁入，人口增长率在内蒙古地区名列前茅。而经济发展、人口迁入核心在于鄂尔多斯能源产业和化工产业的强有力支撑。

鄂尔多斯市土地资产运营效率突出主要得益于其单位面积二产 GDP 远超同级城市，这也与其能源和化工产业强势密不可分。而鄂尔多斯市生态资产运营的优异表现则体现了产业升级、城市高质量发展内生动力的不断催生。鄂尔多斯市在碳排放绩效方面最为突出。

（四）III 级标杆城市：长春、榆林

III 级城市地域分布更广泛，城市类型也更多样，既有多座省会城市，若干传统制造业重镇、能源重镇，也有东南沿海发达城市群的次一级城市。从 III 级开始，各城市城市运营指标情况也发生了较大程度的分化。34 个 III 级城市中有 24 个城市标杆次数少于等于 2 次。而长春市、榆林市各获 3 次标杆，相对较为优秀。

表 10　III 级城市城市运营评价标杆城市

稳定收入	税收可持续性	榆林市	珠海市	嘉兴市
	土地财政稳健性	温州市		
	债务融资能力	湖州市	淮安市	泰州市
优化要素	金融要素	昆明市、嘉兴市、长春市、贵阳市、台州市、金华市、哈尔滨市、南宁市		
	人力要素	乌鲁木齐市、石家庄市		
	技术要素	哈尔滨市、石家庄市		
	数字要素	嘉兴市		

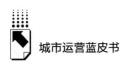

续表

盘活资产	土地资产	榆林市、漳州市		
	固定资产	徐州市、长春市、唐山市		
	生态资产	昆明市、包头市、乌鲁木齐市、哈尔滨市、呼和浩特市		
服务民生	教育与就业	泰州市	盐城市	中山市
	城乡协调与基本公共服务均等	榆林市	惠州市	台州市
	生态和环保	长春市	中山市	中山市
智慧治理	营商环境	淄博市	金华市	嘉兴市
	品牌营造	昆明市	洛阳市	哈尔滨市
	数字政府	贵阳市	潍坊市	呼和浩特市

长春市在"优化要素""服务民生"两大方面成为同级整体标杆，又分别在金融要素、固定资产、生态和环保这三个二级指标中成为标杆。

2023 年长春市金融机构存贷款总额 3.68 万亿元，同级第三，超过了同为哈长城市群中心城市的哈尔滨市，且存贷比较为健康。长春市作为我国重要的工业基地，尤其在汽车、装备制造等领域具有显著优势，固定资产存量较大、质量较高。2023 年，长春市固定资产投资同比增长 4.2%，高于全省 3.9 个百分点，高于全国 1.2 个百分点[①]。基础设施投资增长 13.3%，显示出长春市在基础设施建设方面的投入力度较大，有助于提升城市功能和品质。近年来，长春市高度重视生态环境保护和产业升级，PM2.5 浓度由 2020 年的 54.5 降至 2022 年 28，空气质量获得了巨大改善。同一时期内，建成区绿化覆盖率也获得了 2 个百分点的提升。

（五）IV 级标杆城市：江门市

IV 级城市在数量、类型、地域分布上更为广泛，面对财政收紧，经济下行的压力更大。在 64 个 IV 级城市中，有 31 个城市在某一方面成为标杆，有 18 个城市获得 2 次及以上标杆，其中江门市以 3 次标杆同级领先。

---

① 《长春市 2023 年国民经济和社会发展统计公报》。

表11　IV级城市城市运营评价标杆城市

稳定收入	税收可持续性	长治市	晋城市	海口市
	土地财政稳健性	十堰市	南平市	威海市
	债务融资能力	银川市	上饶市	黄石市
优化要素	金融要素	连云港市、江门市、银川市、廊坊市、海口市		
	人力要素	威海市、大庆市、舟山市、柳州市、湘潭市、晋城市、荆门市		
	技术要素	兰州市、舟山市、湘潭市、邯郸市		
	数字要素	威海市、兰州市、大庆市、宁德市、龙岩市、江门市、银川市、莆田市、廊坊市、汕头市、盘锦市、衢州市		
盘活资产	土地资产	宁德市、廊坊市、沧州市、晋城市、长治市、玉溪市、曲靖市、孝感市、茂名市、湛江市		
	固定资产	保定市、宝鸡市		
	生态资产	宜宾市	保定市	邯郸市
服务民生	教育与就业	湘潭市	玉溪市	克拉玛依市
	城乡协调与基本公共服务均等	曲靖市	菏泽市	宁德市
	生态和环保	衡阳市	西宁市	上饶市
智慧治理	营商环境	绵阳市	江门市	南平市
	品牌营造	兰州市	海口市	保定市
	数字政府	绵阳市	连云港市	威海市

　　江门市是"优化要素"的整体标杆，在金融要素、数字要素指标中成为标杆城市。同时，在"智慧治理"的营商环境指标中也成为同级标杆。江门市积极推进金融开放合作，与港澳地区等金融中心的合作不断深化。江门市借助江澳金融合作这一关键着力点，大力推进"侨都赋能"和"港澳融合"工程。在实践过程中，江门市积极探索创新，通过开展跨境直贷业务、推动境外债发行等举措，成功打通了跨境资金的流通渠道。这些合作不仅为江门市带来了更多的金融资源，也提高了其金融业的国际化水平。在数字化建设方面，近年来江门市加速推进数字新基建建设，目前已拥有超过万座5G基站，重点场所5G信号覆盖率达100%。在制造业数字化转型方面，江门市新增了多个国家级、省级和市级制造业数字化转型示范项目，实现了5G、工业互联网、人工智能等新一代信息技术与制造业的

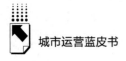

深度融合。

在营商环境方面，2023 年，江门市场主体连续两年逆势快速增长，全年新登记企业 1.93 万户，同比增长 15.34%。截至 2023 年 10 月底，全市经营主体总量已达 78.64 万户，稳居全省第 6，同比增长 6.05%。2023 年，江门市招商引资规模创历史新高，引进投资超亿元项目 430 个，计划投资额约 2100 亿元，分别增长 41.4%、14.8%。① 江门主动对标对接深圳等一线城市，成立学习借鉴深圳经验办公室，出台专项工作方案，在数字政府、产权保护、市场准入、公平竞争、社会信用、要素获取等领域探索更大力度改革举措。江门发布实施全国首个质量金融增信地方标准，并为国家出台质量融资增信政策文件提供重要参考。同时，将"政银保""邑科贷""食安融"纳入"侨都质量贷"系列金融产品范畴，解决企业融资难、融资贵问题。

V 级城市和 VI 级城市单项标杆规律性不强，在多个领域成为标杆的情况较为少见，因此不再单独选取综合标杆进行进一步阐述。

四　学习标杆推动城市高质量运营

城市运营是一个实践性极强的城市治理模式，"干中学"是城市运营的有效实践路径。在实践中，不少城市已经探索出城市运营的好经验、好做法，成为标杆城市。这些实践既包含超大城市的治理智慧，也涵盖中小城市的创新突围，既展现东部沿海的先行探索，也体现中西部地区的后发优势。每个城市都可以向标杆城市学习，同时根据城市发展阶段特征选择运营重点，因地制宜探索适合自身的城市运营之路。本研究总结标杆城市及其标杆领域的城市运营经验，聚焦城市资源和要素配置优化，将稳定收入、优化要素、盘活资产、服务民生、智慧治理五个领域的运营举措和经

---

① 《2023 年，全市招商引资规模创历史新高，制造业招商占大头》，江门新闻网，2024 年 1 月 9 日。

验，从要素供给、要素利用和要素集聚三个方面进行归纳并进一步将其提炼为"工具箱"。

（一）盘活资产提升要素供给质量

进入新发展阶段，随着各种新技术、新产品、新业态、新服务的出现，城市中的产业结构、空间结构都在悄然发生变化，适应新质生产力发展需要增加要素供给数量、提升要素供给质量。有效盘活存量资产，推动存量盘活与增量投资形成良性互动、可持续发展，是重释生产力的重要抓手。一方面，盘活低效资源和闲置资产，整合城市要素资源，创新城市要素组合模式。另一方面，激活无形资产，升级资产功能，增强自我造血能力，提高要素供给效能，从而聚集创新人群，激发创新活力，培育新型产业，为新质生产力的形成和发展拓宽空间、增强能力。

1. 城市更新盘活存量资源

随着城市发展方式转变为存量提质增效和增量结构调整并重，城市更新的必要性愈加凸显，即用"存量盘活"逐步替代"外延扩张"。从广义上看，对老旧小区、老旧厂区、老旧街区、棚改区、城中村、老旧市政公共设施等进行拆建、改造、扩充等，以及催生的绿色建筑、社区改造、城市生态、历史文化区改造等都可以纳入城市更新的范围。根据2023年12月的全国住房城乡建设工作会议通报，截至11月底，全国共实施各类城市更新项目6.6万个，惠及882万户居民[①]。

城市更新是一项长期性的行动。2019年12月召开的中央经济工作会议首次强调了"城市更新"这一概念，提出加强城市更新和存量住房改造。2020年10月，"十四五"规划建议明确提出实施城市更新行动。2021年，"城市更新"首次写入国务院政府工作报告，正式提升为国家战略。2021年以来，中央部委陆续出台城市更新相关政策，政策体系逐步构建优化完善。2022年，党的二十大报告指出，加快转变超大特大城市发展方

---

① 《全国住房城乡建设工作会议在京召开》，住房城乡建设部网站，2023年12月22日。

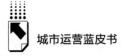

式，实施城市更新行动，加强城市基础设施建设，打造宜居、韧性、智慧城市。2023 年以来，中央政策更加聚焦以城中村改造和低效用地再开发为核心的城市更新，先后出台了一系列文件，政策体系逐步构建优化完善。2023 年 7 月，住房和城乡建设部印发的《关于扎实有序推进城市更新工作的通知》明确提出，"加强存量资源统筹利用""鼓励企业依法合规盘活闲置低效存量资产"。

表 12　2023 年以来中央层面城市更新相关政策一览

发布时间	发布单位	文件名称	主要内容
2023 年 7 月	住建部	《关于扎实有序推进城市更新工作的通知》	鼓励复制推广各地已形成的好经验好做法，扎实有序推进实施城市更新行动，提高城市规划、建设、治理水平，推动城市高质量发展。
2023 年 7 月	国务院	《关于在超大特大城市积极稳步推进城中村改造的指导意见》	要坚持稳中求进、积极稳妥，优先对群众需求迫切、城市安全和社会治理隐患多的城中村进行改造，成熟一个推进一个，实施一项做成一项，真正把好事办好、实事办实。
2023 年 9 月	自然资源部	《关于开展低效用地再开发试点工作的通知》	在北京等 15 个省(市)的 43 个城市开展低效用地再开发试点工作，围绕盘活利用存量用地，聚焦低效用地再开发，支持试点城市重点从规划统筹、收储支撑、政策激励和基础保障 4 个方面探索创新政策举措。
2023 年 11 月	自然资源部	《支持城市更新的规划与土地政策指引(2023版)》	鼓励各地结合实际，按照城市更新的总体要求和目标，因地制宜细化要求，开展城市更新的规划与土地政策探索创新。
2023 年 11 月	住建部	《关于全面开展城市体检工作的指导意见》	强调坚持问题导向、目标导向和结果导向，明确体检工作主体和对象，完善体检指标体系，深入查找问题短板，强化体检结果应用以及加快信息平台建设。
2024 年 4 月	财政部、住建部	《关于开展城市更新示范工作的通知》	支持部分城市开展城市更新示范工作，重点支持城市基础设施更新改造，进一步完善城市功能、提升城市品质、改善人居环境。

发布时间	发布单位	文件名称	主要内容
2024 年 5 月	自然资源部	《关于进一步加强规划土地政策支持老旧小区改造更新工作的通知》	鼓励既有城市土地混合使用和存量建筑空间功能转换，积极盘活闲置国有资产用于社区公共更新服务。鼓励各地按照依法、安全、便利的原则，针对老旧小区改造不同情形优化规划许可办理程序和分类管控规则。

大力实施城市更新行动，推动城市存量资源再利用，是当下城市可持续发展和现代化建设的必由之路。以城市更新为契机，通过城市更新盘活老旧厂房、产能和老字号、老品牌等，深度挖掘存量资源再生价值，加快导入总部经济、数字经济、现代服务业、先进制造研发、信息文化创意设计等产业资源，赋予老旧建筑新的生命和活力，调整科技创新资源布局，重塑城市创新功能和动能体系，为新质生产力的培育和发展带来重大机遇。通过城市更新盘活存量，将促进城市功能的升级再造、城市动能的重新发现、城市资源的优化配置，进一步完善城市空间结构、优化城市功能布局、提升城市品质，吸引优质生产力要素聚集，实现产业空间供给与优质要素需求的更新匹配，从而吸引新的投资增量，促进资产运用和资源配置动态优化，提高资源资产资金使用效益。

2. 挖掘闲置低效资产价值

针对长期闲置、原规划功能已无法适应新需求、资产状态老旧不满足市场需要的闲置低效资产，亟须通过改变使用功能去适应外部环境的变化。根据国务院办公厅印发的《关于进一步盘活存量资产扩大有效投资的意见》（以下简称《意见》），盘活存量资产的重点领域既有基础设施项目资产，也有长期闲置但具有较大开发利用价值的项目资产，包括老旧厂房、文化体育场馆和闲置土地等，以及国有企业开办的酒店、餐饮、疗养院等非主业资产。《意见》提出，挖掘闲置低效资产价值，推动闲置低效资产改造与转型，依法依规合理调整规划用途和开发强度，开发用于创新研发、卫生健康、养老托育、体育健身、休闲旅游、社区服务等新功能。支持金融资产管

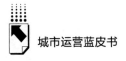
理公司、金融资产投资公司以及国有资本投资、运营公司通过不良资产收购处置、实质性重组、市场化债转股等方式盘活闲置低效资产。

长期以来，在一些城镇普遍存在布局散乱、利用粗放、用途不合理的存量建设用地，这些地块成为城市闲置土地资源，又可称为城市的边角料。这些闲置土地占据了宝贵的土地资源，但价值平平，存在一定安全隐患，影响城市形象，并且往往涉及规划冲突、土地权属归属、土地出让方式、土地性质和拆迁安置等问题。为提升土地资源利用率，需要积极盘活低效用地，同时依法处置闲置土地。充分挖掘和盘活土地价值，合理开发运营，将焕发新的生命，创造新的社会财富，例如在闲置土地上建设口袋公园、商业、社区服务、停车场，从而承担起一定的城市功能，有利于提升城市界面，改善城市形象。

老旧厂房作为中国历史发展的遗存，既是展现中国工业文化的重要窗口，也是延续城市文脉、拓展城市文化发展空间的重要载体。我国老旧厂房资源丰富，据赛迪顾问联合首创郎园、首钢等8家单位在新华1949文化金融与创新产业园联合发布的《2019中国工业遗存再利用路径与典型案例白皮书》测算，我国工业遗存空间资源有30亿平方米；观研报告网发布的《2022年中国老旧厂房改造行业分析报告——行业营销环境与发展机会预测》显示，截至2020年，全国待改造的存量老旧厂房达35亿平方米。老旧厂房往往占据着城市中心区域的优质资源，在城市经济发展动能换挡、产业结构优化升级的背景下，老旧厂房成为盘活存量空间资源、建设新型城市文化空间、推动文化发展的有力抓手。以艺术创意、产业重塑、商业激活等形式实现老旧厂房的升级改造，将老旧工业厂区改造成商业综合体、消费体验中心、健身休闲娱乐中心等多功能、综合性新型消费载体成为一种趋势。

文化体育场馆是城市基础设施的重要组成部分，可促进城市经济、社会、文化等方面的发展。由于商业化程度低、运营及管理成本高，我国大部分文化体育场馆长期存在着场地利用率低、运营困难的问题，部分文化体育场馆甚至因为开门就亏钱而直接被闲置起来。实现文化体育场馆的有效供给，需要发挥好市场的作用，强化市场经营意识，做好增量、盘活存量，不断提升场馆运营能力和综合使用效率，不仅有助于破解城市文化运动空间不足的问题，而且可以实现对大型商场、餐饮、娱乐、购物等消费链的深度整合，优化文化健身体验，推动业态黏合，实现经济效益和社会效益的有机统一。

3.无形资产的盘活与运营

城市资产不仅包括有形资产，还包括文化、传统、习俗、老字号品牌、建筑格局、景观以及未来收益权、特许经营权、知识产权等无形资产。在当前数字化转型的大背景下，随着数字经济的发展，数据已不再局限于作为信息的简单载体，而是逐渐展现出其具有巨大经济价值的资产属性。

城市无形资产是城市文明发展的积累和沉淀，显现出的效益是综合且多元的。从经济价值来看，对无形资产的运营将带来旅游收入、会议收入、主题节庆收入、商业收入等直接的经济收益，比如城市主要街道广告权、城区立交桥冠名权、公交线路经营权等无形资产的转让或者许可使用可筹集一笔可观的建设资金。无形资产的运营还有重要的社会价值、历史价值，例如对城市传统文化的保护和传承具有丰富的价值，包括历史价值、城市规划价值、建筑美学价值、艺术情绪价值等。在盘活城市有形资产的同时不可忽视对无形资产的盘活与运营。对城市无形资产需要有步骤地开展清产核资、界定产权、评估资产等活动。城市无形资产和企业无形资产存在差异，城市无形资产分为可经营与不可经营两类。对不可经营的城市无形资产，主要任务是创造与保护，切不可采取转让、拍卖这类操作来运营。而可经营的城市无形资产，则适宜适度引入市场机制，对其进行深度探寻与开发，将其转化为有形化项目，再通过转让、拍卖、租赁、置换、抵押等手段，促使它们进入运营环节。

推动数据资产的盘活运营。各级政府和众多企业掌握大量优质数据，以往大多沉睡在资产负债表的成本端。随着新质生产力的发展，大数据应用场景日趋丰富，数字经济逐渐步入高速增长的时代，由此带来的数据资产关注度也越来越高。数据资源可不断衍生、开发和可持续，为持续增长提供了可能性，激活数据资产可以为地方政府与国企提供新的资产盘活思路，甚至形成稳定的经营性现金流。城投是数据资产入表响应最快的一类市场主体。各地城投公司在数据资产入表和融资等方面具有得天独厚的优势，其较多参与智慧城市建设或运营，在发行城投债、投融资、资产运营、基础设施建设等业务开展过程中积累了大量的数据资源，同时在取得公共数据授权经营方面具有竞争优势。当下，部分城投公司已开启利用数据资产融资的探索之路。如天津临港投资控股有限公司，将"天津港保税区临港区域通信管线运营数据"知识产权证书，以及"临港港务集团智脑数字人"知识产权证书进行质押。凭借这一举措，该公司顺利从天津银行和农业银行分别获批贷款，成功促成天津市首单数据知识产权质押贷款业务落地，为数据资产融资提供了创新性范例。数据资源入表将扩充城投企业的资产和权益规模，拓宽业务运营范围，为城投企业带来创新业务和利润增长点，有助于城投企业拓宽融资渠道。数据资源入表，是数据从单纯资源迈向资产化进程中的关键节点，这一里程碑事件，将正式拉开数据要素产业化蓬勃发展的大幕。

表 13　我国推动数据资产入表的相关文件

政策文件	发布部门	发布时间	主要内容
《关于加快建设全国统一大市场的意见》	中共中央、国务院	2022 年 4 月	加快培育统一的技术和数据市场
《关于构建数据基础制度更好发挥数据要素作用的意见》	中共中央、国务院	2022 年 12 月	明确充分实现数据要素价值，同时提及探索数据资产入表新模式
《数字中国建设整体布局规划》	中共中央、国务院	2023 年 2 月	明确数字中国发展框架，形成"2522"框架体系
《党和国家机构改革方案》	中共中央、国务院	2023 年 3 月	明确提出组建国家数据局
《企业数据资源相关会计处理暂行规定》	财政部	2023 年 8 月	满足会计准则相关规定的数据资源作为无形资产或存货等资产披露
《数据资产评估指导意见》	中国资产评估委员会	2023 年 9 月	规范数据资产评估行为，评估方法包括收益法、成本法和市场法三种基本方法及其衍生方法

续表

政策文件	发布部门	发布时间	主要内容
《数据资产入表及估值实践与操作指南》	上海数据交易所	2023 年 10 月	探讨数据资产入表的十大难题及处理办法、数据资产评估以及创新应用
《关于加强数据资产管理的指导意见》	财政部	2023 年 12 月	从总体要求、主要任务、实施保障等三方面以十八条内容对数据资产管理进行引导规范
《"数据要素×"三年行动计划（2024—2026 年）》	国家数据局等 17 个部门	2024 年 1 月	加快构建数据基础制度，激活数据要素潜能，鼓励探索数据资产入表新模式

4. 借助金融工具自我造血

盘活存量资产在某种程度上就是将不具有流动性的资产转变为具有流动性的现金。在财政预算资金投入和全社会固定资产资金投入放缓、地方政府大幅举债投资的可持续性减弱的背景下，通过产权交易、REITs、资产证券化、基金等方式增加收入进项盘活存量资产，将成为基建投资资金的重要来源。《关于进一步盘活存量资产扩大有效投资的意见》针对性地提出了包括基础设施领域不动产投资信托基金（REITs）、政府和社会资本合作（PPP）、产权交易、发行债券、盘活存量和改扩建有机结合、兼并重组、资产证券化等盘活方式。

激发存量资产效能，要立足资产属性，结合项目经营情况与开发潜力，综合考虑准入门槛、程序手续、资金利用效率等因素，精准匹配盘活方式。对产权清晰、现金流稳定、回报率满足投资者要求的优质资产，可优先选择以 REITs 的方式盘活。PPP 模式更多被运用于非标准化的项目盘活过程中，有利于结合项目或资产的自身特点，设计精细化盘活方式，降低盘活门槛。产权交易模式所适用资产范围最广，政策方面积极推进国有资产规范交易。如 2022 年 6 月，国务院国资委印发《关于企业国有资产交易流转有关事项的通知》，进一步细化了国有资产交易流转中的有关事项。私募股权基金模式凭借可撬动社会资本，或有战略协同资源、资金期限相对较长与资产久期

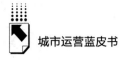

较为匹配等优势，成为当前各地改造存量资产、实现转型提升的一个新的关注点。充分利用存量资产现金流稳定、风险相对较小等特点，鼓励和引导银行信贷、保险投资计划、债券、资产证券化等金融工具基于项目信用进行融资，减少地方政府和企业融资担保、增信，降低地方政府债务风险和企业杠杆水平。①

5. 撬动资产盘活新动能

新质生产力的发展推进存量资产数字化管理，丰富存量资产功能，赋予存量资产新的价值，推动匹配合适的项目，提升资产或者项目的收益水平，实现存量资产的"新价值"。在新质生产力发展的推动下，数字化、智能化正在成为产业升级的重要驱动力，用创新的方式在存量项目里做文章，实现"从无到有""从有到优"的增量突破和存量升级。

一是"旧资产+新元素"，推动主体功能升级。在传统存量资产中挖掘符合新质生产力发展需求的新元素，将科技成果转化在具体产业项目上，使传统存量资产焕发新的生机。比如，挖掘分布式光伏多领域应用场景，在运营不及预期的高速公路的服务区、收费站开展"光伏+交通"的运营，也可以在停车场增加充电桩、光伏板，既满足新能源基础设施建设需求，又符合智慧停车理念，同时增加更多优质项目的储备。

二是"旧资产+新技术"，提升存量资产附加值。随着互联网、大数据、虚拟现实等新技术的加速应用，存量项目不断推进产品创新、优化体验、丰富场景，尤其是在存量文旅项目中，依托 AR、VR、全息投影、高清巨幕、无人机表演等技术手段，从旅游空间、旅游景观、旅游演艺、旅游场景等方面入手推出沉浸式体验，带动 7D 互动影院、无人观光车、动漫游戏等服务与体验升级，提升文旅产品的附加值。

三是旧资产+数字化，赋能存量项目智慧发展。依托现代科学技术，不断升级数字化产品和服务，创新数字改造方式，促进存量项目实现服务智能化、参观互动化、体验网络化等数字化新发展。如故宫博物院 2021 年 12 月

---

① 《关于企业国有资产交易流转有关事项的通知》，国务院国资委，2022 年 6 月。

发布数字故宫小程序 2.0，将"玩转故宫"全新升级为"智慧开放"项目，利用 AR 实景导航和全景技术的接入，营建云上体验新场景，规避时间不够与博物馆人多拥挤的问题，为深度"触网"的"Z 世代"提供足不出户即乐享云游的旅游体验，也为存量项目展现了新的诠释和表达方式。

（二）优化要素提高资源利用效率

城市是要素资源集聚的结果，资源要素配置是城市的核心功能。进入新发展阶段，推动城市高质量发展，着力点之一就是要增强资源配置功能。城市精细化运营的本质，就是城市要素资源配置的最优化。新质生产力的发展丰富了社会生产构成要素，不仅包括土地、劳动力、资金、技术等传统生产要素，还包括数据、文化、生态等新型生产要素。新型生产要素的涌现必然使生产要素的结构化配置获得更多可能性。城市运营对生产要素的配置是包括传统要素和新型要素在内的所有生产要素的有机协同，通过改变要素之间的比例和组合结构，将生产要素从低效率领域重新配置到高效率领域，促进要素高效组合顺畅流动，从而提升全要素生产率。

1. 推动传统要素高效配置

先进优质生产要素与新旧无关，传统生产要素通过正确的配置，也可以成为先进优质的生产要素。通过优化配置传统生产要素如土地、劳动力、资本、技术等，将生产要素从低效率领域配置到高效率领域，可以提高资源利用效率，促进经济结构的高效转型和产业的升级，为新质生产力的形成提供坚实的基础。

土地要素。土地要素是新质生产力发展的重要资源和空间载体。土地要素作为稀缺的资源性要素，有其自身独特的配置要求，并牵引着其他生产要素的配置。因此，土地被认为是生产要素中最为基础的要素，土地要素配置在提升全要素生产率中扮演着关键的角色。新质生产力发展会推动土地要素配置优化，推进土地管理向数字化、智能化转型，产业深度转型升级则会引致具体产业用地结构和空间布局的变化，客观上要求对土地要素配置相关政策进行适应性调整。创新优化土地要素配置赋能新质生产力应当明晰土地要

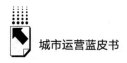
素在当下社会经济发展阶段的功能和作用，正确认识其经济功能、生态功能、载体功能等，需要从宏观和微观两个层面进行，在宏观层面需更好发挥国土空间规划等政策工具的宏观调控作用，切实改革与新质生产力发展不相适应的土地制度，引导土地资源向优势区域优势产业集中；在微观层面需进一步创新完善土地产权、市场准入等制度规则，充分发挥市场在土地资源配置中的决定性作用。

劳动力要素。劳动力是生产力诸要素中起决定性作用的要素。提高劳动力要素的市场化配置水平，是推动技术进步、提升全要素生产率的关键。新质生产力的发展需要更多的高素质劳动者，对劳动者的知识和技能提出了更高要求。培养高素质劳动者队伍，才能为发展新质生产力厚植基础。优化劳动力要素需要长短结合、内外兼顾、统筹施策，推动更好实现劳动力资源市场化有效配置。一是深化户籍制度改革，畅通落户渠道。建立完善城镇教育、就业创业、医疗卫生等基本公共服务与常住人口挂钩机制，推动公共资源按常住人口规模配置，推动城镇基本公共服务覆盖常住人口。二是完善技术技能评价制度，畅通职称评审渠道。以职业能力为核心制定职业标准，打破户籍、地域、身份、档案、人事关系等制约，进一步提高高素质劳动力的创造性。三是打破市场分割，畅通人力资源市场体系。促进劳动力跨行业、跨地区流动，提高劳动力在全社会范围内的重配效率，构建公开公平、有序竞争的劳动力市场，保障人才自由进出。

技术要素。科技创新是发展新质生产力的核心要素，技术资源配置效率则是科技创新发展的焦点和重点。技术要素是在物质生产和价值创造中发挥关键独立作用的科学知识、技术经验、信息等，具有依附性、嵌入性、非标性和不确定等特征。技术要素市场要以制度创新引领科技改革，深化科技创新的供给侧结构性改革，消除制约科技创新的体制机制障碍，从而实现科技创新资源的高效配置利用。从城市发展来说，加快区域科技创新与产业转型、形成产业集群优势，是推动地方经济高质量发展的必然要求。一方面通过布局区域性的科技创新中心、技术转移平台等，为当地的科技成果转化提供平台载体和原动力，推动地方政府、高校、科研机构、企业等各方力量发挥自身的优势，互相合作、协同创新，推进更多技术走向市场，促使地方产业开辟新的增长点，以科技创新反哺地方产业经济的发展。另一方面，在全国统一大市场的战略下，通过区域之间基础设施、信息网络、交易平台、市场标识系统等软硬件的一体化，促进区域政策的协同性和规则一致性，消除限制技术要素资源自由流动的壁垒，同时加快科技成果确权，激发科技人才活力，构建技术要素生态，完善成果评价机制，深化技术要素市场化配置改革。

资本要素。资本要素在生产要素的集聚配置中扮演着关键角色，堪称重要纽带。新质生产力的快速形成，离不开金融"活水"的滋养，尤其是资本市场的有力支撑。资本要素的作用不仅体现在直接提供必要资金，还在于构建多元投资组合、配备风险对冲工具、落实激励与约束机制等，借此增强创新主体抵御风险的能力，提升科技企业创新的质量与效率。所以，大力发展以耐心资本为典型的科技金融，搭建多层次金融服务体系，是加速培育新质生产力的核心任务。具体实施路径上，可借助政策性金融机构、国有资本运营公司、政府基金、地方产业基金等力量，打造契合国家战略、满足科技创新需求的金融支持架构；通过拓展多元股权融资模式，培育创业投资、天使投资等股权投资机构，持续优化创业板、科创板、新三板等公开市场体系，为制造业单项冠军、专精特新"小巨人"等企业的发展壮大提供更有力支持；通过发起或管理母基金、设立产业投资引导基金等方式，吸引、汇聚更多社会资本流向科技创新领域；通过完善金融产品与服务，如推出知识产权质押贷款、科技保险、绿色债券、绿色基金等多样化专业金融产品，拓宽创新型企业的融资途径，推动科技创新进程。鉴于此，我们必须持续推进并深化金融供给侧结构性改革，加快构建高标准市场体系，进一步健全直接融资体系，加速完善现代金融监管体系，为新质生产力的发展营造宽松稳定的金融环境。

2. 更好发挥新型要素作用

新质生产力所蕴含的高科技、高效能、高质量的本质特征，要求对生产要素进行新组合，或者引入新的生产要素。在新一轮科技革命和产业变革深

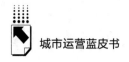
入发展的背景下，数据、生态等新型生产要素已经渗透到了经济社会各个领域，深刻改变着生产方式、生活方式和社会治理方式。新型生产要素的涌现必然导致生产要素的结构化配置获得多样的全新可能性。

数据要素。数据作为新型生产要素，已快速融入生产、分配、流通、消费和社会服务管理等各环节，深刻改变着生产方式、生活方式和社会治理方式。切实用好数据要素，更好发挥数据的数字化、网络化、智能化基础作用，协同推进技术、模式、业态和制度创新，对于深化创新驱动、推动高质量发展具有重要意义。数据要素既能够通过自身作为生产要素的投入而发生作用，直接地产生社会与经济价值，驱动新质生产力的形成；更能够与其他传统生产要素融合，使传统生产要素突破总量有限和生产过程中规模报酬递减的局限，促进传统生产要素的创新与演化。例如数字技术与传统制造业的融合，不仅提高了传统制造业的数字化、智能化水平，还催生了新兴产业和新型商业模式，使传统产业向战略性新兴产业转型。这为经济增长注入了全新的动力，有利于实现可持续发展。中共中央、国务院于 2022 年 12 月发布的《关于构建数据基础制度更好发挥数据要素作用的意见》对激活数据要素潜能、做强做优做大数字经济、构筑国家竞争新优势作出了一系列部署。

专栏 数据要素的市场化发展路径

数据要素的市场化发展是多维度的进程，包括技术发展、数据业务和政府管理三大路线。

纵观技术发展路线，自 2004 年起，政企信息化（如 OA、ERP 系统）的普及标志着数据应用的初步发展。随后，2010～2014 年间，云计算与大数据技术相继萌芽，如上海的云海计划和贵阳大数据交易所的成立，为数据价值的挖掘开辟了新途径。2015～2020 年，这一领域步入了成长与成熟期，各类云服务与大数据产品如雨后春笋般涌现，市场逐渐呈现大厂引领，政府、企业及个人广泛参与的格局。尤为引人瞩目的是，人工智能技术在 2020 年左右开始崭露头角，预计至 2025 年，大数据与人工智能将深度融合，共同推动数据价值的最大化。

　　数据业务的发展轨迹同样引人注目。2014 年贵阳大数据交易所的成立，标志着大数据正式进入政府工作视野，成为国家战略的一部分。2016 年，大数据"十三五"规划发布，大数据与实体经济的深度融合成为新趋势，大数据产业迎来快速发展期。至 2019 年，虽然大数据应用仍处于初级阶段，但已展现出无限潜力。2021 年，城市数字化转型的全面推进，不仅涵盖了产业、企业和服务等领域的数字化转型，还强调了内外部数据的融合应用，推动了数据应用向中级阶段迈进。特别是 2022 年底 ChatGPT（GPT3.5）及随后 2023 年初 GPT4.0 的发布，标志着数据应用正逐步迈入高级阶段，预示着数据智能的无限可能。

　　从政府管理的视角来看，数据要素的市场化进程也伴随着政策与法规的不断完善。2018 年，各地纷纷成立大数据局和大数据中心，实现了数据的集中管理与优化利用。2020 年，随着各地公共数据开放门户的建设，数据开放共享成为新常态，多领域试点应用相继展开。2021 年，《数据安全法》的出台以及深圳、上海等城市数据地方性法规的制定，为数据要素的合法流通与利用提供了坚实的法律保障。随后，《关于构建数据基础制度更好发挥数据要素作用的意见》（又称"数据二十条"）的发布，进一步明确了数据要素的基础制度框架。2023 年《企业数据资源相关会计处理暂行规定》及2024 年《关于加强数据资产管理的指导意见》的出台，则为数据要素市场的健康发展进一步奠定了坚实基础。

　　资源环境要素。新质生产力本身就是绿色生产力的重要论述，表明资源环境同劳动力、土地、资本、技术、数据等生产要素一样，本身也是发展新质生产力的关键要素，促进了生产力要素以人与自然和谐共生为准则的创新性配置。让良好的资源环境成为城市运营的重要生产要素，关键就是要将资源环境要素价格显性化、成本收益内部化，在产权明晰的前提下，形成能够覆盖全成本、客观反映要素稀缺性和外部性的价格机制，对各类市场主体产生内在激励和约束机制，从而优化资源环境要素的产业和空间配置效率，降低全社会绿色低碳循环发展的成本。其重要的一环是探索可持续的生态产品价值实现路径，推动"产业生态化"和"生态产业化"，加快构建促进经济社会发展全面绿色转型的生态经济体系。一方面要拓展绿色生态要素的使用范围和应用场景，利用先进技术深挖传统产业绿色化、生态化改造潜力，加快建立资源节约型的产业结构体系；另一方面，积极激活生态资源，加快培育生态产业龙头企业，丰富生态产品经营开发模式，促进符合新质生产力要求的新业态新模式加快发展。

3. 激发要素配置新活力

以数据为代表的新型生产要素嵌入社会再生产的各个环节，将重塑生产方式，激发要素配置新活力，拓展各类要素使用方式与应用场景，增加要素利用和配置的多样性和灵活性，实现要素配置结构改善，提升要素配置效率。

一是促进生产要素的优化组合。人工智能、区块链、大数据、云计算等数字技术加速创新，已经广泛渗透到各行各业，深度赋能劳动者、劳动资料和劳动对象[1]。一方面，数字经济发展提高传统生产要素价值。数据要素具有可复制性、非竭耗性、非排他性，打破了传统生产要素有限供给对经济增长的制约[2]。例如，依附于土地要素的生态资源，借助于卫星遥感测绘数据实现碳汇计量、收储、认证之后，市场主体可将其转化为数据产品，以商业运作模式加入全国碳汇市场进行线上交易，使生态资源突破原材料限制，提供更多的生态产品。另一方面，数据要素发挥协同优化、复用增效、融合创新的作用，促进跨学科跨领域融合发展与协同创新，催生了新技术、新工艺、新产品，使传统要素与新型要素实现创新组合与多场景复用，充分激发各类生产要素活力，数据要素和资本要素的深度融合，能推动投资决策向智能化方向发展，进而提升资本配置的效率。数据要素与技术要素相互交融，有力驱动着创新发展，促使技术取得显著进步。数据要素与金融市场的结合，则切实弥补了传统金融服务存在的短板。

---

① 《发展新质生产力要发挥数字技术作用》，《人民日报》2024 年 6 月 4 日。
② 《数据要素产权的特性与界定》，《学习时报》2023 年 1 月 30 日。

二是扩大要素配置规模和范围。新一轮科技革命和产业变革正在孕育兴起，云计算、大数据、物联网、人工智能等快速发展，加速了劳动力、资本、能源、信息等要素的流动和共享。伴随产业迭代升级，新产业新业态新模式不断产生，使得生产要素创新及其配置优化具有多样可能，从而扩大要素需求和供给的规模和范围，增强要素利用和配置的多样性和灵活性，提高资源配置效率。首先，应大力培育企业成为技术创新的主体，着重抓好5G基站、大数据平台、云计算中心等基础设施的建设工作，强化数字产业化与产业数字化的融合程度。其次，要打造一支适配新质生产力发展的新型劳动者队伍，推动教育、科技、人才三者实现有效贯通与融合发展，培育出兼具高文化层次与高技术水平的人才，推进劳动要素供给侧改革，充分激发劳动者的创造力与积极性。最后，需加速培育数据生产要素市场，持续推进政府数据开发共享机制的构建，加大社会领域在数据运用、整合以及安保方面的力度。

三是提高要素供需匹配效率。生产要素的有效配置能避免盲目投资，破解生产要素内部空转、低质低效的困境，激发主体创新活力。为此，发挥新质生产力的高端链接效应，将促进生产要素配置各环节的互联互通、信息共享。利用新质生产力的优势特点，依托物联网、算力提升等技术，统一数据交换标准，搭建共享平台，为生产要素及商品的供给方和需求方提供了信息交流、共享以及进行交易的空间，将产业链各端口的信息汇集于一体，弥补产业各环节信息不对称。将互联互通技术引入生产、销售、流通、供给等环节，整合各部分资源，提高智能化与可视化程度，利用数字化操作，按照协作要求与操作标准，创新信息传递的技术，保障各环节实现低成本与高效性传递，实现资源、技术共享的收益最大化。

（三）提升品质促进高端要素集聚

进入高质量发展阶段，中国的城市迎来发展范式的变革，城市增长从要素驱动转向创新驱动，文化、人才、知识、技术、数据等先进要素成为新的决定性要素，先进要素集聚则是一个城市核心竞争力的重要体现。城市是人的高度集聚。尽管城市运营的对象是土地、产业、技术、数据、文化等要素，但底层对象始终是"人"，人民群众对于高品质生活的追求将日益成为驱动社会经济发展的底层逻辑。特别是在城市建设进入存量时代，城市运营内涵和外延的拓展更加有赖于提升城市品质。一方面，城市品质将成为吸引和留住人才的决定性因素，另一方面，生活性服务业的扩容提质升级将有利于盘活存量资产和激发增量质量，提高社会资本配置效率和投入意愿。

1. 提升公共服务水平

城市是人民群众主要居住的生活空间，也是优质公共服务资源的聚集地。当前市民的需求已经从基本生存性需求转向对品质化美好生活的需求，对民生保障和社会公共服务质量的标准要求更高，呈现出"优质化、人性化和个性化"的新特点，群众美好生活的需求需要高品质的城市公共服务体系予以回应。

一是补齐城市公共服务设施短板。随着民众收入水平普遍提升，对公共服务质量也提出了更高更新的期望。要提升城市公共服务能力，需紧密围绕群众全生命周期的实际需求，有的放矢地加快构建基本公共服务供给体系，做到覆盖城乡、布局科学合理、服务优质均等、制度接轨统一，着力补齐托幼、教育、医疗、养老、住房等领域的短板。在城市更新进程中，提升义务教育阶段教学设施品质、完善各级医疗服务设施建设、强化无障碍适老化设施布局、推动社区共享空间打造、保护修缮历史文化遗迹、加大生态修复工作力度等举措，成为关键任务。通过这些努力，实现公共服务质量的显著提升，让广大人民群众切实感受到获得感、幸福感与安全感的增强。

二是系统提升城市公共服务效能。进一步增强基本公共服务的均衡性和可及性，提高公共服务资源配置效率和供需适配度。着力提升服务便利性，推动"一刻钟便民生活圈"建设，加强城市社区嵌入式服务设施建设，更好地满足社区居民公共服务和美好生活的需求。在公共服务设施资源的物理空间安排上，与人口的分布更契合，把公共服务的资源建在老百姓的家门口。提升城市公共服务效能还需要在改善体制机制上下功夫，探索改革现有申请审核的服务项目机制，实现从"人找服务"到"服务找人"转变。

　　三是推动城市公共服务多元供给。进入新发展阶段，人民群众的需求弹性更大，个性化和多样化特征更加明显，政府要做好公共服务供给的领航员，同时调动各方参与公共服务的积极性，加快构建公共服务多样化格局，加强服务及时性和可选择性。可以采取多种方式丰富公共服务供给主体。比如盘活事业单位，充分挖掘其潜能；大力支持公益组织发展，激发其活力；充分发挥民办机构灵活性与国有企业资源优势。如此一来，能提升各供给主体、各类供给机构间的竞争程度，有效减少供给垄断现象。能让公众在面对同类型公共服务时，拥有挑选不同提供者的权利，进而提升公共服务整体质量，从而缓解服务拥挤，适配服务需求，提高服务可得性。各公共服务部门、机构要通过资源配置和能力提升，减少服务等待时间，保证合理、充裕的服务持续时间。

　　四是提升民生服务质量。随着经济社会的发展，民生服务的需求和场景日益复杂化、碎片化，通过科技创新和智能化手段为民生服务智慧应用提供技术支持，通过服务数据存储、资源整合、决策支持，可以全方位、多维度感知和呈现民生服务需求，有力促进民生服务精准化、智慧化和个性化，并且为民生服务体系注入新的内涵，持续提升民生服务的均衡化和优质化水平。数字技术搭建起民生服务供需双方互动的桥梁，让公众得以充分表达全方位、多层次的服务需求，有力推动了"需求侧—供给侧"民生服务资源的优化整合，成功打破传统模式下民生服务供给中存在的信息壁垒，实现服务在空间、内容及覆盖人群上的精准投放。通过挖掘和分析市民的行为数据了解居民的需求和偏好，制定更加贴近居民实际需求的服务政策，提高服务的针对性和有效性，可以提供更加精准、高效的服务。例如，在线教育、远程医疗、智能家居等服务模式的创新，使得市民能够享受到更加便捷、丰富的服务体验。

2. 持续优化营商环境

　　营商环境是城市发展的软实力、核心竞争力之一。发展新质生产力需要建设与之相配套的一流营商环境，从本质上看，营商环境就是生产关系，生产关系要适应生产力发展，这是发展新质生产力内在的、本质的必然要求。

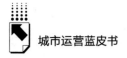
以市场化、法治化、国际化为准绳，更好吸引和集聚海内外企业，良好的营商环境将充分激发经营主体的内生动力和创新活力，推动加快形成新质生产力。

创新驱动发展要求城市营造良好的营商环境，鼓励科技创新，使研究人员和企业家乐于探索、组织、引领技术创新、产品创新和商业模式创新；大企业之外，中小企业也能受益于创新扩散网络，从而实现产业链全链条的创新突破。这不仅需要经济、技术的支持，更需要社会组织与制度、文化等方面的支持，让人才勇于创新、敢于创新，对于因敢于创新而出现过失的责任人予以一定的宽容和保护，维护和提高整个行业在创新攻关以及实践中的积极性。公平公正的法治环境是新质生产力发展最重要的营商环境，必须强化市场主体契约意识、规则意识、风险意识，维护交易安全，积极回应新技术、新业态、新模式知识产权保护需求，充分发挥惩罚性赔偿制度功能，提高侵权代价、降低维权成本，全面保护创新主体的合法权益。深入了解中小微企业最具体最现实的需求，以精准解渴的产业政策、金融政策、税收政策组合拳，打通企业发展中的堵点，为中小企业营造宽容活跃的友好型营商环境。

进入新发展阶段，城市运营基于当前信息技术、物联设备、网络传输能力等，将营商环境融合大数据分析，积极推进数字化赋能，能为企业提供更加便捷高效的管理与服务，并有效维护市场的公平竞争。积极构建先进的数字化平台，使得政务服务实现在线化与智能化，为企业和民众提供更加便捷、高效的服务体验，使得政府工作更加透明、高效，进一步提升政府的办事效率和服务质量。应用数字化监管系统提高实时把握市场动态的能力，通过大数据分析、云计算等技术手段识别市场中的潜在风险，采取有效措施提高监管的精准性和有效性。同时，应用数字化监管系统精准了解市场需求和企业运营情况，为政策制定和监管提供更加科学、合理的依据。通过数字化赋能助力打造开放型经济新体制，积极加强与其他国家和地区的数字经济合作，推动跨境数据的流动和共享，促进数字贸易的发展，为企业"走出去"提供更多的机会和平台。

3. 丰富城市应用场景

近年来，在科技创新加速的背景下，场景的内涵变得更加丰富。科技部等六部门联合印发的《关于加快场景创新以人工智能高水平应用促进经济高质量发展的指导意见》中指出，场景创新是以新技术的创造性应用为导向，以供需联动为路径，实现新技术迭代升级和产业快速增长的过程。应用场景在颠覆性创新向现实生产力的转化中发挥着至关重要的作用，加快城市治理现代化要高度重视应用场景的创新、构建和发展壮大[①]。

创造全新消费生态、打造新消费场景是城市运营的重要一环，不仅能带动城市消费升级与功能升级，还能显著提升区域价值。全国城市商用物业已进入存量时代，想要存量不沉没，就必须突破传统零售业态，把握新型消费趋势，通过具有特色且与自身发展资源禀赋匹配的方式，推动消费的转型升级。从"国际消费中心城市""国家级新型消费示范城市"，到"全国示范步行街""国家级旅游休闲街区""国家级夜间文化和旅游消费集聚区"，乃至各级地方政府推出的各类新型消费相关政策性品牌，都指向引导城市商业综合体和商业街区项目的消费生态转型。新消费场景强调沉浸式、高品质、个性化的消费体验，注重消费者与场所的多维互动、消费与体验的融合创新。引导主客共享的新消费业态集聚，提升地方美好生活水平，对于强化城市竞争力具有现实意义。

除了在政府管理、民生服务方面进一步丰富应用场景，还可以在城市建设多领域不断推动场景创新，将各类城市要素和基础设施与大数据、传感器、物联网等新技术设备结合，在城市建筑、交通、能源、环境、安防、园区等方面丰富应用场景，能够有效提高市民的体验感与满意度。例如，在建筑领域，加大智能建筑和智慧园区的建设力度，对建筑设施、设备和资源进行智能化控制和管理，通过可视化监控、智能照明、智能空调等技术为建筑和园区提供更加舒适、安全、节能的办公和生活环境。在交通领域，新质生

---

① 方晓霞、李晓华：《颠覆性创新、场景驱动与新质生产力发展》，《改革》2024 年第 4 期，第 31~40 页。

产力驱动交通系统向智能化大步迈进。借助 AI 算法对交通流量展开精准预测，进而优化出行路线，同时实现对交通流量、路况以及城市积水的实时动态监测与深入分析。这一系列举措，不仅有效缓解了城市拥堵难题，还大幅提升了公共交通的运行效率，显著改善了乘客的出行体验。在环保领域，新质生产力赋予了环境监测与治理更为精准的能力。通过大规模布局智能传感器网络，广泛收集海量环境数据，再依托先进的数据分析技术，能够迅速捕捉污染问题，并以高效手段予以处理。基于无人机和 5G 技术，实现对区域环境破坏、经营场所噪声污染以及河道排污、施工现场扬尘等行为进行精准管理、有效追踪、联动指挥等。在城市规划领域，通过大数据和人工智能技术，收集、分析和预测城市发展的各项数据，为城市规划提供科学依据，实现精准决策。借助模拟仿真技术，对城市空间布局、交通路线、公共设施等进行模拟和规划，确保规划方案的科学性和合理性。

4. 加强数字政府建设

数字技术作为世界科技革命和产业变革的先导力量，日益融入经济社会发展各领域全过程，深刻改变着生产方式、生活方式和社会治理方式[1]。加强数字政府建设是创新政府治理理念和方式的重要举措，对加快转变政府职能，建设法治政府、廉洁政府、服务型政府意义重大[2]。

2023 年，国务院发布的《关于加强数字政府建设的指导意见》推动了我国各级政府不断探索和创新，推进政府治理流程优化、模式创新和服务能力提升。我国各级党政机构对数字政府建设都给予了高度重视，截至 2023 年 12 月，全国有 26 个省份建立了数字政府领导小组来推进数字政府工作，领导小组组长为省级主要负责人的占比近 70%，24 个省份发布了数字政府相关文件或整体规划，全面系统地部署和推进数字政府建设工作[3]。各级政

---

[1] 《习近平向 2022 年世界互联网大会乌镇峰会致贺信》，新华社，2022 年 11 月 9 日。

[2] 《国务院关于加强数字政府建设的指导意见》（国发〔2022〕14 号）。

[3] 2023 年 3 月 19 日中共中央办公厅印发《关于在全党大兴调查研究的工作方案》，2023 年评估专家组多次组织专家对全国数字政府以及新型智慧城市建设进行了综合调研与情况摸底，调研了近百个中央和地方数字政府案例与应用场景。

府网站积极探索利用大数据、人工智能、区块链、自然语言处理等技术，政府业务信息系统建设和应用成效显著，数据共享和开发利用取得积极进展，一体化政务服务和监管效能大幅提升，"最多跑一次""一网通办""一网统管""一网协同""接诉即办"等创新实践不断涌现，数字技术与政务业务的融合正成为政府数字化转型的共识和发展趋势，政府履职数字化、智能化水平显著提升，政府决策科学化、社会治理精准化、公共服务高效化取得重要进展。

随着人工智能技术的创新迭代，生成式人工智能（AIGC）技术在数字政府领域的创新应用越来越丰富。北京、上海、广东、福建等地积极探索基于生成式人工智能技术的政务咨询、政策服务、接诉即办、政务办事等场景应用；上海金山区、苏州、无锡等地探索构建了基于统一标准、统一服务、统一调度、分层分级的大模型体系，为民生服务、城市治理提供决策支持服务，还可辅助智能写作提高政务人员工作效率。

参考文献

张永刚：《基于新质生产力的生产要素创新和优化配置》，《学术界》2024年5月15日。

宋迎昌：《以城市更新助推新质生产力发展》，《中国党政干部论坛》2024年第4期。

张永超：《优化转型模式　打造数字城市》，《中国城市报》2024年6月17日。

董超、王晓冬：《生成式人工智能在数字政府建设中的探索、挑战及建议》，《数字经济》2023年第11期。

分 报 告

B.3

中国城市运营稳定收入领域分析与展望（2024～2025）

国研经济研究院课题组*

摘　要： 当前地方一般公共预算收支总体紧平衡，各级城市债务余额增速显著分化，国资平台转型滞后，土地市场供需低迷。稳定城市收入、优化收入结构成为当务之急。标杆城市实践表明，在财政紧平衡背景下，通过优化税收结构、创新债务管理、盘活国资平台、提升土地效能等系统性改革，能够有效增强财政韧性。学习标杆城市经验，建议从税源培育、债务重构、国资激活、土地增效等维度协同发力，构建可持续的城市财政收入体系。

关键词： 地方债务　现金流　土地财政　国资平台

---

* 执笔人：孙超然，国研经济研究院研究主管，主要研究领域为城市运营研究、区域经济发展研究等。

一 稳定收入整体情况概述

面对需求收缩、供给冲击、预期转弱三重压力冲击，为更好地激发市场活力，我国实施了大规模减税降费政策，以税收收入为主体的一般公共预算收入增速整体放缓，从 2014 年开始，一般公共预算收支缺口逐步拉大，城市的财政自给率持续降低，到 2023 年全国地方政府整体财政自给率仅为 49.9%。以北京、上海、深圳、广州为代表的中国经济最健康的一线城市，平均财政自给率也由 2021 年的 83.35% 降到 2023 年的 78.82%。

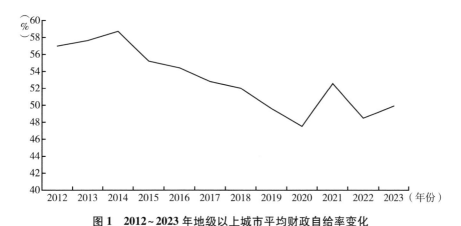

图 1　2012~2023 年地级以上城市平均财政自给率变化

资料来源：国研经济研究院分析。

在高速城镇化发展阶段，土地出让收入的主动权掌握在地方政府手中，地方政府往往根据财政预算，设定年度供地计划，并根据市场情况适时调整，使得土地出让收入"正好"填补地方政府的支出缺口。土地市场在经过了多年的量价齐增高速增长之后，2021 年全国土地出让收入达到历史顶峰、出让面积开始下降，2023 年国有土地使用权出让收入对比 2021 年历史峰值下降 33.4%，可以认为，全国土地供应整体上趋于饱和，通过土地出让拉动地方财政的发展模式在很多城市遇到了挑战，地方政府的综合财力（一般公共预算收入与土地出让收入合计）与支出间的缺口逐步扩大。

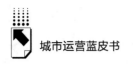

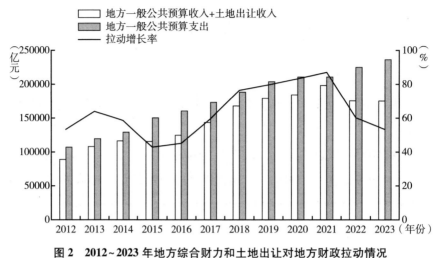

图2　2012~2023年地方综合财力和土地出让对地方财政拉动情况

资料来源：企业预警通、国研经济研究院整理。

其中，不同省市的土地依赖度分化明显，最发达的和最不发达的省市对土地的依赖度低，相对发达的沿海省市和近年发展势头迅猛的中西部省市对土地财政的依赖度相对较高。这意味着在新型城镇化阶段，除了发展最均衡最突出的少数几座城市以外，我国广大的省市都需要尽快探索"土地财政"以外新的发展路径。

城市发展进入运营时代，土地财政逻辑必须向土地和其他要素资源运营转型。为实现城市综合效益与公共服务的最大化，如何避免过度依赖土地出让收入，强化税收的可持续性，增强债务融资的管控能力，是每座城市都需要思考的命题。

二　稳定收入指数评估结果

城市运营课题组为更好地评估城市"稳定收入"新变化，在对296个地级及以上城市的税收可持续性、土地财政稳健性和债务融资能力进行全面分析的基础上，增加了财政支出效率、土地集约利用、土地创税等方面的指标，形成了新的二级指标及相应的三级指标，评估得出不同区域、不同发展阶段城市在收入规模及可持续性方面呈现出的不同特点，从而找出好的做法和存在的问题。

表1　稳定收入部分城市运营指标及评估方式

一级指标	二级指标	三级指标及其评估方式
稳定收入	税收可持续性	一般公共预算收入增速×财政自给率、税收收入/一般公共预算收入、GDP增量/财政支出增量
	土地财政稳健性	非工业用地出让价格变动×非工业用地供地面积变动、非工业用地成交率变动、城乡建设用地规模/常住人口规模、税收收入/建成区面积
	债务融资能力	债务规模增速+债务空间

"稳定收入"领域主要从城市收支稳定性、土地财政及土地创税能力和债务融资能力方面评估各级城市各类资金来源的规模及可持续性。整体评估结果如下：

表2　各等级城市"稳定收入"运营评价标杆城市

	稳定收入	税收可持续性	土地财政稳健性	债务融资能力
I+级	上海市	上海市	上海市	北京市
I级	杭州市	杭州市	苏州市	苏州市
	苏州市	成都市		成都市
	重庆市	宁波市		南京市
II级	鄂尔多斯市	鄂尔多斯市	南昌市	郑州市
	长沙市	长沙市	鄂尔多斯市	青岛市
	济南市	济南市	常州市	合肥市
III级	珠海市	榆林市	温州市	泰州市
	石家庄市	珠海市		洛阳市
	金华市	嘉兴市		淮安市
IV级	长治市	长治市	十堰市	银川市
	晋城市	晋城市	南平市	上饶市
	海口市	海口市	威海市	黄石市

续表

	稳定收入	税收可持续性	土地财政稳健性	债务融资能力
V级	朔州市	朔州市	哈密市	拉萨市
	达州市	达州市	晋中市	桂林市
	吕梁市	吕梁市	赤峰市	萍乡市
VI级	朝阳市	雅安市	陇南市	定西市
	怀化市	巴中市	白城市	四平市
	七台河市	儋州市	张掖市	庆阳市

（一）当前地方一般公共预算收支总体紧平衡

地方一般公共预算省份分化明显，部分经济大省也面临收入增长乏力。研究城市间收入差异发现，2023年4个I+级城市和9个I级城市合计地方一般公共预算收入总规模占全国的38.17%，规模上占据绝对领先地位。而V级城市和VI级城市合计地方一般公共预算收入占全国的16.88%，其中VI级城市合计地方一般公共预算收入仅占全国的4.7%。从2020年至2023年的各级城市平均收入增速看，出现了低等级城市收入增速高于高等级城市的趋势，但应该认识到，低等级城市自身造血能力的不足，以及高等级城市的虹吸效应，依然将长期存在。

2016~2023年，全国地方一般公共预算收支缺口逐步拉大，财政自给率经过2021年的反弹后，回落到50%以内。分等级来看，III级及以上城市有较强的自身造血能力，IV级至VI级城市财政自给率普遍在50%以内，VI级城市平均财政自给率仅为23%，对转移支付有较高的依赖性。

（二）各级城市债务余额增速显著分化

各级城市地方政府债务余额增长平稳。2017年以来，地级以上城市地方政府债务年均增速普遍在20%以内，不同城市间增速相近。2021~2023年增速有所放缓，2017~2021年，I+级城市年均地方政府债务余额增速为18.23%，而2021~2023年，年均增速降为15.61%，其他城市也普遍呈现

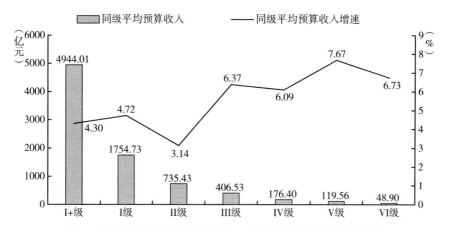

图3 2020~2023年各级城市平均一般公共预算收入和收入增速

资料来源：国研经济研究院分析。

图4 2016~2023年地方公共预算收支及财政自给率情况

资料来源：国研经济研究院分析。

相似变化。整体上，2023年各级城市剩余举债空间较2021年均有所压缩，目前 I+级城市仍有19.8%平均举债空间，I级至 VI级城市举债空间在5%~8%。

融资平台有息债务方面则呈现明显的分化。2021年之前，高等级城市土地市场活跃，化债成效突出，而低等级城市融资平台更依赖债务融资。

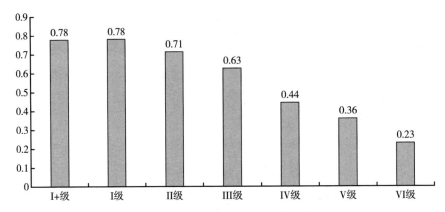

图5 2023年各级城市财政自给率

资料来源：国研经济研究院分析。

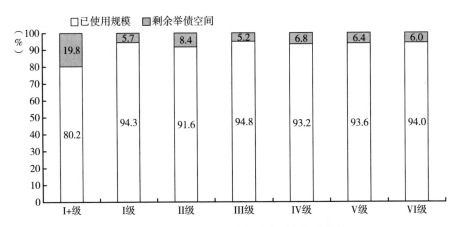

图6 2023年各级城市地方政府剩余举债空间

资料来源：国研经济研究院分析。

2021年之后，情况发生了颠覆性的转变，高等级城市融资平台有息债务迅速膨胀，而四五线为主的低等级城市融资平台有息债务增幅显著下降，部分城市债务规模大幅下降。2021~2023年，I+级城市融资平台有息债务余额同比上升29.57%，而9个I级城市同比增幅则达到惊人的86.78%，其他II级、III级城市增幅也普遍达到40%以上，而同期VI级城市融资平台有息债务余额显著下降，年均降幅34.78%。

由于融资平台有息债务的快速膨胀，9个Ⅰ级城市占全国地方综合债务余额的比例由2021年的14.88%上升为2023年的27.8%，9个城市平均综合债务余额为21005.04亿元，超过了Ⅰ+级城市18748.67亿元的平均数。其中，成都市2023年综合债务余额达到34053.15亿元，成为中国债务规模最大的城市。

这说明Ⅰ级城市在土地财政下滑的制约下，通过债务融资扩充地方财力的需求超过了一线城市。而低等级城市化债总体取得较好效果，但仍要关注债务收缩对经济社会发展的影响。低等级城市更早面对土地市场不景气，土地作为债务锚点作用减弱也制约了其平台债务的发行，而出现投资效率下降的现象，可能会影响当地经济发展和就业。

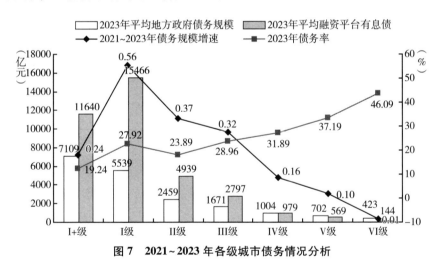

图7　2021~2023年各级城市债务情况分析

资料来源：国研经济研究院分析。

债务困难突出城市集中在重点省份中小城市。应该认识到，债务是中性的，能发出债本身就说明了该城市的城投平台依然受到市场的认可，鉴于土地财政补位作用普遍下降，债务能否补位一定程度上反映出城市债务健康程度。通过对比2021~2023年数据，综合判断城市土地出让收入和平台债务的变化情况，可以认为连续两年城市融资平台有息债务增

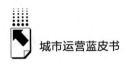

量与政府性基金收入增量相加为负的城市，在债务方面面临更多的困难。
具体如下。

表 3　债务困难突出城市

平台有息债务增量与政府性基金收入增量相加为负数					
东莞市	延安市	阳江市	忻州市	保山市	阜新市
大连市	西宁市	衡水市	牡丹江市	吴忠市	丽江市
沈阳市	曲靖市	六安市	贵港市	双鸭山市	天水市
鄂尔多斯市	营口市	通辽市	白山市	贺州市	吐鲁番市
哈尔滨市	北海市	河源市	丹东市	崇左市	七台河市
龙岩市	阜阳市	安康市	佳木斯市	松原市	鹤岗市
宁德市	赤峰市	玉林市	雅安市	河池市	朝阳市
海口市	朔州市	黄山市	安顺市	铜川市	酒泉市
玉溪市	晋中市	锦州市	云浮市	来宾市	抚顺市
盘锦市					

资料来源：Wind、国研整理。

55 个债务困难突出城市中，有 36 个来自重点化债省份，占重点化债省份地级以上城市的 39%，其中辽宁有 9 个、广西有 7 个、黑龙江有 6 个、云南有 4 个，以上四省区债务困难突出城市占全省区地级以上城市比例达到或超过 50%，其中辽宁省这一比例达到 64.3%，可以认为债务困难突出城市较多的省份债务风险蔓延范围更广。但应该注意到，重点化债区域是以省份为单位划定，区域内债务风险水平较低的地市和区县的投融资同样受到限制，这部分城市的发展动能也受到了限制。

短期兑付压力较大城市。通过研究各级城市债务余额到期时间发现，9座新一线城市平均 1 年及 1 年以内期债务余额占比为 7.83%，在各级城市中平均占比最高，二三四线城市普遍占比在 5%~6%，整体看尚不存在全局强兑付风险，但部分城市 1 年及 1 年以内期债务余额占比较高，这些城市短期刚性兑付压力较大，应给予重点关注，具体如下。

表4　1年及1年以内期债务余额占比

铁岭市	榆林市	宝鸡市	天津市	昆明市	新余市	商丘市
70.59%	47.62%	30.86%	29.67%	29.40%	28.74%	26.65%
黄石市	景德镇市	信阳市	桂林市	镇江市	秦皇岛市	驻马店市
26.45%	25.90%	24.27%	22.62%	21.70%	21.28%	20.64%

资料来源：Wind、国研整理。

（三）国资平台融资成本显著降低

从国资平台融资成本出发，开展对各级城市国有资本资产进行分析。主要通过统计各城市2023年发债国企的主体评级、债务发行时的票面利率，对城市发债能力进行综合评价。

总体上高评级平台发债规模占比有所提高。I+级城市AAA级占比最高，达到66.7%（相比2022年的72.2%有所下降）。相比2022年，I级至IV级城市中AA+级主体发债规模占比均有所提高，I级至IV级城市中AA级主体发债规模均有所下降。2022年，AA级主体发债占VI级城市的91.3%，而2023年，这一比例下降至68.4%，相应的AA+级主体发债规模占比提升至29.7%。

整体上，发债利率随着城市等级的下降而上升，2023年全国VI级城市国资平台平均发债利率仍高于6%，观察趋势发现，2020年以来各级城市国资平台发债利率整体呈下降趋势，2023年，全国II级、IV级、V级城市平均发债利率有小幅上升。

从不同期限的利率水平来看，2023年国资平台整体上更倾向于发放短期债。五年及五年以内期限的债务占发债规模的93.2%，其中五年期、三年期分别占37.3%、34.85%，小于三年的占21.05%，七年期发债规模由2022年的12.23%降为4.45%。

I+级城市小于三年期短期债平均利率最低，仅为2.15%；VI级城市五年期债平均利率最高，为4.76%。在大多数城市等级中，三年期的平均利

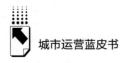
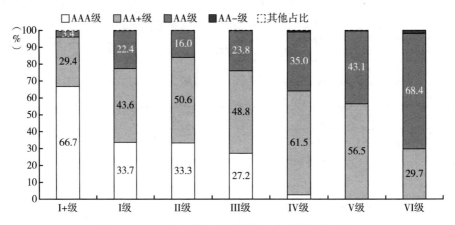

图8　2023年各级城市不同评级平台发债规模占比

资料来源：国研经济研究院分析。

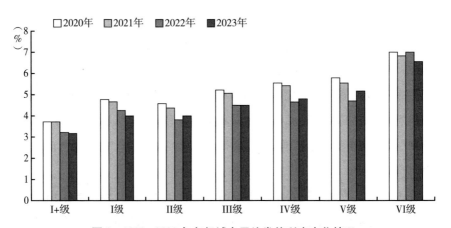

图9　2020~2023年各级城市平均发债利率变化情况

资料来源：国研经济研究院分析。

率要高于五年期和期限在三年以内的债券。

2023年全国各省区市国企发债利率出现了广泛的下降，高利率压力在很多省份得到了缓解。宁夏、甘肃、辽宁、广西、黑龙江、云南、贵州、吉林8个省级行政区国企平均发债利率出现上升，体现了部分省份在提升国有资产质量和盈利能力方面的困难。

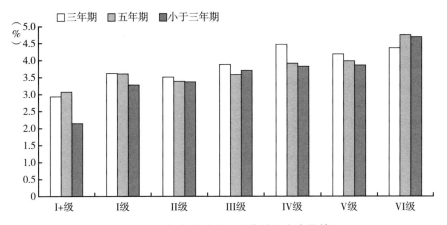

图10　2023年各级城市平均发债利率变化情况

资料来源：国研经济研究院分析。

表5　2022~2023年各省区市平均发债利率变化情况

单位：%

省　份	2023 年平均利率	2022 年平均利率
上　海	3.31	3.51
北　京	3.53	4.09
广　东	3.75	4.21
福　建	3.94	4.71
浙　江	3.95	4.74
西　藏	3.96	4.37
海　南	3.97	4.54
江　苏	3.97	5.07
新　疆	4.17	4.53
安　徽	4.30	5.36
河　北	4.32	5.59
天　津	4.39	6.27
湖　北	4.62	5.42
河　南	4.64	5.61
江　西	4.65	5.98
山　东	5.12	5.53
重　庆	5.14	5.90
山　西	5.15	5.65

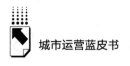
续表

省　份	2023年平均利率	2022年平均利率
内蒙古	5.37	6.12
湖　南	5.38	5.82
陕　西	5.49	5.88
青　海	5.73	5.95
四　川	5.78	5.89
宁　夏	5.99	5.89
甘　肃	6.34	5.98
辽　宁	6.74	6.56
广　西	6.79	6.60
黑龙江	6.85	6.94
云　南	6.86	6.83
贵　州	6.88	6.94
吉　林	7.13	6.94

资料来源：Wind、国研整理。

　　进一步研究各省级行政区各级城市国资平台融资利率发现，2023年各省级行政区各级城市融资利率对比2022年普遍呈下降趋势，平均发债利率出现上升的8个省级行政区的Ⅲ级以上城市利率也出现下降，仅有宁夏、辽宁、贵州、吉林的部分Ⅳ级至Ⅵ级城市平均利率出现上升。

表6　2023年各省区市各级城市平均发债利率

单位：%

省　份	I+级	I级	II级	III级	IV级	V级	VI级
上　海	3.31						
北　京	3.53						
广　东	2.98		3.45	3.57	3.93	4.02	3.98
福　建			3.58	4.27	4.09		
浙　江		3.65	3.89	4.02	4.81	3.65	
西　藏						3.68	4.24
海　南					2.88	4.07	4.96
江　苏		3.52	3.70	4.31	4.18		

续表

省份	I+级	I级	II级	III级	IV级	V级	VI级
新　疆				3.92	4.17	4.42	
安　徽			3.62	3.78	4.52	4.32	4.47
河　北				4.57	3.79	4.65	
天　津		4.39					
湖　北		3.82		4.66	4.58	4.94	
河　南			3.94	4.88	4.10	4.95	
江　西			3.73		4.59	4.80	
山　东			3.74	5.71	5.17	5.83	
重　庆		5.14					
山　西				3.59		5.30	5.47
内蒙古				4.83		7.00	
湖　南			3.94		5.16	5.64	6.78
陕　西			5.14	3.00	5.43	6.35	6.15
青　海					5.73		
四　川		4.67			5.08	5.77	6.45
宁　夏					5.99		
甘　肃					4.94		7.04
辽　宁			5.56		7.73	7.32	6.82
广　西				4.10	6.75	6.15	7.29
黑龙江				5.10	6.77		7.30
云　南			5.68		7.21	7.41	6.94
贵　州				6.09	6.71		7.13
吉　林				5.59		8.00	7.46

资料来源：Wind、国研整理。

在掌握平台融资成本情况的基础上，继续对各城市的发债平台做综合评级工作。通过对发债主体的各个评级进行赋权（权重从 AAA 级到 BBB 级依次降低），并对这一城市 2023 年所有的发债主体进行加权求和后进行排名（加权求和的数值越高则排名越高），最终计算得到城市的发债平台评级综合得分。

通过分析发债平台评级综合得分与代表其社会融资成本的票面利率，综合判断这一城市的发债和偿债能力，从而得出各城市的平台债务水平和潜在风险。平台综合水平排名较高且利率较低的城市可以认为其发债平台发展良好，其中发债综合评分与其融资成本得分之差处于较小范围内的，被认定为适度超前城市。发债平台评级综合得分较高但利率也较高的城市，可以认为偿债负担较重，存在债务风险。其中发债平台评级综合得分很高，利率也很高的城市被划入高风险城市。相应的，利率较低但发债平台综合评价也较低的城市，当地发债平台未充分利用低利率优势，具有一定的发债潜力；同样，发债平台综合评价较低而利率较高的城市，也存在一定的风险，但因为规模有限，不容易造成风险蔓延，应积极改善平台发展现状，尽快摆脱高利率负担。

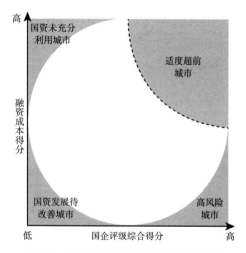

图 11 国有资本部分评价标准示意图

资料来源：国研经济研究院分析。

在这一原则下，共有 31 个城市在发债平台和利率发展程度上较为接近，被认定为适度超前，成为标杆城市。说明城市已经较好地使用其国有资本，使之能够较大程度反映在利率水平上。

表7 平台发债能力部分适度超前城市

	标杆城市
I 级	苏州市
II 级	福州市、烟台市、鄂尔多斯市、南昌市
III 级	太原市、镇江市、漳州市、芜湖市
IV 级	龙岩市、滁州市、宝鸡市、衢州市
V 级	焦作市、肇庆市、乐山市、大同市、丽水市、鹰潭市、安阳市、铜陵市、运城市、承德市、淮北市、六安市、忻州市
VI 级	雅安市、铜川市、商洛市、铁岭市、定西市

以福州市为例，2024 年 9 月 11 日，福州城投集团凭借 636 亿元的年营业收入，首次荣获 2024 中国企业 500 强第 381 名，成为福州国资系统第一家进入中国 500 强的国企[①]。福州市国资委所属一级国企福州城投集团，2024 年 6 月集团资产总额达 2438.74 亿元，主营业务是房地产销售、建筑工程和贸易，利润实现主要来自业务经营。根据公司债券半年报，其房地产销售业务毛利占比最高（61.43%）[②]，毛利率 19.11%。另外，从公司 2024 年度第一期超短期融资券募集说明书可知，福州城投集团房地产销售业务当中，商品房的毛利率相当可观，一季度高达 65.78%。[③]

山西省城投数量较少，城投债发行集中于省级及太原市，省级和太原市发行规模占比合计超过 80%。2023 年太原市城投平台发债平均利率仅为 3.59%，是全国融资成本最低的前二十座城市之一。新发行和净融资量均保持较高水平，主要因两个地级市平台均保持较高的发行规模，其中太原市龙城发展投资集团有限公司近年发行额每年均在省内平台排名第一。

相应的，一部分发债平台大，融资成本高的城市，被列为高风险城市。在 2023 年各级城市利率普遍下降的大环境下，I+级至 II 级有三座城市出现了国资平台平均发债利率明显高于同城 2022 年的利率水平，分别为成都市

---

① 中国企业联合会、中国企业家协会发布中国企业 500 强名单。
② 福州城市建设投资集团有限公司公司债券半年度报告（2024 年）。
③ 福州城市建设投资集团有限公司 2024 年度第一期超短期融资券募集说明书。

的 4.67%、西安市的 5.14%和沈阳市的 6.18%，也明显高于Ⅰ级和Ⅱ级城市 4%的平均利率，综合平台得分和利率得分后，这三座城市均进入了高风险城市的行列。当然应该看到，这三座城市作为省会城市，在其所在省份内，仍属于利率较低的城市，利率反映的市场信心问题，可能并不局限于单一城市，而是整体上对其所在省份的发债主体和信心不足，反映在省会城市上。

表8 发债平台高风险城市

	高风险城市
Ⅰ级	重庆市、天津市、成都市
Ⅱ级	西安市、沈阳市、昆明市
Ⅲ级	盐城市、潍坊市、贵阳市、淄博市
Ⅳ级	济宁市、遵义市、临沂市、柳州市、湘潭市
Ⅴ级	开封市、泸州市、南充市、赤峰市、营口市、遂宁市、萍乡市、吉林市、钦州市、内江市、眉山市、防城港市
Ⅵ级	六盘水市、毕节市、安顺市

另一类发债平台规模有限，但融资成本低的城市，具有较强的发展潜力，被列为国资未充分利用的城市，共有 28 个。其中广东省有 10 座城市进入未充分利用城市行列，占全省地级市数量的近 50%。在广东这一中国经济发达省份，发债平台的利用仍有很大的提升空间。呼和浩特市、海口市、拉萨市这样的省会城市，发债平台发展水平有限，未能充分发挥其在区域中的利率比较优势。榆林市、宁德市这一南一北两座传统能源和新能源代表城市，在近几年能源行业强势的背景下，融资成本优势突出，2023 年榆林市国资平台平均发债利率仅为 3%，位列全国第三；同年宁德市国资平台平均发债利率为 3.8%，为全国第 38 名。但相应的，榆林市、宁德市，还有克拉玛依市，发债平台发展水平有限，2023 年榆林市平台得分仅为全国第 180 名，宁德市平台得分为全国第 211 位，克拉玛依市平台得分为全国第 243 位，发债平台规模与质量有较大的提升空间。Ⅵ级城市中，著名旅游城市三亚市、黄山市也受限于发债平台发展水平，体现出未充分利用的特点。

表9 发债平台未充分利用城市

	未充分利用城市
Ⅱ级	佛山市、东莞市
Ⅲ级	榆林市、珠海市、呼和浩特市
Ⅳ级	宁德市、江门市、三明市、保定市、廊坊市、克拉玛依市、沧州市、海口市、晋城市、汕头市、新乡市、德阳市、南阳市、茂名市、湛江市
Ⅴ级	信阳市、鄂州市、晋中市、秦皇岛市、三门峡市、临汾市、清远市、邢台市、阳江市、潮州市、拉萨市
Ⅵ级	三亚市、黄山市、汕尾市、日喀则市

（四）土地市场供需低迷、量价齐跌

2022 年以来，随着全国范围内土地出让市场的大幅下滑，大部分城市土地出让遇冷，政府性基金收入占地方收入的比重显著下降，土地财政由过去的地方综合收入半壁江山，下降到不足地方综合收入的 40%。相较于 2021 年，2023 年各级城市综合财力（一般公共预算收入＋政府性基金收入）平均下降了 8%~22%，土地财政的大幅下滑严重影响了地方综合财力。

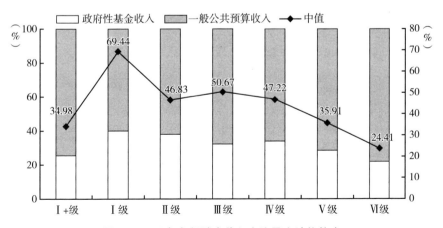

图 12 2023 年各级城市收入占比及土地依赖度

资料来源：国研经济研究院分析。

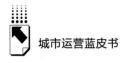

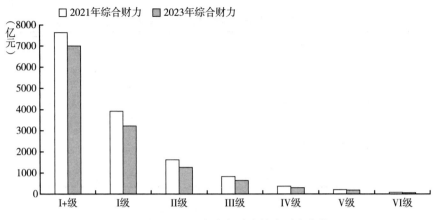

图13　2021~2023年各级城市综合财力变化

资料来源：国研经济研究院分析。

出现风险城市数量增加。通过评估2020~2023年296个地级以上城市土地供应量、土地成交率、土地单价变化趋势发现，98个城市显示出土地市场风险。

分省区来看，四川有12个，安徽有9个，山东有7个，河南、浙江、广东各有6个，黑龙江、甘肃、广西各有5个。这说明了土地风险主要集中在中西部欠发达省份，同时东部发达省份的土地风险也不容忽视。

表10　土地市场显示风险的城市

土地供应下降、成交率下降,土地单价下降					
福州市	邯郸市	开封市	六安市	大同市	平凉市
昆明市	赣州市	秦皇岛市	亳州市	巴中市	固原市
兰州市	宜春市	泸州市	池州市	铁岭市	定西市
湘潭市	盘锦市	丽水市	毕节市	武威市	吐鲁番市
舟山市	西宁市	阜阳市	钦州市		
土地供应下降、成交率下降					
广州市	长春市	焦作市	乐山市	淮北市	白山市
南京市	襄阳市	遵义市	商丘市	随州市	齐齐哈尔市
成都市	榆林市	衡阳市	周口市	淮南市	雅安市

土地供应下降、成交率下降					
宁波市	哈尔滨市	德州市	咸宁市	宿州市	黑河市
青岛市	洛阳市	泰安市	攀枝花市	内江市	鸡西市
佛山市	淄博市	绵阳市	北海市	眉山市	普洱市
郑州市	南宁市	德阳市	黄冈市	萍乡市	来宾市
合肥市	湖州市	宝鸡市	衢州市	潮州市	辽源市
东莞市	岳阳市	玉溪市	枣庄市	巴彦淖尔市	白银市
西安市	株洲市	宜宾市	揭阳市	汕尾市	海东市
烟台市	龙岩市	菏泽市	铜陵市	牡丹江市	贵港市
嘉兴市	连云港市	延安市	遂宁市		

资料来源：Wind、国研整理。

土地市场显示风险的城市类型分布广泛，反映了两年来土地市场的整体疲软。从城市发展能级看，其中，Ⅱ级城市中显示风险城市占比接近一半，达到45%，Ⅴ级显示风险城市29个，数量最多。整体上，显示风险的城市数量、占比相较于2021年都有明显的上升，土地市场风险加剧。

而在Ⅳ级以下城市，风险城市在同级占比逐级下降。高等级城市之所以土地市场出现风险，既与土地市场大环境有关，也与上一阶段土地市场发展过快、价格过高有直接关系。低等级城市中风险城市占比不高，与土地财政更早遇冷，土地市场已经趋于萎缩有关。

土地成交疲软且依赖度高的城市存在更大的风险。"土地财政"风险与土地市场风险有关，也与城市土地财政依赖度有关。通过土地成交率和土地财政依赖度两个维度交叉分析，在已有的95个风险城市中，12个城市在土地成交率持续降低的同时，土地财政依赖度仍维持在较高水平，具有更大的土地财政风险。

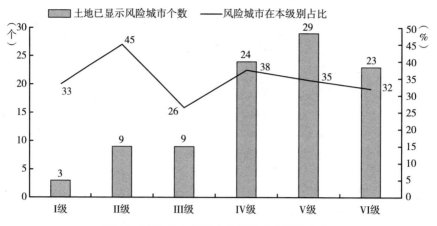

图 14　2023 年各级城市土地风险个数与占比

资料来源：国研经济研究院分析。

表 11　土地财政风险较高城市

枣庄市	眉山市	湖州市	遂宁市	德州市	德阳市
巴中市	丽水市	连云港市	内江市	毕节市	遵义市

资料来源：Wind、国研整理。

　　这说明尽管面临整体性下滑，但高等级城市整体上一般公共预算收入水平较高，城市人口、产业仍处在上升通道，因此其土地财政的风险相对可控。真正显示风险的城市，往往是土地资产过度领先于城市发展水平，在城市建设扩张、较快炒高地价的同时，产业和人口未能相应聚集，土地金融杠杆过高的城市。

三　稳定收入标杆城市评估

　　中国城市运营稳定收入领域标杆城市的成功经验表明，在财政紧平衡背景下，通过优化税收结构、创新债务管理、盘活国资平台、提升土地效能等系统性改革，能够有效增强财政韧性。以 I+ 级和 I 级城市为代表的标杆城市，在税收可持续性、债务融资能力、国资平台运营效率、土地创税能力等方面形成了可复制的实践经验，为破解地方财政困局提供了重要启示。

（一）通过产业结构优化和税源培育实现内生增长

标杆城市在构建税收可持续性体系过程中，形成了以现代服务业深度赋能、数字经济融合创新、产业转型动态平衡三大抓手。通过系统性设计产业结构与税源培育的互动关系，将经济增长动能转化为稳定税收来源，实现了从"规模扩张"到"质量跃升"的转变。

在现代服务业领域，城市通过构建多层次的产业生态实现税收结构优化。上海市2023年税收收入占一般公共预算收入比重达85.7%，显著高于全国平均水平，其现代服务业税收贡献率突破75%。上海市采取"金字塔式"培育策略，顶层布局跨国公司总部经济形成税收集聚效应，中层发展高附加值专业服务业提升单位产出效率，底层培育平台经济等新兴业态开拓增量空间。这种梯度发展模式既保证了基础税源的稳定性，又通过价值链延伸创造新的税收增长点。同时，城市建立服务业抗周期调节机制，重点发展金融信息、医疗健康等弱周期领域，当经济波动时这些行业税收逆势增长的特征可抵消传统行业的税收波动，形成"压舱石"效应。上海生物医药服务业在2023年经济下行期仍保持23%的税收增速，有效平抑了整体税收波动。

杭州等城市通过数字技术与实体经济的深度融合，构建起"乘数效应"显著的税收生成机制。在技术渗透阶段，实施全产业链数字化改造工程，将云计算、人工智能等数字技术嵌入传统产业流程，使企业运营效率提升带来的价值增量转化为可征税的数字化服务收入。当一定比例制造企业完成数字化转型后，数字经济对税收的贡献呈现指数级增长，杭州数字经济核心产业税收三年内实现翻番，2023年数字经济核心产业税收达823亿元，占全市税收比重28.4%，带动税收收入增速达9.7%。治理创新方面，针对直播电商、共享经济等新业态特性，建立"监管沙盒"等适应性税收征管体系，在降低税收流失率的同时保持市场活力。

产业转型升级中的税收优化，关键在于建立动态平衡机制。鄂尔多斯等资源型城市通过"新旧动能转换方程式"破解税收结构单一难题。一方面设置传统产业升级的"缓冲带",将能源产业利润定向投入氢能装备、煤基新材料等高端领域,既延缓传统税源衰减速度,又培育接续替代产业。当煤化工税收在 2023 年首次超过原煤开采税收时,标志着新旧动能转换进入质变阶段。另一方面构建要素重置机制,通过土地税收产出比考核倒逼低效产能退出,同时以技术入股税收优惠等政策吸引创新要素集聚,形成"腾笼换鸟"的良性循环。

总的来说,通过现代服务业提升税收质量稳定性,数字经济增强税收增长持续性,产业转型保障税收来源多样性,最终形成标杆城市税收增速与GDP 增速的良性互动关系。标杆城市的实践表明,现代服务业税收稳定、数字经济回报丰厚、产业转型平滑的城市,能够有效破解"GDP 增长而税收停滞"的困局,更具备抵御经济周期波动的内生稳定性。

(二)量质并举合力展示融资智慧

标杆城市在融资平台建设与债务管理领域形成了系统化的治理方略,通过创新融资工具、优化债务结构、强化风险防控等多维策略,构建起"融资可持续、债务可承载、风险可管控"的良性机制。北京市依托超长期债券发行与动态监测体系,开创了特大城市债务管理的精细化范式。通过将20 年期以上专项债比例提升至 35%,不仅将平均融资成本压缩至历史低位,更实现了重大基础设施项目的全生命周期资金匹配。政府债券资金不仅要用得对,还要用得好。北京市着力优化政府债务管理模式,先后出台了北京市专项债券资金绩效管理办法等 9 个制度办法,建立了"债券项目联审储备""债务风险跟踪化解"等 10 余项工作机制,构筑细密网络,在充分发挥投资拉动作用的同时,成功地将债务风险牢牢控制在绿色区间,为首都经济社会的后续发展备足粮草。[①]

---

① 《凝心聚力促发展　奋勇担当守安全——记北京市财政局债务管理处》,《中国财经报》
2025 年 2 月 10 日。

苏州市则以产融深度耦合重塑债务管理逻辑，开创了政府投资与社会资本的协同增效路径。通过产业升级专项债精准注入生物医药、纳米技术等战略领域，设计出"债股联动"结构化融资工具，形成政府资金作引线、社会资本为主体的杠杆效应。苏州市建立专项债项目全流程收益闭环，在载体建设阶段发行REITs实现资本回收，在运营阶段通过企业税收分成获取持续回报，大幅缩短了单个产业园区的债务偿还周期。更创新设立"债务空间利用率"指标，动态监测债务资金使用效能，当项目投资回报率低于融资成本时自动触发资金冻结机制，确保债务始终对应实体经济增长动能。

成都市面对3.4万亿元综合债务压力，通过债务结构战略性重构实现韧性发展。采取短债置换加长债优化组合拳，发行利率置换债券置换高成本存量债务，将1年内到期债务占比压降至7.2%，远低于新一线城市的平均水平。成都市构建多维度风险缓释体系，对平台公司实施"资产证券化率"考核，推动存量资产转化为流动资本；建立债务风险"熔断机制"，当区县债务率突破安全阈值时自动暂停新增融资权限，通过压力测试提前两年识别潜在风险点，形成债务管理与经济增长的动态平衡。这些实践共同验证了"融资期限匹配化、资金使用效能化、风险防控前置化"的治理逻辑，使城市债务增速与财政收入增速的弹性系数稳定在安全阈值，为超大规模经济体债务治理提供了可复制的制度样本。

（三）通过市场化转型提升资本效能

我国地级以上城市在融资平台建设与债务成本管控方面形成了多层次、差异化的治理经验，标杆城市通过信用评级优化、债务结构适配、区域协同创新等系统性策略，有效破解了融资成本与债务风险的平衡难题。

标杆城市的核心经验体现在立体化融资体系，将平台信用价值转化为融资成本优势。以福州市为代表的适度超前城市，通过深度整合国有资本提升平台信用等级，福州城投集团依托房地产与基建业务协同，形成年营收636亿元的规模化经营格局，其商品房业务65.78%的高毛利率显著增强市场信心，使该市AA+级平台发债利率较同类城市低0.8~1.2个百分点。这种

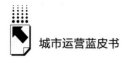
"主业聚焦+资产增值"模式被证明可系统性改善平台信用资质，2023年全国AA+级主体发债规模占比提升至29.7%，成为降低融资成本的关键支点。

在债务期限结构优化方面，城市采取"短债提质"与"长债增效"双轨策略。I+级城市发挥信用优势，将三年内短期债利率压降至2.15%，通过高频滚动融资降低财务成本；同时战略性配置五年期中期债券锁定低成本资金，五年期债占比达37.3%形成期限利差套利空间。太原市创新省级平台和市级载体的联动机制，省级平台发行低成本长债后通过转贷方式注入市级项目，既解决区县平台信用不足问题，又将市级融资成本控制在3.59%的全国低位。

区域协同发展机制成为破解融资成本层级差异的关键。长三角、珠三角城市群构建跨区域信用共享平台，上海3.31%的低利率优势通过产业链关联企业信用传导，带动周边城市融资成本下降。广东省创新"飞地经济"融资模式，10个国资平台未充分利用城市与广州、深圳建立平台公司股权交叉持股关系，借助核心城市信用背书拉低发债利率。中西部城市则通过"东西部信用结对"突破融资瓶颈，太原3.59%的融资成本优势辐射至山西省内其他城市，使全省城投债发行利率标准差由2022年的2.1%收窄至2023年的1.3%。这种区域信用外溢效应在榆林、宁德等能源型城市表现尤为显著，其3%的超低利率通过能源供应链金融工具向上下游企业传导，形成产业链级融资成本优化网络。

风险防控体系的智能化升级重塑了债务管理逻辑。上海市建立弹性系数模型，当AAA级平台发债规模占比低于65%时自动触发国有资产证券化预案，通过REITs等工具盘活存量资产维持信用等级。这些创新手段使全国城投债利率标准差由1.8%降至1.2%，31个标杆城市的平台评级与融资成本偏离度控制在0.5个标准差以内。

值得关注的是，能源型城市与新兴产业城市正探索特色化融资路径。榆林市将煤炭资源储量证券化，发行全国首单"煤炭产能收益权债券"，将3%的低利率优势与资源禀赋深度绑定；宁德市创新"动力电池产能质押融资"模式，以上市公司订单预期收益为担保发行结构化票据，使融资成本较同类城市低 0.8 个百分点。这些实践打破了传统信用评级框架的局限，开创了"资源资本化—技术证券化"的新型融资范式。未来随着数据资产入表等改革深化，城市融资平台有望通过数字资产质押、算力收益权融资等工具进一步拓宽低成本融资渠道。

（四）在土地利用与价值升级上形成系统化解决方案

标杆城市在土地资源高效利用与价值升级领域形成了系统化解决方案，通过空间功能重构、产出效益提升、开发模式创新等维度破解土地财政依赖。上海市依托全球城市功能定位，构建土地价值提升体系，试点"垂直城市"开发模式，通过地下空间确权推动轨交站点 500 米半径内土地高强度开发，带动楼面价保持高位的同时实现高成交率。上海市创新 TOD 开发模式，在轨道站点周边范围内土地必须复合商业、办公、居住三类功能，通过混合用地政策激发土地溢价。

杭州市以"亩均论英雄"重构工业用地配置逻辑，实现土地精准供给，2023 年全市工业用地亩均税收较 2019 年增长 74%。2024 年杭州市推出工业功能区有机更新三年行动计划（2024~2026 年），以现状工业用地面积在 300 亩至 3000 亩的工业功能区为重点实施有机更新，通过明晰功能区产业定位和发展方向、推进功能区内企业提质增效、推进小微企业园建设、深化工业用地综合治理、推广"飞地"入园机制、推进"工业上楼"等举措，全力实现产业更新、空间增容、环境重塑、工业上楼、亩产倍增[1]。

苏州市通过"工业上楼"破解土地开发强度瓶颈，在生物医药、纳米技术等战略领域建成层高高、荷载大的高标准厂房，推动土地开发强度从 2019 年的 28% 提升至 2023 年的 38%。苏州市通过"工业社区"模式实现生产、研发、生活功能垂直复合，单位建设用地 GDP 产出达 9.8 亿元/平方公里，较全国地级市平均水平高出 186%。

这些实践形成"以质量换空间"的新型发展逻辑。前端通过混合用地、

---

[1] 《杭州市工业功能区有机更新三年行动计划（2024—2026 年）》。

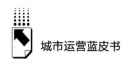
立体确权释放空间价值，中端实施精准供地、带方案出让提升开发效率，后端强化亩均考核、动态腾退保障土地活力，最终实现土地资源从"规模扩张"向"价值跃升"的根本性转变。实践表明，破解财政困局需要产业升级、债务优化、国资改革、土地增效的协同推进，这对正处于转型期的中国城市具有重要借鉴价值。

四　稳定收入对策建议

当前我国城市稳定收入体系建设面临税收增长动能减弱、债务风险结构性分化、国资平台转型滞后、土地财政退坡加速等多重挑战，亟须在把握财政运行规律基础上，实施系统化改革。基于标杆城市实践经验与问题症结分析，建议从税源培育、债务重构、国资激活、土地增效四个维度协同发力，构建可持续的城市财政收入体系。

（一）健全产业与财政良性循环机制

针对税收增速与 GDP 增长脱节问题，应强化产业政策与财税政策协同，重点培育高附加值税源。建议东部发达城市深化"五型经济"税源培育路径，对数字经济、绿色低碳等战略产业实施研发投入和税收抵扣动态挂钩机制。中西部资源型城市可推广资源收益转化基金模式，通过"资源开发—技术孵化—产业税收"三级传导，有效提升非资源产业税收占比。

针对数字经济等新兴领域税收流失问题，建立跨部门数据交换平台，运用区块链技术实现全税种动态监控。通过智能合约自动抓取平台经济交易信息，对虚拟商品、跨境服务等实施"数据指纹"课税技术，力争将数字经济税收流失率减半。同时建立"数字税基"动态评估模型，对元宇宙数字资产交易、AI 生成内容等新型价值创造行为，探索按数据流量与算力消耗复合计税方式，在深圳前海等试点区域先行开展数字税源确权登记。

在区域协同层面，建立跨省税收利益分享机制，对产业链跨区域布局产生的增值税、所得税等，按生产要素投入比例进行分成。例如对总部在上海、制造在苏州、研发在杭州的新能源汽车企业，可将增值税地方由研发、制造、总部三地共享，该机制在特斯拉长三角供应链应用中已实现税收协同增长。同时完善"飞地经济"税收分成制度，对东部沿海地区在中西部设立的产业转移园区，设定税收共享动态调整机制，激发产业跨区域梯度转移的内生动力。

强化税收政策与资本市场联动，允许亩均税收超一定金额的重点企业，以其未来三年税收预期收益为底层资产发行 REITs 产品。同时探索建立"税收景气指数"预警系统，当某行业税收增速连续两个季度低于阈值时，自动触发专项产业扶持政策包，通过组合式税费支持实现精准调控，确保税收弹性系数稳定在合理区间。

（二）创新城市债务治理的协同路径

在化解城市债务风险过程中，需构建总量约束、期限适配与风险对冲的协同治理体系。建立"双增速锚定"机制，设定债务弹性系数（债务增速/GDP 增速）阈值，当监测到系数突破阈值时，自动冻结新增非必要基建项目审批。针对轨道交通等长周期项目，可扩大 30 年期超长期专项债试点，推动 10 年期以上债券占比提升，延长债务久期以匹配项目收益周期。

针对高等级城市债务规模膨胀问题，应建立债务增速与 GDP、财政收入增速的"双挂钩"机制，可创新设立债务重组加信用修复模式。吸引金融机构共同组建特殊目的机构，通过发行低利率置换债券置换存量高息债务，节约利息支出。同步实施"信用修复计划"，对完成债务重组的平台公司，给予新增债券发行额度的奖励，重塑资本市场信心。

风险防控需建立市场化对冲和智能化管控双重屏障。建立"偿债准备金+债券保险"模式，要求债务率超过一定比例的城市强制投保地方债违约保险，保费支出按财政收入的一定比例计提并纳入预算管理，形成风险准备金池。开发债务风险智能预警系统，当平台公司现金短债比低于阈值时，自动触发三色预警：黄色预警暂停非标融资，橙色预警限制债券发行规模50%，红色预警启动政府接管程序，通过动态熔断实现风险早识别、早

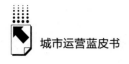

处置。

此外，需强化资产活化和税收协同反哺机制。对债务高风险城市存量低效用地，允许将一定比例的土地出让收益直接划入偿债基金。同步建立债务税收转化通道，当战略性新兴产业税收增速连续三年超过15%时，可按税收增量的20%核减债务限额，形成产业升级与债务化解的良性互动。通过治理工具组合，力争用三至五年的时间，大幅减少债务高风险城市数量。

（三）构建国资平台市场化转型改革路径

建立平台分类治理体系，对资产负债率低、主体评级AA+以上的优质平台，允许其提升市政资产证券化比例。重点支持发行保障性租赁住房、智慧停车场等新型REITs产品，募集资金中一半以上强制用于增量优质资产收购。对高风险平台，实施资产重置和信用修复专项行动，并通过引入战略投资者实现混合所有制改革，省级财政可给予重组成本一定比例的专项补贴。

推进平台整合与能级提升，考虑压缩地市级平台数量，提升单个平台净资产规模门槛。建立平台专业化能力评价体系，对城市更新、产业投资等核心业务实施牌照化管理，未取得专业资质认证的平台不得参与相关领域投资。强化市场化造血机制，对净资产收益率（ROE）持续走低的平台，强制启动业务重组或合并注销程序。建立平台健康度动态监测模型，从债务可持续性、现金流安全度、投资有效性等维度设定阈值，对触发预警指标的平台，实施新增融资额度递减机制。

深化监管机制改革，将高管绩效薪酬与平台信用评级、资本回报率等核心指标挂钩，对任期内导致平台信用评级下调的管理者实施终身追责。力争通过系统性改革，有效实现全国城投平台平均ROE显著提升，AA+级以上平台占比显著提升，全面构建市场化、可持续的城市投融资体系。

（四）土地财政转型的系统性建议

创新土地增值收益共享机制，实施成本价出让结合增值收益阶梯分成模式，对土地溢价超过基准价一定比例的按比例由政府、企业共享，定向用于区域基础设施建设，形成土地价值提升与公共服务改善的良性循环。

创新土地金融工具，试点土地发展权债券，允许地方政府将未来土地增值收益证券化，用于当前基础设施建设。建立土地整备基金跨周期调节机制，重点用于市场低迷期的土地收储与配套建设。对于土地财政高风险城市，推行"土地银行"模式，将低效工业用地集中收储后，通过标准地与弹性年限方式再出让，提升土地利用效率。

强化数字赋能与政策协同，实时追踪单位建设用地税收产出、土地抵押债务率等核心指标。对建设用地税收密度的标杆城市，给予新增专项债额度的上浮激励。建立土地财政转型绩效奖补制度，对土地依赖度逐年下降、工业用地效能逐年提升的城市，按成效给予阶梯式奖励。建立跨区域土地指标交易机制，允许土地开发强度低的城市，将节余建设用地指标转让给超大城市群，交易收益用于本地产业升级投资。

参考文献

赵涛、张智、梁上坤：《数字经济、创业活跃度与高质量发展——来自中国城市的经验证据》，《管理世界》（月刊）2020 年第 10 期。

《【观点】杨森平：数字经济给我国税收征管带来八大冲击》，https：//mp. weixin. qq. com/s？_ _ biz = MzIwNDc1OTUwNg = = &mid = 2247487427&idx = 1&sn = 32dbd4e24 78c53c51a083a0aa73251cc&chksm = 962889d680113615b4c1a86af2e67cf33f7328741bca4967 935390caf9056cb0b8a1b8b5569f&scene = 27。

张跃胜、翟雨桐：《数字经济对京津冀地区产业结构的影响研究》，《殷都学刊》2023 年第 4 期。

B.4
中国城市运营优化要素领域分析与展望（2024~2025）

国研经济研究院课题组*

摘　要： 我国地级以上城市要素配置呈现梯度分化的总体特征，人力、技术、数字等核心要素的流动与集聚态势与城市能级高度关联，城市群间要素流动与集聚差异明显。新型城镇化战略要求构建以人为核心的要素配置体系，促使要素配置向质量提升转变，实现要素配置效率的实质性跃升。标杆城市通过精准施策、创新机制和产业融合，形成了具有示范意义的实践经验。城市要素配置亟须构建协同演进机制，实施要素配置效能提升工程，重点破解人力、金融、技术、数字等要素领域关键瓶颈。

关键词： 人才要素　金融要素　技术要素　数字要素

一　优化要素整体情况概述

总的来看，我国城市发展已经从外延扩张转向内涵提升、从大规模的增量建设转向存量更新为主的新阶段。更好地优化城市发展模式，从增量要素投入转向存量要素配置，在中国式现代化进程中具有重要意义。

我国地级以上城市要素配置呈现梯度分化的总体特征，人力、技术、数字等核心要素的流动与集聚态势与城市能级高度关联。高等级城市在要素配

---

* 执笔人：孙超然，国研经济研究院研究主管，主要研究领域为城市运营研究、区域经济发展研究等。

置效率上占据显著优势，I+级至 II 级城市成为人口流动主阵地，而超大城市人口增速趋缓折射出承载力瓶颈。城市群层面，长三角持续保持最大人口虹吸效应，呼包鄂榆等新兴城市群显现增长活力，中原城市群则面临人口持续流失压力，区域要素配置格局加速重构。

要素质量层面呈现显著分化，京津冀、长三角、珠三角三大城市群集聚全国近半数研发人才，形成创新要素高地，成渝、山东半岛等城市群依托差异化策略培育比较优势。人力资本配置呈现双向失衡特征，27 个城市实现要素适度超前布局，同时 29 个城市存在人力要素过度超前，部分欠发达地区省会（首府）显现"虹吸效应未转化"困境，典型表现为高等教育资源富集但产业承载力不足，导致人才外流加剧。反向失衡现象同样存在，少数产业强市面临高等教育资源供给滞后，凸显高等级城市间人才竞争白热化趋势。

城镇化进程进入深度调整期，在劳动年龄人口总量下降、老龄化深化的背景下，要素配置正从规模扩张转向质量提升，数字要素市场化改革成为关键突破口，智慧化决策体系建设成为未来城市竞争的核心战场。新型城镇化战略要求构建以人为核心的要素配置体系，通过制度创新打通知识资本转化通道，实现要素配置效率的实质性跃升。

二 优化要素指数评估结果

优化城市要素配置、提高城市发展效率是城市运营的重要一环。发展新质生产力也要求进一步释放要素的活力，人力、金融、技术要素在塑造城市个性，推进经济发展的过程中起着举足轻重的作用。与此同时，以数字为代表的新兴要素成为当前城市竞争的主要领域。围绕数字要素市场化配置改革这条主线，强化场景驱动的数字资产化，将锚定我国新时代城市发展的数字要素新引擎。而城市数字要素的竞争力与人力、金融、技术实力息息相关。未来城市的竞争就在于如何搭建更为智慧化的数字城市决策体系，夯实安全通信渠道，使服务于创新发展的知识与资本得以高密度汇聚与有效传播，并

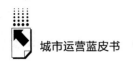

及时转化为现实世界的科技制造实现。

综合分析，得出2023年城市运营优化要素部分的标杆城市名单如表1所示。

表1 要素部分整体标杆城市

等级	标杆城市
I+级	北京市
I 级	南京市、杭州市、宁波市
II 级	长沙市、南通市、佛山市
III 级	石家庄市、哈尔滨市、嘉兴市
IV 级	威海市、株洲市、宿迁市
V 级	鞍山市
VI 级	抚顺市

（一）发达地区城市群人力要素更为聚集

本研究通过收集近三年各级城市公开发布数据对比第七次人口普查数据，观察2020~2023年各类城市常住人口变化情况可以发现，I+级城市人口增速放缓，北京、上海出现了人口负增长，深圳、广州的人口增幅也落后于I级城市人口增长的平均数，体现了I+级城市作为中国发展能级最高的城市，已经进入高质量发展的新阶段，也反映了超大型城市承载能力是有上限的，不可能无限制增长。I级城市在过去三年的时间里，成为中国新增人口最迅猛的城市，各城市人口平均增长29.8万人，增幅为2.53%；II级城市也保持了持续的增长态势，平均人口增长16万人，增幅为1.99%。相应的，在全国总人口出现下降的情况下，IV级至VI级城市人口普遍出现下降。国务院印发《深入实施以人为本的新型城镇化战略五年行动计划》提出，经过5年的努力，农业转移人口落户城市渠道进一步畅通，常住地提供基本公共服务制度进一步健全，常住人口城镇化率提升至接近70%。可以预见，I+级至II级城市将是下一阶段我国城镇化的主战场。

从城市群的角度分析，总量上，长三角城市群仍是我国城市群人口流动

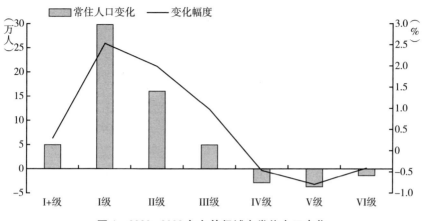

图1　2020~2023年各等级城市常住人口变化

资料来源：国研经济研究院分析。

的最主要的目的地，相应的，珠三角城市群在人口流入方面的优势有所减退。从变化幅度上看，呼包鄂榆城市群在三年时间里，人口增长了2.04%，增速最为突出。而哈长城市群，在经历了六普至七普之间人口快速下降的阵痛后，重新恢复了人口正增长。而京津冀、中原城市群人口下降幅度较大，其中中原城市群在三年时间里，常住人口下降了近200万人，降幅达到了1.35%。

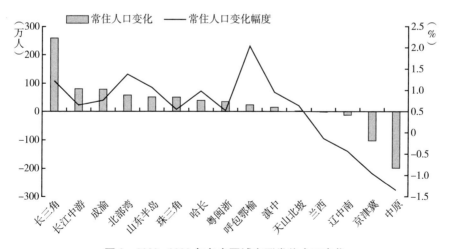

图2　2020~2023年各主要城市群常住人口变化

资料来源：国研经济研究院分析。

在研究与发展人员总量方面，高等级城市对比低等级城市的优势明显，考虑到各级城市人口级差，研发人员占劳动年龄人口比值从I+级至VI级城市，呈现出近似线性下降的关系。

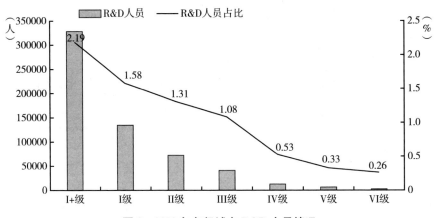

图3 2023年各级城市R&D人员情况

资料来源：国研经济研究院分析。

从城市群的角度分析，京津冀、长三角、珠三角在研发人员总量方面领先优势明显，与其作为我国科技创新、创新转化最前沿的地位相一致。而成

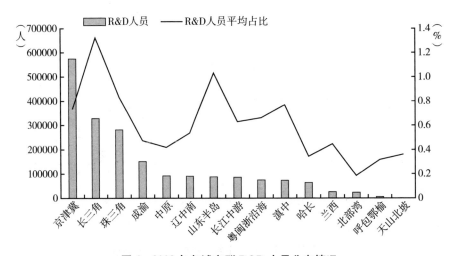

图4 2023年各城市群R&D人员分布情况

资料来源：国研经济研究院分析。

渝城市群得益于常住人口基数优势，在定位近似的山东半岛、长江中游城市群中显示出一定的比较优势。山东半岛城市群在研发人员占比方面表现较为突出，体现了山东近年来在科技人才培养、招引方面的成就。

人力要素适度超前的城市：27 个城市人力资本人力要素适度超前于城市发展水平，成为标杆城市，标杆城市数量有所减少。Ⅱ级城市中，沈阳进入标杆行列，Ⅲ级至Ⅵ级标杆城市出现较大变化，体现了近三年来低等级城市在人力资本人力要素配置方面的显著变化，其中舟山市、湘潭市、铜陵市、本溪市、吉林市、酒泉市保持了标杆城市定位，值得重点关注。

表 2　人力要素部分标杆城市

等级	标杆城市
Ⅰ级	武汉市、南京市
Ⅱ级	长沙市、郑州市、沈阳市、南昌市
Ⅲ级	石家庄市、乌鲁木齐市
Ⅳ级	威海市、大庆市、舟山市、柳州市、湘潭市、晋城市、荆门市
Ⅴ级	乌海市、呼伦贝尔市、黄冈市、铜陵市、本溪市、阳泉市、吉林市
Ⅵ级	酒泉市、白山市、鸡西市、黑河市、通化市

人力要素与发展水平不相匹配的城市：人力要素过度超前于城市发展阶段的城市有 29 个，西安市这座Ⅱ级城市也进入了过度超前的行列。欠发达地区省会城市集中体现出过度超前的情况，反映出该城市对于省区内和周边资源的虹吸效应尚未转化为经济效益。欠发达地区过度超前的一般性地级市数量增加，反映了近年来国家及各省区对落后地区在人力资源、人力资本方面的高度重视及资源倾斜取得了一定的成果，但也应注意更加精确的投发政策与相关资金，推动落后地区均衡发展。

西安市是人才大市，拥有 62 所高校，居全国第三，其中本科院校 45 所，占比仅次于北京，排名全国第二。截至 2023 年底，西安市在校大学生103.4 万人，包括本专科生 84.68 万人、研究生 18.75 万人。与 2022 年相比，总量继续呈现递增态势，新增约 3.1 万人。值得注意的是，研究生占比

18%，位列"全国第四城"。相比于在人才培育方面的强势表现，西安市在就业得分方面在 20 个 Ⅱ 级城市中仅排在第 15 名；在城镇居民可支配收入方面，2022 年西安市城镇居民可支配收入为 48418 元，在 20 个 Ⅱ 级城市中仅高于郑州市，排第 19 名，远低于 Ⅱ 级城市的平均数 58829.10 元。西安市人力要素的发展水平远高于城市市场经济发展水平，造成了西安培养的人才，往往离开西安才能获得更有竞争力的薪酬。

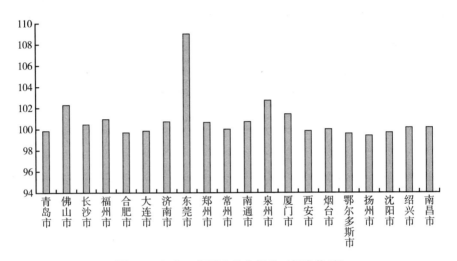

图 5   2023 年 Ⅱ 级城市就业得分（标准化后）

资料来源：国研经济研究院分析。

4 个城市成为人力要素供给落后于产业发展的城市，包括宁波市、无锡市、揭阳市和贵港市。人力要素落后于产业发展的城市数量大大减少，说明近年来教育投入取得了巨大成就，落后地区人力资源短板逐步补齐。宁波市、无锡市这样的发达城市进入此行列，说明高等级城市间人才竞争愈加激烈，同级中领先城市的优势不断扩大，造成同级方差变大，像无锡市、宁波市这样产业强势的城市，仍需要在人力资本、人才培养、人才招引方面持续深耕。

无锡市、宁波市各有高等学校 14 所，在教育部最新发布的《全国高等学校名单》中，仅位列 42 个重点城市的第 34 名、第 35 名，与城市经济发展水平和就业水平不匹配。其中，宁波市是副省级城市中缺少985、211院校的城市之一，也未能像深圳市引入多所985院校分校或研究生院，仍需强化本地高等人才培养，缩小与人才大市的差距。

2015年以来，我国城镇化增速逐步放缓。城镇化增速放缓与我国人口结构变化可以相互印证，2014年以来，我国劳动年龄人口总数不断降低，至2022年我国总人口首次出现负增长，人口老龄化程度不断加深。与此同时，高速城镇化阶段一些制度性问题依然存在，全国常住人口城镇化率与户籍人口城镇化率的差值从2010年的15.8%上升到2023年的17.9%，"农民工市民化""进城贵"等问题没有得到根本解决，"人户分离"等高速城镇化阶段遗留下来的制度性问题依然存在。随着我国城镇化率已经达到较高水平，制造业逐步从劳动密集型转向资本、技术密集型，以及乡村振兴战略的深入实施，我国城镇化人口的边际收益可能已经开始递减，高质量发展阶段的城镇化进程将会与之前有较大不同。从转型发展的特征来看，新型城镇化在根本上要求从以增量为主、通过不断扩张空间实现的城镇化建设模式转向以提质增效为主的内涵式建设模式。城市需要从单一增长的逻辑回归以人的需求为核心的本源。①

（二）京沪金融要素高度集中

金融工作具备很强的"人民性"，在城市发展的重点领域和薄弱环节高效地配置金融资源，可以更好地服务现代化城市建设和治理。金融作为现代经济的血脉，在国家发展、城市建设与民生改善中发挥着举足轻重的作用。城市化进程中的基础设施建设、生态环境治理等方面都需要大量的资金投入。通过发挥金融的杠杆效应，引导社会资本参与城市建设，可以缓解政府财政压力，提高资金使用效率，为城市可持续发展提供新的动力。②

---

① 刘巍、吕涛：《存量语境下的城市更新——关于规划转型方向的思考》，《上海城市规划》2017年第5期。

② 杨悦：《坚定不移走中国特色金融发展之路——国家繁荣、城市建设、民生福祉的坚实支撑》，http://www.scfzw.net/guangan/62/98883.html。

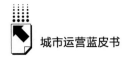

截至 2023 年末，我国金融机构存款余额为 278.62 万亿元，相比 2021 年增长了 16.8%，其中境内住户存款 136.98 万亿元，境内非金融企业存款 81.8 万亿元。分省份来看，存贷款总额与经济发展水平高度正相关，北京市、上海市这两个中国最发达的城市，在存贷总额上的优势非常突出。

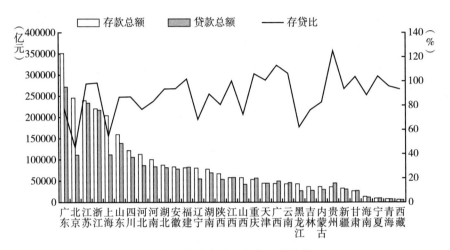

图 6　2023 年末各省区市存、贷款情况

资料来源：国研经济研究院分析。

各级城市的存贷余额相较于 2022 年未发生重大变化，在存贷比方面，I+ 级城市由于汇聚了各类机构准备金等，其存款余额远高于贷款余额，与其他城市不具有可比性。从 I 级城市开始，存贷比总体随着城市发展水平下降而降低。

38 个城市金融要素相较于城市发展水平适度超前，比上年增加了 7 个。II 级城市中郑州市，III 级城市中昆明市、嘉兴市、长春市、贵阳市、台州市、金华市成为新晋标杆城市。IV 级到 VI 级标杆城市出现了较大变化，江门市、银川市、吉安市、秦皇岛市、南充市、黄冈市、拉萨市、佳木斯市、朝阳市、葫芦岛市保持了标杆地位。说明这些城市在同级城市中金融资源稳定度较高、综合实力较强，能够较好地运用金融要素来推动城市发展。其中，银川市、拉萨市行政级别优势突出，而秦皇岛市、朝阳

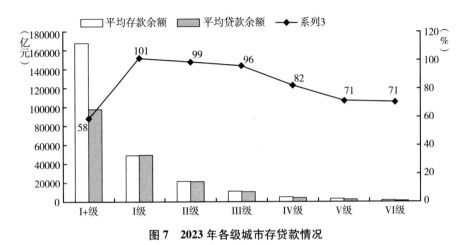

图7 2023年各级城市存贷款情况

资料来源：国研经济研究院分析。

市、葫芦岛市三座城市存贷比分别为60.99%、39.56%、53.22%，存款水平较高，"藏富于民"现象较为明显。这三座相邻城市同时成为标杆，体现了环渤海经济区北翼城市较强的金融业综合能力，有望更好地服务区域内实体经济的发展。

表3 金融要素部分标杆城市

等级	标杆城市
Ⅰ级	杭州市
Ⅱ级	长沙市、郑州市
Ⅲ级	昆明市、嘉兴市、长春市、贵阳市、台州市、金华市、哈尔滨市、南宁市
Ⅳ级	连云港市、江门市、银川市、廊坊市、海口市
Ⅴ级	吉安市、鞍山市、泸州市、秦皇岛市、周口市、商丘市、南充市、黄冈市、桂林市、邢台市、张家口市、六安市、拉萨市
Ⅵ级	抚顺市、佳木斯市、百色市、毕节市、辽阳市、齐齐哈尔市、绥化市、朝阳市、葫芦岛市

金融要素过度超前于城市发展水平的城市下降为16个，西安市、温州市、石家庄市、兰州市、保定市、锦州市、丹东市、梅州市维持了过度超前的定位，而郑州市、长春市、廊坊市、桂林市、毕节市、齐齐哈尔市由过度超前转为适度超前。

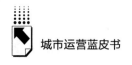
表 4　金融要素部分过度超前城市

等级	过度超前城市
Ⅱ级	西安市
Ⅲ级	温州市、石家庄市
Ⅳ级	兰州市、济宁市、保定市、临沂市、赣州市
Ⅴ级	丽水市、聊城市、阜阳市
Ⅵ级	亳州市、怀化市、锦州市、丹东市、梅州市

　　金融要素相对落后于城市发展水平的城市共计 36 个，Ⅳ级到Ⅵ级落后城市数量有所增加，分布特点与上一年近似，在高等级城市中，宁波市和无锡市两个Ⅰ级城市的金融要素发展水平仍有待进一步提高，补足发展短板，从而更好地推动长三角地区金融要素的合理配置。在低等级城市中，落后城市主要分布在西南、西北、东北的经济欠发达地区。值得关注的是，落后城市中传统能源型、工矿型城市占比较高，与近两年能源市场火爆形成了错配，从供需来看，能源领域金融资源配置效率仍有很大的提升空间。

表 5　金融要素部分落后城市

等级	落后城市
Ⅰ级	无锡市、宁波市
Ⅱ级	泉州市、烟台市、鄂尔多斯市、扬州市
Ⅲ级	包头市、襄阳市、岳阳市
Ⅳ级	克拉玛依市、玉溪市、延安市
Ⅴ级	乌海市、鄂州市、呼伦贝尔市、三门峡市、攀枝花市、鹰潭市、哈密市、双鸭山市、鹤岗市、钦州市、防城港市、潮州市、鹤壁市、巴彦淖尔市
Ⅵ级	七台河市、吐鲁番市、铜川市、伊春市、固原市、林芝市、山南市、日喀则市、昌都市、那曲市

　　在世界范围内，我国顶端城市金融要素的国际化程度与纽约、伦敦等国际金融中心相比，仍有较大差距，跨境金融业务发展相对滞后。从我国各城市间金融实力对比来看，高行政级别城市（如直辖市、省会城市）往往拥有更完善的金融市场体系、更丰富的金融产品和服务，以及更优惠的金融政

策，吸引大量金融资源集聚。在地域分布上，东部沿海地区城市金融要素发展水平明显高于中西部地区，一线城市金融要素集聚程度远高于二三线城市。

金融要素高度集中在高行政级别城市，虽然有利于发挥规模效应和集聚效应，但也带来了一系列问题。金融资源过度集中导致资源配置效率低下，难以有效满足实体经济多元化、多层次的金融需求。金融资源向高行政级别城市集中，进一步拉大了区域发展差距，不利于区域协调发展。金融资源过度集中容易引发系统性金融风险，一旦高行政级别城市出现金融风险，将对全国金融体系造成冲击。金融资源配置效率低下，难以有效支持科技创新、产业升级等经济高质量发展战略。

（三）低等级城市提升技术要素需在产业中寻找比较优势

随着新质生产力概念的持续推广，技术创新在国家宏观战略层面的重要性也更为突出，考虑到全社会 R&D 经费及其投入强度能更好地反映城市科技创新投入的总规模和发展水平，本研究使用 R&D 经费支出替换论文数量，与专利授权量及发明专利授权占比一起来衡量城市的创新能力。

高等级城市发明专利授权量均稳步提高，I+级至Ⅱ级城市发明专利授权占比都有显著提高，再次佐证了高等级城市在创新发展中的优势，为推动新质生产力发展提供了坚实基础。

在 R&D 经费规模方面，I+级城市断档领先，平均 R&D 经费规模为 I 级城市的 3.7 倍，相应的 I+级城市 R&D 人员人均经费比 I 级城市高出了近 11 万元。值得注意的是，单个专利的经费投入方面，I+级城市以 84.7 万元高于 I 级至 V 级城市平均水平，这与 I+级城市在原始创新方面的高投入和专利质量方面的优势有关，而 Ⅵ 级城市单个专利的经费投入达到了 122.1 万元，创新效费比不足。

27 个城市技术要素相较于城市发展水平适度超前，成为标杆城市。成都市 2022 年专利授权量 83616 件，同比增长 27.7%；R&D 人员人均经费达 49.5 万元，同级中仅次于杭州，列第二名。世界知识产权组织公布的

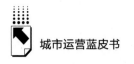

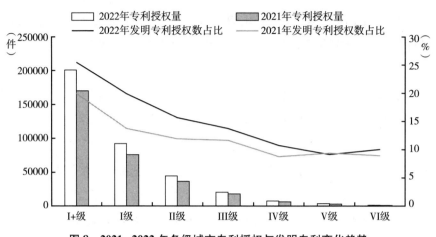

图 8　2021～2022 年各级城市专利授权与发明专利变化趋势

资料来源：国研经济研究院分析。

《2024 年全球创新指数（GII）》显示，中国拥有的全球百强科技集群数量连续两年位居世界第一。全球百强科技集群相较上年排名变化显著。其中，成都排名第 23 位，实现全球排名连续 6 年保持上升。根据报告，中国跻身百强的科技集群数量达到 26 个，比上年的 24 个集群有所增加，区域创新发展成效显著。以深圳—香港—广州（全球排名第二位）为首，其次是北京、上海—苏州、南京等城市。其中，成都在入榜中国城市中排名第 9①。梳理近 6 年的《全球创新指数（GII）》，纵向来看，成都在全球科技集群排名中连续跃升。从 2018 年首次上榜的第 56 位，到 2024 年全球排名第 23 位，6 年时间晋升了 33 个位次。近年来，成都深入实施创新驱动发展战略，加快建设具有全国影响力的科技创新中心。成都在各项发展指标中连年进位，这直观体现出成都对科技创新持之以恒的大力投入，也反映出这座充满奋进活力的创新之城，其创新策源能力正稳健增强。当下，成都正全力培育新质生产力，快马加鞭"抢占"人工智能、低空经济等新兴赛道，持续加大科技成果转化的力度。作为我国西部创新资源极为富集、创新基因高度活跃的城市，成都汇聚了 60 多所普通高校、47 家中央驻蓉科研院所、146 个国家

_____

① 世界知识产权组织《2024 年全球创新指数（GII）》。

级科技创新平台，以及超 1.3 万家国家高新技术企业。丰富的创新资源，加
之持续优化的创新环境，高质量的创新成果如雨后春笋般在成都拔节生长。
就拿 2024 年上半年的数据来看：全市技术合同成交额超 720 亿元，新增科
创板上市企业 1 家、总数达 18 家。在蓉科研团队牵头或参与的"悬链线光
学"等 22 个科技项目获 2023 年度国家科学技术奖。[①]

表 6　技术要素部分标杆城市

等级	标杆城市
I 级	成都市
II 级	佛山市、长沙市、合肥市、郑州市
III 级	石家庄市、哈尔滨市
IV 级	兰州市、舟山市、湘潭市、邯郸市
V 级	大同市、益阳市、阳泉市、双鸭山市、韶关市、娄底市、池州市、吉林市、宿州市、随州市、防城港市
VI 级	怀化市、三亚市、四平市

　　低等级城市中的标杆城市，往往是基于自身在某一产业链或产业链重要
环节的比较优势，同时，顺应了近年来的科技创新大方向，在发展绿色低
碳、节能环保、清洁能源等方面有比较优势。拿大同市来说，长期以来，大
同在我国能源领域占据重要地位，是关键的能源基地。踏上转型发展征程
后，大同能源结构不断优化。一方面，大力推动煤炭绿色开发利用，如今全
市煤炭先进产能占比超 90%；另一方面，秉持"风光水火地储氢"协同推
进的思路，全力加快新能源产业高质量发展，目前全市新能源装机占比超
50%，"十四五"规划目标提前达成。大同综合能源富集且互补性强，电力
供给充足稳定，再加上气候凉爽，具备得天独厚的优势，成为建设大型数据
中心的绝佳选择。大同，正从输煤炭、输电力的能源重镇，一步步转向输数
据、输算力的数据服务之城。[②]

---

① 《排名 6 连升 2024"全球科技集群"成都居第 23 位》，《成都日报》2024 年 9 月 28 日。
② 《大同亮出"算力之城"新名片》，《大同日报》2024 年 7 月 9 日。

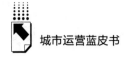

技术要素过度超前的城市为 18 个，有杭州市、西安市、太原市、株洲市、马鞍山市、绵阳市、菏泽市、秦皇岛市、攀枝花市、桂林市等。这些城市往往有较好的科研、产业基础，为推动城市转型升级，推动科技转化，往往选择提前布局，加大科技研发投入强度，科技成果转化的成效尚未完整体现。以株洲市为例，作为制造业大市的株洲，制造业历来是其城市发展的优势所在。新中国成立初期，株洲就诞生了株冶、331、株洲车辆厂、南车（中车）、株化等一大批知名企业，创造了新中国工业史上 340 多项"第一"①。近年来，在产业转型的路径上，株洲特别舍得在科技研发上花钱。2024 年株洲市政府工作报告提到，株洲市在创新驱动方面持续发力，在国家创新型城市中排名第 28 位，较上年前进 9 位。获批国家知识产权强市建设示范城市。全社会研发投入强度 3.27%，连续 5 年稳居全省第一。②

技术要素落后于发展水平的城市有 17 个，包括鄂尔多斯市、扬州市、克拉玛依市、晋城市等经济发展势头较好，在城市运营评级上表现较好的城市。其中，若干座老工业、制造业城市进入了技术要素过度超前城市的行列，而几座知名传统能源城市被划入技术要素落后于发展水平城市。体现了传统工业城市在产业链条丰富程度、人才储备、技术储备方面对比能源城市存在比较优势。以鄂尔多斯市为例，鄂尔多斯市近年来高度重视科技发展，2022 年 R&D 人员人均经费达 56.58 万元，在 Ⅱ 级城市中排名第一，但科研基础仍有待完善，同年专利授权量仅为 4130 个，发明专利授权数占比仅为 6.59%，在同级中垫底，且与同级城市存在数量级差距，提升城市技术要素水平，补齐专利授权、发明专利的短板依然需要较长的周期。

（四）数字要素是城市经济新增长点

数字经济作为我国经济发展中最为活跃的领域，与经济社会各领域融合

---

① 《老工业城市，组团抄作业》，《时代周报》2024 年 3 月 29 日。
② 《2024 年政府工作报告——在 2023 年 12 月 25 日株洲市第十六届人民代表大会第三次会议上》，株洲市人民政府门户网站，https://www.zhuzhou.gov.cn。

的广度和深度不断拓展，在激发消费、拉动投资、创造就业等方面发挥重要作用①。与此同时，随着中国经济进入新常态，亟须从投资驱动的增长模式"换挡"到创新驱动发展模式，数字经济被认为是推动经济高质量发展的重要依托。应全面贯彻新发展理念，以信息化培育新动能，用新动能推动新发展。因此，如何有效释放数字经济对中国高质量发展的助推力量，成为近年来政府和社会各界广泛讨论的行动议题②。

本研究参考现有的城市数字经济测度成熟经验，结合数据可获得性，从互联网发展和数字普惠金融两方面对数字经济综合发展水平进行测度。采用互联网普及率、相关从业人员情况、相关产出情况和移动电话普及率四个方面的指标。以上4个指标对应的实际内容是：百人中互联网宽带接入用户数、计算机服务和软件业从业人员占城镇单位从业人员比重、人均电信业务总量和百人中移动电话用户数。对于数字金融发展，采用中国数字普惠金融指数③。

分析互联网用户和IT行业从业人员（信息传输、计算机服务和软件业）数据发现，每百人国际互联网用户数随着城市等级的下降，呈阶梯型逐级下降。深圳市、东莞市、乌鲁木齐市每百人国际互联网用户数超过100，在这一指标中表现突出。

而从业人员方面，除了I+级城市大幅领先以外，其他城市从业人员占比相近，进一步研究发现，北京市信息传输、计算机服务和软件业从业人员占比达到11.39%，远高于上海市、深圳市、广州市的1.65%、1.98%、1.99%，可以认为，除北京以外，在从业人员占比方面，全国各级城市未拉开明显差距。在I级至III级城市中，南京市、杭州市、大连市、西安市、长春市、呼和浩特市信息传输、计算机服务和软件业从业人员占比分别为

① 《中国数字经济发展白皮书（2020年）》，http://www.caict.ac.cn/kxyj/qwfb/bps/202007/t20200702_285535.htm。

② 赵涛、张智、梁上坤：《数字经济、创业活跃度与高质量发展——来自中国城市的经验证据》，《管理世界》2020年第10期。

③ 郭峰、王靖一、王芳、孔涛、张勋、程志云：《测度中国数字普惠金融发展：指数编制与空间特征》，《经济学（季刊）》2020年第4期。

2.24%、2.80%、2.71%、3.32%、2.33%、2.83%，超过了大部分I+级和I级城市的水平，具备一定的比较优势。

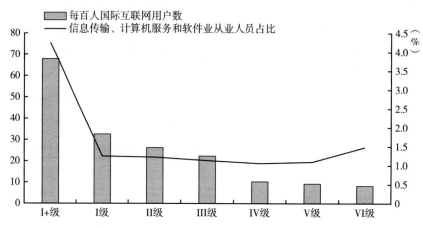

图9　2022年各级城市互联网用户和从业人员情况

资料来源：国研经济研究院分析。

在电信业务和移动电话方面，I+级城市显著领先，I级至III级城市未拉开显著差距，IV级至VI级城市发展阶段相似，可以认为，电信和移动电话发展水平与城市经济发展水平强相关。

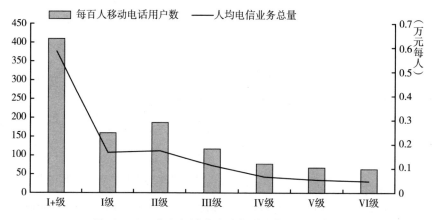

图10　2022年各级城市移动电话和电信业务情况

资料来源：国研经济研究院分析。

通过分指标赋权重，按城市分级标准化得出各级标杆城市共 34 个。杭州是国内较早投身数字经济浪潮的城市，在数字贸易领域也堪称开拓者。回溯至 2003 年，杭州便锚定"硅谷天堂、高科技的天堂"这一发展目标。到了 2018 年，杭州数字经济核心产业营收强势破万亿，同年杭州进一步明确方向，立志打造数字经济第一城。2023 年，杭州数字经济核心产业增加值达 5675 亿元，占 GDP 比重 28.3%。如今，杭州数字贸易额占浙江全省的四成、数字服务贸易额占全省的四分之三、服务外包示范城市综合评价居全国第一。"杭州是创新活力之城，电子商务蓬勃发展，在杭州点击鼠标，联通的是整个世界。"从阿里巴巴诞生起，杭州便成为国内电子商务产业先行者，如今位列全球电商交易规模最大、覆盖范围最广的城市，数字经济让这座城市从链接全国到链接全球。数贸会的吸引力，很大一部分是由杭州数字产业的创新力与发展活力所决定的。"中国电子商务之都""互联网之都""数字经济第一城""城市大脑发源地"……众多的美誉背后，是杭州这座"数字之城"的硬核实力，也见证了杭州面向未来、不断迈出的探索脚步。作为全国首个跨境电商综试区、三轮服务贸易创新发展试点、浙江自贸试验区杭州片区等多个国家试点的所在地，杭州勇担为国家试制度的重要使命，大胆探索出一大批全国首创性制度创新成果。探索数字贸易规则标准，杭州也走在前列。2024 年 3 月 29 日，《杭州市数字贸易促进条例》经省十四届人大常委会第九次会议批准，并于 6 月 1 日起正式施行。以法治化手段促进数字贸易发展，出台全国首部数字贸易领域地方性法规，为国家立法先行探路，这是杭州交出的又一份答卷。[①]

表 7　数字要素部分标杆城市

等级	标杆城市
Ⅰ级	杭州市
Ⅱ级	佛山市、厦门市

---

① 《解码数贸会丨从数贸会看杭州，"数字经济第一城"魅力何在?》，杭州市发展会展业服务平台。

续表

等级	标杆城市
III级	嘉兴市
IV级	威海市、兰州市、大庆市、宁德市、龙岩市、江门市、银川市、莆田市、廊坊市、汕头市、盘锦市、衢州市
V级	肇庆市、鞍山市、大同市、秦皇岛市、北海市、桂林市、铜陵市、景德镇市、本溪市、防城港市
VI级	黄山市、抚顺市、酒泉市、金昌市、辽阳市、丹东市、云浮市、丽江市

IV级城市中，威海市表现突出。顺应数字经济蓬勃发展的时代浪潮，威海凭借前瞻性的战略布局与积极有效的举措，在信息技术与数字经济领域成绩斐然。截至2023年末，威海新一代信息技术产业集群呈现出强劲的增长态势，营业收入攀升至781.14亿元，位居八大产业集群榜首，成为拉动区域经济增长的关键力量。在数字经济核心产业方面，威海同样表现亮眼，其增加值占GDP比重达到6%，在全省各地市中位列第三。这一数据不仅彰显出威海数字经济核心产业的蓬勃活力，更体现出其在全省数字经济版图中的重要地位。近年来，威海市委、市政府高度重视数字经济发展，将其视为推动经济高质量发展的关键引擎，全力推动数字产业化与产业数字化协同共进，为数字经济核心产业的崛起筑牢根基。2024年7月，威海市政府办公室印发《威海市推动新一代信息技术产业高质量发展三年行动计划（2024—2026年）》。[1]

威海市在数字化转型中展现出了足够的信心和决心，源于对城市未来发展的准确把握与对数字化技术的深刻理解。从个人生活质量的提升到社会发展的宏观趋势，数字素养与技能的提升不仅重要，而且必不可少，这是实现普惠数字红利的关键途径。[2]

共有28个城市被列入数字要素落后城市。重庆市、天津市这两座I级

---

[1] 《推动新一代信息技术产业高质量发展，威海印发三年行动计划!》，《大众日报》2024年8月8日。

[2] 《威海：把握数字机遇，普惠数字红利》，大众网，2024年8月9日，https://hb.dzwww.com/p/p7EPX0DSWG8.html。

城市在同级中表现相对落后。其中，重庆市在数字普惠金融指数、人均电信业务总量、每百人移动电话用户数这三个指标中落后幅度较为明显。重庆市接近省级的行政区划，决定了普惠金融下沉发力，激发乡村活力需要一个较长的周期。当前，重庆数据"聚通"尚不充分，政务数据、公共数据的共享开放水平有待提升，商业数据的开发利用还比较少，部分行业的数据资源融通水平较低，开放数据的类型、数量、可用性尚不能满足企业数据运用需求。接下来，重庆要在统筹协调、分类推进上下功夫，让数据"动起来""跑起来""用起来""活起来"，有效实现数据价值最大化，推动数据的开放共享。①

表8　数字要素部分落后城市

等级	标杆城市
Ⅰ级	重庆市、天津市
Ⅲ级	榆林市、襄阳市、岳阳市
Ⅳ级	曲靖市、南阳市、菏泽市
Ⅴ级	开封市、驻马店市、周口市、商丘市、哈密市、阜阳市、永州市、六安市、宿州市
Ⅵ级	六盘水市、毕节市、儋州市、吐鲁番市、中卫市、巴中市、固原市、定西市、山南市、日喀则市、那曲市

天津市则是在数字普惠金融指数、国际互联网用户数量方面在同级城市中较为弱势。天津市数字要素发展中存在的不足，与天津互联网产业发展的不足高度相关。2023年中国互联网协会发布的"2023中国互联网企业综合实力前百家企业名单"显示，互联网百强企业来自全国17个省份，其中北京有33家，上海有17家，广东有15家，京沪粤三地合计有65家互联网企业上榜。其他省份中，江苏有7家，浙江、福建各有6家，表现也非常不错，尤其是浙江有3家互联网企业排名全国前十，综合实力不输于京沪粤；湖北有3家，贵州、湖南、山东各有2家，安徽、重庆、河南、天津、黑龙江、辽宁、江西各有1家。天津进入互联网百强企业的是同道猎聘集团，排

---

① 《"数字重庆"该怎么建？》，《重庆商报》2023年1月6日。

名第 60 位。根据 IT 桔子网站数据，有记录的人工智能相关企业共计 6928 家，天津只有 62 家。元宇宙相关企业 285 家，天津只有一家获得过 300 万元早期融资。在 VR/AR 领域，全国有 1635 家企业，天津只有 26 家。[①] 面向未来，抓住数字经济的发展机遇，快速跟上数字经济的发展节奏，是天津市提升城市竞争力的关键。

在我国，技术要素和数字要素在城市间的分化现象尤为显著，一线城市如北京、上海、广州和深圳，凭借其强大的经济辐射力、深厚的科技积淀及开放的创新环境，成为技术要素的"强磁场"，吸引了大量科研机构、高新技术企业和顶尖科技人才的聚集。这些城市不仅在人工智能、大数据、云计算等前沿科技领域占据领先地位，还通过持续的技术创新和产业升级，引领着全国乃至全球的技术发展潮流。

然而，与此形成鲜明对比的是，众多低等级城市，尤其是中西部和东北地区的部分城市，面临着技术要素严重不足的问题。这些城市由于缺乏有效的技术引进和创新能力，科技基础设施薄弱，高端人才流失严重，导致技术进步缓慢，产业升级困难重重。技术要素的缺失不仅限制了当地经济的发展，也加剧了区域经济发展的不平衡。

造成这一问题的原因复杂多样。首先，一线城市凭借其历史积累的政策优势、资源优势和市场优势，能够吸引更多的投资和技术流入，形成"马太效应"。而低等级城市则因经济基础相对薄弱，难以提供足够的资金支持和市场机遇，难以吸引和留住高端技术人才。其次，教育资源的不均衡分布也是重要因素之一，一线城市的高等院校和科研机构数量多、水平高，为技术创新提供了丰富的人才储备和智力支持，而低等级城市则在这方面存在明显短板。再者，创新环境的差异也不容忽视，一线城市拥有更加开放包容的文化氛围、更加完善的创新服务体系和更加灵活的政策机制，这些都为技术创新提供了肥沃的土壤。

科技成果转化，指的是把具备实用价值的科技成果，投入后续的试验、

———————————

① 《天津，一座没有互联网的城市？》，新元新文旅研究院微信公众号，2024 年 5 月 6 日。

开发环节，进一步开展应用、推广工作，直至成功催生新产品、新工艺、新材料，最终推动新产业的兴起与发展。在这一过程中，技术要素的有效利用是关键。然而，部分城市虽然技术要素水平较高，但在实际转化过程中却遇到了诸多困难，导致转化效率低下。这一问题主要源于供需两端对接不畅、激励机制不健全、成果转化平台及中介服务不完善、科研管理体制滞后以及融资渠道单一等多方面因素的共同制约，导致技术优势未能有效转化为现实生产力。

我国城市间技术要素的分化，不仅反映了经济发展水平的差异，也揭示了区域创新能力和人才结构的不平衡。解决这一问题，需要国家层面加强宏观调控，通过政策引导、资金扶持、人才培养等多种手段，促进技术要素流动，缩小区域间技术差距，推动形成更加均衡协调的区域技术创新体系。

三 优化要素标杆城市评估

中国城市在优化人力、金融、技术、数字四大要素配置中，标杆城市通过精准施策、创新机制和产业融合，形成了具有示范意义的实践经验。北京市、杭州市、成都市等城市在要素集聚、效能提升方面表现突出，沈阳市、威海市、嘉兴市等中低等级城市通过差异化路径实现要素优化，为破解城市发展瓶颈提供了新思路。

（一）构建多维度人才引力场

总体而言，标杆城市在人力要素集聚与配置方面，主要通过产业发展创造就业机会、出台人才政策吸引人才、优化营商环境留住人才等方式，提升城市的人力要素水平，为城市高质量发展提供有力支撑。

I级城市如武汉市、南京市，在过去三年成为中国新增人口最迅猛的城市，平均人口增长29.8万人，增幅达2.53%。武汉凭借丰富的高校资源和产业发展潜力，吸引了大量大学生留汉就业创业，持续推动城市人口增长。例如，武汉出台一系列人才政策，提供落户便利、住房补贴等，吸引高校毕

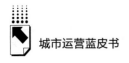

业生扎根。南京则依靠深厚的文化底蕴、优质的公共服务以及发达的产业体系，吸引周边地区人口流入，为城市发展注入活力。在研发人员方面，I 级城市凭借良好的科研环境和产业基础，吸引众多高学历人才投身科研，为科技创新提供人力支撑。

II 级城市中如长沙、郑州、沈阳、南昌保持人口持续增长态势，平均人口增长 16 万人，增幅为 1.99%。长沙近年来通过打造特色产业集群，如文化创意产业、智能制造产业等，创造大量就业岗位，吸引人口流入。郑州作为国家中心城市，依托交通枢纽优势和产业转移机遇，加快产业升级，吸引大量劳动力和人才。沈阳进入人力要素适度超前的标杆行列，可能得益于其在产业转型过程中注重人才培养与引进，优化人才结构，提升城市人力要素与产业发展的匹配度。南昌则通过政策引导和产业扶持，吸引人才回流，为城市发展提供人力保障。

III 级城市中石家庄在人力要素配置方面表现突出，成为标杆城市。可能是通过优化营商环境，发展特色产业，吸引人才集聚，提升城市的人力要素水平。乌鲁木齐作为边疆重要城市，凭借独特的地理位置和政策优势，在经济发展过程中注重人才培养与引进，提高城市的人力要素质量，为城市发展提供动力。

IV 级城市中威海、大庆、舟山等城市在人力要素配置方面成为标杆。威海依靠良好的生态环境和经济发展活力，吸引人才前来工作和生活，提升城市的人力要素水平。大庆凭借石油产业的基础和产业多元化发展，吸引相关专业人才集聚，为城市转型发展提供支持。舟山则利用海洋经济发展机遇，吸引海洋产业相关人才，推动城市特色产业发展。

V 级城市中乌海、呼伦贝尔、黄冈等城市在人力要素配置上成为标杆。乌海可能通过产业转型，发展新兴产业，吸引人才，提升城市人力要素水平。呼伦贝尔凭借丰富的自然资源和旅游产业发展，吸引人才参与城市建设。黄冈则通过教育资源优势和产业扶持，促进人才与产业的结合，为城市发展提供人力支持。

VI 级城市中酒泉、白山、鸡西等城市在人力要素配置方面取得成效，成为标杆。酒泉可能依托航天产业和特色农业，吸引相关人才，提升城市人力要素质量。白山利用丰富的自然资源和旅游资源，吸引人才参与城市旅游产业发展。鸡西则通过产业结构调整和人才引进政策，提升城市的人力要素水平，推动城市发展。

（二）金融赋能城市进阶

Ⅰ级城市中杭州作为金融要素适度超前的标杆城市，凭借发达的数字经济产业，打造了创新活跃的金融生态。以蚂蚁金服为代表的金融科技企业，借助大数据、区块链等技术，创新金融产品与服务模式，推动数字支付、互联网信贷等业务蓬勃发展，提升金融服务实体经济的效率。杭州积极构建多层次资本市场，为企业提供多元化融资渠道，助力新兴产业崛起，实现金融与产业的深度融合，有效推动城市经济高质量发展，也吸引了大量金融人才与资本集聚，增强城市金融竞争力。

Ⅱ级城市中长沙通过大力发展文化产业、工程机械等特色产业，带动相关企业融资需求，促使金融机构加大支持力度，优化金融资源配置。例如，针对文化创意企业轻资产、重创意的特点，创新推出知识产权质押贷款等金融产品。郑州作为国家中心城市，利用交通枢纽和物流中心优势，发展供应链金融，为产业链上下游企业提供资金支持，提升产业链整体竞争力，推动城市经济发展，使金融要素与城市发展阶段相匹配，成为金融要素适度超前的标杆。

Ⅲ级城市中昆明依托独特的地理位置，在面向南亚、东南亚的金融开放合作中先行先试，推动跨境金融业务发展，吸引金融资源集聚。嘉兴以发达的民营经济为基础，引导金融机构创新金融服务，为中小企业提供精准融资服务，助力企业发展壮大。长春则借助汽车产业优势，推动汽车金融发展，通过融资租赁、汽车消费信贷等业务，促进汽车产业升级与销售，优化金融要素配置，提升城市金融服务实体经济的能力，成为新晋金融要素标杆城市。

Ⅳ级城市中连云港利用港口优势，发展港口金融，围绕港口物流、贸易

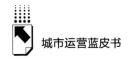

等环节提供金融支持，提升港口运营效率与竞争力。江门在产业升级过程中，引导金融资源向新兴产业倾斜，推动传统产业转型，优化金融资源配置。银川凭借行政级别优势，出台优惠金融政策，吸引金融机构入驻，完善金融市场体系，提升金融资源稳定度，更好地运用金融要素推动城市发展。

V级城市中吉安通过优化营商环境，吸引金融机构加大对当地企业的支持力度，推动产业发展。鞍山依托钢铁产业，创新金融服务模式，如开展钢铁供应链金融，为钢铁企业及上下游供应商提供资金支持，助力产业转型。泸州以白酒产业为核心，发展酒金融，通过酒品质押融资等方式，促进白酒产业发展，提升金融要素对城市特色产业的支撑作用，成为金融要素标杆城市。

VI级城市中抚顺利用当地资源优势，发展特色产业金融，为相关企业提供资金保障。佳木斯通过政策引导，吸引金融资源支持农业现代化、农产品加工等产业，推动农村经济发展。百色则在特色农业、旅游业发展过程中，优化金融资源配置，为产业发展提供金融助力，提升城市金融要素水平，更好地服务城市发展。

环渤海经济区北翼城市秦皇岛、朝阳、葫芦岛三座城市存贷比合理，存款水平较高，"藏富于民"现象明显，体现出环渤海经济区北翼城市较强的金融业综合能力。它们通过稳定的金融资源，为区域内实体经济发展提供资金支持，推动产业发展与城市建设，三座城市同时成为标杆，彰显了区域金融协同发展的优势，为区域经济发展注入活力。

（三）实现由高研发投入到高成果转化的良性循环

I级城市中成都深入实施创新驱动发展战略，全力建设具有全国影响力的科技创新中心。2022年，专利授权量同比大幅增长，R&D人员人均经费在同级中名列前茅。在全球创新指数排名中，成都连续6年上升，2024年位列第23位。成都汇聚丰富的创新资源，包括众多高校、科研院所与国家级科技创新平台，以及大量高新技术企业。在此基础上，成都持续优化创新环境，大力培育新质生产力，积极布局新兴赛道，推动科技成果转化。2024

年上半年，技术合同成交额超 720 亿元，新增科创板上市企业 1 家。这些举措使成都在技术要素发展上适度超前，为城市高质量发展注入强大动力。

Ⅱ级城市中佛山依托制造业优势，加大科技研发投入，推动传统制造业向智能制造转型，通过技术创新提升产业竞争力。长沙以文化产业与工程机械产业为依托，在科技创新上持续发力，围绕产业需求开展科研攻关，促进科技与产业深度融合。合肥借助高校与科研资源优势，打造综合性国家科学中心，吸引大量创新型企业入驻，推动技术要素发展。郑州作为国家中心城市，利用交通枢纽和产业基础，引导科技资源向重点产业集聚，提升城市技术创新能力，成为技术要素适度超前的标杆城市。

Ⅲ级城市中石家庄通过优化创新环境，吸引科技人才与资源集聚，围绕当地特色产业开展技术创新，提升产业技术水平。哈尔滨利用高校和科研机构众多的优势，加大对关键技术研发的支持力度，推动科技成果转化，在装备制造、航空航天等领域取得技术突破，促进城市技术要素发展，为城市产业升级提供技术支撑。

Ⅳ级城市中兰州结合自身产业特点，在石油化工、有色冶金等传统产业领域加大技术创新投入，推动产业转型升级。舟山借助海洋经济发展机遇，开展海洋科技研发，提升海洋资源开发利用技术水平。湘潭在先进装备制造、新能源等产业领域，加强技术创新与应用，提高产业竞争力，成为技术要素适度超前的标杆城市。

Ⅴ级城市以大同为例，其长期作为能源基地，在转型发展中，优化能源结构，推动煤炭绿色开发利用，先进产能占比超 90%。同时，协同推进新能源产业，新能源装机占比超 50%。凭借能源和气候优势，大力发展数据中心产业，从传统能源重镇向数据服务之城转变。益阳等城市也基于自身产业比较优势，在绿色低碳、节能环保等领域开展技术创新，提升城市技术要素水平，推动城市可持续发展。

Ⅵ级城市中怀化、三亚、四平等城市在技术要素发展上，结合自身特色产业与资源优势，在相关领域开展技术研发与创新。怀化可能在特色农业、生态产业等方面进行技术创新；三亚围绕旅游产业，在旅游服务技术、

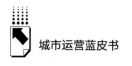
海洋生态保护技术等方面发力；四平则根据自身产业基础，在制造业升级等领域开展技术创新，提升城市技术要素水平，为城市发展提供技术支持。

（四）聚焦基础设施与场景应用的深度融合

Ⅰ级城市如杭州作为国内数字经济的开拓者和领先者，早在2003年就明确了"硅谷天堂、高科技的天堂"的发展目标，2018年数字经济核心产业营收破万亿，并立志打造数字经济第一城。2023年，数字经济核心产业增加值占GDP比重达28.3%。杭州在数字贸易领域成绩斐然，数字贸易额占浙江全省的四成、数字服务贸易额占全省的四分之三、服务外包示范城市综合评价居全国第一。从电子商务产业的先行发展，到如今成为全球电商交易规模最大、覆盖范围最广的城市之一，杭州不断创新数字产业。同时，作为多个国家试点的所在地，杭州积极探索数字贸易规则标准，出台全国首部数字贸易领域地方性法规《杭州市数字贸易促进条例》，以法治化手段促进数字贸易发展，为国家立法先行探路，凭借完善的产业生态、创新的制度体系和强大的技术实力，成为数字要素发展的标杆城市。

Ⅱ级城市中佛山在数字经济发展中，可能依托制造业基础，推动数字技术与制造业深度融合，实现产业数字化转型。通过引入先进的数字化生产设备和管理系统，提高生产效率和产品质量，提升制造业的智能化水平。厦门则可能利用自身的区位优势和产业特色，在数字金融、数字文旅等领域发力。例如，发展跨境数字金融服务，促进贸易投资便利化；打造数字文旅项目，提升旅游体验和文化传播效果，通过发挥自身优势，积极推进数字经济发展，成为Ⅱ级城市中数字要素发展的标杆。

Ⅲ级城市中嘉兴在数字经济发展中，可能通过优化数字经济发展环境，吸引数字产业项目落地。加强数字基础设施建设，提高互联网普及率和网络速度，为数字经济发展提供基础支撑。同时，鼓励企业开展数字化转型，培育数字经济创新企业，推动数字技术在农业、制造业、服务业等领域的应用，提升产业数字化水平，在Ⅲ级城市中率先发展数字要素，成为该等级城市中数字经济发展的典范。

IV级城市中威海在数字经济发展方面表现突出，截至2023年末，新一代信息技术产业集群营业收入达781.14亿元，成为八大产业集群之首，数字经济核心产业增加值占GDP比重达到6%，位列全省第三。威海市委、市政府高度重视数字经济发展，将其作为经济高质量发展的关键引擎，推动数字产业化与产业数字化协同发展。2024年印发相关行动计划，明确发展方向和目标。在信息技术与数字经济领域，威海积极布局，取得显著成效，为IV级城市数字要素发展提供了可借鉴的经验。兰州等城市也可能结合自身产业特点和发展需求，在数字经济领域探索特色发展路径，如利用大数据、人工智能等技术推动传统产业升级，发展数字农业、数字文旅等特色产业，提升城市数字经济发展水平。

V级城市中肇庆、鞍山等城市在数字要素发展上，可能根据自身资源和产业基础，寻找数字经济发展的切入点。例如，肇庆可能在智慧城市建设、数字文旅融合等方面发力，通过数字化手段提升城市管理水平和旅游服务质量。鞍山则可能结合钢铁产业等传统优势，推动产业数字化转型，利用数字技术优化生产流程、提高产品质量和降低成本，探索出适合V级城市数字经济发展的模式，成为该等级城市中数字要素发展的标杆。

VI级城市中黄山、抚顺等城市在数字要素发展中，可能充分利用自身的自然和文化资源，发展数字文旅产业。通过打造数字化的旅游景点、开发文化创意产品等方式，提升旅游体验和文化传播效果。同时，加强数字基础设施建设，提高互联网普及率，为数字经济发展创造条件。在数字经济发展的浪潮中，这些城市积极探索，以数字要素推动城市发展，成为VI级城市中数字经济发展的典型代表。

要素优化实践揭示三大规律：一是要素配置需与城市能级匹配，如I+级城市侧重原始创新，II级城市强化产业转化，低等级城市挖掘比较优势；二是要素协同产生乘数效应；三是制度改革释放要素活力。

四　优化要素对策建议

当前我国城市要素配置面临人力结构性错配、金融资源分布失衡、技术

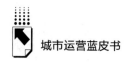

转化效率偏低、数字赋能不足等深层次矛盾，基于标杆城市实践经验与问题症结，建议实施要素配置效能提升工程，重点破解四大要素领域关键瓶颈。

（一）建立差异化的人才战略

针对高等级城市人才效能转化不足与低等级城市人力资本流失并存问题，应建立差异化人才战略。对西安等人才过度超前城市，推行"产业人才适配计划"，围绕战略性新兴产业建立人才需求图谱，实施"揭榜挂帅"机制，将高校专业设置与重点产业链匹配度提升至 80% 以上，确保每年毕业生实现"所学即所用"。借鉴舟山"乡情港湾"模式，在人口流失城市建立"人才回流基金"，对返乡创业人才给予启动资金支持。

建立"人力资本银行"制度，试点人才信用积分体系，将专利成果、技能证书等转化为可质押资产，带动科技成果转化率提升。实施"银龄工程师"计划，在装备制造、生物医药等领域建立退休专家资源库，帮助企业解决技术难题。通过构建"引育用留"全链条生态减少人才错配，提高人力资本对经济发展的贡献。

（二）建立差异化金融资源配置机制

针对存贷比低于 60% 的 IV～VI 级城市，实施定向流动性支持政策，释放资金专项用于制造业中长期贷款。在长三角、珠三角等金融要素集中区域，试点"金融资源再平衡基金"，从超额存款中提取一定比例用于跨区域调剂，重点支持宁波、无锡等 I 级城市补足金融短板。对部分标杆城市给予专项再贷款额度，要求其将资金定向投放于新能源、数字经济等战略领域。创新能源型城市转型金融工具，开发"碳配额预期收益质押贷款"产品，允许鄂尔多斯、克拉玛依等资源型城市以未来五年碳排放权收益作为担保，获取低利率的转型资金支持。

构建多层次风险补偿体系，对西南、西北地区中小银行实施差异化监管，同时建立省级财政代偿基金，对能源转型项目贷款给予部分风险补偿。在金融要素过度超前城市，建立信贷规模动态调节机制，抑制资金空转。推进金融数字化基础设施均衡布局，在金融要素落后城市优先部署"智慧金融云平台"，整合企业征信、供应链数据等非传统信贷信息，通过机器学习算法提升中小企业获贷率。

完善金融要素与实体经济匹配度监测体系，对指数连续两年低于阈值的城市，暂停新增非必要基建项目融资。通过系统性政策组合，有效提升低等级城市金融家底，减少金融要素错配损失。

（三）重塑技术创新生态系统

建立差异化研发投入机制，对I+级城市允许其将一定比例的土地出让收益转为基础研究基金，重点支持人工智能、量子计算等前沿领域，推动发明专利占比提升至45%以上。针对低等级城市实施"产业适配型R&D计划"，引导IV~VI级城市将研发经费聚焦于本地优势产业技术攻关。对新能源、现代农业等特色领域设立专项基金，申请中央财政配套支持，力争有效降低VI级城市单个专利投入成本。

构建技术转化效率提升体系，引导技术要素过度超前城市建立"研发—产业"双向穿透机制，推动高校院所科研项目课题与企业需求相结合。在技术合同成交额超500亿元的城市试点"专利导航产业发展"模式，建立重点产业专利数据库，对产业链薄弱环节实施专利组合精准布局，加快提升专利产业化率。针对研发投入产出失衡城市，实施"逆向创新工程"，以企业技术需求为导向反向配置研发资源，对市场导向型研发项目给予优惠。

强化区域技术协同网络，在成渝、中部等区域布局跨省市技术创新联合体，引导联合体实施共性技术攻关项目。建立技术要素流动补偿机制，对I+级城市向IV~VI级城市转移的技术成果，按交易额的一定比例抵扣企业所得税。在技术要素落后城市部署"创新飞地"，允许其在先进城市设立研发中心并享受属地人才政策，研发成果税收归属输出地政府。

完善创新生态基础设施，实施"科研仪器共享倍增计划"，要求高校、科研院所大型设备增加年均对外服务机时。在技术要素落后城市优先布局数字化转型促进中心，申请各级财政给予启动资金支持。建立技术要素配置效

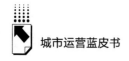

能监测系统，动态跟踪 R&D 投入强度、万人发明专利拥有量、技术市场成交额等核心指标，对连续两年综合指数下降的城市，暂停新增研发类用地审批。

（四）实施"数字中国"城市赋能行动

建立数字基础设施梯度投入机制，针对 IV～VI 级城市实施"5G＋千兆光网"全覆盖工程，有效提升低等级城市百人互联网宽带用户数量。在 I＋级城市试点建设算力交易枢纽，允许其数字经济税收用于人工智能、量子计算等前沿领域算力资源采购，推动深圳、杭州等城市算力密度达世界先进水平。

构建数字人才定向培育体系，引导杭州市等数字经济核心产业营收超千亿元的城市将企业所得税按一定比例投入数字技能培训基金，重点开展人工智能训练师、区块链工程师等新兴职业认证。在从业人员占比低于 2% 的 IV～VI 级城市，实施"数字候鸟"计划，给予数字技术人才个人所得税返还，并引导龙头企业每年切实有效地派驻技术团队开展驻地服务。

创新数字普惠金融工具，对数字普惠金融指数低于全国均值的城市，鼓励商业银行设立数字金融事业部，单列信贷额度且给予一定的利率优惠。在重庆、天津等数字要素滞后型大城市试点"数据资产质押融资"模式，允许企业以数据资源登记凭证作为担保物，根据数据评估价值合理设定贷款额度。在长三角、珠三角等区域推行跨境数据流动"白名单"制度，对纳入名单的企业给予数据跨境传输成本补贴。

强化区域数字协同网络，在成渝、京津冀等城市群建立"数字要素补偿交易市场"，允许向滞后城市输出算力、数据等资源并获得税收抵扣。针对威海、大庆等低等级标杆城市，实施"数字特派员"制度，从头部互联网企业选派技术骨干在地方挂职，重点推进数字化转型。建立数字要素效能监测系统，动态追踪数字经济核心产业增加值占比、数据要素投入产出比等指标，对连续两年综合指数下降的城市，暂停新增数据中心建设审批。

深化数据治理体系改革。在天津等互联网产业薄弱地区试点"数字飞地"模式，允许企业在杭州、深圳等数字高地设立研发中心并享受双地优惠政策。通过系统性政策组合，有效提高 IV~VI 级城市数字经济核心产业占比，压缩数字要素配置效率损失。

参考文献

王凤良：《数字经济提升我国经济韧性：实践路向与政策生成——以北京、上海、深圳、杭州为例》，《党政论坛》2025 年第 1 期。

詹美旭等：《城市体检视角下城市治理现代化的新机制与路径》，《地理科学》2021年第 10 期。

B.5
中国城市运营盘活资产领域分析与展望（2024~2025）

国研经济研究院课题组*

摘　要： 当前我国城市在资产盘活方面面临土地过度资本化、基础设施投资与运营效率失衡、生态资产管理运营尚处初级阶段等问题。各级城市平均存量土地价值格局仍体现出逐级递减的态势，城市固定资产存量增幅呈现差距拉大的趋势，生态资产运营体现出城市生态文明建设水平。标杆城市通过创新机制、产业融合与政策协同，形成了可复制的实践经验。建议构建资产运营体系，实施"城市资产焕新工程"，推动城市存量资产盘活。

关键词： 土地资产　固定资产　生态资产

一　盘活资产整体情况概述

（一）土地过度资本化风险仍需防范

土地资本化，作为一把复杂的双刃剑，其在推动国家现代化进程中起到重要作用。通过有效的土地资源配置与资本运作，为城市的崛起与繁荣注入了强大的动力。在城市化快速推进的浪潮中，土地资本化不仅为基础设施的大规模建设提供了充足的资金，如高速公路、地铁网络、公共设施等的迅速

---

* 执笔人：孙超然，国研经济研究院研究主管，主要研究方向为城市运营研究、区域经济发展研究等。

扩张，极大地提升了城市的承载能力和居民的生活质量，而且为产业升级与结构调整创造了有利条件，促进了高新技术产业的兴起与传统产业的转型升级，为经济增长注入了新的活力。

然而，随着中国经济步入高质量发展的转型期，土地资本化的潜在风险与挑战也日益显现，成为制约经济持续健康发展的不可忽视的因素。土地市场的过热与地方财政对土地出让金的过度依赖，导致了地方债务规模的迅速膨胀，增加了财政金融系统的脆弱性。一旦土地市场出现波动，不仅可能引发连锁反应，影响地方政府的偿债能力，还可能对金融市场的稳定构成威胁。

部分城市土地资产价值的过快增长，远远超前于城市发展的实际步伐，产生了泡沫化风险。高地价、高房价成为城市发展的沉重负担，不仅挤压了居民的消费能力，降低了生活幸福感，更推高了企业的运营成本，尤其是对于实体经济而言，高昂的租金与地价成为难以承受之重。这不仅削弱了实体企业的竞争力，还可能诱使企业偏离主营业务，转向短期高回报的金融投资，从而加剧了经济"脱实向虚"的风险。

（二）重投资轻运营的路径依赖依然存在

我国城市发展传统上"重投资、轻运营"的现象，有着深刻的历史背景和发展逻辑。这一现象的形成与我国快速城市化进程、土地财政依赖、GDP 考核导向以及城市规划管理水平相对滞后等因素密切相关。改革开放以来，我国经历了世界历史上规模最大、速度最快的城市化进程①，大量农村人口涌入城市，对基础设施和公共服务提出了巨大需求。为满足快速增长的城镇化需求，地方政府将大量资源投入城市基础设施建设中。与此同时，土地出让收入成为地方政府财政收入的重要来源，地方政府通过扩大城市规模、增加土地供应来获取更多土地出让收入，进一步推动了城市基础设施投资的快速增长。此外，长期以来，GDP 增长率是考核地方政府政绩的重要指标，地方政府为追求经济增长，也更倾向于通过扩大城市基础设施投资来

---

① 2015 年 12 月中央城市工作会议。

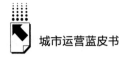

拉动 GDP，而忽视了城市运营效率和服务质量的提升。再加上我国城市规划和管理水平相对滞后，精细化管理水平有待提高，未能对部分城市基础设施重复建设、资源浪费等现象进行有效疏导，进一步加剧了"重投资、轻运营"的现象。

从发展情况来看，我国城市基础设施投资规模持续扩大，但运营效率和服务质量却相对滞后。据统计，1978～2023 年，我国固定资产投资从130.26 亿元增长到 50.97 万亿元。① 与庞大的投资规模相比，城市运营效率和服务质量仍有巨大的进步空间。例如，我国城市供水管网漏损率、污水处理率等指标与发达国家相比仍有较大差距，城市交通拥堵、环境污染等问题依然突出。此外，为满足城市基础设施投资需求，地方政府通过融资平台公司等方式举借了大量债务，导致城市债务风险不断累积，部分城市债务率甚至超过国际警戒线，潜在风险不容忽视。

"重投资、轻运营"的城市发展模式在特定历史阶段为我国的快速城市化提供了重要支撑，但也带来了诸多问题。随着资源环境约束加剧、债务风险上升、人口老龄化等多重挑战的出现，这种发展模式已经愈加难以为继。未来，我国城市发展需要转变发展理念，从"重投资、轻运营"转向"投资与运营并重"，更加注重城市运营效率、服务质量和可持续发展。具体而言，应优化城市空间布局，科学规划城市发展规模，避免无序扩张；提高城市基础设施运营效率，加强维护和管理，降低运营成本；提升城市公共服务水平，加大教育、医疗、养老等领域的投入；创新城市治理模式，运用现代信息技术提升城市治理的智能化和精细化水平；同时，防范化解城市债务风险，规范地方政府举债融资行为，确保城市可持续发展。

总之，转变"重投资、轻运营"的城市发展模式，是推动我国城市高质量发展的必然要求。这需要政府、企业和社会各界共同努力，推动城市发展方式转变，建设宜居、韧性、智慧的城市，实现城市发展的长期可持续性。

---

① 《从 130.26 亿元到 50.97 万亿元——固定资产投资效能稳步提升》，《经济日报》2024 年 9月 23 日。

（三）生态资产管理运营仍在初级阶段

我国城市生态资产管理运营仍处于初级阶段，这一现象的形成与我国城市化进程的特殊性、经济发展阶段的局限性以及生态资产管理理念的滞后性密切相关。改革开放以来，我国城市化进程迅速推进，城市规模不断扩大，但长期以来，城市发展主要依赖于土地、劳动力等传统要素的投入，生态资源的资产属性未被充分认识和重视。在追求经济增长的过程中，生态资源往往被视为免费或低成本的公共物品，导致过度开发和低效利用。同时，我国经济发展长期处于工业化中期阶段，经济增长对资源消耗的依赖较大，生态保护与经济发展的矛盾较为突出，生态资产的管理和运营未能得到足够的重视。此外，生态资产管理的理念和技术相对滞后，缺乏系统的理论指导和成熟的实践经验，导致生态资产的价值评估、产权界定、市场化运营等方面存在诸多困难。

我国城市生态资产管理运营起步较晚，尽管近年来国家出台了一系列政策文件，如《生态文明体制改革总体方案》《关于建立健全生态产品价值实现机制的意见》等，推动生态资产管理的制度建设和实践探索，但实际成效仍较为有限。根据相关研究，我国城市生态资产的价值评估体系尚未完全建立，生态资产的产权界定不清，市场化运营机制不健全，导致生态资产的价值难以有效实现。例如，在城市绿地、湿地、森林等生态资源的保护与利用中，往往存在"重建设、轻管理"的现象，生态资源的维护成本高、运营效率低，难以形成可持续的运营模式。此外，生态资产的市场化运营案例较少，成功经验不足，社会资本参与度较低，进一步制约了生态资产管理运营水平的提升。

造成这一现象的原因还在于，我国城市生态资产管理的体制机制尚未完全理顺。生态资源的管理涉及多个部门，如自然资源、生态环境、住房城乡建设等，部门之间的协调机制不完善，容易出现管理职责不清、政策衔接不畅等问题。同时，生态资产管理的法律法规体系尚不健全，缺乏专门的法律法规对生态资产的产权、交易、补偿等问题进行规范，导致生态

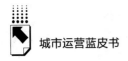

资产管理的法律依据不足。此外，生态资产管理的技术支撑体系也较为薄弱，生态资产的监测、评估、核算等技术手段不够成熟，难以满足精细化管理的需求。

二 盘活资产指数评估结果

存量资产盘活是城市功能的重新发现，城市不仅是一个载体，更是一个"生命体"，通过存量盘活，促进城市"新陈代谢"、重塑城市空间、调整产业结构、补齐功能短板、把各方力量和各方资源集成好，引导形成城市"自更新""善更新"的循环体系，为城市发展创造更多生命力。

2024年，本研究对城市存量资产的测算评估有几点变化，一是保留了固定资产评估的方法，对数据进行年度更新；二是上年基于发债平台质量和发债利率评估国有资产质量的内容融入了稳定收入章节的债务部分；三是对土地资产的评估方法进行了调整，不再使用城市未来土地资产价值作为土地资产评分的基础，相应的，通过测算各城市土地使用与经济发展的关系来评估其土地资产的使用效率，反映城市土地资产的运营水平；四是基于上年关于生态资产的专题研究，将生态资产的现状与展望纳入总报告的评估打分体系，作为城市资产评估的重要组成部分。最后，通过这四方面的调整，综合判断各级城市经营性资产的运营水平和生态资产转化的前景。

表1 盘活部分城市运营指标及评估方式

一级指标	二级指标	三级指标及其评估方式
盘活资产	土地资产	城市二三产土地资产效率，存量非工业土地出让价值，增量土地价值
	固定资产	固定资产存量
	生态资产	生态系统服务价值总量×绿色全要素生产率×地方政府绿色发展关注度×二氧化碳排放绩效

（一）土地资产运营效率更能体现高质量发展理念

各级城市平均存量土地价值格局仍体现出逐级递减的态势，其中 I+ 级城市规模大、单价高，土地资产领先幅度巨大。本研究尝试估算城市土地资产的绝对值，虽然同一片土地无法再次出售，但考虑到土地价值与其承载建筑物价值高度绑定，作为债务抵押物受到债务市场的广泛认可，可以认为存量土地资产价值能一定程度上反映出城市融资能力的上限。

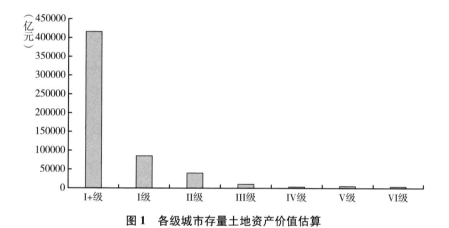

图 1　各级城市存量土地资产价值估算

资料来源：国研经济研究院分析。

随着城市化和工业化的发展，人们普遍认为土地利用效率是当前中国城市发展的重中之重，提高土地利用效率是推进城镇化、工业化和区域可持续发展的前提条件。此外，产业集聚是城市形成的基础，也是中国当前经济发展战略和规划的重要要求。产业集聚通过要素的地理集聚促进城市发展，提高要素利用效率；事实上，将产业集聚和城市价值整合到一个分析框架中是非常重要的。[1] 因此，通过研究产业发展与土地使用的关系，测算单位土地投入的经济产出，来衡量不同城市土地资产的运营水平。

---

[1] 《【文献分享 Vol. 694：自然资源资产管理与制度改革专栏十四】｜产业集聚如何影响城市土地利用效率？——中国城市的空间分析》，https：//mp. weixin. qq. com/s/KFyL8RYN1mB 6dsL-anypxw。

通过计算 296 个地级市 2020 年以来地均 GDP 发现，除了四座 I+级城市外，其他各级城市地均 GDP 持续上升的城市普遍在 40% 以内，即使是 I 级这样的新一线城市，也未能做到普遍的地均 GDP 持续上升。部分低等级城市，出现了地均 GDP 下降，土地资产转化为有效资产依然任重道远。

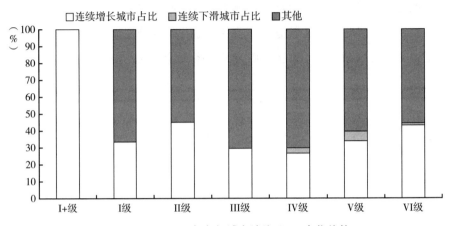

图 2　2020~2022 年各级城市地均 GDP 变化趋势

资料来源：国研经济研究院分析。

从历年地均 GDP 上升城市占比可以看出，I 级城市内涵式发展势头良好，至 2022 年所有 9 座 I 级城市实现了正增长，而受疫情影响，II 级至 VI 级城市 2022 年地均 GDP 上升城市占比普遍出现下降，相信随着疫情影响的消除，更多的城市有望实现地均 GDP 的上升。

通过分析工业用地、商业办公用地和 GDP 的关系来分析各级城市土地资产的运营效率。从工业用地来看，我国大部分城市工业用地土地资产运营效率较好，I+级至 II 级城市工业用地规模、产生的经济总量、地均产出均有较大优势。I 级城市中，天津市、重庆市工业用地资产运营水平相对落后。II 级城市中东莞市、西安市、沈阳市工业用地资产运营水平相对落后。III级及以下等级城市，整体上工业用地规模、产生的经济总量规模较小，其中唐山市、榆林市、包头市等重工业、能源型城市基于其资源禀赋、在重点产业中的关键性站位，以及行业周期价格调整等原因，其工业用地资产运

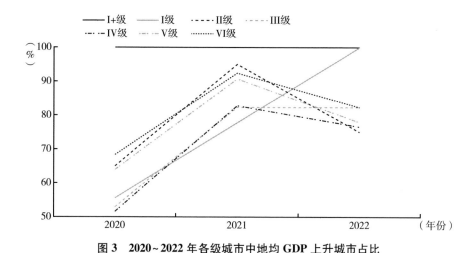

图 3　2020~2022 年各级城市中地均 GDP 上升城市占比

资料来源：国研经济研究院分析。

营水平在同级中相对领先，而相应的，其成功经验异地复制也存在较大难度。珠海市、长春市这样拥有格力、一汽等顶尖制造业企业的城市，由于产业发展形势的快速变化和自身扩张过快等原因，工业用地资产运营水平相对落后。

在第三产业在各级城市 GDP 中的占比均超过 50% 的情况下，商业办公用地的运营水平仍面临更多的挑战，除上海市、广州市、苏州市以外的几乎所有城市（缺乏北京市、武汉市商业用地规模数据）均面临着城市楼宇建设超前于第三产业发展的情况。其中，Ⅰ级、Ⅱ级城市中落后幅度较大的天津市、西安市、沈阳市，同样也是工业用地运营水平较为落后的城市，体现了土地开发超前现象属于部分城市二产、三产发展中的共性。

对比《中国城市运营指数报告（2023）》，商业用地运营较好的城市进一步减少，反映了房地产下行对楼宇经济的巨大影响。

商业办公用地往往位于城市中地段较好、基础设施和公共服务配套较为完善的区域，因其形态、业态的多样化和与市民生活的强关联性，是城市运营关注的重要领域。盘活城市商业办公用地，也是盘活资产关注的核心领域，可以认为，一定程度上商业办公用地的运营水平，代表了一座城市的城

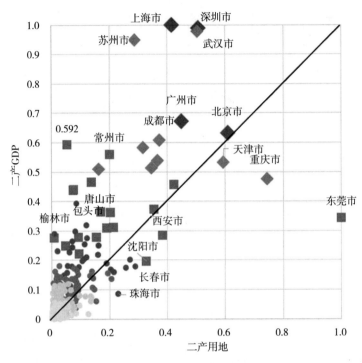

图4 各级城市二产用地地均 GDP（Min-Max 标准化）

资料来源：各城市统计年鉴，国研经济研究院分析。

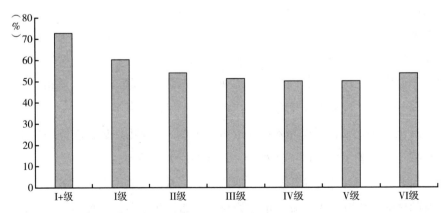

图5 各级城市第三产业占 GDP 比重

资料来源：各城市统计年鉴，国研经济研究院分析。

市运营水平。如何消化城市快速扩张周期中超前建设的商业办公楼宇，既是难点也是重点，对存量时代城市发展格局具有深远影响，也是内涵式发展的重要要求，是我国经济社会发展跨越到下一个阶段的必经之路。

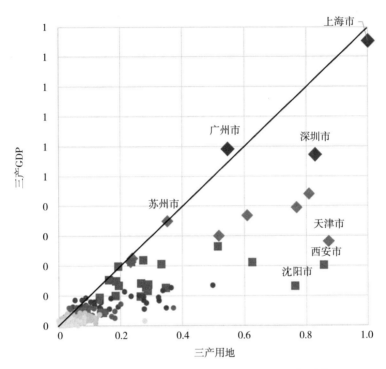

图6 各级城市三产用地地均 GDP（Min-Max 标准化）

资料来源：各城市统计年鉴，国研经济研究院分析。

为更好地衡量城市土地资产与城市发展水平是否匹配，2024 年的研究中，引入了地均债务与地均 GDP 相关性的分析。其中地均债务定义为城市综合债务规模（地方政府债余额+城投平台债务余额）除以城市建设用地总量，地均 GDP 定义为城市 GDP 总量除以城市建设用地总量。整体上认为，地均 GDP 高，而地均债务低，代表了一个城市土地资产运营水平高，可适当发挥债务的作用进一步做大总量；地均 GDP 高，而地均债务适中，则认为是土地资产运营效率高，资产与债务水平相当，属于适度超前；地均 GDP 低，而地均债务高，债务未能有效地转化为经济价值和土地资产，面临较大的风险。

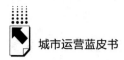

2024 年研究不再使用未来土地资产预估水平来衡量城市土地资产发展阶段，改为通过分析城市单位面积建设用地 GDP 和债务的关系来判断城市土地资产运营水平。本研究范围内的 296 个城市，其中包含 32 个标杆城市，32 个落后城市，不设过度超前城市。

标杆城市。以苏州市、佛山市、榆林市为各级代表，共有 32 个城市单位面积经济指标较高，负债较低，土地资产效率较高，适度超前于同级城市，成为标杆城市。

表 2　土地资产部分标杆城市

等级	标杆城市
I 级	苏州市、无锡市
II 级	佛山市、福州市、泉州市、鄂尔多斯市
III 级	榆林市、漳州市
IV 级	宁德市、廊坊市、沧州市、晋城市、长治市、玉溪市、曲靖市、孝感市、茂名市、湛江市
V 级	朔州市、驻马店市、临汾市、黄冈市、运城市、汉中市、揭阳市、忻州市
VI 级	汕尾市、黑河市、绥化市、陇南市、山南市、昌都市

运营落后城市。高等级城市中土地资产运营落后城市不乏经济社会发展水平较高的明星城市。这类城市往往是土地开发过快，超过了产业和经济发展的速度，同时债务扩张较快。土地资产运营落后的城市共有 39 个，其城市土地资产扩张和债务的使用对提升城市经济的效率有待提高。

表 3　土地资产运营落后城市

等级	落后城市
I 级	成都市
II 级	绍兴市
III 级	泰州市、嘉兴市、盐城市、湖州市、金华市
IV 级	株洲市、连云港市、遵义市、舟山市、赣州市、黄石市、上饶市、衢州市
V 级	宣城市、丽水市、鹰潭市、蚌埠市、桂林市、铜陵市、阜阳市、遂宁市、景德镇市、萍乡市、六安市、眉山市、宿州市
VI 级	亳州市、乌兰察布市、六盘水市、七台河市、铜仁市、安顺市、昭通市、资阳市、张家界市、巴中市、铁岭市

通过对数据进行标准化后发现，I+级城市整体评价正面，其中北京市建设用地面积达 1471.75 平方公里，远大于上海市、深州市和广州市的用地规模，土地资产运营效率有待提高。I 级城市整体上体现出地均债务水平高于地均 GDP 的现象，苏州市、无锡市在 I 级城市中表现较为均衡，而成都市则体现出地均债务水平超过地均经济发展水平的现象，应努力提高土地资产运营效率，提高债务对经济水平的拉升作用。II 级城市土地资产运营效率整体上较为健康，其中佛山市、泉州市、鄂尔多斯市表现较为突出，绍兴市地均债务水平较高，地均 GDP 在同级中不具备显著优势，土地资产运营效率有待提高。III 级城市中，榆林市的表现最为突出，而嘉兴市、湖州市、泰州市则体现出地均债务规模远超地均经济发展水平，土地资产运营效率亟待提高。IV 级城市中，玉溪市、宁德市是土地资源运营的标杆，而镇江市、舟山市土地资产运营水平较为滞后。

整体上看，标杆城市多为在某一产业领域处于领先地位的中等级城市，福建省有三座城市表现突出，与福建省高度重视盘活利用低效土地并采取了诸多有效措施密不可分。2022 年 9 月，经国务院同意，自然资源部、福建省人民政府联合印发《泉州市盘活利用低效用地试点工作方案》，泉州市成为全国首个设区市盘活利用低效用地试点。2023 年 9 月，自然资源部发布通知，在全国 43 个城市开展为期 4 年的低效用地再开发试点。福建省的福州、厦门、漳州等城市进入试点名单。近一年来，福建省自然资源厅认真贯彻落实福建省人民政府和自然资源部工作部署，积极指导试点城市有序推进编制实施方案、制定认定标准、完善配套政策等工作，已累计上图入库低效用地 27.9 万亩。[①]

2024 年 6 月 24 日的《中国自然资源报》头版头条刊发《盘活再利用更上一层楼——聚焦福建泉州打造低效用地再开发2.0版》，关注泉州市开展低效用地再开发试点工作的经验做法。

[①] 黄东仪：《福建：盘活低效用地 拥抱国土空间开发利用"存量时代"》，人民网，http://fj.people.com.cn/n2/2024/0625/c181466-40890448.html。

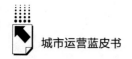

制造业重镇佛山市，聚焦增强土地资源要素支撑保障水平，增加建设用地有效供给，提高利用存量用地的比重，降低单位 GDP 建设用地使用面积，提高土地节约集约利用水平和对经济社会发展的持续保障能力。在开发强度超过 50% 的佛山顺德，当地出台的《工业上楼十条措施》，让"上下楼"成为"上下游"。目前，顺德有 104 个工业园区，建筑面积达 2440 万平方米，超 5000 家工业企业在园区形成产业集聚。位于陈村的中集智城总建筑面积约 59 万平方米，打造产城人深度融合的国际智能产业社区，已吸引了广深莞等地 100 余家企业进驻。①

榆林和鄂尔多斯是另两座土地运营效率突出的城市，两座城市地理位置靠近，经常被放在一起比较。2022 年，榆林市每平方公里建设用地地均 GDP 为 112.82 亿元，全国第一；鄂尔多斯市每平方公里建设用地地均 GDP 为 53.98 亿元，全国第八。两座城市都以丰富的资源储备闻名，2023 年，陕西省约 80% 的原煤、70% 的天然气、43% 的原油均出自榆林。化石能源产业已成为榆林经济发展的重点支柱产业，榆林的人均 GDP 也是陕西省内最高的。煤炭同样是鄂尔多斯的支柱产业。2023 年，鄂尔多斯原煤产量 8.1 亿吨，天然气产量 286 亿立方米。榆林和鄂尔多斯两地的人均 GDP 多年排在全国前列。

煤炭资源给两座城市的发展注入活力，但同时煤炭行业周期性强，遇到行业调整期时，地方经济必然会受到影响。而在国家"双碳"目标提出后，传统能源城市更是必须考虑转型。榆林在 2017 年就提出，要打造高端能源化工基地。2024 年榆林市政府工作报告还提到，"为转型发展腾出时间和空间"。2024 年 8 月，榆林举办第二届西部氢能博览会。借此机会，榆林宣布了一系列支持政策，展示出这个传统能源城市发展氢能的决心。鄂尔多斯的实际动作也很快，2021 年 9 月，鄂尔多斯市委、市政府就推动成立碳中和研究院。随后鄂尔多斯引入多个低碳项目，2022 年还落成全球首个零碳产业园。②

---

① 《向存量要增量，向增量要质量——打造节约集约用地"广东模式"》，https://mp. weixin. qq. com/s/k69-hoPc06bTuGQ_ bYBH_ Q。
② 唐俊：《中西部非省会第一城，不想"吃老本"了？》，"城市进化论"微信公众号，2024 年 8 月 30 日。

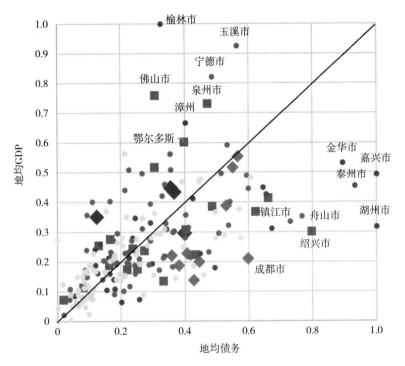

图 7 各级城市地均债务与地均 GDP（Min-Max 标准化）

资料来源：各城市统计年鉴，国研经济研究院分析。

落后城市中长三角城市较为集中，这部分城市经济发展水平较高，但同时土地财政依赖度较高，体现为政府性基金收入依赖度较高，债务负担较重，影响了城市土地资产的运营效率。I 级城市中成都近年来土地扩张、债务规模增长超过了经济发展增速，通过"稳定收入"部分的分析可以发现，成都市已经是中国债务规模最大的城市，很大程度上影响了成都市土地资产的运营效率。

（二）II 级城市固定资产增幅最为突出

本研究沿用上一年的计算方法，依旧以 2003 年为基期，截止时间更新至 2021 年末，由于城市固定资产折旧期较长，考虑固定资产折旧率，根据永续盘存法估算城市的固定资产存量。

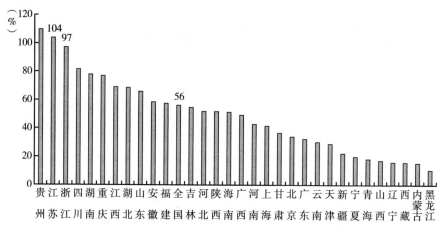

图8 2023年全国及各省区市政府性基金收入依赖度

资料来源：各城市统计年鉴，国研经济研究院分析。

固定资产存量数据更新至 2021 年，对比 2019 年，Ⅰ+级城市与Ⅰ级城市的平均固定资产存量分别上升了 1.17 万亿元和 1.46 万亿元，达到 7.07 万亿元和 8.27 万亿元，Ⅰ级城市对比Ⅰ+级城市固定资产存量优势进一步拉大，反映出Ⅰ级城市在固定资产方面的后发优势。Ⅴ级城市与Ⅵ级城市平均存量分别增长了 2596.38 亿元和 1245.03 亿元，与高等级城市的存量差距预计会进一步拉开。

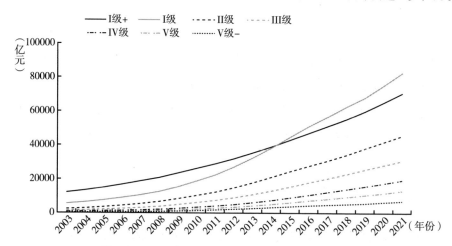

图9 2003~2021年各等级城市固定资产存量变化

资料来源：国研经济研究院分析。

从单位面积固定资产存量来看，对比2019年，2021年Ⅱ级城市单位面积固定资产存量最高的城市16937.05元，超过Ⅲ级城市成为单位面积固定资产存量最高的一级城市，而Ⅲ级城市单位面积固定资产存量出现下降，可能代表着在技术进步等诸多因素的加持下Ⅱ级城市的平均规模，可以更好地发挥地均固定资产投资的效率，从而提高城市运营的效率。

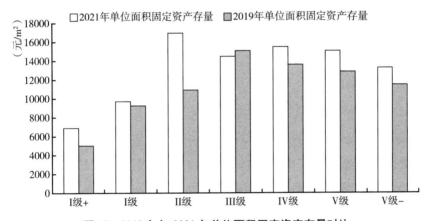

图10　2019年与2021年单位面积固定资产存量对比

资料来源：国研经济研究院分析。

适度超前城市。28个城市固定资产适度超前于城市发展阶段，成为标杆城市。天津市成为Ⅰ级城市中固定资产运营唯一的标杆城市。2024年，天津市以高质量发展为引领，加快推进"两重""两新"投资项目实施，大力保障重点项目建设，着力扩大有效投资，全年固定资产投资同比增长3.1%。① 天津市谋划发布总投资2.01万亿元的市级重点项目清单，社会资本投资占比达到80%以上，项目规模创历年新高，项目质量持续优化。

---

① 《2024年全市固定资产投资增长3.1%》，天津政务网，https：//www.tj.gov.cn/sq/zfsj/sjfx/202501/t20250123_6842662.html。

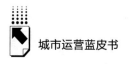

表4　固定资产部分适度超前城市

等级	标杆城市
Ⅰ级	天津市
Ⅱ级	郑州市、合肥市、西安市
Ⅲ级	徐州市、长春市、洛阳市、潍坊市
Ⅳ级	威海市、保定市、宝鸡市
Ⅴ级	焦作市、吉安市、平顶山市、聊城市、驻马店市、周口市、商丘市、三门峡市、黄冈市、哈密市、邢台市、吉林市
Ⅵ级	拉萨市、梧州市、六盘水市、广安市、松原市

　　低等级城市中，河南省6座Ⅴ级城市成为固定资产标杆城市，进一步研究发现，河南省固定资产投资成效延续至2024年，2024年1～11月，河南省固定资产投资（不含农户）同比增长6.9%。值得一提的是，民间投资同比增长9.5%，传达了市场对未来经济的乐观预期，体现了民间投资的积极性和企业家继续"加码"河南的决心。投资者对于民间资本的信心提升，显示出经济环境的逐步改善。

　　过度超前城市。重庆市、长沙市、青岛市、唐山市、石家庄市、哈尔滨市等26个城市体现出过度超前的特点。这些城市的固定资产投资效率仍有待改进，从而真正把投资转化为城市发展的动力。

　　其中，青岛市和天津市有诸多相似之处。均是港口城市，都曾是工业强市，也都拥有一个国家级新区。根据2017～2022年青岛市固定资产投资数据，二产投资占比经历了先降后升阶段，2022年青岛二产固定资产投资增速达到15.6%，占比达到27.4%，为2018年后新高。三产投资占比从2019年开始不断下降，战略性新兴产业投资、高技术产业投资分别增长18.3%和36.2%，增速远高于产业平均投资。青岛市、长沙市、宁波市、无锡市横向对比来看，2021年四个城市投资占比中，青岛三产的固定资产投资占比依然是最高的，值得注意的是2021年青岛市房地产投资占全部固定资产投资比例约为33.3%，较上年下降9.7%，低于无锡的41.1%，但高于长沙的21%。①

固定资产落后城市。固定资产落后于平均城市发展水平的城市共计27个，分布在Ⅱ级至Ⅴ级城市。其中包括副省级城市厦门市，省会城市海口市，全国知名旅游城市三亚市，大湾区城市东莞市、珠海市、中山市这些传统认知里城市建设具备优势的城市，在存量发展时代，这类经济基础较好但固定资产落后的城市仍需要加强城市建设，提供更优质的公共服务，满足产业发展的需要，更好地匹配城市定位。

2023年，厦门GDP为8066.49亿元，增速3.1%，② 位居全国主要城市增速倒数行列；固定资产投资仅比上年增长0.5%，该增速也是近些年来最低。其中原因有行业低迷、产业转移等因素影响，比如厦门最引以为傲的液晶显示屏产量，从高峰期年产1.46亿片到2023年已下降至4460万片；手机产量方面，高峰期厦门年产3592.45万台，2023年则仅为166万台，可谓断崖式下降。虽然厦门一直在规划"6+1"条千亿产业集群，但目前规模以上工业产业类别中，千亿产业只有1个，即占据绝对优势地位的计算机、通信和其他电子设备制造业。对比相邻或相似城市，泉州市有5个、东莞市有7个、佛山市有9个千亿产业。虽然在文旅的带动下，厦门的服务业发展迅速，但从其产业构成来说，缺乏工业实力为支撑的科技、金融等领域的服务，很难真正得到有效增长机会。客观来说，厦门只有1700平方公里的面积，又是海岛城市，腹地面积有限，决定了这座城市的发展方向，必定要进行产业升级，紧紧抓住产业新机遇。③

（三）生态资产运营与生态文明建设高度相关

首先，明确生态资产和生态产品，以及生态产品转化等概念的定义。生态产品的概念及界定日渐清晰，狭义的生态产品单指生态调节服务，而广义

---

① 《青岛地区画像分析报告（2022年版）》，青岛市工程咨询院政策规划中心、招商银行青岛分行，https://mp.weixin.qq.com/s/Xpu-jgul4IdJ11_eunf_2g。
② 《厦门市2023年国民经济和社会发展统计公报》。
③ 王剑：《"失速"的厦门，怎么了？》，砺石商业评论微信公众号，2024年7月17日。

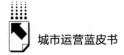
上等同于生态系统服务，是生态系统结构和功能连同其他投入对人类福祉的贡献，包括供给产品、调节服务、文化服务。① 生态资产是指由政府和集体经济组织等主体所有，可以通过设计商业模式以特定的组织和生产方式进行投资运营，为社会提供生态产品，并产生可预期的直接或间接价值的生态资源。要评价生态资产，首先需要量化生态产品的价值实现程度。第一步，即生态产品价值的货币化核算，关于生态产品总值（Gross Ecosystem Product，GEP）和生态系统服务价值总量（ESSV）已经有许多研究基础和量化测算数据。但由于生态产品总值和生态系统服务价值总量具有流量属性，生态产品及服务的最终价值，生态产品价值实现的量化要关注生态效益向经济效益、社会效益的转化。

本研究框架内，基于现有理论和数据采集的现实情况，对城市生态资产运营的评估，首先基于生态资产产出生态产品的效率和总量，算清楚家底。其次是评估各城市绿色生产水平，绿色发展是以效率、和谐、可持续为目标的经济增长和社会发展方式。绿色全要素生产率（GTFP）是一种将环境资源考虑在内的资源配置效率②，绿色全要素生产率与绿色生产水平强相关，可以体现城市运营生态资产的能力。再次，引入碳排放绩效概念。二氧化碳排放绩效衡量了各地区能否以较少的碳排放和能源消耗产生更高的经济效益，可以准确地评价地区经济发展模式是否兼顾增长与低碳要求，是评估地区碳排放治理水平的重要指标，对中国践行生态文明建设具有重要意义。③

观察各级城市生态服务总量发现，各级城市基本呈现出随着等级下降，生态系统服务总量上升的趋势。这一趋势在生态系统人均服务水平方面更为突出，Ⅵ级城市人均生态系统服务价值量百倍于Ⅰ+级城市。从城市的角度

---

① 高晓龙、欧阳志云：《浅谈生态产品价值实现量化方法及指标体系构建》，《环境与生活》2022年第7期。

② 曹伟等：《人民币汇率变动、企业创新与制造业全要素生产率》，《经济研究》2022年第3期，第65~82页。

③ 魏丽莉、侯宇琦、曹昊煜：《中国城市碳排放绩效：动态分解，空间差异与影响因素》，《统计与信息论坛》2024年第2期，第69~83页。

看，发达城市可能面临更加严重的环境污染、洪涝、水土流失、极端天气等自然灾害，被迫需要加大人工生态基础设施（如污水处理厂、海绵城市）的投入。从居民的角度看，其所能享受到的食物与水资源供给、自然休憩等服务不足，被迫需要支付更高的价格或者生态服务。

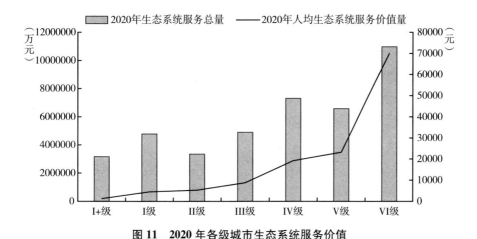

图 11　2020 年各级城市生态系统服务价值

资料来源：国研经济研究院分析。

绿色全要素生产率方面，参考了《创新型城市绿色发展：效率测算、外部性与提升路径》[①] 一文提出的研究方法，从绿色技术效率、绿色技术发展水平、经济发展水平、地方财政水平、产业结构几方面出发，引入了土地投入、资源投入、资本投入、劳动投入、经济产出、环境产出等多方面面板数据，对各级城市绿色全要素生产率进行了综合评价。I+级和 I 级城市基于自身较高的综合发展水平，在这一指标上处于领先地位。II 级至 VI 级城市中，经济发展水平相对高的城市绿色技术效率未必高，而绿色本底条件好、环境产出高的城市经济社会发展水平又有待进一步提高，因此在绿色全要素生产率方面并未拉开显著差距。

---

① 张杰、范雨婷：《创新型城市绿色发展：效率测算、外部性与提升路径》，《中国人口·资源与环境》2023 年第 2 期，第 102~112 页。

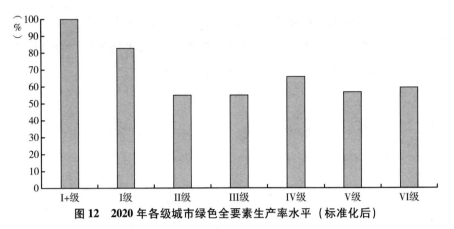

图 12　2020 年各级城市绿色全要素生产率水平（标准化后）

资料来源：国研经济研究院分析。

　　而根据《地方政府绿色发展关注度对绿色全要素生产率的影响》[①] 一文研究发现，地方政府绿色发展关注度与地方政府的生态资产运营能力正相关："地方政府绿色发展关注度的提升有助于地区 GTFP 的提高，具体而言，政府绿色发展关注度每上升 1 个单位，当地绿色全要素生产率平均会提高 0.0477 个单位。"通过对各级城市政府工作报告相关关键词的抓取分析看出，I+级城市仍是中国最重视环境保护和绿色发展的城市，而 VI 级城市在提高经济发展水平、人民群众基本公共服务和民生保障方面仍有很多工作要做，对绿色发展的重视程度仍有待提高。其中，I 级城市地方政府绿色发展关注度在高等级城市中评分较低，一方面是 I 级城市仍处在人口、用地快速扩张的增量阶段，谋发展的内在驱动力强劲；另一方面也与 I 级城市普遍环境本底条件较好，环境压力较小有关。

　　二氧化碳排放绩效衡量了各地区能否以较少的碳排放和能源消耗产生更高的经济效益，可以准确地评价地区经济发展模式是否兼顾增长与低碳要求，是评估地区碳排放治理水平的重要指标[②]，可以反映出城市生态资产的

---

① 刘坚、康心、刘新恒：《地方政府绿色发展关注度对绿色全要素生产率的影响》，《系统管理学报》2025 年第 3 期。

② 胡剑波、罗志鹏、韩君：《中国产业部门隐含碳生产率的测度及其敛散性》，《统计与信息论坛》2023 年第 3 期，第 56~69 页。

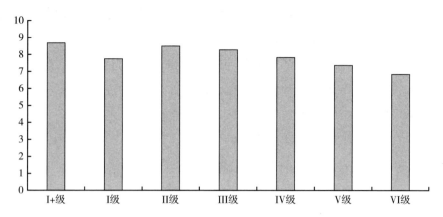

图13　2023年各级城市政府绿色发展关注度（标准化后）

资料来源：国研经济研究院分析。

运营水平。通过碳排放经济效益和碳排放福利绩效两方面，综合判断一个城市的全要素碳排放绩效水平。

　　Ⅰ级城市在碳排放福利绩效和经济效益方面都处于领先位置，综合绩效也超过了Ⅰ+级城市40%以上，是各级城市中碳排放效率最高的城市。Ⅳ级城市在碳排放效率指标中较为弱势，是生态资产运营改善的重点。

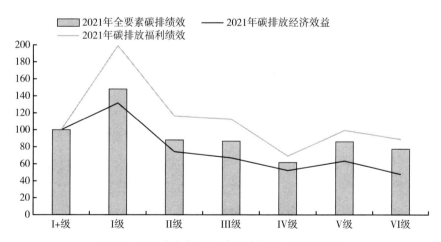

图14　2021年各级城市碳排放绩效（标准化后）

资料来源：国研经济研究院分析。

综合生态系统服务价值总量、绿色全要素生产率、地方政府绿色发展关注度和二氧化碳排放绩效数据，衡量城市运营框架下的各城市生态资产运营能力，得出适度超前城市 40 个。北京市、杭州市、合肥市成为高等级城市中的标杆城市。而 II 级至 V 级城市中，内蒙古有 5 座城市成为标杆，不仅以工业、能源立市的呼和浩特、包头、鄂尔多斯三市均进入标杆行列，内蒙古东部的呼伦贝尔市、内蒙古西部的乌海市这两座生态本底差异很大的城市也进入了标杆行列，反映了内蒙古生态文明建设的累累硕果。

表 5　生态资本运营适度超前城市

等级	标杆城市
I+级	北京市
I 级	杭州市
II 级	合肥市、鄂尔多斯市
III 级	昆明市、包头市、乌鲁木齐市、哈尔滨市、呼和浩特市
IV 级	龙岩市、三明市、保定市、银川市、海口市、邯郸市、宜宾市、玉溪市、曲靖市、菏泽市、南平市、十堰市、西宁市
V 级	乌海市、丽水市、呼伦贝尔市、攀枝花市、汉中市、韶关市
VI 级	石嘴山市、三亚市、河源市、白山市、保山市、黑河市、普洱市、河池市、资阳市、丽江市、伊春市、山南市

党的十八大以来，内蒙古自治区把保护生态环境摆在更加突出的位置，健全机制、完善措施，保生态、治污染、促转型，推动全区生态环境质量持续改善，我国北方重要生态安全屏障更加稳固。内蒙古自治区有森林、草原、湿地、河流、湖泊、沙漠等多种自然形态，是一个综合性生态系统，生态保护和修复必须进行综合治理。内蒙古坚持把握重点、综合施治，不断提升生态系统多样性、稳定性、持续性。绿色发展是构建高质量现代化经济体系的必然要求，是解决污染问题的根本之策。

多年来，内蒙古自治区完整、准确、全面贯彻新发展理念，坚定不移走以生态优先、绿色发展为导向的高质量发展新路子，在主动服务和融入新发展格局上迈出了坚实步伐。一是全面构建国土空间开发新格局，二是加快推进产业生态化，三是大力推动生态产业化，四是深入实施全面节约战略，五是积极稳妥推进碳达峰碳中和。据初步估算，扣除原料用能和可再生能源消费量后，2021~2023年，全区能耗强度累计下降12.5%左右，完成"十四五"目标任务的82%。[①]

生态资产运营落后同级水平的城市共有24个，其中不乏生态资源本底条件较好的城市，这些城市需要进一步加强对生态资产价值转化重要性的认识，提升生态资产运营水平。

表6　生态资本运营落后超前城市

等级	标杆城市
III级	金华市
IV级	常德市、柳州市、滨州市、宝鸡市、茂名市、衢州市
V级	吉安市、乐山市、周口市、达州市、永州市、双鸭山市、娄底市、内江市、防城港市、拉萨市
VI级	毕节市、儋州市、齐齐哈尔市、吐鲁番市、绥化市、来宾市、定西市

三　盘活资产标杆城市评估

中国城市在盘活土地资产、优化固定资产配置、激活生态资产价值方面，标杆城市通过创新机制、产业融合与政策协同，形成了可复制的实践经验。苏州市、佛山市、天津市等城市在土地集约利用、固定资产效能提升、生态价值转化等领域表现突出，为破解资产闲置与低效难题提供了系统性解决方案。

（一）通过产业升级实现空间价值倍增

不同等级标杆城市在土地资产运营方面积累了丰富且各具特色的经验，

---

① 《内蒙古坚决筑牢我国北方重要生态安全屏障》，《中国环境报》，https：//mp. weixin. qq. com/s/b-edtjvSaiqFdJffbk621Q。

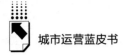

为城市高质量发展提供了有益借鉴。

Ⅰ级城市整体呈现地均债务水平高于地均 GDP 的现象，但苏州和无锡表现较为均衡。苏州在产业发展与土地利用的协同上成效显著，通过合理规划土地，吸引了大量优质产业集聚，提升了单位土地的经济产出。例如，苏州工业园区凭借先进的规划理念和完善的产业配套，成为高端制造业和现代服务业的集聚地，大幅提高了地均 GDP。无锡同样注重土地资源的高效配置，在传统产业升级和新兴产业培育过程中，优化土地利用结构，推动产业向高端化、智能化方向发展，使得土地资产运营效率处于较高水平。

Ⅱ级城市土地资产运营效率整体健康，其中佛山、泉州、鄂尔多斯表现尤为突出。佛山作为制造业重镇，高度重视土地资源的要素支撑保障。一方面，增加建设用地有效供给，提高存量用地利用比重，降低单位 GDP 建设用地使用面积，提升土地节约集约利用水平。例如，在开发强度较大的顺德地区，出台《工业上楼十条措施》，促进产业集聚，形成了众多产业园区，吸引大量企业入驻。泉州则通过长期对产业的深耕细作，培育了多个具有竞争力的产业集群，在土地利用上精准匹配产业需求，提高土地利用效率。鄂尔多斯依托丰富的煤炭资源，在保障能源产业高效用地的同时，积极推动产业转型，引入低碳项目，成立碳中和研究院，建设零碳产业园，实现了土地资产在传统产业与新兴产业发展中的高效运用。

榆林在Ⅲ级城市中表现最为突出。榆林拥有丰富的资源储备，是陕西省重要的能源生产基地，原煤、天然气、原油产量在全省占比很大。其土地运营效率高主要得益于对资源产业的合理布局和高效利用，每平方公里建设用地地均 GDP 位居全国前列。同时，榆林积极应对煤炭行业周期性和"双碳"目标挑战，早在 2017 年就提出打造高端能源化工基地，并在 2024 年举办氢能博览会，出台支持政策，大力发展氢能产业，推动产业转型，进一步提升土地资产在不同产业发展阶段的运营效率。

玉溪市和宁德市在Ⅳ级城市中是土地资源运营的标杆。玉溪市可能通过优化产业结构，合理规划土地用途，推动特色产业发展，提高了土地利用效率。宁德市则受益于新能源产业的崛起，以其独特的产业优势吸引大量投资和资源集聚。宁德时代等龙头企业的发展，带动了上下游产业链在当地布局，使得土地得到充分且高效的利用，大幅提升了地均 GDP，成为土地资产运营的典范。

朔州、驻马店等 V 级标杆城市，可能通过因地制宜发展特色农业、农产品加工业或承接产业转移等方式，合理利用土地资源，提高土地经济产出。例如，部分城市利用当地丰富的农业资源，发展规模化、现代化农业产业园区，提高农业用地的附加值；或者通过优化营商环境，吸引外地企业入驻，盘活闲置土地，提升土地资产运营水平。

汕尾、黑河等 VI 级标杆城市，可能在特色产业挖掘、旅游资源开发等方面下功夫，实现土地资产的有效运营。比如，一些城市凭借独特的自然风光或历史文化资源，开发旅游项目，带动相关服务业发展，提升土地利用价值；或者通过发展特色手工业、边贸经济等，合理规划土地，提高土地经济贡献。

此外，福建省的多个城市在土地资产运营方面表现突出，这与福建省高度重视盘活利用低效土地密切相关。通过开展低效用地再开发试点工作，制定实施方案、认定标准和配套政策，累计盘活大量低效用地，提高了土地利用效率，为城市发展释放了更多空间，提升了土地资产运营的整体水平。

（二）固定资产优化聚焦效能提升和结构转型

天津作为 I 级城市中固定资产运营的唯一标杆城市，以高质量发展为引领，积极推进"两重""两新"投资项目的实施。通过大力保障重点项目建设，谋划发布大规模的市级重点项目清单，且社会资本投资占比较高，不仅扩大了有效投资，还提升了项目质量。在 2024 年，固定资产投资实现了同比增长，为城市发展注入了强劲动力，体现出在固定资产投资规划和实施方面的优势。

II 级城市单位面积固定资产存量最高的城市超过 III 级城市，成为单位面积固定资产存量最高的一级城市。这可能得益于技术进步等因素，使得 II

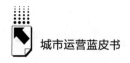

级城市在平均规模上能够更好地提高地均固定资产投资的效率，进而提高城市运营效率。例如郑州、合肥、西安等城市，可能在产业布局、城市规划等方面进行了优化，合理配置固定资产，促进了经济发展和城市建设的协同共进。

徐州、长春、洛阳、潍坊等 III 级城市作为固定资产适度超前的标杆，在城市发展过程中，通过合理规划固定资产投资，为城市的产业升级、基础设施建设等提供了有力支持。这些城市可能根据自身的产业特点和发展需求，精准投入固定资产，提升了城市的综合竞争力，推动了城市在经济、社会等多方面的发展。

威海等IV级城市在固定资产投资方面表现出色，成为标杆城市。可能是由于这些城市结合自身的资源优势和发展定位，合理安排固定资产投资方向和规模，提高了投资效益。例如威海，可能在海洋经济、旅游产业等方面加大固定资产投入，促进了相关产业的发展，提升了城市的经济实力和吸引力。

河南省有6座 V 级城市成为固定资产标杆城市，且固定资产投资成效显著延续至2024 年。其中民间投资增长较快，反映出市场对未来经济的乐观预期以及民间投资的积极性。这表明这些城市在优化投资环境、吸引民间资本等方面采取了有效措施，通过合理引导固定资产投资，推动了城市经济的发展，为其他低等级城市提供了借鉴。

拉萨、梧州等 VI 级城市作为固定资产适度超前的标杆，虽然城市等级较低，但通过合理规划和投资，在固定资产方面取得了一定的成绩。这些城市可能结合自身的特色和发展需求，如旅游资源开发、特色产业培育等，加大固定资产投入，提升了城市的发展水平，为同等级城市的发展提供了思路。

总体而言，这些标杆城市在固定资产投资与运营方面的成功经验，主要包括合理规划投资方向和规模、优化投资环境吸引社会资本、结合自身特色和发展需求精准投资等。通过这些措施，它们有效地提高了固定资产投资效率，促进了城市的经济发展和综合实力提升。

（三）生态资产运营呈现价值量化和产业转化的创新路径

北京作为中国最重视环境保护和绿色发展的城市之一，基于自身较高的综合发展水平，在绿色全要素生产率方面处于领先地位。北京积极推进绿色技术创新与应用，优化资源配置，提高经济发展中的绿色含量。在生态系统服务方面，尽管面临一定环境压力，但通过持续投入人工生态基础设施建设，如大力发展污水处理厂、推进海绵城市建设等，有效提升生态系统的稳定性与服务能力。同时，北京高度关注二氧化碳排放绩效，积极调整产业结构，推广清洁能源，以较少的碳排放和能源消耗创造更高经济效益，在生态资产运营的多个关键指标上表现优异。

I级城市中杭州在碳排放福利绩效和经济效益方面优势显著，综合碳排放绩效远超 I+级城市，是各级城市中碳排放效率最高的城市之一。这得益于杭州在产业发展过程中，注重绿色发展理念的深度融入。一方面，大力推动传统产业绿色转型，降低产业能耗与碳排放；另一方面，积极培育以数字经济为代表的新兴绿色产业，这些产业附加值高、能耗低。在城市规划与建设中，杭州也充分考虑生态因素，打造宜居宜业的生态环境，提升居民对生态产品和服务的满意度，实现生态效益、经济效益与社会效益的有机统一，展现出卓越的生态资产运营能力。

II级城市中合肥在生态资产运营方面表现突出，成为 II级城市中的标杆。合肥注重生态资产产出生态产品的效率与总量提升，算清生态家底。在绿色生产水平提升上，通过加大科技研发投入，推动产业向绿色化、智能化方向升级，提高绿色全要素生产率。同时，合肥积极响应国家生态文明建设号召，地方政府对绿色发展关注度较高，在政策制定与执行上，向生态保护与绿色发展倾斜。例如，在城市建设中加强生态空间规划，推进绿色基础设施建设，促进生态产品价值实现，为同等级城市生态资产运营提供了可借鉴的模式。

内蒙古有多座城市在 II级至 V级城市中成为生态资产运营的标杆，反映出内蒙古在生态文明建设方面的卓越成就。内蒙古拥有丰富多样的自然生

态系统，当地坚持综合施治，提升生态系统的多样性、稳定性与持续性。在产业发展上，完整、准确、全面贯彻新发展理念，坚定不移走生态优先、绿色发展之路。一方面，推进产业生态化，对传统工业、能源产业进行绿色改造，降低能耗与污染排放；另一方面，推动生态产业化，依托当地独特的生态资源，发展生态旅游、特色农牧业等绿色产业。此外，内蒙古还实施全面节约战略，推进碳达峰碳中和，通过一系列举措，有效提升生态资产运营水平，稳固我国北方重要生态安全屏障。

昆明、龙岩、十堰等不同等级城市，虽然发展基础与资源禀赋各异，但都在生态资产运营方面取得良好成效。这些城市普遍重视生态系统服务价值的提升，根据自身生态本底条件，合理规划生态空间，加强生态保护与修复。在绿色生产方面，通过技术创新与产业升级，提高资源利用效率，降低环境影响。同时，地方政府积极关注绿色发展，制定针对性政策，引导社会资本投入生态建设领域，促进生态产品价值转化，实现生态与经济的协调发展，为所在等级城市树立了生态资产运营的榜样。

四　盘活资产对策建议

当前我国城市资产盘活面临土地开发与产业脱节、固定资产效能衰减、生态价值转化不足等系统性挑战，基于标杆城市实践经验与问题症结，建议实施"城市资产焕新工程"，重点突破三大领域关键瓶颈。

（一）构建土地资产调控、防控、提升协同机制

建立土地效能动态评估机制，针对不同等级城市设定差异化地均 GDP 提升目标，对地均债务增速超过地均 GDP 增速 1.5 倍的城市实施债务限额管控，参考新增债务额度不得超过土地出让收入的 30%。在长三角、珠三角等地试点土地开发和债务平衡模型，当商办用地空置率超过阈值时自动冻结同类用地出让。

深化工业用地效能改革，建立产业用地全生命周期监管平台，要求企业

在土地出让合同中明确亩均税收、研发投入等约束性指标，对连续三年未达标的企业征收绩效调节金。在榆林、鄂尔多斯等资源型城市试点"能源用地转型基金"，将煤炭资源税收入按一定比例定向用于氢能、储能等新能源基础设施配套。

构建商办用地存量消化机制，对空置率超过30%的商务楼宇实施"功能置换"激励政策，允许将一部分的建筑面积转为保障性租赁住房并享受税费减免。在土地资产运营落后城市推行"以税定地"供应模式，新增商办用地出让需提供未来五年税收贡献承诺书，违约企业需补缴地价。允许地方政府托大存量基础设施REITs发行比例，引导募集资金用于低效用地再开发。

完善债务与土地产出联动机制，开发预警模型，当监测到地均债务/GDP比值超过阈值时，自动触发调控：暂停城投平台新增融资、上浮土地抵押贷款风险权重、强制实施存量资产证券化。

（二）引入多元主体，深化固定资产转型

建立区域固定资产协同配置机制，针对I级与I+级城市年均固定资产存量差距扩大的趋势，在长三角、京津冀等区域试点固定资产共享平台，允许存量设备利用率低于60%的企业（如机械制造、检测仪器等）跨区域出租闲置资产，租赁收入享受增值税即征即退优惠。引导II级城市提高新建工业项目设备投资占比，加快提升单位面积固定资产产出效率。

优化固定资产投资结构监管，引导新增固定资产重点投资中战略性新兴产业。建立固定资产效能动态评估模型，将亩均税收、能耗强度、专利产出等指标纳入全生命周期考核，对连续三年综合指数低于阈值的项目，强制启动资产重组或置换程序。在固定投资落后城市推行匹配度审计，要求基础设施投资与主导产业需求契合方可立项。

创新民间资本参与机制，参照河南省民间投资快速增长的经验，在全国推广"民投优选"清单制度，对民间资本主导的新基建、高端装备项目，给予土地出让价格折让和贷款贴息补助。建立固定资产证券化加速通道，允

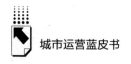

许天津市、郑州市等标杆城市将一定比例的存量资产打包发行基础设施REITs，募集资金定向用于数字化改造。针对过度超前城市，实施投资和债务挂钩管控，当固定资产投资增速超过GDP增速阈值时，自动触发债务限额缩减的熔断机制。

深化固定资产绿色转型，引导 V~VI 级城市降低新建工业项目碳强度。构建固定资产数字化孪生系统，尽快实现各地规上企业关键设备联网监测，通过 AI 算法优化设备利用率，尽快降低工业固定资产闲置率。最后，通过系统性政策组合，提升全国固定资产周转率，减少过度超前城市数量，将固定资产投资与 GDP 增速弹性系数稳定在合理区间。

（三）完善生态资产价值实现体系

建立生态产品价值转化激励机制，针对 VI 级城市人均生态系统服务价值百倍于 I+级城市但经济转化率不足的现状，试点"生态银行"运营模式，允许地方政府将森林碳汇、水土保持等生态服务打包发行 10 年期绿色债券，募集资金用于生态产业化项目，申请中央财政贴息支持。引导碳排放绩效排名靠后的城市实施"碳效对标"改造，试点阶梯式碳税，税收收入定向用于清洁能源替代。

深化生态资产产权制度改革，在生态家底丰厚地区推广"三权分置"模式，将生态资源所有权、经营权、收益权分离，允许社会资本通过特许经营方式开发国家公园边际土地用于生态旅游。进一步完善跨区域生态补偿机制，对京津冀、长三角等生态服务输入地区，计提生态补偿基金，重点支持生态输出城市发展林下经济、生物医药等绿色产业。

构建生态资产数字化管理平台，动态核算生态产品总值（GEP）并纳入国民经济核算体系。对绿色全要素生产率（GTFP）年增速超 3% 的城市，给予新增建设用地指标的奖励。在能耗双控向碳排放双控转型过程中，试点"碳资产质押"融资工具，允许企业以未来五年碳配额预期收益为担保获取低成本贷款。

强化政府绿色治理能力建设，将生态资产运营指标纳入党政考核体系，合理设计权重。建立生态产品价值实现智库网络，在标杆城市部署 GEP 核算工作站，培育生态资产评估师等新兴职业群体。

创新生态产业化发展路径，重点支持光伏治沙、氢能储能等融合项目。推广内蒙古"五个大起底"经验，在全国开展闲置生态资源清查，对闲置超过三年的生态保护红线外土地，允许转为环境友好型特许经营用地。通过系统性改革，加快提高全国生态产品价值转化率，缩小碳排放绩效区域差异。

B.6
中国城市运营服务民生领域
分析与展望（2024~2025）

国研经济研究院课题组*

摘　要：　我国城市教育和就业水平、城乡协调水平呈现出"两头好，中间弱"的特点。高行政级别城市和部分经济发达地区凭借政策、资源集聚及历史基础，在教育、就业和城乡协调方面成果显著，部分小城市因规模小、包袱轻，在政策和资金支持下也易取得成效，但处于中间等级的地级市在民生领域的改善程度有限。标杆城市通过制度创新、资源整合与精准施策，在教育就业、城乡协调、生态保护等方面形成了可复制的实践经验。建议在教育就业上，构建人才、资金跨区域协同机制；城乡协调方面，建立城乡收入增长动态平衡机制；生态保护领域，实施阶梯式节能减排考核，优化生态治理空间布局。

关键词：　服务民生　教育就业　城乡协调　生态保护

一　服务民生整体情况概述

分析我国296个地级以上城市发现，我国城市教育和就业水平、城乡协调水平都存在"一头一尾"较好，而中间等级城市改善程度相对有限的现象。

我国城市发展呈现出明显的层级化特征，高行政级别城市（如直辖市、省会城市）和部分经济发达地区凭借政策优势、资源集聚效应和历史基础，

---

*　执笔人：孙超然，国研经济研究院研究主管，主要研究领域为城市运营研究、区域经济发展研究等。

在教育、就业和城乡协调方面取得了显著成效。例如，北京、上海、深圳等一线城市凭借其强大的经济实力和政策支持，吸引了大量优质教育资源和高素质人才，形成了较为完善的教育体系和就业市场，同时在城乡协调发展方面也走在前列。另一方面，部分小城市由于规模较小、历史包袱较轻，在政策扶持和各级资金支持下，容易以较小的投入取得较大的成果。然而，处于中间等级的地级市，尤其是中西部地区的地级市，由于缺乏高行政级别城市的政策红利和资源集聚能力，同时又面临较大的发展压力和历史包袱，其在教育、就业和城乡协调方面的改善程度相对有限。

从教育水平来看，高行政级别城市和部分经济发达地区拥有更多的优质教育资源。据统计，北京、上海等一线城市的高等教育毛入学率超过70%，而中西部地区许多地级市的高等教育毛入学率不足50%。此外，一线城市的中小学教育资源也明显优于其他城市，无论是师资力量还是教育设施都处于领先地位。相比之下，中间等级城市的教育资源相对匮乏，尤其是在中西部地区，教育资源分布不均、质量参差不齐的问题较为突出。这种教育资源的不均衡直接影响了这些城市的人力资本积累和创新能力，进而制约了其经济发展和社会进步。

在就业水平方面，高行政级别城市和经济发达地区凭借其强大的经济活力和产业基础，提供了更多的就业机会和更高的收入水平。例如，北京、上海、深圳等城市的就业率常年保持在95%以上，而中西部地区许多地级市的就业率则低于90%。此外，一线城市的产业结构更加多元化，高端服务业和高新技术产业的比重较高，为高素质人才提供了更多的就业选择。而中间等级城市，尤其是中西部地区的地级市，产业结构相对单一，以传统制造业和资源型产业为主，就业机会有限，收入水平也相对较低。这种就业水平的差异进一步加剧了人才流失问题，使得中间等级城市在经济发展和城乡协调方面面临更大的挑战。

在城乡协调水平方面，高行政级别城市和经济发达地区凭借其较强的财政实力和政策支持，在城乡基础设施建设和公共服务均等化方面取得了显著成效。例如，北京、上海等城市的城乡收入差距较小，城乡基础设施和公共服务水平较为均衡。而中间等级城市，尤其是中西部地区的地级市，由于财

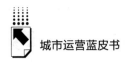

政能力有限，城乡基础设施建设和公共服务水平相对滞后，城乡收入差距较大，城乡协调发展面临较大压力。据统计，中西部地区许多地级市的城乡收入比超过 2.5，而北京、上海等城市的城乡收入比则低于 2.0。

造成这一现象的原因还在于，我国城市发展的政策导向和资源配置长期以来倾向于高行政级别城市和经济发达地区。例如，国家级的政策试点和重大项目往往优先布局在直辖市、省会城市和计划单列市，这些城市凭借政策优势吸引了大量的资金、技术和人才。而中间等级城市，尤其是中西部地区的城市，由于缺乏政策支持和资源集聚能力，发展动力相对不足。此外，中间等级城市在地方治理能力和创新能力方面也相对较弱，难以有效利用有限的资源推动教育、就业和城乡协调水平的提升。

二　服务民生指数评估结果

本研究围绕教育与就业、城乡协调和公共服务均等化以及生态和环保三大方面构建了相应的指标，重点关注各城市服务民生的支出效率和改善幅度。不同于"盘活资产"中的生态资产板块，生态和环保部分更多关注市容投入和绿化改善幅度、城市颗粒物排放改善幅度、城市用电用水利用效率等内容。经评估，三个方面 I+级各有一个标杆城市，Ⅱ级至 Ⅵ级每个方面各有三个标杆城市，广州市、南京市、无锡市、大连市、中山市、鞍山市 6 个城市在两方面同为标杆，而东莞市在三个方面都成为标杆，表现最为突出。

表 1　各级城市公共服务效率标杆城市

等级	教育与就业	城乡协调与基本公共服务均等	生态和环保
I+级	广州市	广州市	北京市
I 级	苏州市	南京市	重庆市
	杭州市	无锡市	天津市
	南京市	宁波市	无锡市

等级	教育与就业	城乡协调与基本公共服务均等	生态和环保
II 级	东莞市	福州市	佛山市
	泉州市	大连市	东莞市
	大连市	东莞市	沈阳市
III 级	泰州市	榆林市	长春市
	盐城市	惠州市	中山市
	中山市	台州市	漳州市
IV 级	湘潭市	曲靖市	衡阳市
	玉溪市	菏泽市	西宁市
	绵阳市	宁德市	上饶市
V 级	哈密市	内江市	忻州市
	六安市	双鸭山市	阳泉市
	鹤岗市	鹤岗市	张家口市
VI 级	吐鲁番市	资阳市	乌兰察布市
	林芝市	海东市	云浮市
	普洱市	临沧市	嘉峪关市

效率指标的关键在于投入产出的比例。标杆城市的评定标准关键在于单位支出的改善越多越好。从标杆城市的空间分布来看，I+级至 II 级中珠三角城市上榜 6 次，I 级城市中长三角城市优势突出，占据了 9 个标杆位置中的 7 个。

表 2　服务民生部分城市运营指标及评估方式

二级指标	二级指标细分	三级指标及其评估方式
教育与就业	教育	师生比/生均教育支出
	就业	万人新注册企业数量+调查失业率（逆向）+人均公共服务支出
城乡协调与基本公共服务均等	城乡协调	城乡居民可支配收入比改善率/人均一般公共预算支出
	基本公共服务均等	（万人拥有公交车数量改善率+千人拥有病床数量改善率）/市政公用设施建设固定资产投资额
生态和环保	生态	（PM2.5 年平均浓度改善率+建成区绿化覆盖率改善率）/市政公用设施建设固定资产投资额
	环保	（单位 GDP 耗水量改善率+单位 GDP 耗电量改善率+单位 GDP 碳排放量改善率）/市政公用设施建设固定资产投资额

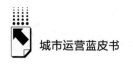

（一）珠三角城市群在教育与就业方面最为突出

本报告根据师生比、生均教育支出、调查失业率、万人新注册企业数量等指标，重点探讨了各级城市在教育和就业方面更为广义的效率指标。

长三角和珠三角城市群在 I+级至 III 级标杆城市中保持了强势地位，体现了发达地区中心城市在教师队伍建设、就业市场和创业环境方面的长期投入带来的正向回馈。而IV级至 VI 级标杆城市地域分布较广，较上年名单变化较大，仅克拉玛依市保持了标杆地位（可能与就业环境和创业环境变化有关）。

表3　教育和就业部分标杆城市

等级	标杆城市
I+级	广州市
I 级	苏州市、杭州市、南京市
II 级	东莞市、泉州市、大连市
III 级	泰州市、盐城市、中山市
IV 级	湘潭市、玉溪市、克拉玛依市
V 级	哈密市、六安市、鹤岗市
VI 级	吐鲁番市、林芝市、锦州市

从各城市群教育与就业领域整体效率打分情况可以看出，珠三角城市群的优势不仅体现在顶端的标杆城市，整体上也是我国教育与就业方面表现最突出的区域。而京津冀城市群，虽然有北京市、天津市这两座传统教育大市，但发展的均衡程度有待提高，在这一指标上落后于其他城市群的平均水平。

整体上，I+级城市在教育支出方面保持了巨大的优势，而 I 级至 VI 级城市并未拉出显著的差距。而在师生比方面，出现了两头高，中间低的现象，体现了 I+级城市财政方面的优势和教育资源的优势，也体现了国家对后发地区、后发城市在教育上的支持力度。其中，I+级城市生均支出和师生比均出现小幅下降，初步判断与近年来经济形势变化和疫情影响有关。

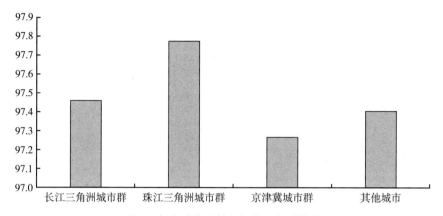

图1 部分城市群教育与就业领域效率

资料来源：国研经济研究院分析。

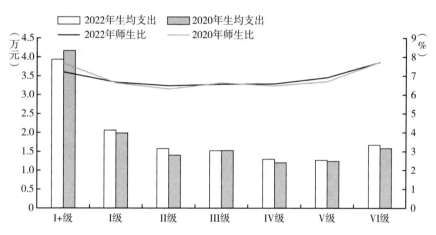

图2 各级城市生均支出和师生比变化

资料来源：国研经济研究院分析。

分城市群研究，长三角城市在教育支出方面领先珠三角城市，体现了长三角城市在综合实力均衡发展方面的优势。经过长三角一市三省教育部门协同努力，《长三角教育现代化指标体系（试行）》（教发函〔2021〕57号）已经由教育部印发，该指标体系包括了学习者全面发展、学校育人环境等6个共性一级指标和一市三省的教育特色指标，在"公共教育服务均等程度"

二级指标下设有"义务教育优质均衡发展水平"的监测点。另外，在"学习者全面发展"一级指标下设有"中小学生品德行为指数""大中小学学生劳动技能水平"等11个监测点。尤为难能可贵的是，在"教育影响力"一级指标下设有"区域教育协同发展水平"二级指标，并在该二级指标下设立了"中小学优质课程资源共享覆盖率""大中小学教师及管理人员交流人次"等4个监测点。这些都将为长三角义务教育优质均衡发展协同治理的探索提供实证支持和实践评估参考。①

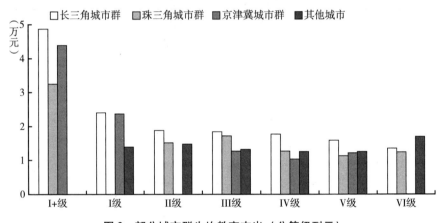

图3 部分城市群生均教育支出（分等级列示）

资料来源：国研经济研究院分析。

2021年广东省人民政府下发《关于印发广东省推动基础教育高质量发展行动方案的通知》（以下简称《通知》），明确力争用15年时间，解决广东省基础教育发展不均衡不充分问题，让每个孩子都能享有公平而有质量的教育。《通知》提到，建立全口径、全方位、融入式结对帮扶机制。珠三角6市与粤东粤西粤北15市（含肇庆、江门、惠州）结对，建立15对市级结对帮扶关系；珠三角地区各县（含东莞市、中山市的镇街）与粤东粤西粤北84县（含肇庆4个县、江门3个县、惠州3个

---

① 李宜江：《协同治理视域下长三角义务教育优质均衡发展研究》，《现代教育管理》2023年第3期，第18~28页。

县）结对，建立 84 对县级结对帮扶关系。结对帮扶工作期限为 2021~
2035 年，分三轮实施。在市、县两级结对帮扶的基础上，每个帮扶周期
内确定 1000 对左右的结对帮扶学校。《通知》提出，教师队伍结构进一
步优化，对珠三角地区和粤东粤西粤北地区从幼儿园到高中的任课老师
学历均提出了高要求。

从万人新增企业数量指标来看，I+级城市在创业、就业方面仍具有较
大的优势，而 I 级至 III 级城市并未拉开显著差距。VI 级城市的万人新增
企业数量指标远高于 V 级城市，也高于 IV 级城市，可能与 VI 级城市人口
流出有关。当然，这也反映出人口的自由流动对提升要素健康流动有益，
虽然不能提升后发地区承载就业的规模，但对改善后发区域就业环境能够
起到积极作用。

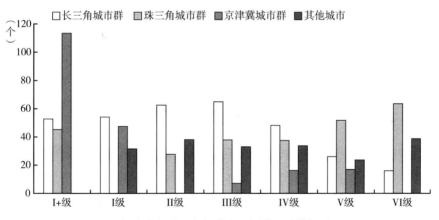

图 4 部分城市群万人新增企业数量（分等级列示）

资料来源：国研经济研究院分析。

（二）处于快速增长阶段的城市更应关注城乡协调发展

本节主要讨论不同等级城市间城乡居民收入差距、基本公共服务设
施的均衡化水平以及改善情况和改善效率。整体上，我国城市中"一头
一尾"即 I+级和 VI 级城市城乡协调发展改善效率高，而 I 级至 IV 级城市

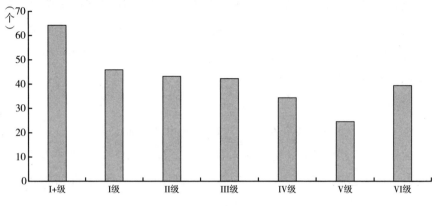

图5　各级城市万人新增企业数量

资料来源：国研经济研究院分析。

改善效率则相对偏低。各级城市呈现出这一结果的内在原因各不相同，Ⅰ+级城市相对来说已经进入较高的发展阶段，经过多年高速发展和不断积淀，城镇化水平高，城乡差距不断减小，基础设施、公共服务也已经发展到较高水平，新增人口的幅度相对稳定，公共服务的发展在整体上覆盖人口增长的基础上，服务水平仍在不断提高，逐步迈向运营驱动的良性循环。

对于大部分Ⅰ级、Ⅱ级城市来说，往往处在人口快速增长，投资驱动占主导的阶段，相比较高昂的一次性投入，改善效率就显得不突出了。Ⅲ级、Ⅳ级城市虽然缺少人口增长对公共服务供给的压力，但也面临更大的财政压力，举债谋发展的效率也难以与高等级城市相比较。对于低等级城市，尤其是处于尾部的Ⅵ级城市来说，仍处于投资即见效的阶段，重点考虑钱从哪儿来，公共服务的提升可否高效地促进地方发展良性循环，尤其考虑到低等级城市面临人口下降大趋势，投资仍需谨慎。

19个标杆城市中，高等级城市标杆主要集中在沿海发达城市，长三角城市包揽了Ⅰ级城市中的三个标杆，Ⅳ级至Ⅵ级标杆城市分布较广，云南省、四川省、黑龙江省各有两个城市入围标杆，其中网红城市鹤岗市成为Ⅴ级标杆城市，反映出鹤岗市因低房价走红网络，虽然存在很大的偶然成分，

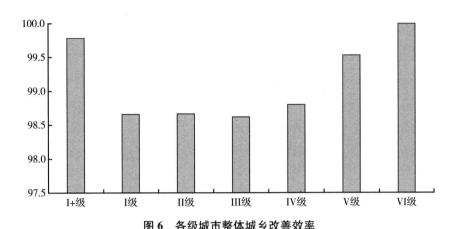

图6　各级城市整体城乡改善效率

资料来源：国研经济研究院分析。

但作为"逃离北上广深"的所谓"热门"选择，也确实体现出鹤岗市在同类同级城市中公共服务方面的比较优势。近年来鹤岗市为保民生做出巨大的努力，2021年12月底，鹤岗市启动财政重整计划，这是中国首个涉及财政重整的地级市。这一计划中，在压缩基本建设支出、压缩政府公用经费、取消公开招聘政府基层工作人员压缩新增人员的基础上，提出优先保障国家出台的教育、社保、医疗、卫生等重大支出政策。根据2023年鹤岗市政府工作报告，2022年鹤岗一般性支出压减4654万元，"三公"经费缩减12.5%。与此同时，将腾出资金用于保民生等。2023年鹤岗各级财政保基本民生、保工资、保运转支出约96.21亿元，占比达到82%。为提质增效，鹤岗市在区划编制上做文章，2022年相对2010年，鹤岗市辖区街道由32个减少到24个（黑龙江省民政厅仍按32街道计算，本报告将合署按撤并算），街道所辖社区由113个减少到53个，进一步减轻支出压力，一定程度上促进了城乡协调。

表4　城乡协调与基本公共服务均等部分标杆城市

等级	标杆城市
I+级	广州市

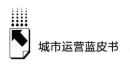
续表

等级	标杆城市
Ⅰ级	南京市、无锡市、宁波市
Ⅱ级	福州市、大连市、东莞市
Ⅲ级	榆林市、惠州市、台州市
Ⅳ级	曲靖市、菏泽市、宁德市
Ⅴ级	内江市、双鸭山市、鹤岗市
Ⅵ级	资阳市、海东市、临沧市

南京市、无锡市这两座江苏省Ⅰ级城市均成为同级标杆，根据《江苏省县域城乡融合发展：测度评价、障碍识别与数字驱动探析》一文研究发现：自2013年以来，江苏省县域城乡融合水平持续上升，苏南地区的融合水平最高。其中，数字技术尤其是乡村经济数字化对城乡融合的驱动作用最为明显，而数字化营销又是主要驱动路径。研究表明，应加强县域之间的交流与互动，重点支持数字技术在乡村经济领域的应用，培育以农村电商为代表的新型业态，助力县域城乡融合再上新台阶。[①]

分级研究可以看到，各级城乡收入差距依然巨大，2021~2022年，Ⅰ级至Ⅵ级城市农村居民收入增长超过城镇居民收入增长约2个百分点，意味着在我国广大的地域，城乡收入差距在不断缩小中，这是一个可喜的现象。但作为我国发展水平最高的Ⅰ+级城市，也是平均城乡居民收入最高的城市，城乡居民收入增长都低于其他等级城市，且农村居民收入同比增长仅为3.15%，远低于Ⅰ级至Ⅵ级城市的平均增幅6.55%，仅略高于城镇居民收入增长，Ⅰ+级城市仍需努力改善乡村就业环境，进一步缩小城乡居民收入差距。

在城乡差距改善效率方面Ⅱ级至Ⅵ级城市优于Ⅰ+级和Ⅰ级城市，主要是因为Ⅰ+级和Ⅰ级城市人才吸引力强，并非乡村不发展，相反Ⅰ+级和Ⅰ级城

---

① 代梦婷等：《江苏省县域城乡融合发展：测度评价、障碍识别与数字驱动探析》，《华中农业大学学报》2024年第6期。

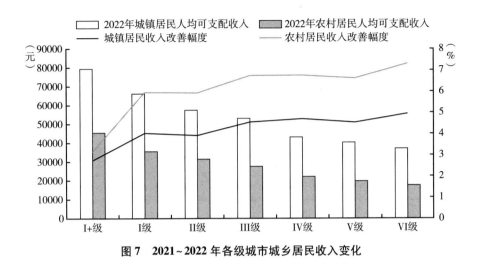

图7 2021~2022年各级城市城乡居民收入变化

资料来源：国研经济研究院分析。

市乡村部分的发展优于大部分低等级城市，但城镇居民收入提升快于乡村部分，导致城乡收入差距拉大。Ⅱ级至Ⅵ级城市在乡村振兴战略的引导下，乡村改善幅度大，成效好。

而在公共服务均等化方面，Ⅰ+级和Ⅵ级城市"一头一尾"优于其他等级城市。Ⅰ+级城市具有全国最好的公共服务水平，城市外溢乡村效率高，Ⅵ级城市底子薄，但同时投资改善效率高，是这一结果的主要原因。

2019~2022年，各级城市万人公交车指标与千人住院床位指标基本保持了平稳状态，万人公交车拥有量随着城市等级的下降同步减少的趋势明显，Ⅰ+级城市平均万人公交车约为12台，Ⅰ级及以下城市平均万人公交车均低于8台，数量上仍有较大的提升空间。当然随着新能源技术的不断成熟，公交车服务水平也在持续提高中。交通运输部也提出要提高万人城市公共汽电车保有量、空调车辆比例的要求。[①] 截至2023年底，

---

① 《交通运输部关于印发〈国家公交都市建设示范工程管理办法〉的通知》，中国政府网，https：//www.gov.cn/zhengce/zhengceku/2022-04/11/content_5684470.htm。

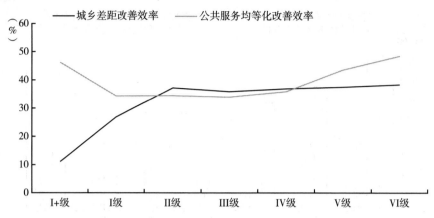

图 8　2022 年各级城市城乡差距改善效率和公共服务改善效率

资料来源：国研经济研究院分析。

我国公交车保有量达 68.25 万辆，其中新能源公交车 55.44 万辆，占比 81.2%。[①]

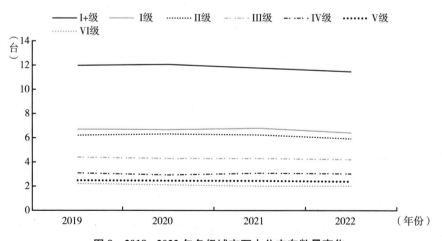

图 9　2019~2022 年各级城市万人公交车数量变化

资料来源：国研经济研究院分析。

---

① 《我国公交车保有量超 68 万辆》，中国政府网，https://www.gov.cn/lianbo/bumen/202407/content_6965303.htm。

各级城市千人住院床位指标平稳增长，各级城市指标接近，反映了近年来各级城市在医疗硬件水平均等化方面取得的巨大成就，其中Ⅰ级城市超过Ⅰ+级城市，领跑床位指标。但应该注意到，医疗指标不同于公共交通指标，软件的部分、人的部分的重要性占比很高，在补齐硬件短板之后，低等级城市如何更好吸引高水平医疗人才是解决医疗均等化的重中之重。

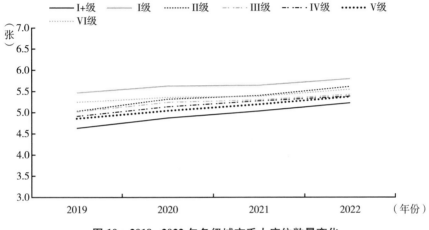

图10　2019~2022年各级城市千人床位数量变化

资料来源：国研经济研究院分析。

从道路面积增长可以看出，Ⅰ+级城市交通基础设施基础最好，已进入城市存量发展为主的阶段，道路面积增长有限，要更依托内涵式发展。整体上，随着城市等级的降低，交通基础设施的短板就越多，更需要大力提高道路面积，提升交通服务能力。其中，Ⅲ级城市内生发展动力不如高等级城市，而基础设施完善程度又优于低等级城市，道路面积的改善幅度较为有限。

（三）低等级城市在节能减排改善绿化方面有待改善

在新发展理念的指引下，我国各级城市高度重视生态环境的改善。生态环境的改善既与城市产业结构有关，也与自然环境本底条件相关。Ⅰ级至Ⅲ级标杆城市中有6个是南方城市，环境本底条件较好，入围的北方

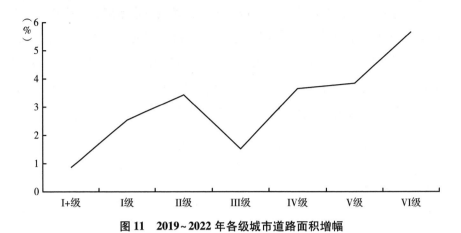

图11　2019~2022年各级城市道路面积增幅

资料来源：国研经济研究院分析。

城市之一天津市是一座沿海城市，更体现出沈阳市、长春市这两座东北老工业城市入围标杆的借鉴意义。低等级城市中，忻州市、阳泉市、张家口市、乌兰察布市这四座位于三北防护林范围内的城市入围标杆，体现了生态环境脆弱地区、生态安全重要地区生态环境建设的巨大成就和生态改善的巨大收获。

表5　生态和环保部分标杆城市

等级	标杆城市
Ⅰ级	武汉市、苏州市、天津市
Ⅱ级	佛山市、沈阳市、东莞市
Ⅲ级	长春市、中山市、漳州市
Ⅳ级	衡阳市、西宁市、上饶市
Ⅴ级	忻州市、阳泉市、张家口市
Ⅵ级	乌兰察布市、云浮市、牡丹江市

研究我国各级城市PM2.5数据的变化趋势发现，2019年以来，我国城市空气质量整体上不断改善，各级城市PM2.5均值均在稳步下降，体现了

我国在以人为本、绿色发展中取得的重大成就。其中I+级和Ⅵ级城市在空气质量基础和改善方面均领先于其他城市。

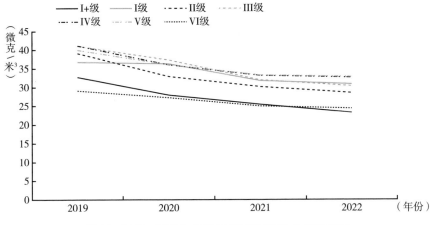

图12 2019~2022年各级城市平均PM2.5下降趋势

资料来源：国研经济研究院分析。

研究城市绿化改善发现，I级和V级城市绿化覆盖相近，均稳步提升，Ⅵ级城市公共服务和基础设施建设的基础较为薄弱，虽然提升显著，但仍与其他等级城市有较大差距。I+级城市平均绿化覆盖率小幅下降，回落到与I级至V级城市相近的程度，可能与I+级城市数量较少，小幅波动对平均数影响较大有关。

从单位GDP颗粒物排放、单位二氧化硫排放变化来看，I+级城市绿色发展基础最为突出，经济发展几乎不依赖工业排放，I级至Ⅳ级城市随着等级的下降，排放效率有所下降，但可以看出，I级至Ⅳ级城市在发展模式上有相似之处，工业或者说有排放压力的工业在经济发展中仍占据重要的地位。V级城市在单位GDP颗粒物排放上落后高等级城市较多，但在单位二氧化硫排放方面与高等级城市差距较小，体现出V级城市在工业排污效率方面落后幅度较小，而在绿色经济方面与高等级城市差距较大。Ⅵ级城市的改善幅度最大，但与高等级城市差异也最大，一方面应该持续提升工业污染治理水平，另一方面仍需探索后发城市或者小城市绿色发展的新模式。

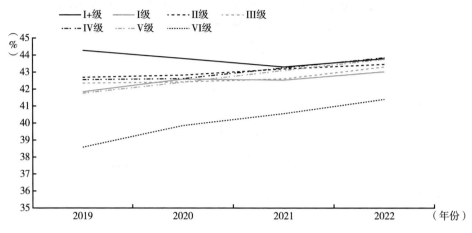

图13　2019～2022年各级城市平均绿化覆盖率变化趋势

资料来源：国研经济研究院分析。

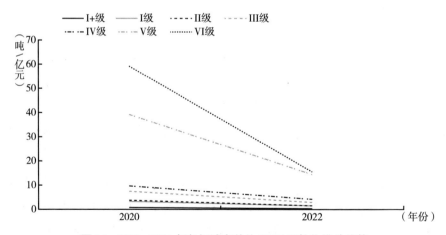

图14　2020～2022年各级城市单位GDP颗粒物排放趋势

资料来源：国研经济研究院分析。

在党中央国务院高度重视环境保护、重视节能减排的大背景下，我国各级城市生态环境改善均取得了显著的成效。其中，高等级城市依托自身较高的综合发展水平，更早地加大市政绿化投入、产业升级改造投入，在环境保护领域走在了全国各级城市的前列；低等级城市响应国家号召，近年来在环

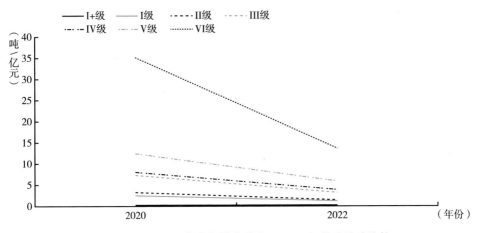

图15　2020~2022年各级城市单位GDP二氧化硫排放趋势

资料来源：国研经济研究院分析。

境改善方面取得了大幅进步，但应该认识到，低等级城市往往地方财力有限，在产业链、产业环节中处于非核心位置，虽然改善幅度很大，但在市政绿化、节能减排的绝对水平上，距离高等级城市仍有较大差距，未来仍需持续投入改善市政绿化水平，改善技术水平，推动产业转型升级，从而进一步缩小与先进城市的差距，补齐环境短板。

北京、上海、深圳等一线城市通过实施严格的环保政策、推广清洁能源和建设城市绿地，大幅降低了能源消耗和污染物排放，同时显著提升了城市绿化水平。相比之下，低等级城市尤其是中西部地区的城市，由于经济发展水平相对较低、财政能力有限、技术和管理水平不足，在节能减排和绿化建设方面面临较大困难。

从历史缘由来看，低等级城市在节能减排和绿化建设方面的滞后与我国区域发展的不平衡密切相关。长期以来，我国经济发展呈现出"东强西弱"的格局，东部沿海地区凭借其优越的地理位置和政策支持，率先实现了经济起飞，并在环境保护和生态建设方面积累了丰富经验。而中西部地区由于经济发展相对滞后，工业化和城市化水平较低，环境保护和生态建设的投入相对不足。此外，低等级城市在产业结构上往往以传统制造业和

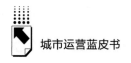

资源型产业为主，这些产业能源消耗大、污染物排放量大，进一步加剧了节能减排的压力。例如，中西部地区许多地级市的单位 GDP 能耗和污染物排放强度明显高于东部沿海地区，单位 GDP 能耗比全国平均水平高出 20%以上，部分城市甚至高出 50%以上。在污染物排放方面，中西部地区许多地级市的二氧化硫、氮氧化物和颗粒物排放强度也明显高于全国平均水平。与此同时，城市绿化水平与城市市政绿化投入高度相关，低等级城市绿地面积和人均公园绿地面积普遍低于高行政级别城市。中西部地区许多地级市的人均公园绿地面积不足 10 平方米，而北京、上海等城市的人均公园绿地面积则超过 15 平方米。

造成这一现象的原因还在于，低等级城市在节能减排和绿化建设方面面临多重制约因素。首先，低等级城市的财政能力有限，难以承担大规模的环保和生态建设投入。其次，低等级城市的技术和管理水平相对滞后，缺乏先进的节能减排技术和成熟的生态建设经验。例如，中西部地区许多地级市的工业企业在节能减排技术应用方面较为落后，城市绿化建设也缺乏科学规划和精细化管理。

三　服务民生标杆城市评估

中国城市在服务民生领域呈现差异化发展路径，标杆城市通过制度创新、资源整合与精准施策，在教育就业、城乡协调、生态保护等方面形成了可复制的实践经验。广州市、东莞市、南京市等城市通过优化资源配置、强化数字赋能、推动绿色转型，实现了民生服务效率与质量的显著提升，为破解区域发展不平衡难题提供了系统性解决方案。

（一）通过区域协同帮扶构建教育就业新生态

在教育与就业领域，不同城市群的标杆城市呈现出各自的特点与优势，积累了宝贵经验。I+级城市如广州，在教育支出和创业、就业方面优势巨大，体现出发达地区中心城市在教师队伍建设、就业市场和创业环境长期投入的成效。克拉玛依市在Ⅳ级至Ⅵ级标杆城市地域分布变化较大的情况下，仍保持标杆地位，其在教育与就业方面的独特发展模式值得研究，可能与当地稳定的就业环境和良好的创业氛围相关。

珠三角城市群：不仅拥有如广州这样处于顶端的Ⅰ+级标杆城市，在教育与就业整体表现上更是全国最为突出的区域。低等级城市在师生比方面具有比较优势，这得益于省内实施的综合协调策略。2021年广东省发布行动方案，建立全口径、全方位、融入式结对帮扶机制，珠三角城市与粤东粤西粤北城市结对，推动基础教育均衡发展，优化教师队伍结构，对各级教师学历提出高要求，促进了教育资源的合理配置。

长三角城市群：在教育支出上领先珠三角城市，彰显出其在综合实力均衡发展方面的长处。长三角一市三省教育部门协同努力，推动教育部印发《长三角教育现代化指标体系（试行）》。该体系涵盖学习者全面发展、学校育人环境等多个一级指标，以及公共教育服务均等程度、区域教育协同发展水平等二级指标与多个监测点，为长三角义务教育优质均衡发展协同治理提供实证支持与实践评估参考，有力促进了教育资源的均衡配置与质量提升。

（二）开源节流破解二元城乡结构

Ⅰ+级城市已步入较高发展阶段，城镇化水平高，城乡差距持续缩小。基础设施与公共服务达到较高水准，在新增人口相对稳定的情况下，公共服务发展不仅能覆盖人口增长，还能稳步提升服务水平，形成运营驱动的良性循环。不过，作为发展水平最高且平均城乡居民收入最高的城市等级，Ⅰ+级城市农村居民收入增长相对缓慢，需着力改善乡村就业环境，进一步缩小城乡居民收入差距。因其拥有全国顶尖的公共服务水平，城市向乡村的外溢效率高，在公共服务均等化方面表现出色。

Ⅰ级城市以江苏省的南京、无锡为例，这类城市的县域城乡融合水平持续上升，尤其在苏南地区表现突出。数字技术，特别是乡村经济数字化，对城乡融合起到关键驱动作用，数字化营销成为主要驱动路径。应继续加强县

域间交流互动，大力支持数字技术在乡村经济领域的应用，培育农村电商等新型业态，推动县域城乡融合迈向更高水平。但这类城市人才吸引力强，城镇居民收入提升速度快于乡村，导致城乡收入差距有所拉大，在城乡差距改善效率方面有待提升。

VI级城市虽处于低等级城市序列，但在特定方面具备优势。以鹤岗为例，因低房价走红网络，一定程度上体现出其在同类同级城市中的公共服务比较优势。为保民生，鹤岗启动财政重整计划，通过压缩基本建设支出、政府公用经费、新增人员等，优先保障教育、社保、医疗、卫生等重大民生支出。同时，在区划编制上进行调整，减少辖区街道和社区数量，减轻支出压力，促进城乡协调发展。由于底子薄，投资改善效率较高，在公共服务均等化方面取得较好效果。在乡村振兴战略引导下，乡村改善幅度大、成效好，城乡差距改善效率优于I+级和I级城市。

II级至V级城市在乡村振兴战略推动下，乡村改善成效显著，城乡差距改善效率良好。III级城市内生发展动力不及高等级城市，基础设施完善程度优于低等级城市，道路面积改善幅度有限；IV级城市虽无人口增长对公共服务供给的压力，但面临较大财政压力，举债谋发展的效率难与高等级城市相比。在公共服务硬件设施方面，各级城市万人公交车拥有量随城市级别下降而减少，仍有较大提升空间；千人住院床位指标平稳增长且各级城市指标接近，反映医疗硬件水平均等化成就显著，但低等级城市在吸引高水平医疗人才、提升医疗软件水平方面亟待加强。

（三）加大投入推动可持续发展模式

总体而言，高等级城市凭借自身优势在环保领域先行一步，取得较好成果；低等级城市虽响应号召在环境改善方面进步明显，但因地方财力有限、技术和管理水平不足、产业结构不合理等因素制约，在市政绿化、节能减排的绝对水平上与高等级城市差距较大，未来需持续投入改善技术水平、推动产业转型升级以缩小差距。

I+级城市综合发展水平高，在环境保护领域领先。较早加大市政绿化投入以及产业升级改造投入，通过实施严格环保政策、推广清洁能源、建设城市绿地等措施，显著降低能源消耗和污染物排放，提升城市绿化水平。经济发展几乎不依赖工业排放，绿色发展基础突出。但因城市数量较少，绿化覆盖率的小幅波动对平均数影响较大，可能出现平均绿化覆盖率小幅下降的情况。

I级至III级标杆城市中有较多南方城市，环境本底条件较好。部分北方城市如天津（沿海城市）、沈阳、长春（东北老工业城市）入围，具有借鉴意义。这类城市在发展模式上有相似之处，工业或者有排放压力的工业在经济发展中仍占重要地位。随着城市等级下降，单位GDP颗粒物排放、单位二氧化硫排放效率有所下降。绿化方面，I级城市绿化覆盖稳步提升，与V级城市绿化覆盖相近。

IV级城市如衡阳、西宁、上饶等，在发展模式上与I级至III级城市有一定相似性，工业在经济发展中占比较高，排放效率随城市等级下降有降低趋势。在空气质量改善方面，2019年以来PM2.5均值稳步下降，体现了绿色发展成就。

V级城市如忻州、阳泉、张家口等位于三北防护林范围内的城市入围标杆，体现了生态环境脆弱地区、生态安全重要地区生态环境建设的成就和收获。这些城市在单位GDP颗粒物排放上落后高等级城市较多，但单位二氧化硫排放方面与高等级城市差距较小，说明其工业排污效率方面落后幅度较小，而绿色经济方面与高等级城市差距较大。城市绿化覆盖稳步提升，与I级城市相近。

VI级城市如乌兰察布、云浮、牡丹江等在空气质量基础和改善方面领先部分其他等级城市，2019年以来PM2.5均值稳步下降。公共服务和基础设施建设基础薄弱，绿化提升显著但仍与其他城市有较大差距。在单位GDP颗粒物排放、单位二氧化硫排放方面改善幅度最大，但与高等级城市差异也最大，需持续提升工业污染治理水平，探索绿色发展新模式。

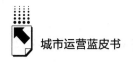

四 服务民生对策建议

当前我国民生服务领域面临教育资源结构性短板、城乡公共服务供给不均、生态治理效能仍需加强等问题，亟须构建民生服务新体系。基于标杆城市实践经验与问题症结，建议实施"民生服务提质增效工程"，重点突破三大领域关键瓶颈。

（一）构建人才、资金跨区域的协同机制

为完善我国教育就业体系，着力破解区域发展不均衡、资源配置不完善及就业创业活力不足等问题，建议学习长三角教育现代化指标体系经验，将"公共教育服务均等程度""区域教育协同发展水平"等核心指标纳入国家教育评估框架，依托"中小学优质课程资源共享覆盖率""教师交流人次"等监测维度，建立跨省域教育资源调度平台。在中西部省份建立优质课程资源共享机制，推动发达地区每年向欠发达地区输送骨干教师资源。

建议优化教育投入的动态调整机制，针对 I+级城市生均支出连续三年下降 0.8 个百分点、师生比降低 0.3 个点的趋势，建立经济波动与教育投入的弹性挂钩制度，完善教育财政支出增速与 GDP 增速的协同关系。对于 VI 级城市人口流动形成的师生比虚高现象，建议研究教师编制跨区域流转制度，允许编制随学生流动实现动态调配，同时加大职业教育专项投入，提高职业院校生均经费。

在就业创业领域，应构建梯度化扶持体系。针对 VI 级城市万人新增企业数量达 V 级城市 1.8 倍的现象，创新"飞地经济"政策工具，允许人口流出地区在流入地设立联合创业孵化基地，共享税收分成。建议建立省级一体化帮扶体系，建立跨省域的产业链和人才链对接平台，确保每年定向输送高水平技能人才。

强化基础教育与就业市场的衔接机制，提升中小学教师硕士学历占比。同步建立教师企业实践制度，量化考核职业技术院校教师的企业实践时长。

建议在京津冀等均衡度有待改善区域试点"教育就业景气指数"，形成区域协同发展的量化评估体系。

（二）提高技术水平、完善分配制度，推动城乡协调

为推进城乡协调发展，着力破解城乡居民收入增长不均衡、公共服务供给效率分化及基础设施动态适配不足等问题。建议建立城乡收入增长动态平衡机制，针对I+级城市农村居民收入增速放缓，"天花板"不够高的情况，实施都市圈乡村产业升级计划，推进数字经济、现代服务业与现代农业深度融合。试点乡村人才振兴专项基金，对返乡创业人才给予贷款优惠，并将都市圈内乡村土地增值收益按适度比例用于农民职业技能培训。对于中等级人口增长型城市，建立公共服务投入与人口增长的弹性挂钩机制，依据年度新增常住人口增幅，申请公共服务专项资金支持。

建议强化数字技术对城乡融合的驱动作用，推广江苏省县域数字化经验，在县域层面设立数字乡村建设引导基金，重点支持农村电商、智慧物流等新型业态。建立省级数字技术共享平台，将发达地区数字营销系统向中西部地区开放，提升特色农产品数字化营销覆盖度。针对VI级城市人口流出特征，创新"精准滴灌"式公共服务供给模式，建立基于人口流动大数据的基建动态调整系统，对年度人口流出超过阈值的城市，允许将部分基建预算转为柔性公共服务支出，重点发展远程医疗、在线教育等可迁移服务。

在交通基础设施领域，需实施分级补短板工程。建立新能源公交车辆购置补贴递增机制，对VI级城市给予车价补贴，并配套建设智慧公交调度系统。建议在III级城市试点存量道路效能提升计划，通过智能交通管理系统提升道路通行效率，减少超前建设带来的财政压力。医疗均等化方面，建立软硬件协同提升机制，推行三甲医院医生基层执业积分制度，引导副高以上职称医生增加基层医疗机构服务时长，并将其与职称晋升直接挂钩。

优化财政资源配置效能。借鉴鹤岗市财政重整经验，建立城乡协调发展

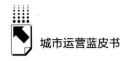

效能评估体系，将公共服务支出效率、基建投资乘数纳入政府绩效考核。对于人口持续流出的 VI 级城市，试点精准基建负面清单，严格限制高投资的非必要基建项目，转而将资金优先投向智慧社区改造、适老化设施等民生领域。在土地政策方面，探索建立城乡建设用地指标"动态银行"，允许 I+级城市通过购买 VI 级城市节余建设用地指标的方式，专项用于流出地公共服务质量提升。

（三）奖补结合，强化技术赋能的生态保护制度建设

为完善我国城市生态与环境保护体系，重点破解低等级城市产业结构性污染、生态修复资金缺口及技术能力不足等核心问题。实施阶梯式节能减排目标考核。对单位 GDP 颗粒物排放超过区域均值一定比例的城市，重点推行重点行业清洁生产改造。创新生态补偿与融资机制，在长江经济带、黄河流域试点"生态信用"制度，将企业节能减排成效转化为可交易的生态积分，允许跨区域流通。基于 VI 级城市单位 GDP 二氧化硫排放较 I+级城市高58%的现状，建议成立重点污染物跨区域治理基金，专项用于中西部城市工业脱硫设施升级。

强化技术赋能与能力建设，构建"东技西输"技术转移平台，将长三角、珠三角成熟的环境治理技术打包形成标准化解决方案，通过政府购买服务方式向中西部地级市开放。建立环保工程师驻点帮扶制度，引导东部环保科研院所派驻专业技术人员到中西部城市开展定向服务，并将其纳入职称评审优先条件。针对 V 级城市工业污染处理水平滞后问题，实施"一企一策"数字化改造计划，数据实时接入省级生态云平台。

建议优化生态治理空间布局，在重点区域实行 PM2.5 与臭氧协同管控的特别排放限值，对区域内城市实施煤炭消费总量弹性管控，允许用清洁能源替代量抵扣能耗指标。针对"三北"防护林区域城市，创新生态修复结合碳汇开发模式，将防护林养护投入按比例转化为碳汇预期收益权，探索林业碳汇质押融资渠道。同时建立城市生态体检制度，每年发布包含植被固碳量、生物多样性指数城市健康评估报告，作为财政转移支付的重要依据。

B.7
中国城市运营智慧治理领域
分析与展望（2024~2025）

国研经济研究院课题组*

摘　要： 在数字化技术驱动下，城市治理模式正发生深刻变革。但目前我国城市数字治理整体仍处于初级阶段，应用深度和广度有限。我国各级城市营商环境存在一定差距，城市品牌综合水平体现出随城市等级提升影响力同步提升的规律，数字政府服务能力则与城市发展阶段强相关。标杆城市通过数字技术赋能治理体系实现了政务服务效率、城市形象传播、市场主体活力的全面提升。针对我国城市治理存在的问题，建议运用大数据、云计算、区块链、人工智能等前沿技术推动城市营商环境、城市品牌、数字政府建设，推动城市治理体系和治理能力现代化。

关键词： 城市治理　数字赋能　营商环境　城市品牌

一　智慧治理整体情况概述

推进国家治理体系和治理能力现代化，必须抓好城市治理体系和治理能力现代化。在数字化技术的推动下，城市治理模式正在发生深刻变革。习近平总书记深刻指出："运用大数据、云计算、区块链、人工智能等前沿技术推动城市管理手段、管理模式、管理理念创新，从数字化到智能化再到智慧化，让城市更聪明一些、更智慧一些，是推动城市治理体系和治理能力现

---

* 执笔人：孙超然，国研经济研究院研究主管，主要研究领域为城市运营研究、区域经济发展研究等。

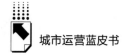

代化的必由之路，前景广阔。"① 这一重要要求，为城市运营提供了重要遵循。

我国城市化进程迅速推进，城市规模不断扩大，人口密度和经济活动高度集中，城市治理的复杂性和难度显著增加。传统的城市治理模式主要依赖人工管理和经验决策，难以应对如交通拥堵、环境污染、公共安全等日益复杂的城市问题。与此同时，新一代数字技术如大数据、人工智能、物联网、区块链等，正在全球范围内快速发展，为城市治理提供了新的工具和手段。然而，我国城市数字治理的整体水平仍处于初级阶段，数字技术的应用深度和广度有限，难以满足城市治理的现代化需求。

从城市数字治理的现状来看，我国地级以上城市在数字技术应用方面取得了一定进展，但整体水平参差不齐。截至 2024 年，我国已有超过 200 个地级以上城市启动了智慧城市建设，但在实际应用中，数字技术的使用多集中在政务服务和城市管理的基础领域，如电子政务、智慧交通、智慧安防等。北京、上海、深圳等一线城市在数字治理方面走在前列，通过建设城市大脑、智慧交通系统等，显著提升了城市治理的效率和水平。然而，许多低等级城市在数字技术应用方面仍处于起步阶段，数字基础设施薄弱，数据资源整合不足，难以实现跨部门、跨领域的数据共享和协同治理。例如，中西部地区许多地级市的政务数据平台尚未完全建成，数据孤岛现象较为普遍，导致城市治理的决策效率和服务水平相对较低。

数字治理涉及多个部门和领域，我国城市数字治理的体制机制尚未完全理顺，部门之间的协调机制不完善，容易出现管理职责不清、政策衔接不畅等问题。此外，城市数字治理的法律法规体系尚不健全，数据安全、隐私保护、数据共享等方面的法律法规亟待完善，导致数字治理的法律依据不足。例如，在城市数据共享和开放方面，许多城市缺乏统一的标准和规范，数据质量和安全性难以保障，限制了数字技术的深度应用。同时，城市数字治理的技术支撑体系也较为薄弱，许多城市在数据采集、存储、分析和应用方面

---

① 中共中央党史和文献研究院编《习近平关于城市工作论述摘编》，中央文献出版社，2023，第 114~115 页。

的技术能力不足，难以满足精细化治理的需求。

尽管面临诸多挑战，但新一代数字技术的应用潜力巨大，通过加强数字基础设施建设、推动数据资源整合、完善法律法规体系、提升技术能力和加强区域合作，我国城市数字治理水平有望显著提升，为城市治理现代化和可持续发展提供有力支撑。

二　智慧治理指数评估结果

纵观现有研究，因理论根基与学科视角各异，对于城市数字治理概念的界定也不尽相同。随着数字技术在城市治理场景中愈加深入、广泛地渗透，城市治理这一概念持续迭代、演进。关于城市数字治理模式，已有研究主要聚焦三个方面。一是更多强调大数据、人工智能在城市数字治理中的重要作用。二是突出城市数字治理中的精细化、精准化服务。城市精细化治理提倡"人民城市"、精准化服务、参与式治理与温度治理，而城市精细化治理绩效的有效发挥有赖于技术治理、制度变革和人本取向的融合发展，形成治理速度、深度和温度的统一。三是突出不同主体的协同治理。随着数字技术的应用与发展，城市数字治理正逐渐向强调多方协作、参与和互动的治理模式转变。①

基于上述研究，本报告从城市营商环境、品牌营造、数字政府三方面来衡量各级城市的智慧治理发展水平。

表1　智慧治理部分城市运营指标及其评估方式

一级指标	二级指标	三级指标
智慧治理	营商环境	知识产权纠纷结案数/当年专利授权量、开放程度[（FDI）、外贸依存度]、城市政府服务指数
	品牌营造	城市文化品牌影响力×城市旅游品牌影响力×品牌传播影响力
	数字政府	城市数据及信息化基础设施×城市政府数字服务能力×城市政府数字治理能力

---

① 李韬、尹帅航、冯贺霞：《城市数字治理理论前沿与实践进展——基于国外几种典型案例的分析》，《社会政策研究》2024年第3期，第24～37、132页。

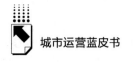

（一）营商环境标杆城市更有机会成为网红城市

营商环境涵盖了社会、经济、政治、法律等多维度影响企业活动的要素，牵一发而动全身，是关联经济社会改革、左右对外开放格局的庞大系统工程。一地营商环境的好坏，犹如风向标，直观反映招商引资的冷热，深刻影响区域内企业的经营状况，进而全方位作用于当地经济发展水平、财税收入规模以及社会就业态势。

从知识产权保护来看，I+级城市解决知识产权纠纷的能力和经验远远胜过其他等级的城市。在知识产权维权与GDP的关系上看出，I级、II级城市知识产权保护水平尚未能随经济发展同步提高，与I+级城市尚存在巨大的差距。从知识产权纠纷结案数与当年专利授权量的分等级变化相对平滑，体现了各级城市在创新保护的法治环境方面并未形成显著差距，差距体现在创新能力和水平上。

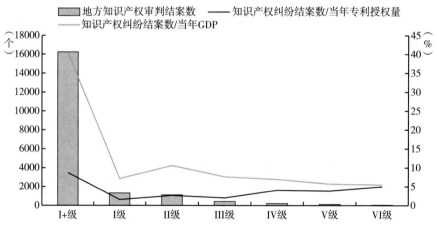

图1　2022年各级城市知识产权审批结案数据对比

资料来源：国研经济研究院分析。

对外开放方面，整体上城市等级越高，外贸依存度越高，外商直接投资越高。得益于区位优势和先发优势，沿海城市在对外贸易方面往往优于内陆城市，尤其是沿海VI级城市，外贸依存度超过了同级非沿海城市的5倍以上。而在外

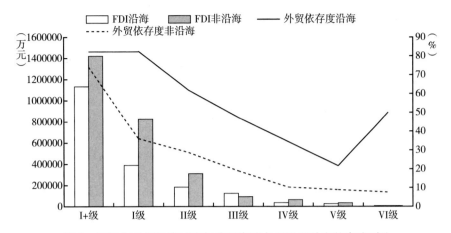

图 2　2022 年各级沿海城市与非沿海城市 FDI 和外贸依存度对比

资料来源：国研经济研究院分析。

商直接投资（FDI）方面，非沿海城市则体现出了比较优势，I+级至 III 级城市中非沿海城市平均获外商直接投资均超过了沿海城市，体现了内陆城市营商环境的巨大改善，一是硬件方面，多年的城市建设和交通基础设施投资，减少了非沿海市的交通物流成本劣势；二是高等级内陆城市自身在人才招引、产业环境、投资环境、政府效率等方面的巨大提升改善了营商环境软实力。

政府服务指数（透明指数、廉洁指数、关心指数）参考了《中国城市政商关系评价报告 2022》①的部分方法。可以看出，整体上城市等级越高，政府营商环境软实力越强。I 级城市谋发展的动力更强，地方政府在对企业关心指数方面超过了 I+级城市。这一点也体现在低等级城市中政府关心指数往往超过另两个指数，体现了各级政府谋发展的积极性。

营商环境标杆城市如下，其中 I+级城市中北京市因为在知识产权保护方面优势明显成为同级标杆，大连市、成都市、武汉市在几方面较为均衡，成为标杆。III 级城市中，因烧烤火遍全网的淄博市成为同级标杆，VI 级城市中因麻辣烫火遍全网的天水市成为同级标杆，体现出了淄博市、天水市火爆出圈一定程

---

① 聂辉华等：《中国城市政商关系评价报告 2022》，中国人民大学国家发展与战略研究院，2023。

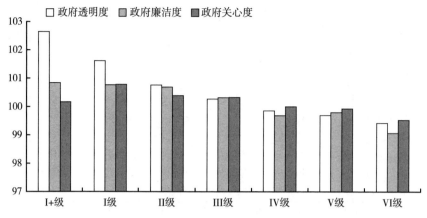

图3 2022年各级城市政府服务指数（标准化后）

资料来源：国研经济研究院分析。

度上受益于其在营商环境方面的比较优势。观察下表可以发现，整体上各级标杆都是网络知名度、美誉度相对较高的城市，体现了营商环境与城市品牌营造的强相关性。可以认为营商环境领域的标杆城市更有机会成为下一个网红城市。

表2 营商环境部分标杆城市

等级	标杆城市
I+级	北京市
I级	宁波市、成都市、武汉市
II级	大连市、泉州市、烟台市
III级	淄博市、金华市、嘉兴市
IV级	绵阳市、江门市、南平市
V级	商丘市、聊城市、邵阳市
VI级	酒泉市、天水市、丹东市

（二）城市品牌的综合水平与城市等级相关性最高

城市营销与品牌化是提升城市综合影响力、可持续竞争力的有效路径，也是城市治理体系和治理能力现代化的重要领域。中国城市营销与品牌化进程与城市化加速发展的进程同步，在提升城市竞争力、优化城市宜居环境、促进区域协调发展乃至支撑国家形象方面都发挥了积极的作用。[①]

本研究参考《中国城市品牌影响力报告》指标体系设计，从城市文化品牌影响力、城市旅游品牌影响力、品牌传播影响力三方面出发，综合研判各地城市品牌打造成效与特点。通过测算发现，城市品牌的综合水平与城市等级相关性最高，体现出随城市等级提升影响力同步提升的规律，而与城市所处的地理位置、所处城市群关联度不高。

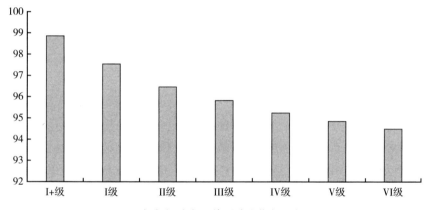

图4　2022年各级城市品牌影响力指数（标准化后）

资料来源：国研经济研究院分析。

从三个指标维度分项来看，I+级城市品牌传播影响力指数更为突出，而I级至VI级城市三项指标较为均衡。换言之，低等级城市与高等级城市在传播影响力上的差距更大，而在旅游影响力方面差距相对较小。可以认为，低等级城市依托自身资源，从旅游入手提升城市品牌影响力是相对可行的发展路径。

城市品牌标杆如下，I+级至III级标杆城市均是历史积淀厚重、互联网线上热度很高的网红城市，其中值得注意的是，洛阳市是I+级至III级标杆城市中唯一的非省会城市、非计划单列市，体现了"十三朝古都"的历史

---

① 刘彦平等：《中国城市品牌影响力报告（2021）：助力构建新发展格局》，中国社会科学出版社，2022。

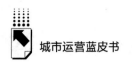

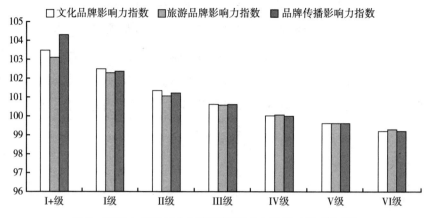

图5　2022年各级城市三项品牌影响力指标（标准化后）

资料来源：国研经济研究院分析。

底蕴。Ⅳ级至Ⅵ级标杆城市包括了海口市、桂林市、大同市、三亚市、黄山市这样的全国知名旅游城市，体现了旅游品牌对城市品牌的整体加成。

表3　城市品牌部分标杆城市

等级	标杆城市
Ⅰ+级	北京市
Ⅰ级	杭州市、重庆市、成都市
Ⅱ级	西安市、长沙市、青岛市
Ⅲ级	昆明市、洛阳市、哈尔滨市
Ⅳ级	兰州市、海口市、保定市
Ⅴ级	吉林市、桂林市、大同市
Ⅵ级	三亚市、黄山市、安康市

　　网红城市洛阳热力十足，2024年"五一"假期，洛阳市共接待游客683.87万人次，旅游总收入59.57亿元，同比分别增长7.41%和13.71%。洛阳市文化广电和旅游局领导表示："在关注下一个网红城市是哪里的同时，更应认真总结经验，探讨网红城市背后的流量密码，努

力实现'流量变留量''网红变长红'，这是推动城市文旅高质量发展的根本路径。"①

（三）数字政府服务能力与城市发展阶段强相关

推进城市治理体系和治理能力现代化，数字化转型是关键路径。本研究从城市数据及信息化基础设施、城市政府数字服务能力、城市政府数字治理能力三个维度展开数字政府指标评价。综合三个维度观察，我国城市呈现出标准的等级越高数字政府服务能力越强的特征，数字政府服务能力与城市发展阶段强相关。

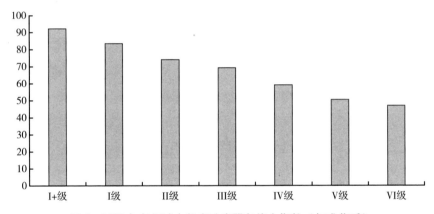

图6　2022年各级城市数字政府服务能力指数（标准化后）

资料来源：国研经济研究院分析。

从三个维度细分来看，I+级城市三项能力最为均衡，Ⅱ级及以下城市数据及信息化基础设施发展对比高等级城市差距较小，政府数字服务能力仍有进步空间。体现了基础设施硬件先行、软件相对滞后的现实国情。

数字政府标杆城市如下，深圳市成为数字政府指数中得分最高的城市。近年来，深圳高标准布局智慧城市和数字政府建设，推出一系列应用场景，

---

① 《文旅融合满城景　城市品牌活力增》，《中国城市报》2024年5月13日。

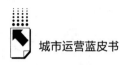

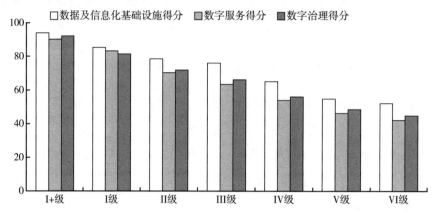

图7　2022年各级城市数字政府服务能力三个维度指标

资料来源：国研经济研究院分析。

驱动城市向"数治""智治"转变。III级城市中，贵阳市、呼和浩特市这一南一北两座重要的数据中心城市成为同级标杆。

表4　数字政府部分标杆城市

等级	标杆城市
I+级	深圳市
I级	杭州市、成都市、无锡市
II级	烟台市、济南市、郑州市
III级	贵阳市、潍坊市、呼和浩特市
IV级	绵阳市、连云港市、威海市
V级	铜陵市、开封市、拉萨市
VI级	齐齐哈尔市、牡丹江市、汕尾市

三　智慧治理标杆城市评估

中国城市在智慧治理领域通过创新实践，在营商环境优化、城市品牌塑造、数字政府建设等方面形成了可复制的标杆经验。深圳市、杭州市、洛阳市等城市通过数字技术赋能治理体系，实现了政务服务效率、城市形象传播、市场主体活力的全面提升，为破解传统治理难题提供了系统性解决方案。

（一）构建城市亲商生态环境

I+级城市中北京在知识产权保护方面优势显著，凭借丰富的资源、顶尖的法律人才和完善的司法体系，在解决知识产权纠纷上能力卓越。面对复杂的知识产权案件，能够高效、公正地裁决，为创新企业提供坚实的法律后盾。这不仅吸引了大量创新型企业入驻，更激励企业持续投入研发，促进产业升级。例如，众多高新技术企业在北京设立研发中心，正是看中其强大的知识产权保护力度，让企业的创新成果得到充分保障，进而推动北京在科技创新领域持续领跑。

I级城市以宁波为例，宁波市民营经济经营主体数量持续增长。构建涉企矛盾纠纷化解实体平台，提供优质法律政策咨询，投诉回访满意度极高，极大增强了企业信心。在创业创新方面，率先完成产业地图综合治理平台"亩均评价"建设，创新运用多种科创融资金融工具，激发企业创新活力。在贸易便利化上，出台系列措施，首创跨境电商出口前置仓监管新模式，显著提升贸易效率，吸引大量外贸企业集聚，全方位提升城市营商环境竞争力。成都和武汉则在政府服务、产业配套等方面各有建树，成都凭借高效的政务服务流程和丰富的产业生态，吸引众多企业西部布局；武汉依托高校科研资源和交通枢纽优势，在人才引进、创新转化等方面为企业提供有力支持。

II级城市中大连、泉州、烟台在营商环境建设上注重综合施策。大连利用沿海开放优势，不断优化口岸营商环境，提升贸易便利化水平，同时加强产业园区建设，完善配套服务，吸引了众多外资企业。泉州作为民营经济发达地区，政府积极扶持民营企业发展，在金融支持、政策引导等方面持续发力，打造了良好的民营经济发展生态。烟台则在传统产业转型升级和新兴产业培育方面双管齐下，通过优化营商环境，吸引了大量优质项目落地，推动

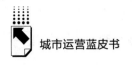

城市经济高质量发展。

III级城市中淄博因烧烤火爆出圈，背后是其良好营商环境的支撑。淄博市政府在城市管理、服务游客与商家等方面展现出高效与贴心。在烧烤热潮中，迅速规范市场秩序，保障食品安全，优化公共交通，提升城市环境，为商家和游客提供优质体验。同时，积极宣传城市文化，打造城市品牌，吸引大量游客和投资，充分展示了良好营商环境对城市知名度和经济发展的强大推动作用，让淄博从一座传统工业城市转型为热门旅游与投资目的地。

VI级城市中天水因麻辣烫火遍全网，同样受益于良好营商环境。当地政府积极引导餐饮行业规范发展，保护地方特色美食品牌，同时在城市环境营造、旅游设施建设等方面加大投入。通过提升城市形象和服务水平，吸引游客前来品尝美食、旅游消费，带动相关产业发展，提升城市经济活力，体现了即使低等级城市，也能通过优化营商环境，挖掘特色产业潜力，实现城市的快速发展与知名度提升。

（二）构建文化赋能和数字传播双轮驱动模式

北京在I+级城市中品牌传播影响力指数极为突出。其深厚的历史文化底蕴、作为国家政治中心和国际交往中心的地位，赋予了它源源不断的话题热度。在品牌传播上，北京借助各类国家级媒体平台、国际大型活动以及丰富的文化资源，如故宫、长城等世界文化遗产，广泛且深入地向全球传播城市形象。无论是重大政治会议、国际赛事，还是文艺演出、学术交流，北京都能吸引全球目光，将城市的多元魅力传递出去，让"北京"这一城市品牌成为中国乃至世界的焦点，极大提升了城市的综合影响力与可持续竞争力。

I级城市里，杭州以其优美的自然景观、发达的互联网经济和丰富的历史文化，如西湖文化、良渚文化等，塑造了独特的城市品牌形象。在品牌打造过程中，通过举办如G20峰会等国际盛会，以及阿里巴巴等互联网巨头的全球影响力，将杭州的"创新活力之城"与"人间天堂"形象推向世界。重庆凭借独特的山城地貌、丰富的美食文化（如火锅）和火爆的夜景，借助短视频等新媒体平台迅速走红，成为热门旅游打卡地，极大提升了城市旅游品牌影响力，同时在城市建设、科技创新等方面的发展也助力整体品牌传播。成都则以休闲的城市氛围、熊猫文化以及繁荣的商业，吸引了大量游客与人才，通过宣传城市的宜居宜业属性，全方位打造城市品牌，在文化、旅游与品牌传播上协同发力，提升城市综合影响力。

Ⅱ级城市中西安作为"十三朝古都"，历史文化底蕴深厚，兵马俑、古城墙等历史遗迹举世闻名。西安通过举办各类文化活动，如西安城墙国际马拉松赛，以及开发历史文化主题旅游产品，将历史文化与现代旅游相结合，提升城市文化与旅游品牌影响力，同时利用新媒体进行广泛传播，吸引大量游客。长沙以其独特的娱乐文化，如湖南卫视的节目影响力，以及丰富的美食文化，打造"娱乐之都"与"美食之都"形象，在城市品牌传播上极具特色，吸引了大量年轻群体关注，提升城市活力与品牌知名度。青岛凭借美丽的海滨风光、国际啤酒节等特色活动，塑造了"海滨名城"与"啤酒之城"的品牌形象，通过举办国际赛事、开展对外文化交流等活动，提升城市在国内外的影响力。

Ⅲ级城市以洛阳为例，作为"十三朝古都"，洛阳拥有龙门石窟、白马寺等丰富的历史文化资源。近年来，洛阳通过创新文化传播方式，如举办隋唐洛阳城国风穿越节等活动，利用新媒体平台进行宣传推广，成功吸引大量游客，实现"流量变留量"。2024年"五一"假期，洛阳旅游数据亮眼。在品牌打造中，洛阳深度挖掘历史文化内涵，将传统文化与现代旅游、娱乐相结合，提升城市文化与旅游品牌影响力，在非省会、非计划单列市中脱颖而出。昆明凭借宜人的气候、丰富的自然景观和民族文化，打造"春城"与"民族文化之都"品牌，通过举办各类花卉展览、民族文化活动，提升城市知名度。哈尔滨以冰雪文化为特色，打造"冰城"品牌，通过举办国际冰雪节等活动，吸引国内外游客，提升城市旅游品牌影响力。

Ⅳ级至Ⅵ级城市中海口、桂林、三亚等城市依托优质的旅游资源提升城市品牌影响力。海口凭借热带海滨风光、丰富的海岛文化，打造热带旅游度假胜地形象。桂林以"桂林山水甲天下"的独特自然风光，成为国内外

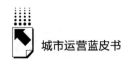
知名的旅游目的地，通过加强旅游基础设施建设、提升旅游服务质量，强化旅游品牌形象。三亚以其美丽的海滩、温暖的气候，吸引大量游客前来度假，通过举办各类高端旅游活动、国际赛事，提升城市在全球旅游市场的知名度，利用旅游品牌的加成效应，带动城市整体品牌影响力提升。

（三）打造数字政府治理新模式

I+级城市中深圳在数字政府建设领域成绩斐然，高标准布局智慧城市和数字政府建设。一方面，持续加大对数据及信息化基础设施的投入，构建起高速、稳定、安全的信息网络，为数字政府各项服务和治理功能的实现奠定坚实基础。另一方面，积极推动政务服务流程再造，推出众多实用的应用场景。例如，通过"i深圳"App，将社保、医保、公积金等各类政务服务事项整合到移动端，实现"一网通办""指尖办理"，极大提高了政府数字服务能力。在数字治理方面，利用大数据、人工智能等技术对城市交通、环境、安全等进行实时监测与智能调控，推动城市向"数治""智治"转变，全方位提升城市治理体系和治理能力现代化水平。

I级城市中杭州依托发达的数字经济产业优势，深度推进数字政府建设。在数据及信息化基础设施建设上，不断优化升级，确保信息流通高效。在政府数字服务能力提升方面，以"最多跑一次"改革为牵引，简化政务服务流程，实现线上线下融合，让企业和群众办事更加便捷。例如，企业开办通过"一网通办"平台，最快可实现当天办结。在数字治理上，运用城市大脑等创新平台，对城市运行数据进行整合分析，实现精准治理。成都则结合自身特色，在数字政府建设中注重民生服务。通过打造一体化政务服务平台，整合各类民生服务事项，提供个性化服务。同时，利用数字技术加强城市管理，提升城市运行效率。无锡积极推进数字基础设施建设，加快5G网络覆盖。在政府数字服务方面，优化营商环境服务平台，为企业提供一站式服务。在数字治理领域，运用物联网、大数据等技术加强生态环境监测与治理，提升城市治理精细化水平。

Ⅱ级城市中烟台在数字政府建设中，重视数据及信息化基础设施建设，为数字政府发展筑牢根基。在政府数字服务能力提升上，优化政务服务大厅功能，推进政务服务事项网上办理，提高服务效率。例如，通过"爱山东·烟台一手通"App，实现多项便民服务事项"掌上办"。济南以打造"数字先锋城市"为目标，大力推进数字政府建设。在基础设施建设方面，加快新型智慧城市基础设施建设。在政府数字服务上，推出"泉城办"App，实现政务服务"指尖办"，并不断拓展服务事项。在数字治理方面，利用大数据提升城市交通、应急管理等领域的治理能力。郑州在数字政府建设中，加强数据资源整合共享，推动政务服务数字化转型。通过建设一体化政务服务平台，实现政务服务事项"一网通办"，提高政府数字服务能力。同时，利用数字技术加强城市规划、建设与管理，提升城市治理水平。

Ⅲ级城市中贵阳作为重要的数据中心城市，在数字政府建设中充分发挥数据资源优势。在数据及信息化基础设施方面，拥有先进的数据存储和处理设施。在政府数字服务能力提升上，通过打造"贵人服务"品牌，优化营商环境，提供高效便捷的政务服务。例如，企业办事通过线上平台可实现快速审批。在数字治理方面，利用大数据对城市运行进行监测分析，提升城市治理的科学性。潍坊在数字政府建设中，加强数字基础设施建设，推进政务服务信息化。通过"潍事通"App，实现众多便民服务事项的在线办理，提高政府数字服务能力。同时，运用数字技术加强城市管理，提升城市运行效率。呼和浩特同样依托数据中心建设优势，在数字政府建设上发力。在数据及信息化基础设施建设上不断完善，在政府数字服务方面，优化政务服务流程，实现更多事项网上办理，提升服务水平。在数字治理领域，利用数字技术提升城市公共服务和管理能力。

Ⅳ级至Ⅵ级城市中绵阳在数字政府建设中，逐步完善数据及信息化基础设施，提升政府数字服务能力。通过建设政务服务平台，实现部分政务服务事项网上办理，方便群众办事。同时，利用数字技术加强城市管理，提升城市治理水平。连云港在数字政府建设中，注重基础设施建设与服务能力提升相结合。通过打造"我的连云港"App，整合各类政务服务和便民服务，提高政府数字服务能力。在数字治理方面，运用数字技术加强港口管理、城

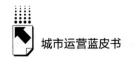

市交通管理等。齐齐哈尔在数字政府建设中，不断加强数字基础设施建设，推进政务服务数字化。通过线上政务服务平台，提高政府办事效率，提升政府数字服务能力，为群众和企业提供更好的服务。

四　智慧治理对策建议

（一）加大治理体系建设，推动城市营商环境全面提升

为重点破解知识产权保护梯度过大、区域开放能级失衡及政务服务效能分化等现实问题，建议建立跨区域知识产权协同保护机制，依托 I+ 级城市知识产权纠纷处理能力，在京津冀、长三角等区域试点知识产权案件异地审理中心，实现专家库、判例库、监测数据三网互通，并设立知识产权快速维权补偿基金，对中小微企业维权给予补贴。针对 I 级城市每亿元 GDP 专利授权量不足 I+ 级城市的一半，在 I 级城市实施专利质量提升专项行动，进一步加大研发投入，对发明专利授权企业给予奖励。

基于非沿海 I 级至 III 级城市 FDI 超过同级沿海城市 12% 的比较优势，设立内陆开放枢纽建设基金，大力支持中西部城市打造"空铁水公"多式联运体系，进一步压缩物流成本。在跨境贸易领域推广"前置仓监管"模式，允许内陆城市在沿海口岸设立联合监管区，实现出口货物"一次查验、全域通行"。建立外资企业全生命周期服务平台，对外商投资亿元以上项目实行"7×24 小时"跨部门协同服务，进一步压缩审批时间。

构建营商大脑智能监测系统，整合企业开办、施工许可、信贷获取等核心指标实时预警。借鉴宁波涉企纠纷化解经验，建立省级营商环境投诉响应平台，实行接诉即办、未诉先办机制，对办结效率前列的城市给予年度财政奖励。实施政府服务指数提升工程，并建立政务服务负面清单动态调整机制，清理废止冗余审批事项。

强化区域营商环境协同发展，组织沿海发达城市与中西部城市结对共享招商网络、信用体系和监管标准。针对 VI 级城市市场主体培育不足

的短板，实施小微主体孵化计划，对新注册个体工商户给予优惠政策，并设立普惠金融风险补偿基金。创新城市品牌与营商环境联动机制，将"网红城市"美誉度指数纳入营商环境评价体系。

（二）构建差异化、多维度的品牌培育机制

为完善我国城市品牌建设体系，重点破解城市品牌能级分化、传播效能不足及文旅转化率偏低等问题，建议实施品牌传播赋能工程，针对低等级城市品牌传播影响力指数不足I+级城市一半的现状，建立省级数字营销共享平台，定向扶持"一城一IP"数字形象打造，降低中小城市传播成本、提升触达效率。对入选国家级非遗项目的城市给予文旅基础设施建设扶持。

建议构建品牌梯度培育体系，针对I+级城市文化品牌指数超VI级城市2.8倍的巨大优势，支持在超大城市建设国际级文化地标，同步建立海外社交媒体矩阵，实现文化内容广泛输出。对于IV~VI级旅游特色城市，推行"景城一体"开发模式，将游客人均消费增长指标纳入政府考核体系。创新虚拟品牌资产开发机制，支持历史名城发行数字藏品，用文物数字化收益反哺实体文物保护。

强化区域品牌协同联动，建立跨城市品牌要素交易市场，允许文化IP、传播渠道等资源跨区域置换。针对非省会标杆城市品牌建设需求，给予文旅营销预算配套补贴。建立品牌长效运维机制，将网络正面声量、游客重游率、文化产品出口额等指标纳入城市品牌健康度监测。

（三）构建分层赋能、跨域协同的数字化转型框架

为完善我国数字政府建设体系，重点破解区域数字治理能力不均、政务数据要素流通不畅及基层数字服务效能不足等问题，建议实施数字基建均衡工程，针对II级及以下城市数字服务能力缺口，设立新基建专项基金，重点支持中西部城市构建"云—边—端"协同计算架构，加快实现政务云全覆盖。针对低等级城市政务数据共享率不足，建议设立全国统一的数据要素流

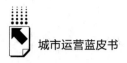

通交易平台，制定政务数据分类分级标准，对完成数据资产入表的城市给予年度奖励。

建议深化"一网通办"改革升级，试点跨省通办智能导办系统，集成AI审批预审、区块链存证等功能，压缩高频事项办理时限。针对Ⅳ～Ⅵ级城市数字治理短板，推行"数字孪生城市"建设补贴政策，加快城市运营数字体征监测系统建设。借鉴深圳"千项指标+百个场景"经验，制定《数字政府场景化应用建设指南》，引导地级市每年加大智慧治理应用场景建设力度，并将场景使用效率纳入政府绩效考核。

强化数字治理人才支撑体系，实施"东数西训"人才培养计划，组织东部数字政府标杆城市为西部培训数字化专员。建立"数字公务员"认证制度，加大政务部门数字化专业人才占比。针对数据中心城市特点，在贵阳、呼和浩特等节点城市设立政务算力调度中心，构建"东数西算"政务算力网络，实现跨区域算力资源弹性调配，降低低等级城市算力使用成本。

创新数字政府建设融资机制，试点发行智慧政务专项债券，允许将数字政府建设项目未来五年预期降本收益作为偿债来源。建立数字政府建设效能评估体系，将政务数据调用频次、系统间接口开放度等指标纳入评估，对年度进步幅度前列的城市给予奖励。推动政务App生态整合，减少省域内政务App数量，推动省内政务一端通办。

案例篇 ▷

B.8
优化要素案例分析与启示

国研经济研究院课题组*

摘　要：　本报告通过多个案例深入剖析城市运营中优化要素的成功实践，并总结出具有普适性的经验启示。武汉"3551人才计划"通过推行人才"注册制"、积分认定等举措，吸引大量创新创业人才，提升区域创新能力；广州低空经济产业基金采用"母基金+子基金+直投"策略，推动低空经济产业发展；安徽科技大市场构建"政产学研用金"六位一体模式，促进科技成果转化；常山县"两山银行"借助数字赋能盘活生态资源，实现生态价值转化与共同富裕；郑州市深化产业工人队伍建设改革，提升工人技能，推动企业创新发展；苏州"产业大脑"建设整合产业数据，助力产业集聚升级。这些案例从不同角度展示了优化要素配置的有效路径，为城市发展提供了宝贵经验。首先，应优先为科技创新提供要素保障，加速多元化创新主

* 执笔人：姚莲芳，经济学博士，国研经济研究院总经济师，主要研究领域为城市发展战略研究、产业转型升级研究、经济形势分析、新型能源发展研究等；操玲姣，武汉市社会科学院区域经济研究所副研究员，经济学博士，主要研究领域为区域经济发展、产业转型升级、消费经济研究等。

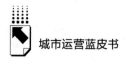

体集聚，构建协同创新平台，加强各类服务平台建设，加大创新人才引进培育力度，以科技创新推动经济高质量发展。其次，要协同传统要素与新型要素配置，发挥数字要素的乘数效应，拓展资源环境要素发展空间，推动更高水平的生产要素协同匹配，激发市场主体活力。最后，要深度融合数字经济与实体经济，推动数字技术在传统产业的广泛应用，发挥数字经济产业的辐射带动优势，借助数字平台企业的创新引领作用，培育新质生产力，塑造城市产业核心竞争力。

关键词： 优化要素　创新配置　数字要素　数字经济

一　案例分析

（一）聚力打造创新人才集聚高地——武汉"3551光谷人才计划"项目

1.案例简介

2009年，湖北省武汉市东湖高新区出台《关于实施3551光谷人才计划的暂行办法》，"3551"原指在3年内，以高新技术产业化为主题，在光电子信息、生物、节能环保、高端装备制造和现代服务业等5大重点产业领域，引进和培养50名左右掌握国际领先技术、引领产业发展的领军人才，1000名左右在新兴产业领域内从事科技创新、成果转化、科技创业的高层次人才。自此，东湖高校新区走上引才聚才快车道，引才范围和领域逐年扩大。从2012年开始，"3551光谷人才计划"升级成为东湖高新区常态性引才政策，不断升级的"3551光谷人才计划"按照分层分类、科学精准、开放引才的原则，持续不断引进大量创新创业人才。提升"原始创新策源能力"，东湖高新区在吸纳人才的政策措施方面一直都在先行先试，并逐渐走到了全省乃至全国的前列。如今，"3551光谷人才计划"已经升级到了3.0

版本，全面推行人才"注册制"、积分认定、支持"再创业"、向用人主体充分授权、人才服务一网通办、常态办理与周期受理并行、认定即享受。迭代后的光谷人才政策，在约束上做"减法"，在激励上做"乘法"，实行人才注册积分制，各类人才项目不设门槛，不受学历、年龄、时空、职称等准入限制。通过数据比对、人才画像等手段，分类建立人才测评模型。

2. 主要举措

武汉东湖高新区的"3551光谷人才计划"是一项旨在吸引和培养高层次人才的政策，涵盖了创业人才、创新人才、高端管理人才等多个类别。其主要举措如下。

第一，全面推行人才"注册制"。各类人才项目不设门槛，不受学历、年龄、时空、职称等准入限制，均可在人才网上注册。尊重市场和创新规律，以人才产出成果、科研成绩、实际贡献作为评价人才、适用政策的核心因素，做好人才成长全过程追踪，遵循创新产出周期，支持"十年不鸣"、静待"一鸣惊人"，不以一时成败论英雄。

第二，人才全面积分认定，系统自动"跑分"，不再通过专家评议。对不同类别、类型人才进行画像，分类建立量化评测模型和指标分数权重，在人才"注册"基础上，对人才成果进行积分，以分值作为入选人才项目的依据。光谷将人才画像、评测模型进行信息化应用，人才可以填录自身数据，系统自动"跑分"，分数达标即可申请认定，不再通过专家评议。积分认定将应用至各人才类别，作为人才评价的主要方式，申报者可以随时登录、直接跑分，直观感受与政策匹配度。

第三，支持"再创业"，已入选人才可再申请创业支持。鼓励冒险、宽容失败是光谷的文化，人才政策的目的在于激励创业创新。光谷支持首次创业的雄心壮志，支持总结思考后的再次出发，更支持不屈不挠的从头再来。从2022年起，入选过的创业人才和其他类别人才，二次创业的，可以再次申请。

第四，实施揭榜制，向用人主体充分授权。什么是人才、要什么样的人才，企业说了算。推行举荐制，应用积分制，按规模、创新、成长、贡献、诚信5个维度，设置评价指标和分值权重，光谷遴选50家优质企业，赋予

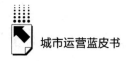

人才举荐权，可各自主举荐产生一名"3551"人才。面向激光、集成电路、新型显示、数字经济、创新药等五类特色领域和未来产业，设立"东湖科学城招贤榜"。揭榜交由企业"出题"、人才"答题"，由企业按照岗位要求自主发布需求，人才挑选应聘，实现引进的，按照人才年薪的50%给予资助，最高资助3年。面向湖北实验室、国家级和省级创新中心，赋予自主引才权限。支持湖北实验室在平台建设、科技攻关中，自主识别、遴选、引进、培养人才，向管委会进行推荐评定；对国家级、省级创新中心，按其上一年度人才梯队建设和运行情况，每年给予100万元至200万元资金补贴，鼓励中心加大人才投入力度。

第五，人才服务一网通办，一站式办理，全线上申请。中国光谷人才注册服务平台正式上线。平台重塑了人才政策申报、认定、管理、评估流程和工作机制，最大化提升人才政策申报效率和优化环节流程，让人才和企业获取最便捷的人才政策信息。平台集成了"3551"人才政策主要业务和服务事项，实现数据一个库、工作一个网、管理一个端、服务一个码，"3551"所有政策"一站式办理、全线上申请"。人才输入个人简要信息，系统即可自动计算匹配关联政策，帮助申报人筛选政策、提供申请参考。

第六，常态办理与周期受理并行，全年受理，积分达标即候选。光谷以"全年实施、随时认定"为目标，破除政策实施的时间区隔限制，延长政策办理的窗口期。一方面，常态化以赛引才，"3551"创业大赛全年实施，天天有对接、周周有路演、月月有大赛，常态受理和遴选创业项目，为创业者迈出第一步提供落地支持。另一方面，创业人才、优秀青年人才试点常态化实施，全年受理政策申请，划定认定基础分值线，积分达标的，直接进入候选名单。其他人才政策，采取"统一受理、集中兑现"的方式，按实施周期，加快完成审核认定和政策兑现。其中符合条件的人才项目，如人才计划配套支持、博士后工作站建站奖励等，按照免申即享的方式，给予政策支持。

第七，认定即享受，随时认定，随时兑现，随时享受。为了让人才政策以最短的时间、最高的效率，惠及人才、惠及企业，光谷将开展常态化资金资助，加快人才认定决策流程，建立人才资助资金快速拨付通道，各类人才认定后，通过信息化平台申请，即可及时享受资金支持，让政策成为支持企业和人才的"及时雨"。光谷将推广和完善"光谷数字人才卡"，人才认定后，第一时间奉上子女教育、医疗保健、休闲度假等权益服务，提供沉浸式体验。在人才注册制、积分制全面实施，人才注册服务平台全面上线后，光谷人才政策支持与人才认定之间，将做到"无延迟""不滞后"。

3. 取得成效

十余年来，光谷累计投入资金 28.3 亿元，引进 4 名诺奖得主、81 名中外院士、近 600 名国家和省市级人才、3447 名 3551 人才、近 9000 名海外留学人员，在光谷企业工作的博士超过 12000 人，受高等教育从业人口占比从 55% 增长到 81%，光谷成为人才集聚向往之地。下一步，东湖高新区将锚定"两高地、两中心、一样板"目标定位，聚焦光电子信息等优势产业，打造人才汇聚的目的地、人才创新的首选地、人才价值的实现地，以高标准建设武汉新城为引领，推动"中国光谷"加快迈向"世界光谷"。

（二）产业基金力促低空经济产业高飞——广州低空经济产业基金

1. 案例简介

低空经济作为一种新兴的综合经济形态，正凭借其独特的发展优势，加速向超万亿级市场规模迈进，逐渐成为国内外关注的新的经济增长点。工信部赛迪顾问"中国低空经济发展研究报告"显示，2024 年中国低空经济规模达 5059.5 亿元（增速 33.8%），其中飞行器制造和运营服务贡献最大（接近 55%）。2021 年 2 月，中共中央、国务院发布《国家综合立体交通网规划纲要》，首次将"低空经济"概念写入国家规划，提出发展交通运输平台经济、枢纽经济、通道经济、低空经济。2024 年 5 月，广州市印发《广州市低空经济发展实施方案》，明确提出广州市要强化作为广东省低空经济核心城市的责任担当，到 2027 年实现低空经济整体规模达到 1500 亿元的发

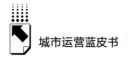
展目标。

低空经济具有技术先进、投资巨大且周期长、风险高等特点。随着低空经济产业的快速发展，企业对资金的需求也日益增加。为了支持企业的研发、生产、运营等各个环节，2024 年 7 月 5 日，广州发起设立低空经济产业基金，其作为广州市政府为推动低空经济高质量发展而设立的一支重要产业投资基金，目标规模达 100 亿元、首期规模 2 亿元，由广州产投集团旗下产投资本与广州开发区交投集团共同发起设立。该基金是广州市第一支以低空经济为主要投资方向的产业投资基金，旨在通过"母基金+子基金+直投"策略，加强与头部投资机构、产业龙头等合作，重点投资布局低空飞行集成制造、核心零部件及关键材料、低空物流应用、卫星导航通信等细分领域，为广州竞逐低空经济产业赛道提供有力支持，推动低空经济产业的创新和发展。

2. 主要举措

第一，国有资金与国有企业强强联合，力推资本落地。由广州产投集团旗下产投资本与广州开发区交投集团共同发起设立。广州产投集团作为广州低空经济产业基金的发起方，近年来已投资广汽集团、粤芯半导体、中科宇航、苏交科、广电计量、辰创科技、纳睿雷达、南方测绘、孚能科技等 10 余家低空经济产业上下游重点企业，聚焦低空经济全产业链投资布局成效明显。交投集团作为广州黄埔区委区政府批准组建的准公益性国有企业，被定位为区域交通基础设施建设和运维服务商，业务范围主要涉及城市轨道交通投资建设运营、交通设施周边土地投资建设及运营和交通相关产业链投资经营等。

第二，采用"母基金+子基金+直投"策略。广州市低空经济产业基金的投资策略主要围绕"母基金+子基金+直投"的框架进行，旨在通过多元化的投资方式实现风险分散和收益最大化。母基金策略是广州市低空经济产业基金投资策略的核心部分，两大母基金分别为广州产业投资母基金、广州创新投资母基金，母基金主要起资金池的作用，通过集合投资的方式，将分散的资金集中起来，形成规模优势，降低单一投资项目的风险。

子基金是母基金的延伸和补充，由专业的投资团队负责运作，针对特定的投资领域和项目进行深入研究和分析，提高投资的专业性和准确性。直投能够针对特定的企业或项目进行投资，实现资金的精准投放和有效利用。"母基金+子基金+直投"策略结合了母基金的稳健性、子基金的灵活性和直投的针对性，实现了多元化的投资组合，降低了整体投资风险，通过专业的管理和运作，该策略能够带来相对稳健且高效的投资回报，满足投资者的收益预期。

第三，投资方向锚定上下游产业链。瞄准广州低空经济上下游产业链，重点投资布局低空飞行集成制造、核心零部件及关键材料、低空物流应用、卫星导航通信等细分领域。未来，还将积极参与广州海陆空全空间无人体系建设，推动无人体系产业协同发展和技术跨界融合，强化科技金融赋能。

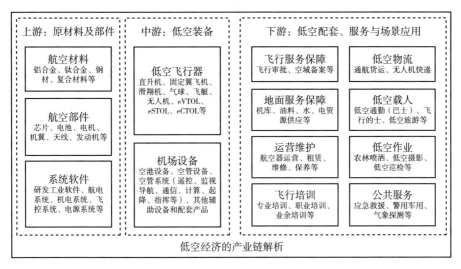

图 1 低空经济上中下游产业链

资料来源：国研经济研究院分析。

3. 预期成效

广州低空经济产业基金于 2024 年 7 月 5 日成立，运行时间短，实际成效还需观察。作为广州低空经济产业链的"4+4"核心体系中金融服务支持的重要组成部分，广州低空经济产业基金预期通过投资，实现广州低空经济产业链的集群式发展和低空经济全生态发展等目标：一是做大低空经济市场规模，到2027年，广州市希望通过政策支持和产业投资，实现低空经济整体规模的大幅增长，达到1500亿元的发展目标；二是培育壮大低空经济主体，通过支持低空经济总部企业、研发制造类企业等，广州计划培育出一批具有竞争力的低空经济企业，以推动产业的快速发展；三是加大低空科技创新力度，支持关键核心技术研发、企业申请适航审定等，以科技创新推动低空经济的产业升级；四是实现产业集群发展，通过产业投资和产业招引，推动低空飞行产业链的集群式发展，形成有竞争力的产业集群。与此同时，低空经济产业的发展将带动新材料、新能源、新工艺、导航定位、智慧交通等相关产业的发展，形成产业联动效应。低空经济产业基金将有力支撑广州竞逐低空经济产业新赛道，推动低空经济产业规模的快速增长

（三）助力更多科技成果落地生"金"——安徽科技大市场项目

1. 案例简介

随着科技创新的加速，加快科技成果转化应用体系建设，是提升区域创新能力和竞争力的关键举措。国家和地方政府出台了一系列政策措施，支持科技成果的加速转换。中共中央、国务院出台《关于构建更加完善的要素市场化配置体制机制的意见》《关于加快建设全国统一大市场的意见》，科技部出台《"十四五"技术要素市场专项规划》，安徽省出台《安徽省深化科技创新体制机制改革加快科技成果转化应用体系建设行动方案》《合肥市进一步加强科技成果转化若干措施（试行）》。在此背景下，安徽省政府为推动科技成果转化、加速产业升级，实施了安徽科技大市场项目，该项目旨在构建覆盖省、市、县（区）三级的科技成果转化服务体系，形成"政产学研用金"六位一体的成熟模式。通过线上线下融合的方式，促进科技成果的就地交易、转化和应用，引进和孵化科技型企业，推动高新技术产业合作项目落地。近年来，安徽科技大市场已征集展示创新成果近两千件，举办科技成果转化活动数百场，促成科技成果转化项目金额数百亿元，培养技术

经纪人上千人，孵化科技型企业数十家。

2.主要举措

第一，省委省政府领导高度重视，出台建设技术市场政策措施。2018年，《安徽省促进科技成果转化行动方案》提出建设安徽科技大市场。2019年，安徽省委主要领导作出专项批示"依托安徽创新馆，整合全省知识产权和技术交易各类平台主体，组建线上线下互动的科技大市场"。2020年11月，安徽省委书记在中国共产党安徽省第十届委员会第十二次全体会议上的讲话指出：引源头活水，打造"政产学研用金"六位一体的安徽科技大市场，推动科技创新和制度创新"双轮驱动"，打造具有重要影响力的科技创新策源地。安徽省委省政府通过制定一系列政策文件，如《关于加快安徽科技大市场建设的实施意见》等，明确了安徽科技大市场的建设目标、发展路径和保障措施，高度重视安徽科技大市场的组织架构建设，明确由省科技厅和合肥市政府牵头，会同省有关部门，建立省市联动机制，协调解决安徽科技大市场建设发展中遇到的重要问题。通过省市县三级联动、线上线下融合的方式，推动安徽科技大市场的全面建设。同时，支持安徽创新馆发挥"总枢纽、主节点"作用，推动与羚羊工业互联网等平台相融合，保障不同市场主体平等获取技术要素。

第二，技术市场集中场所采取公司化运营，选聘和培育专业人才运营公司。2020年4月，按照"市场化运营、专业化服务"的思路，安徽省在安徽创新馆公益二类事业单位基础上，组建国有控股的安徽科技大市场建设运营有限责任公司，以"事业法人+企业法人"的双主体模式建设运营，拓展发展路径。选聘上市企业高管担任总经理，实施项目经理负责制。创新"实训+服务"的成长路径，打造培养技术经纪人的大平台。依托国家技术转移人才培养基地，与中国科学技术大学科技商学院联合建设实训基地，完善课程教材体系和师资队伍，采取长期培养与短期培训相结合方式，创新技术经纪人培养、认证、积分、进场交易闭环工作模式，形成具有安徽特色的技术转移人才培养体系。开展技术经纪（经理）人职称评定改革试点工作，畅通职业技术转移人才发展路径。支持安徽创新馆探索技术经纪（经理）

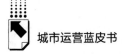

人信用积分与从业佣金制度，推动建立技术经纪（经理）人事务所，开展全省"金牌技术经纪（经理）人"评选活动。

第三，探索"前店+后坊"的发展模式，"走出去"进行精准对接。以安徽创新馆为"前店"，1号馆2.2万平方米的展厅常态化集中展示重大创新成果，2号馆设置科技大市场线下服务中心，集聚各类专业服务机构，3号馆设置全球路演大厅、创新剧场、成果发布大厅等5个对接服务平台，打造"一站式"科技成果转化综合体。以分市场和产业化基地为"后坊"，在全省各地市布局建设了14个分市场，实现合芜蚌国家科技成果转移转化示范区全覆盖。在合肥包河区、新站高新区等县市区建设硬科技孵化器，建成首个成果产业化基地"云谷创新园"，获批安徽省科技创新企业上市加速孵化中心，推进安徽科技大市场分市场与科技成果产业化基地一体化运营。推出一线工作法，广泛对接、主动链接高校院所、龙头企业、投资基金、中介机构等；结合各分市场所在地的产业结构，从技术成熟度、行业市场容量及竞争态势等多维度因地制宜遴选推介项目。以中国（安徽）科交会为龙头，形成了"年度大会+季度专场+月度路演"的活动谱系。

第四，构建统一的技术要素市场服务体系。发挥安徽创新馆"总枢纽、主节点"作用，整合安徽联合技术产权交易所相关职能，完善安徽科技大市场科技成果协议定价、挂牌交易、拍卖等多元化交易服务功能。整合安徽网上技术市场、技术产权交易市场、知识产权运营平台等线上平台，推进羚羊工业互联网平台同安徽科技大市场线上平台互嵌，形成一体化运营的科技成果转化数据平台，实现沪苏浙技术产权交易市场互通。统筹省市县三级联动、线上线下融合，保障不同市场主体平等获取技术要素。

第五，加强金融服务支撑。引进国有投资机构和私募基金，形成科技成果转化基金矩阵。引进杭州璟佑资本等创投基金入驻，获批深交所安徽创新基地，与北京金融街资本运营中心合作筹建安徽科技大市场科技成果转化基金。同时，联合省市金融服务平台和商业银行，开发"研发贷""转化贷""人才贷"等信贷产品，推动发行知识产权证券化产品，推广新兴科技保险业务，为科技成果转化提供多元化的金融服务支撑。

第六，制定科技大市场运营服务规范。制定了国家标准《安徽科技大市场运营服务规范》（DB34/T 3897—2021），形成了一套完整高效的标准来规范技术市场服务管理、完善技术转移服务功能、促进科技大市场的健康持续发展。

3. 取得成效

目前，安徽科技大市场已初步建成覆盖省、市、县（区）三级的市场体系，形成了"政产学研用金"六位一体的科技成果转化服务体系，形成"成果挖掘—供需对接—概念验证—小试中试—上市加速—产业化"全链条一站式成果转化服务体系，截至2024年底，已遴选长三角及省内50多家科技服务机构入驻。

第一。充分展现安徽创新地形象。围绕"五个一"创新主平台成果展示，开发科技成果征集系统，立足安徽、面向全国，征集展示1700多个具有突破性、引领性科技创新成果，充分展示党的十八大以来科技创新辉煌成就。2020年8月19日，习近平总书记参观考察安徽创新馆，对安徽在科技创新方面取得的成效给予充分肯定。2023年2月，在合肥高新区高新创业园年度盛典·颁奖仪式上，安徽科技大市场高新市场荣获"优秀科技服务机构"奖项。

第二，有效促进科技成果交易转化。聚焦科技成果发布、转化、交易、融资服务，有效推动科技供给与市场需求对接。深入探索国内首创的以"技术验证+产业论证+专业评价"为模式的验证服务机制，推动应用研究成果转化为创新产品。已累计举办科技成果转化活动150多场，汇聚国内外成果产业化合作项目200多个，培养持证技术经纪人400余名，促成股权投资项目46个，已完成技术合同登记金额近70亿元（截至2022年）。

第三，营造浓厚的创新创业氛围。先后承办中瑞生物免疫国际技术产业论坛、安徽省"抓创新、抗疫情、促六稳"科技成果发布暨线上交易会、第三届长三角国际创新挑战赛安徽赛区现场赛、首届中国（安徽）科交会、2021火炬科技成果直通车（安徽站）、2021第十届中国创新创业大赛安徽

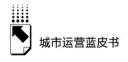

赛区等重要科技成果转化交易活动和创新创业活动，吸引国内外近万家企业参加活动，营造出良好的创新创业氛围。

（四）发展生态银行促进生态资源价值实现——常山县"两山银行"实践

1.案例简介

常山县位于浙江省衢州市，作为一个山区农业县，"低效闲置""粗放经营""增收乏力"等问题一直是困扰当地发展的堵点和痛点。为破解这些难题，常山县于 2020 年 9 月成立了"两山银行"。"两山银行"作为服务于地方生态产品价值实现的生态资源资产运营管理平台，其功能表现为通过零散生态资源的收储和整合，满足生态系统发挥生态服务功能所需的整体性条件，破解生态产业化经营的规模门槛，打开生态资源高效转化的便捷通道，实现绿水青山向金山银山的转变。

常山的"两山银行"是由常山县生态资源经营管理有限公司为平台负责运营，于 2020 年 9 月正式挂牌，实行实体化、企业化运行，公司内设 6 个业务部室，配备专职工作人员 12 名。常山"两山银行"主要包括六大银行功能，即以"农业产业投资银行、生态资源储蓄银行、有效资源招商银行、文化资源开发银行、有偿权项变现银行、生态安全保障银行"为功能定位，推出 17 类产品目录。其中，农业产业投资银行对应以"常山三宝"（胡柚、油茶、猴头菇）为主的新品种推广、行业公共服务、知名品牌培育、小微科创企业股权投资等，提高县域特色农产品品质、产能和品牌价值；生态资源储蓄银行对应包括闲置（低效）开发资源、砂石矿产资源在内的各类有效资源存储和开发，形成资源库；有效资源招商银行对应闲置资源招商、已开发资源二次提升二类招商，通过创意设计、包装策划、基础配套和整合提升，实现与资本的有效对接；文化资源开发银行对应古镇（古村、古街）、无形资产开发（常山胡柚地理标注品牌）和文化大 IP（胡柚娃、鲜辣文化、宋诗之河等），促进文化资源有效开发和农业资源文化赋能；有偿权项变现银行对应"生态贷""收益贷"，通过"两山银行"为相关主体增信，创新"林权贷、胡柚贷、奇石贷、苗木贷、民宿贷、养殖贷、财信贷、门票贷"等，有效解决融资难等问题；生态安全保障银行对应森林等生态资源保护、碳配额竞争性交易（碳汇定向交易）、遗留问题矿山保护性收储，促进经济发展与生态保护良性循环。

2. 主要举措

第一，数字赋能，破解资源碎片化难题。搭建数字化"生态云脑"平台，用户可直接通过手机端小程序进行资源登记，借鉴商业银行零存整取的逻辑，打造了一个"资源整合、定价交易、价值转换"的生态价值实现新平台，实现生态资源连片整合、系统打包、市场运作，加速生态资源的价值转化。

一是面向散户存资源。依托数字化技术，在"浙里办"平台上线"常山生态云脑"应用，打通12个部门中的869项数据，实现散户手机端便捷存储、管理端一图感知、使用端一键可控。按照相对连片的农房5栋以上、宅基地5000平方米以上、经济林100亩以上等标准，以租赁、流转、入股等形式集中统一收储生态资源，并将数据及时上传，并实时更新。

二是提升价值整合功能。散户的生态资源统一归集后，"两山银行"根据开发方向、开发方式、使用功能等进行整合连片、系统优化、配套升级，提升规模优势和可开发价值。根据城市规划功能定位和区域整体布局对生态资源进行整合优化，通过出台一系列配套的人才、创新、金融等政策提升招商吸引力。

三是对接市场联合主体。村股份经济合作社将统一管理的土地进行平整作业，修复灌溉水系、田间操作道等基础设施，引进高产优质品种，采用现代化农业生产技术，完成农业生产机械翻耕、播种、病虫害防治和农产品收成等各环节，有效减少农业生产投入成本，同时保障农产品产量产值，增加农业生产收入。

第二，盘活沉睡资源，探索多种生态资源权益价值实现机制。

一是建立增信体系，打通融资贷款堵点。通过提供担保、承诺收购、受让返租等方式，为难确权、难抵押的生态资源增信赋能，进行盘活。与金融

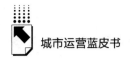

机构开展深度合作，推出金融创新产品，优化抵质押担保流程，放大增信范围，惠及更多融资困难的生态经营主体。

二是重视配套体系，补齐产业链条短板。针对农业产业链条短、经济效益低、产品市场竞争力弱、整体水平差的现状，"两山银行"通过与高等院所合作研发、培育本土品牌、引进下游公司等方式，快速突破产业支撑力低、产品竞争力弱等瓶颈，以产业增效带动农业经营主体增收致富。

三是培育品牌矩阵，提升生态产品价值。"两山银行"充分发挥农业产业投资银行作用，通过股权投资、品牌运作等方式，培育本土品牌，有效提升了农产品知名度。比如，培育了"一份常礼"区域公用品牌，授权经营主体无偿使用，提升标准化和辨识度。注重与知名品牌合作，联合胡庆余堂、江中制药等知名企业开发胡柚膏、猴头菇等深加工产品，不断提高品牌影响力、产品附加值，助力农民增收致富。

第三，生态红利反哺，推动实现共同富裕。以"做大蛋糕、分好蛋糕"，推动共同富裕为落脚点，激发各方经营潜力，建立生态资源资产开发村集体和农户利益联结机制，创新"产业植入、管理导入、利益融入"的生态价值共享新模式，通过实现"资源从农民手里来，资金到农民手里去"的目标，推动实现共同富裕。

一是打造共富果园。农业是"看样经济"。"两山银行"抓点做样，集中连片收储农户胡柚园、油茶林，以专业种植、低碳U码实现精准管控，以统一收购、基地认领形成销售闭环，以增值收益、流转费一次分配给予农民保底收益，以专业化管理、品牌化营销提升品质和价值，以增值收益、二次分红反哺农户，走出了一条"两山银行+农户"的共富果园新路子。

二是牵手强村公司。"两山银行"与强村公司开展经营合作，导入现代企业管理，提升乡村产业运营水平，做强乡村产业，壮大集体经济。

三是招引龙头企业。引入社会资本联合开发乡村旅游，盘活闲置农房，实现"九个统一"，即规划、设计、品牌、标准、管理、采购、营销、业态、引流的相统一，带动农户"财产性、劳务性、经营性"三项收入增长。

3. 实施成效

第一，拓宽了生态价值转化通道，实现资源高效转化。常山"两山银行"以总行+乡镇支行的架构，将"两山"转化触角延伸到了基层末梢，构建了"两山银行"、社会资本、村集体、农户等多方共赢模式，盘活了零散、闲置和低效开发的生态资源。自 2020 年常山成立"两山银行"以来，已收储土地 17272 亩、废弃厂房 9.8 万平方米、香柚树苗木 30 万株、胡柚 2500 吨、砂石资源 19.44 万吨、工程性矿产资源 156.5 万吨、水库水面经营权 5 个、胡柚基地 50 亩、民房 22 幢、3A 景区 1 个、闲置校舍 1 个、民宿 1 个，已存入各类生态资源 1585 项，总价值 17.6 亿元。目前已存储资源的 73% 已实施开发，使无人问津的闲置抛荒资源成为田园综合体、民宿集群、矿山公园、旅游景区和农业基地。

第二，激活了资源资产金融潜力。通过各类增信方式，让难以估价、难以融资的观赏石、胡柚林、香柚苗等成为资产和资本，激活了蕴含的金融潜力。目前已为全县 299 户主体授信 20549 万元，发放生态贷款 20393 万元；收储资源总额达 3.5 亿元，撬动社会资金 19.6 亿元，有力地激发了广大农户和经营主体的创业动力。

第三，带动了产业壮大群众增收。以金融赋能、品牌打造、配套帮扶等举措推动胡柚、香柚、油茶等特色产业发展，联合强村公司创新合作模式，通过龙头企业和产业的培育，带动区域周边的整体发展，推动利益再分配，形成共富新模式。"两山银行"通过参股分红、导入业态、参与资源处置、运作扶贫资金等共享机制，反哺村级集体经济组织，带动 176 个村增收消薄，推动农民和村集体增收 1492.34 万元，经济与社会效益均十分明显。2021 年，常山县城乡居民收入比 1.73：1，持续保持全省前列；全体居民收入增长 12.8%，增速排名全市第 3；低收入农户收入增长 16.4%，位列浙江省山区 26 县第 4。

第四，得到社会认可与荣誉。常山"两山银行"的改革实践得到了社会的广泛认可和荣誉，在首届"两山银行"学术研讨会上，与会专家对常山"两山银行"的探索实践给予了高度肯定，认为其已走在了全国前列。

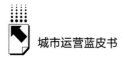
常山"两山银行"改革新实践成功入选中国创新发展典型案例、浙江省年度数字化改革获奖案例、浙江省知识产权金融创新案例、浙江省乡村振兴十佳创新实践案例,获得 2021 年度浙江省改革突破奖铜奖。

(五)打好产改组合拳助力产业新发展——郑州市深化产业工人队伍建设改革

1. 案例简介

郑州市作为河南省的省会及国家中心城市,近年来在推进经济高质量发展和产业结构优化升级方面取得了显著成效。随着制造业、高新技术产业和现代服务业的快速发展,对高素质、高技能的产业技术工人的需求日益迫切。为了满足这一需求,郑州市积极响应党中央和省委的号召,大力推进产业技术工人队伍建设,郑州市各级工会与政府相关职能部门紧密合作,通过强化职业精神和职业素养教育,建立职业培训机构和技能大师工作室,深入开展劳动和技能竞赛,建立基于岗位价值、能力素质、业绩贡献的工资分配机制,培养出了一支知识型、技能型、创新型的产业工人大军,为城市的经济社会发展提供有力的人才支撑。

2. 主要举措

第一,构建统筹高效的工作格局,在制度层面上对产业工人队伍建设改革进行规范。

郑州市成立了推进产业工人队伍建设改革协调小组,负责安排部署和协调推进相关工作。协调小组由市总工会牵头,联合市委组织部、市发改委等 8 家市产改办副主任单位组建 9 个督查组,深入县区、企业一线开展产改现场督查,确保改革任务落地落实。出台《郑州市产业工人队伍建设改革实施方案》,明确了产改的目标任务和责任分工。同时,印发了《郑州市 2023年产业工人队伍建设改革工作要点》,明确了年度重点任务和责任单位,将产改工作纳入市委督查事项和全市综合考评平台,确保改革任务的落实。

第二,加强政治思想引领,教育引导产业工人坚定不移听党话跟党走。

开展全市"党建带工建 助力经济提速提质"专项行动,在全市重点项目、主导产业和"专精特新"企业中，以"哪里有党员，哪里就有党组织""哪里有职工，哪里就有工会"为原则，抓班子、带队伍、建阵地、强服务，努力形成"党建引领、行政支持、联建联动、资源共享、活力迸发"的工作格局，确保郑州国有企业工会组织全覆盖；全市重点项目、主导产业和"专精特新"企业普遍建立党组织和工会组织；非公企业、新就业形态工会组织覆盖面持续扩大；不断强化区域性（行业性）工会联合会建设和作用发挥。

第三，充分发挥国有企业的示范带动作用，发挥民营企业推进产改的主体作用。

郑州市总工会联合市国资委印发《关于充分发挥国有企业在推进产业工人队伍建设改革中带动作用的意见》，选树100家产改示范企业典型引领，按照政治上保证、制度上落实、素质上提高、权益上维护总体思路，找准产改与企业发展的结合点、与企业日常工作的结合点，推动企业改革不适应产业工人队伍建设要求的体制机制，制定符合实际的具体举措，进一步提高产业工人素质，畅通发展通道，依法保障权益。通过推进国企产改、产改示范点建设，努力实现以点到线、由线到面、全面推进，形成一批针对性操作性强、可复制可推广的经验做法。发挥民营企业推进产改的主体作用，大力推进产业链、产业集群、工业园区"产改"工作。围绕郑州市重点产业链，积极探索在产业集群、行业、产业链上推进"产改"，充分发挥重点产业链企业引领带动作用，努力打通改革"最后一公里"。

第四，构建技能"大培训"工作格局，持续加大对人才职业技能提升的补贴力度。

郑州市高质量推进"人人持证、技能河南"建设，郑州市人社局制定了《郑州市职业技能提升行动培训指南》，明确了职业技能提升培训的模式（线上、线下、线上+线下）、企业开展职业技能提升培训的流程（申请备案、培训实施、结业考核、补贴申领、资金拨付）以及培训机构和个人参与培训的指南，为郑州辖区各类企业、培训机构和有培训需求的个人提供便捷的职业技能提升行动培训。

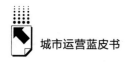

出台《郑州市职业技能提升行动"项目制"补贴性培训工作方案》，明确了"项目制"补贴性培训的实施主体、培训对象、职业工种、标准要求、组织实施和工作要求，以及资金来源和支出范围，确保职业技能提升行动的顺利进行。郑州市发布的《关于实施"智汇郑州"人才工程加快推进国家中心城市建设的意见》提出，为了培育高素质技能劳动者大军，加快产业动能转换，郑州市对获得世界技能大赛金、银、铜牌和优胜奖的选手，分别给予200万元、50万元、20万元、10万元奖励。对获得"中华技能大奖""全国技术能手""中原技能大奖"的高技能人才，分别给予200万元、50万元、20万元奖励。郑州市总工会推出"求学圆梦"计划，资助职工免费读大学、接受免费技术技能培训。给予在职职工技能提升特殊奖励，凡取得高级技师、技师资格的机关企事业单位职工，高级技师每人最高一次性奖励1500元，技师每人最高一次性奖励1000元。

第五，为产业工人提供竞赛展示平台，发挥先进典型示范引领作用。

郑州市不断完善劳动和技能竞赛组织管理办法，实行分级分类管理。把职业技能竞赛作为评定职工技能等级、促进成长发展的重要渠道，构建多层级的技术人才选树培养机制。市级竞赛获奖选手纳入全市高技能人才库管理，决赛成绩合格选手，按规定核发相应职业资格证书。重点开展超硬材料、汽车制造、智能传感器、机器人、装备制造、无人机、铝加工制品、软件、人工智能等9条产业链的劳动和技能竞赛，打造市级超硬材料、铝加工和人工智能等重点产业竞赛项目，设置竞赛工种109项，涉及郑州市10个重点产业链22个工种。

开展"匠心学堂""劳模工匠进校园、院校师生进企业"等活动，引导劳模工匠与企业、职业院校进行双向互动。支持劳模工匠人才参与攻关项目，参加国内外相关展会、论坛、研讨等活动，激发劳模工匠人才创新潜能。调整优化劳模工匠志愿服务队成员，开展"劳模工匠助企行"活动，鼓励和引导劳模工匠立足岗位、发挥专长，积极承担责任义务。

第六，加强权益维护，增强产业工人的获得感幸福感安全感。

郑州市通过建立集体协商和集体合同制度，解决农民工欠薪问题，保障产业工人的合法权益，提升产业工人的社会地位和经济待遇。扎实推进"惠工暖"暖心聚力行动，全力帮扶困难群体，市县两级送温暖资金向产业链企业倾斜，为一线职工、新业态劳动者和困难企业职工等劳动群体开展免费体检活动。持续推进"惠工保"，加大产业链企业宣传力度，为年内新入会职工赠送意外伤害互助保障。深化"惠工游"项目，助力企业发展，拓宽重点产业链企业宣传渠道。开展"惠至心灵"心理关爱行动，走进产业链企业，为职工提供心理健康"幸福课堂"、线上"微课堂"、线下心理关爱大篷车。指导支持产业链基层工会开展爱心托管班、女职工关爱室等，让"惠工"系列更多地走进产业链企业。

3. 实施成效

第一，技能培训规模扩大，高技能人才数量增加。全市建立定点职业培训机构 567 家，成立 14 个国家级、80 个省级和 211 个市级技能大师工作室，全力服务技能人才培养。2023 年完成培训 66814 人次，2024 年一季度完成技能培训 25159 人次。通过实施职工素质建设工程和"求学圆梦行动"，帮助 2641 名职工提升学历等级，评选出涉及多个专业（工种）的 130 个市级技能大师工作室。

第二，激发产业工人创新创造活力，促进企业技术升级和创新发展。通过在产业链上抓产改，引导工会和社会资源更多地投向新质生产力，围绕全市 20 条产业链，通过"链主"企业示范带动，高效率提升产业工人队伍建设改革工作覆盖面。改革促进了企业技术升级和创新发展，提高了企业的竞争力。数据显示，通过一系列产改措施，郑州市企业在技术创新和生产效率方面取得了显著进步。2023 年，郑州市共组织了"六比一创"劳动竞赛、"三比两降"节能减排竞赛等多项活动，覆盖职工 120 多万人次。这些竞赛不仅提升了工人的技能水平，还激发了产业工人的创新活力和劳动热情。例如，汉威科技集团股份有限公司的一线产业工人在专利申请上的高参与度，极大地推动了企业的技术创新。2023 年，该公司共申请专利 200 余项，其中一线工人参与的专利占到了 30% 以上。

第三，工会组织建设不断加强，产业工人权益服务强力推进。郑州市新

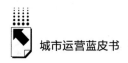

建基层工会组织372家，发展会员3.6万人，新就业形态劳动者会员已达16.3万人，截至2023年底，郑州市基层工会组织达到1.54万家，涵盖单位2.38万家，工会会员177.5万人。开展企业合同集体协商"集中要约"行动，签订集体合同3734份，覆盖企业2.6万家、职工63.02万人，推动了企业民主管理的规范开展。组织开展"安康杯"竞赛，推动企业严格落实安全生产主体责任；做好职工健康体检，建立健全产业工人个人职业健康档案。以"普惠+精准"升级工会服务，"郑州工会会员服务"微信平台累计推送各类普惠信息1058条次，总阅读量达到3450万人次以上，与职工发起互动会话2448万人次。做好常态化送温暖和帮扶工作，着力解决职工群众急难愁盼问题，2021年，双节慰问期间，各级工会共发放慰问金2370万元，走访慰问企业445家，慰问对象13.2万人，开展"普惠重疾"职工互助保障活动，为患重大疾病及遭受意外伤害的2172名会员赔付金额774万元。

（六）打造产业集聚大数据云平台——苏州"产业大脑"建设

1. 案例简介

随着大数据时代的到来，数据已成为推动产业发展的重要资源。为了进一步提升苏州地区产业链的竞争力和自主可控能力，2020年4月，苏州启动"产业大脑"建设，协同推进"全市一体化、一盘棋、一张网"的产业集聚大数据云平台。围绕产业链做强产业链、布局创新链、配置资金链、部署服务链、谋划替代链、拓展柔性链。2022年4月，由工信局立项的"产业大脑"建设项目顺利通过了专家组验收。苏州产业大脑的建设是苏州市为了推动制造业高质量发展，发挥苏州特色产业优势，实施"苏州智造"强基提质行动，打造产业数字化发展高地的重大探索。该平台体系旨在通过数字化改革推动产业转型升级，推广"产业大脑+智能工厂"模式，加快发展数字经济新业态。

2. 主要举措

第一，平台搭建，技术引领的智能化基石。基于地理信息、云计算、互联网、大数据等先进技术，苏州市建立了"产业大脑"平台。平台全面整合了生物医药、电子信息、汽车及零部件、新材料、新能源、高端纺织、高端装备和节能环保等产业数据，建立了涵盖全市所有产业数据的产业主题库。

第二，数据融合，深度挖掘的精准画像。项目团队深入剖析了苏州市法人库、空间大数据平台、企业服务云平台等现有资源，通过数据清洗、整合、关联等技术手段，实现了多源数据的无缝对接与深度融合，确保了数据的准确性、完整性和时效性。同时利用网络数据爬取技术收集相关互联网产业数据，汇聚各类产业数据，为产业大脑平台建设提供有力的数据支撑。项目建立了涵盖全市所有产业数据的产业主题库，实现了产业数据的深度融合和共享。

第三，功能开发，创新引领的智能服务。运用互联网+大数据技术，建立了产业大脑平台，实现了精准掌握全市产业发展现状，深度挖掘剖析全市11大产业29条产业数据资源，并建立了产业综合概况、产业数据透视、产业链图谱、产业云图、产业分析、产业链评价等功能模块。开展"智改数转"专项行动，帮企业智能找链，不断为产业创新集群聚力赋能，形成一条以数字经济和工业互联网串起的"线上+线下"全新产业链。"产业大脑"围绕建链、补链、强链、延链，通过产业云图和产业链图谱等，更加有效助力精准招商，促进产业布局优化和产业结构调整。

第四，细分行业建设，因地制宜地精准施策。为了进一步提升"产业大脑"的针对性和实效性，苏州还积极推动工业大脑"1+N"平台体系建设，包括一个总服务平台和多个细分行业工业大脑。各地结合自身需求、行业特色和产业基础，探索开展细分行业大脑试点建设。总服务平台已于2024年1月中旬上线公测，3月中旬上线试运行，包括细分行业大脑、重大应用平台、能力组件、试点城市建设、数据产品、特色解决方案等六大功能模块。目前已上线的细分行业工业大脑包括化纤织造、集成电路、生物医药、机器人等。这些细分行业大脑如同一个个精准的医疗仪器，针对产业链上的薄弱环节进行靶向治疗，有效推动了产业链的补链、强链、延

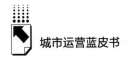

链工作。

3. 实施成效

产业大脑平台建设推动了产业链、创新链、供应链融合应用，实现资源要素的高效配置和经济社会的高效协同，是全要素、全产业链、全价值链全面连接的数字经济运行系统的重要支撑。一方面，通过精准掌握全市产业发展现状，深度挖掘剖析产业数据资源，苏州成功吸引了众多优质企业和项目落户，有力推动了当地产业的集聚和升级。另一方面，"产业大脑"为企业提供了丰富的数据资源和分析工具，助力企业实现智能化改造和数字化转型，显著提升了生产效率和竞争力。此外，"产业大脑"还促进了产业链上下游企业的协同合作和资源共享，推动了产业链、创新链、资金链、人才链的深度融合与协同发展。苏州市工业大脑的建设，不仅推动了制造业的高质量发展，还为工业领域发展注入了新动力，促进了"数据要素+工业"的深度融合。例如，化纤织造工业大脑已接入化纤织造企业80余家，连通纺织设备21000多台，开机率平均提升10%、人均机台提升12%。此外，集成电路工业大脑已形成能力组件、企业服务、技术共享、供需对接等核心能力，生物医药工业大脑和机器人工业大脑也各自发挥了其在行业中的赋能作用。

二　经验启示

（一）优先为科技创新提供要素保障

科技创新能够拓展生产新边界，塑造发展新动能，是发展新质生产力的核心要素。优化要素配置需要优先为科技创新提供要素保障、促进技术革命性突破，通过调整科技创新资源配置，加快补齐发展动能短板，优化创新要素配置的质量、模式和结构，释放创新要素配置潜能，激发创新要素活力，发挥科技创新的支撑引领作用，进而推动经济高质量发展。

一是加速多元化创新主体集聚。领军企业、高校、科研机构、行业协会、地方政府充分发挥自身的优势，构建各种形式的开放创新生态合作网络和平台。大力推进大学科技园、孵化器、中试基地、众创空间等多元创新空间载体建设，打造一批创新社区、创新园区与创新楼宇，吸引研究型大学、科研院所、创新旗舰企业等各类创新机构入驻。

二是构建各种形式的协同创新平台。构建基于数字技术的协同创新平台，满足各市场主体在其经济生产活动中对不同创新要素的需求，通过合作弥补创新要素的相对不足，推进存量要素效用最大化。

三是加强各类服务平台建设。建立创新创业一体化信息服务平台，提供创新产业体系、创新空间格局、创新型企业基本信息、创新创业企业成果展示等信息查询。加强科技研发基础设施引进和建设，搭建提供金融、研发设计、品牌培育、知识产权、检验检测、人才培训等公共服务平台。加快生产性服务业集聚，推动法务、融资、专利、审计、会计、咨询等高端中介机构定向集聚，服务于开放创新生态构建、创新成果转移转让和创业全流程。

四是加大创新人才引进培育力度。实施重点产业科技人才队伍建设计划，积极引进技术领军人才和创新团队，加快人工智能、大数据、区块链等前沿领域人才引进，加强工程师队伍建设。积极吸引各类高素质人口，重点面向最具活力、最具潜力的青年人才群体，为青年人才搭建宜居宜业、干事创业的广阔舞台。大力弘扬劳模精神、劳动精神、工匠精神，加强技能人才队伍建设。

（二）协同传统要素与新型要素配置

运营好新质生产力诸要素之间的关系，就是让各要素发展更充分，组合更优化，通过强化数字要素与技术、资金、人才等要素协同融合，推动要素创新配置。跨界融合和创新使得不同领域的知识和技能相互促进，产生协同效应，一方面传统要素配置方式不断创新，另一方面新型要素加快向现实生产力转化，推动要素系统性、整体性、协同性配置，从而激发市场主体活力、增强发展内生动力、推动经济高质量发展。

一是充分发挥数字要素的乘数效应。促进数字与劳动力、资本等要素协

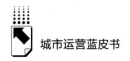

同，引领技术流、资金流、人才流、物资流等，促进数据多场景应用，培育给予数据要素的新产品新服务。在创新要素市场建设的顶层设计和统筹安排中着重考虑发挥数字技术的推动作用，降低创新要素市场的制度性交易成本和社会流通成本。加快推动不同主体间的数据资源开放共享，打破创新要素市场主体面临的行政壁垒和信息壁垒。加快制造业智能化改造和传统服务业数字化转型发展，积极探索农业数字化应用，鼓励新兴智能数字产业发展，支持数字经济新业态新模式的发展创新，为传统产业创新注入活力。

二是拓展资源环境要素发展空间。资源环境要素市场化配置改革对于刺激各要素间协同配置效应具有重要意义。坚持绿色低碳发展的方向，需要加快完善资源环境要素市场化配置体制机制，健全资源环境要素市场交易标准，落实生态保护红线、环境质量底线、资源利用上线和生态环境准入清单，健全碳排放权、排污权、用能权、用水权等交易机制，实现资源环境要素价格市场决定、流动自主有序、配置高效公平，形成推动产业结构向绿色化转型的新质生产力。

三是推动更高水平的生产要素协同匹配。高度重视打破限制要素流动的各种体制障碍，针对土地用途变更、新市民户口登记、人才自由流动、科技成果转化、数据开放共享与交易流通等面临的各种体制机制障碍，采取针对性的破解措施，畅通要素流动渠道，丰富要素供应方式。依托生产要素的自由流动、协同共享和高效利用，推动生产组织方式向平台化、网络化和生态化转型，打造广泛参与、资源共享、精准匹配、紧密协作的产业生态圈。

（三）深度融合数字经济与实体经济

当前，新一轮科技革命和产业变革加速演进，推动以数据资源为关键要素、以数字技术为核心支撑的数字经济规模不断扩大，把数字化作为优先发展的重要方向，需要积极推动实体经济和数字经济融合发展。数字经济具有高创新性、强渗透性、广覆盖性，已经成为重组要素资源、重塑经济结构、重构市场竞争的重要驱动。促进实体经济和数字经济深度融合，有利于拓展经济发展新空间，塑造发展新优势新动能，培育和发展新质生产力。数字技术是数字经济的基础，互联网、大数据、人工智能等技术手段在和实体经济融合发展中，将催生新技术、新产品、新业态，创造新的经济增长点和更大的经济效益。推动数字经济发展，关键是要将数字技术与实体经济深度融合，推动数据智能在更深层次、更大范围向行业和企业渗透，做强产业数字化和数字产业化"双轮驱动"，加快塑造城市产业核心竞争力。

一是要大力推动数字技术广泛运用于传统产业，构建横向端和纵向端兼容的集成智能网络，贯通生产、流通和消费全环节，提高生产部门的整体效率，实现传统产业的数字化转型升级。

二是要充分发挥数字经济产业的辐射带动优势，打造以智能交通、智慧医疗、智慧文旅、智慧政务等为应用场景的数字生态系统，培育壮大人工智能、大数据、区块链等新兴数字产业，加快制造业智能化改造和传统服务业数字化转型发展，积极探索农业数字化应用，为传统产业创新注入活力。

三是发挥数字平台企业的创新引领作用。作为数字经济时代经济社会运行和产业创新发展的重要组织形态，数字平台企业通过聚合海量数据、技术、人才等创新要素，连接和匹配各类主体跨行业跨地域跨时空大规模协作，推动资源要素快速流动和高效匹配。合理发挥数字平台的创新引领作用，需要注重创新与秩序间的平衡，通过价值引导、技术运用、组织协同等方式，持续规范创新主体和平台行为，同时增强企业利用数字平台进行创新活动的信心和动力，鼓励不同类型企业积极推进数字化转型，依托平台经济加速各类生产要素流动。

参考文献

《安徽科技大市场建设按下"加速键"》，《人民日报》（海外版）2023年2月6日。
《泗水县生态产品价值实现的金融支持方式探索》，《山西农经》2023年第12期。
《蓄力"低空高飞"广州亮出"连环招"》，《南方日报》2024年7月9日。
《打造人才发展先行示范区　武汉光谷发布百万年薪"招才令"》，《科技日报》2022年8月9日。

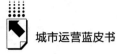

《广东聚焦新质生产力冲刺下半年》，《上海证券报》2024 年 7 月 9 日。

《低空经济产业基金的发展现状与实践路径探析》，《中国科技产业》2024 年第 10 期。

《绿水青山如何变成"真金白银"》，《农民日报》2021 年 5 月 24 日。

郑卓昕：《发展生态银行　促进生态资源价值转化——浙江省常山县"两山银行"助推共同富裕实践》，《当代农村财经》2022 年第 6 期。

《郑州工会推动产业工人队伍建设改革提质增效》，《河南工人日报》2022 年 8 月 8 日。

B.9
盘活资产案例分析与启示

国研经济研究院课题组*

摘　要：　本报告聚焦盘活资产案例，剖析多种成功实践并总结经验启示。通过北京新动力金融科技中心、首钢园和郎园、北京"劲松模式"、贵州"多彩贵州"品牌、红土深圳安居REITs、西安"长安十二时辰主题街区"等案例，展现不同类型资产盘活的路径与成效。新动力金融科技中心实现从传统批发市场到金融科技示范区的转型；首钢园和郎园将工业遗产与现代城市发展结合；"劲松模式"引入社会资本改造老旧小区；"多彩贵州"品牌推动区域文化与经济融合；红土深圳安居REITs创新融资模式助力住房保障；长安十二时辰主题街区以文化IP赋能城市资产盘活。这些案例带来诸多启示：全面梳理资产并分类盘活，依据资产特性采用不同方式，利用数字技术提升管理效能；协同城市更新与产业升级，挖掘用地价值，融入新业态；强化土地功能混合利用，打破单一用途模式，满足产业发展需求；重视社会资本应用，解决社会资本参与的关键问题；融合无形资产与有形资产，推动资源向资产转化。这些经验为城市发展中盘活资产、推动产业升级、提升城市品质提供了重要借鉴。

关键词：　盘活资产　城市更新　产业升级　金融创新

---

* 执笔人：姚莲芳，经济学博士，国研经济研究院总经济师，主要研究领域为城市发展战略研究、产业转型升级研究、经济形势分析、新型能源发展研究等；操玲姣，武汉市社会科学院区域经济研究所副研究员，经济学博士，主要研究领域为区域经济发展、产业转型升级、消费经济研究等。

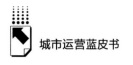

一 案例分析

（一）打造新一代智慧城市综合体——北京市西城区新动力金融科技中心改造升级项目

1. 案例简介

形成于 20 世纪 80 年代中期的北京动物园服装批发市场（简称"动批"），是中国北方地区最著名的服装批发集散地之一，庞大的日均客流量带来"大城市病"。2013 年 8 月西城区开始推动"动批"疏解转型，2017 年年底完成疏解后，"动批"区域共腾退出 35 万平方米建筑空间，为实现高质量发展提供了新的空间。2018 年 5 月，北京市决定建设北京金融科技与专业服务创新示范区（以下简称"金科新区"）。根据《北京市促进金融科技发展规划（2018—2022 年）》（简称"金融科技规划"）打造形成"一区一核、多点支撑"的空间布局，其中北展地区，即原"动批"地区，为国家级金融科技与专业服务创新示范区核心区。

新动力金融科技中心是国家级金融科技示范区核心区首个示范楼宇，其前身是位于北京"动批"地区的四达大厦。2019 年，四达大厦启动装修改造工作，并于 2021 年初正式投入使用，更名为新动力金融科技中心。这一转变标志着"动批"从传统的批发市场转变为国家级金融科技示范区核心区，实现了从传统商业区到高科技产业区的华丽转型。

示范楼宇项目由北京市金融局统筹协调，西城区、海淀区、北京公交集团三方共同组建北京新动力金科资产运营管理有限公司（以下简称"新动力公司"）负责实施运营，设计坚持高点站位，主动融入服务首都"四个中心"功能建设，成为西城区低效楼宇改造提升的开拓典范，创立了适合存量空间资源高效利用的"空间、产业、资本、资源、运营"五位一体的城市更新发展模式，成为首都核心区展示金融科技形象的重要窗口。

2. 主要举措

规划引领，政策赋能。大厦整体以"金融科技思想发源地、专业服务平台"为定位，在一系列战略规划的指引下，西城区坚持靠前发力，政策先行。2018 年下半年，区委、区政府与北京市科委、中关村管委会、市金融监管局、金融街服务局联合颁布实施《关于支持国家级金融科技示范区建设若干措施》（以下简称"金科十条"），从重点支持领域、人才引进培养、应用场景示范、国内国际交流、城市品质提升、营商环境优化等方面给予企业大力支持。西城区先后出台"产业十条""金服十条""金开十条""科创十条""北交所十条"和数字经济、专业服务业政策，以及"重点企业十条""市场化投促十条""金科十条"2.0 版等系列政策工具包，持续加大产业政策支持力度，构建完备的政策体系，有效降低企业运营成本、支持企业创新发展、优化产业发展环境，带动一批优质金融科技资源集聚，促进高品质空间载体释放。

产业先行，需求导向。遵循"产业先行""需求导向"方针，以金融科技产业为核心目标客户群，楼宇各类指标、设计均以产业需求为导向。通过对楼宇硬件设施更新改造，将原有批发市场升级为服务于金融科技产业的高端办公空间，内设近万平方米商业空间、城市展厅、金科论坛、城市会客厅、企业员工餐厅、星耀食堂、复合型文化艺术空间等服务配套，为片区提供了多元化的商务功能。通过软硬件升级有机结合、智慧楼宇管控系统开发、交通动线优化、公共交流空间打造等方式，解决公交场站与楼宇办公人群混杂、缺乏公共配套空间与商务服务空间等问题，并根据业态需求调整楼层功能布局。

精益管理，优化成本。项目突破以地产开发为主体思路的城市更新模式，探索创新的"基金+城市更新"轻资产受托经营合作模式，通过资产所有权与资产经营权分离，盘活存量空间资源，实现产业转型升级。同时为了控制改造成本，新动力公司采取代建单位、成本审计单位、总包单位多级审核制度，通过周例会及专题会方式加强调度、严控成本，并积极采取新工艺、新技术，在保证楼宇品质与工期的前提下优化各类成本。

创新生态，提升服务。新动力金融科技中心充分整合中关村和金融街两大区域的优质资源，借助国有资本运营平台"北京金融街资本运营集团有

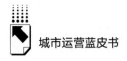
限公司"的力量，从"资本运作、空间运营、服务配套"多个维度构建起一套专业的楼宇服务体系。该楼宇为入驻企业精心打造高品质的办公空间，秉持"全周期、全过程、全方位、全链条"的服务理念，创新推出"无接触""小分队""双管家""场景化"等特色服务模式。在楼宇公共空间利用上，每年举办金融街论坛平行论坛、HICOOL 全球创业大赛、金融数据安全与应用研讨会等活动，进一步释放发展活力。

3. 实施成效

有序疏解北京非首都功能。新动力金融科技中心通过对存量资产的高效盘活，对原本的低端产业服装批发市场进行全方位升级改造。如今，这里已成功转型为集金融科技产业承载空间、专业服务展示平台、智慧楼宇示范基地以及城市交通转换枢纽中心等多种功能于一体的"新一代智慧城市综合体"。这一转变不仅有效助力北京疏解非首都功能，使其能够更加专注于政治、文化、国际交往和科技创新等核心功能的发展，还为周边地区创造了新的发展契机，有力地推动了产业升级和区域经济结构的优化调整。

产业集聚引导效应明显。秉持"上下楼就是上下游，产业园就是产业链"的创新理念，该中心打造出多功能产业新空间。截至 2024 年 8 月，已有 50 多家企业入驻。其中，国家级高新技术企业达 8 家，中关村高新技术企业有 12 家。值得一提的是，中国人民银行旗下的国家金融标准化研究院、国家金融科技认证中心、国家金融科技风险监控中心这三大金融科技基石机构均在此落户。同时，中央结算公司、中债清华金融科技研究院、奇安信科技、中国物流集团财务公司等金融科技领域的龙头企业，以及电投集团智慧能源公司等新能源企业也纷纷入驻。随着产业结构和体系的持续完善，新动力金融科技中心的产业聚集效应日益凸显，在金融科技、绿色金融等领域发挥了良好的产业示范作用，逐渐成为推动金融科技产业各类企业落地的重要平台。

树立城市更新的示范标杆。在中央电视台《新闻联播》系列报道《奋进新征程　建功新时代·非凡十年》第一集《北京篇》中，该中心作为疏解非首都功能、实现高质量发展的典型代表被重点宣传。2022 年，入驻企业三级税收达到 16 亿元，其成功经验被国家发改委评为"全国盘活存量资产扩大有效投资"的典型案例，并在全国范围内推广，成为北京市"腾笼换鸟""凤凰涅槃"的优秀范例。在首届北京城市更新"最佳实践"评选中，荣获城市更新优秀案例奖。此外，还入选"中国改革 2023 年度地方全面深化改革典型案例"，进一步彰显了其在城市更新领域的示范价值；在中国国际服务贸易交易会组织的"2023 中国商业地产智慧服务案例评选"中荣获"2023 最佳商业地产智慧运营示范案例"等。

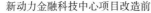

新动力金融科技中心项目改造前　　　新动力金融科技中心项目改造后

图 1　新动力金融科技中心项目改造前后对比

资料来源：公开资料。

（二）工业遗产与现代城市发展相结合——首钢园和朗园的更新改造项目

1. 案例简介

北京城市更新历程自新中国成立后历经数十年不断探索，逐步从以城市建设带动城市发展出以文化产业、文化内核引领的城市更新，以点状的城市更新改造取代大拆大建，以精雕细琢取代大刀阔斧。首钢园和郎园的更新改造项目是北京城市更新的重要部分，它们都旨在将旧工业区域转变为现代化的城市空间，同时保留和尊重原有的工业文化遗产。

首钢园，位于长安街西延线北侧，是北京城市更新的重要组成部分。2005 年，国家发改委批准首钢搬迁，以调整首都产业结构。2010 年，首钢主厂区停产，2014 年被纳入全国城区老工业区搬迁改造试点。2015 年，北

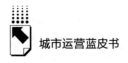
京冬奥组委落户首钢，园区开始全面更新转型。首钢园由首程控股与铁狮门合资的首狮昌泰运营管理，发展成为集文化、体育、娱乐、商业等多功能于一体的综合性园区。

郎园是首创集团旗下的文创园区品牌，在北京有郎园 Vintage、郎园 Park 和郎园 Station 三个项目。郎园 Vintage 位于朝阳区 CBD 核心区，前身是北京万东医疗设备厂，现已成为文化发展平台。郎园 Park 位于石景山区，前身是水泥构件厂和古玩市场，现已成为融合现代艺术与传统文化的艺术园区。郎园 Station 位于朝阳区，原为北京纺织仓库，现已成为自然与文化、商业融合的综合性文化消费园区。

首钢园和郎园更新改造项目作为北京城市更新的典范，展示了如何将工业遗产与现代城市发展相结合，创造出既具有历史意义又符合现代需求的城市空间。

2. 主要措施

第一，合理规划布局，综合考量成本和收益。

在城市更新中，规划起到了至关重要的作用。首钢园与郎园的规划各有侧重，首钢园更注重整体系统协调绿色，郎园采用边运营、边招商、边改造模式。

首钢园更新项目需要将首钢厂区大片的工业用地改造成商业用地，经过与业界同行、专家学者广泛探讨，参观国外钢厂改造项目，推进数十项专项研究，首钢园的规划设计团队反复摸索尝试，先后编制了 2012 版控规、2017 版首钢园北区和东南区控规、2020 版首钢园南区（街区层面）控规，形成了符合整体保护利用特点的规划体系，为整体性保护开发"一张蓝图绘到底"提供了指引。首钢园区规划建设石景山景观公园、冬奥广场、工业遗址公园、公共服务配套区、城市织补创新工场五大片区，采用混合使用开发的模式，营造多元的生活方式、创造丰富的城市活动、形成包容的街区环境。

郎园 Vintage 项目，前身为老旧厂房，从项目自身定位和功能需求出发，综合考量投入成本和收益，以较低成本改造郎园 Vintage 园区内的虞社演艺空间、良阅城市书房等公共文化空间，改造后通过承接戏剧发布会、品牌发布会、颁奖礼等商业活动，可以在较短的周期内收回成本，实现盈利。郎园在拓展新项目时，会进行详细测算和风险评估，确保投资回报。例如郎园Park 项目，对空间改造的投入和布局都会进行多方协商，预估投资到 1000万元就会开始产生现金收入。

第二，注重工业遗产保护，深挖文化价值。

"工业遗存+文创园"模式，正成为城市文化的新景观。首钢园在改造过程中，坚持"少拆除、多更新"的原则，尊重原有风貌，重视旧厂房的保留和重新利用，采用"织补、缝合"等创新手法，改造工业遗存。项目保留了原首钢炼铁厂、动力厂、电力厂以及五一剧场等重要工业历史遗迹，并融合现代建筑设计理念，将带有浓重工业色彩的建筑材料运用到现代建筑中。郎园 Vintage 在改造过程中秉持"修旧如旧"的理念，最大限度地保留了旧厂房的建筑特色和历史风貌。园区内部有 6000 平方米的巨型秀场，以及众多时尚高档餐饮场所，为中小创意型企业提供了办公空间，同时也有大面积低密度的办公空间以满足不同客户的需求。郎园 Station 保留了 30 座仓库的红砖建筑基本格局和 2.23 公里的专用铁路，在客户入驻园区后，园区有统一的标准，规定所有客户改造房屋方案通过的前提是不能破坏工业遗存的部分。

第三，多元业态叠加，推动服务增值

在发展规划中，项目着重打造文化、旅游、体育、休闲等核心板块，同时积极推动酒店餐饮、商务服务等配套板块协同发展。以首钢为例，其围绕主产业展开布局，打通上下游产业链，借助创新驱动实现发展新突破。通过引入元宇宙等前沿应用场景，为游客带来前所未有的娱乐体验。在妥善保护工业遗存的基础上，精心设计了"钢铁是这样炼成的"主题游线路，以及冬奥主题、钢铁主题的研学游产品，丰富了旅游市场供给。此外，首钢还与入驻企业携手，联名开发一系列文创产品，有效满足了参观人群的购物需求。而郎园则坚定秉持"文化·科技"的核心业态定位，构建前店后厂的产商融合模式。在企业入驻方面，郎园制定了一套严格的选拔标准，对入驻

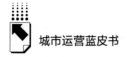
企业的资质和发展方向进行严格把关，确保其与文创产业发展方向相契合，以此推动园区产业生态的高质量发展。郎园 Vintage 集创意机构 OFFICE、国际创意商街、时尚艺展中心三大功能于一体，项目规划业态占比中，办公比例为 41%，餐饮为 24%、零售为 14%，秀场为 9%，除了能够满足园区内企业的办公需求，也能满足不同人群的生活休闲、文化体验需求，保证在不同的时间段有不同人群在园区消费，实现园区人气的聚集。

二是深耕产业服务，推动价值增值。首钢园利用北京冬奥会的影响力，推动冬奥遗产的可持续利用，打造体育文化区域产业增长的重要引擎。同时，打造"一体四翼六维"的产业服务体系，即以国内外重大产业平台为依托；以科技创新孵化机构、科技产业投资基金、科技创新联合体、科创大奖赛事为支撑；通过政策对接、人才服务、市场合作、融资服务、应用场景、公共服务平台培育产业生态，撬动资源集聚。郎园运营团队搭建了艺术展示平台、线上交流平台、品牌推广平台、金融服务平台、孵化服务平台、文化交流平台、会员互动平台、生活服务平台等，形成了系统的文创产业运营服务体系。通过举办文化活动，建立艺术展示平台、线上交流平台等，提升园区的文化价值和吸引力，从而增加租金溢价和吸引更多企业入驻。产业服务收益则构成了郎园盈利新的增长点，对园区内的企业，郎园建立了包括孵化服务、品牌推广、线上交流等在内的产业服务体系，在租金收益之外扩展各类服务收益；同时，郎园也逐渐开始尝试向其他园区提供品牌、管理输出等获取服务收益，随着郎园未来合作园区数量的增加，托管运营服务收益或将成为郎园盈利迅速提升的"新引擎"。同时，通过设立产业基金、园区基金等投资孵化优质的文创企业，获取投资收益。

第四，城市更新汇集各路资本，实现资金来源多元化。

首钢园整体改造与建设投入资金达到百亿级别，所需资金全部由首钢集团自筹。首钢园区选择由首钢集团承担项目改造的出资方与运营方角色，利用首钢集团的资金筹措能力和资源整合能力，实现保护前提下的再利用。除了首程控股与铁狮门，其资金来源还汇集了北京首钢基金有限公司（以下简称"首钢基金"）、泰康人寿、煜盈资产等资本。首钢园探索性地划分园区区块，分为北区、南区和东南区，并制定出差异化的开发思路与策略，为保障北京冬奥会，首钢园用了 3~4 年时间，集中大量资金开发建设了北区；南区的开发策略是，优先基础设施建设和环境建设，为国家级重大项目做储备；同时将东南区的土地收储、上市，进行招拍挂，用这部分资金来缓解、平衡开发北区的资金压力。

郎园的"1+1+N"投资模式，其中第一个"1"代表郎园的品牌和运营，第二个"1"代表产权方的投资，"N"代表多个社会资本的跟进，这种模式解决了城市更新项目资金来源的问题。2014 年，郎园 Station 开始引入社会力量，合作开办一处兰境艺术中心。由于艺术中心盈利能力差，在高租金的 CBD 区域，更要承受巨大的生存压力。为此，郎园制定了新商业模式：将艺术中心与联合办公、艺术餐厅结合，办公与餐厅的租金收入，贴补艺术中心的租金空缺；艺术中心在展览的空闲期承接高端商务活动。首创郎园团队又在郎园 Station 园区内对自己租赁的房产进行改造，投入改造款7000 万元。之后边招商、边运营，把南区不到 2000 平方米、散落的小空间打造成设计师聚落，挑选了一批设计师入驻园区，免三年租金。在短短几年内，郎园 Station 成功吸引了 13 亿元的社会资本进入园区内投资，成为北京市首批新消费品牌孵化基地。

3. 实施成效

第一，实现工业遗存保护和利用的双赢。

在对工业遗存进行保护与利用的过程中，首钢园区北区巧妙融入冬奥元素，实现了从以钢铁生产为主的"火"时代到承载冬奥赛事与活动的"冰"时代的精彩转变。这里将历史底蕴与现代活力相融合，把工业遗迹和冬奥特色有机结合，历经百年发展沉淀的首钢园，凭借其独树一帜的风格，成为奥林匹克运动助力城市发展、工业遗存再利用以及工业区复兴的优秀范例。近年来，首钢园在举办各类大型活动上成果斐然。连续 3 年成功承办服贸会专题展，打造出了具有独特风格的聚落式、花园式场馆群；中国科幻大会更是连续 4 次选址首钢园，并且随着纳入"中关村论坛"，其规格得到进一步提升。此外，首钢园还积极举办各类首发首秀等会展活动，数量累计超过 700

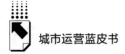

场，吸引入园的客流量总计已超 2100 万人次，极大地提升了园区的影响力和吸引力。

首创郎园"轻重结合"的发展模式，一方面通过自持园区物业空间获取出租收益，另一方面通过文化内容运营、文化活动运营获取服务收益。郎园 Vintage 运营至今，园区年产值约 50 亿元。从盈利模式来看，郎园形成了"物业租金收益+产业服务收益"复合型盈利 2.0 模式，其中，租金收益构成了郎园盈利的基本盘，为郎园提供了持续稳定的现金流，郎园 Vintage 园区每年仅租金收入就超过 8000 万元。同时，实现品牌增值，租金水平不断上升，成为全国为数不多的租金水平高于周边甲级写字楼的文创园区。依靠母公司的基金资源，郎园未来可能涉足孵化产业投资业务，有望实现盈利模式向 3.0 阶段升级。

表 1　郎园 Vintage 文创园区盈利模式

盈利模式	具体内容
通过房地产出租或销售获取租售收益——1.0 模式	出租文创园区内的办公空间、商业空间，获取租金收益；在园区内或园区周边开发配套住宅项目，获得房地产销售收益。
通过提供运营服务获取服务收益——2.0 模式	为园区内企业提供基础物业服务、人才培训服务、活动策划服务、品牌推广服务等产业服务，获取服务收益；运营成熟的文创园区，还可以通过轻资产输出品牌、管理等，托管运营其他园区获取服务收益。
通过产业投资获取投资收益——3.0 模式	通过设立产业基金、园区基金等，投资孵化优质的文创企业、园区物业资产等获取投资收益。

第二，推动产业集聚和业态更新。

目前，首钢园园区已形成集餐饮、酒店、零售、展览、体验等多元场景于一体的特色消费生态，正在逐步成为北京国际消费中心城市的重要支点。初步形成科幻、人工智能、互联网 3.0、航空航天等未来产业和高精尖产业集群。其中，科幻是首钢园全力打造的新 IP，光场成像、元宇宙前沿技术中心、动作捕捉、虚拟拍摄等一批北京市重点公共技术平台落地首钢园。首钢园科幻产业集聚区现已成为中国科幻产业发展的重要承接地和科幻产业创新展示的重要窗口。截至 2024 年 8 月，首钢园区整体入园企业 831 家，注册资本超过 750 亿元，其中创新型科技企业 412 家；国高新、专精特新、瞪羚企业等企业资质超过 150 项。

郎园的文化氛围浓厚，不仅是商业消费场所，更是文创产业基地。从项目业态规划的角度来看，郎园 Station 文化科技产业、文化消费、公共文化的占比呈 5：4：1 的比例。在产业板块中，影视产业最为聚集，区域内聚集了 300 多家影视相关机构、有上万平方米的影视制作和商业摄影棚。郎园项目通过重塑空间脉络，结合首创郎园的文化运营模式，植入新的文化基因属性，打造创新产业的"鱼塘生态"，让工业遗产变身文化富矿，实现产业升级。

第三，成为城市更新的样板。

一是打造了全球工业区复兴典范的"首钢经验"。以首钢园为发展引擎，加快推动了京西地区转型发展，为城市构建新发展格局奠定了重要基础。首钢园已成为北京城市深度转型的重要标志和具有国际影响力的城市更新项目。已建成的建筑 100% 达成绿色建筑标准，碳减排总量为 28.5 万吨/年，成为国内首个 C40 正气候样板区。相关工作荣获 2017 年中国人居环境范例奖、2018 国际卓越规划奖等 9 项国内外奖项。作为以企业为主体实施的工业区复兴典范，首钢园在绿色转型的过程中，传承首钢集团改革创新传统，将 ESG 理念融入经营发展战略，从园区规划、建设、产业服务运营、管理探索全过程创新发展模式，在打造产城融合发展园区的道路上形成了"首钢模式"与"首钢经验"。

二是成为城市文化新地标。郎园 Park 通过举办各种文化活动，如音乐会、阅读分享、艺术展览等，吸引了大量的文化爱好者和居民参与，成为京西文化消费的标杆和石景山区的公共文化地标。它不仅是一个文化创意园区，更是一个现代人能够滋养身心的"桃源之地"。郎园 Vintage 项目已经成为北京文创领域的标杆项目，目前入驻企业包括果壳网、罗辑思维、腾讯影业、CCTV 北京记者站等 50 余家知名文创企业，在运营模式、盈利模式方面已经初步积累了较为成熟的经验，并且近两年已经开始试水"轻资产输出"。郎园 Station 园区场景丰富，多个国际获奖建筑作品云集，是品牌的国际化时尚秀场。先后获得"北京市首批新消费品牌孵化基地""北京市级文化产业园区"等多项荣誉，逐渐成为北京市的明星文创园区。

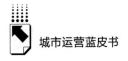
专栏1：北京市《关于开展老旧厂房更新改造工作的意见》政策解读

2021年4月，北京市规划和自然资源委员会联合北京市住房和城乡建设委员会、北京市发展和改革委员会、北京市财政局发布《关于开展老旧厂房更新改造工作的意见》（简称《意见》）。

1. 文件出台的背景和目的

实施城市更新行动，有利于完善城市功能，提升城市活力，保障改善民生，促进城市高质量发展。为推动老旧厂房转型升级、功能优化和提质增效，促进存量资源集约高效利用，按照市委市政府工作部署，市规划自然资源委会同有关部门，研究制定了《关于开展老旧厂房更新改造工作的意见》，旨在为老旧厂房更新改造提供实施路径和政策支撑。

2. 《意见》的适用范围

《意见》适用于本市中心城区范围内老旧厂房的更新改造。中心城区以外各区可参照执行并制定实施细则；首都功能核心区、北京城市副中心可根据党中央、国务院批复的控制性详细规划（街区层面）单独制定实施细则。

本意见所称老旧厂房包括老旧工业厂房、仓储用房及相关工业设施。涉及不可移动文物、历史建筑等，按相关规定执行。

3. 老旧厂房更新改造的主要模式

一是优化中央政务功能。鼓励首都功能核心区内的老旧厂房依需调整为中央政务功能用房。

二是产业转型升级。鼓励利用老旧厂房发展智能制造、科技创新等高精尖产业，发展新型基础设施、文化产业等符合街区主导功能定位的产业，不鼓励对原有厂房进行大拆大建。对于将高端制造业列为主导产业的区域，老旧厂房满足产业定位并且具备相应配套条件的，原则上优先发展高端制造项目。

三是增加公共空间。加强老工业厂区更新功能引导，优先保障交通市政条件预留、"三大设施"设置、绿地及开放空间等需求。鼓励优化完善老工业厂区公共空间体系，通过加密路网打通街道微循环系统，对公共空间进行织补完善；鼓励通过用地置换的方式增加绿地、广场、应急避难场所等公共空间。

四是补充城市配套短板。鼓励利用老旧厂房补充文化体育、停车服务、医疗养老、便民服务、学前教育等公共服务设施。

五是发展经营性用途。在符合街区控制性详细规划、产业发展规划前提下，鼓励利用闲置工业厂房发展现代服务业或建设新型服务消费载体。为促进职住平衡，符合规划及建设项目规划使用性质正面清单的，也可改建租赁型职工集体宿舍等租赁住房。

4. 老旧厂房更新改造的实施方式

一是自主更新。在符合街区功能定位和规划前提下，鼓励原产权单位（或产权人）通过自主、联营等方式对老旧厂房进行更新改造、转型升级。

二是政府收储。根据实施规划需要，涉及区域整体功能调整的，统一由政府收储，按照规划用途重新进行土地资源配置，由新的使用权人按照规划落实相应功能。可给予原产权单位（或产权人）异地置换相应指标。

5. 老旧厂房更新改造的规划土地支持政策

一是建筑规模。鼓励引导将现状低效空间直接转换使用功能，实现建筑规模"零增长"下的内涵转换和功能提升。为解决安全、环保、便利等问题，或根据产业升级以及完善区域配套需求，可配建不超过地上总建筑规模15%的配套服务设施，其设计方案需进行结构安全论证，配套服务设施按照主用途管理。对于增加的建筑规模指标，可在保持区级建筑规模总量稳定的前提下，由区政府统筹研究指标转移路径及办法。

二是供地方式。涉及改建、扩建或改变规划使用性质的更新项目，可按新的规划批准文件办理用地手续。其中，符合《划拨用地目录》的，可以划拨方式供地；不符合《划拨用地目录》的，可以协议方式办理用地手续，也可结合市场主体意愿，依法采取租赁、先租后让、租让结合、作价出资（入股）等方式办理用地手续，但法律法规以及国有建设用地划拨决定书、有偿使用合同等明确应当收回土地使用权重新出让的除外。代建公共服务设施用房并将产权移交政府所属部门或相关单位的部分，按划拨方式办理用地手续。

三是过渡期政策。利用老旧厂房发展5G、人工智能、大数据、工业互

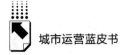

联网、物联网等新型基础设施，以及国家鼓励和支持的新产业、新业态的，在符合控制性详细规划且不改变用地主体的条件下，由区投资或相关行业主管部门提供项目符合条件证明文件，由区规划自然资源部门出具允许临时变更建筑使用功能以及实施改造建设的相关意见后，可在5年内实行继续按原用途和土地权利类型使用土地的过渡期政策。过渡期从建设单位取得建筑工程施工许可证之日起计算；不需要办理建筑工程施工许可证的，从规划自然资源部门出具意见之日起计算。过渡期满及涉及转让的，应按新用途、新权利类型办理相关用地手续。

四是土地价款缴纳。在符合规划、不改变用途的前提下，现有工业用地提高土地利用率和增加容积率的，不再增收土地价款。老旧厂房用地性质调整需补缴土地价款的，可分期缴纳，首次缴纳比例不低于50%，分期缴纳的最长期限不超过1年。土地价款全部缴清后，方可办理不动产登记。

五是土地年租制。根据市场主体意愿，采取租赁方式办理用地手续的，土地租金实行年租制，年租金根据有关地价评审规程核定。租赁期满后，可以续租，也可以协议方式办理用地手续。

六是作价出资（入股）。根据市场主体意愿，由政府指定部门作为出资人代表，对已取得划拨建设用地使用权的土地，可以作价出资（入股）经营性服务设施。作价出资（入股）部分不参与企业经营活动，不负担盈亏，确保土地资产保值。

七是建设用地使用权转让、出租、抵押。在不改变实施方案确定的使用功能情况下，经营性服务设施已取得的建设用地使用权可依法进行转让或出租，也可以建设用地使用权及地上建筑物、构筑物及其附属设施所有权等进行抵押融资。建设用地使用权及地上建筑物、构筑物及其附属设施所有权转让、出租、抵押实现后，应保障原有经营活动持续稳定，确保土地用途不改变、利益相关人权益不受损。以划拨方式取得的建设用地使用权（含地上建筑物、构筑物及其附属设施）出租，按照本市建设用地使用权转让、出租、抵押二级市场有关规定收取政府土地收益。

资料来源：国研经济研究院根据网络公开资料整理。

（三）社会资本参与老旧小区改造——北京"劲松模式"

1. 案例简介

《北京城市总体规划（2016—2035年）》提出，统筹推进老旧小区综合整治和有机更新，提升环境品质和公共服务能力，建立老旧小区日常管理维护长效机制。2018年，在全市老旧小区改造工作稳步推进的背景下，北京市朝阳区劲松街道以劲松北社区为试点，引入社会力量推进老旧小区综合改造和有机更新。

劲松小区地处北京东三环劲松桥西侧，归属于朝阳区劲松街道。它始建于20世纪70年代，是改革开放后北京市首批大规模建成的楼房住宅区，总占地面积达26公顷，区内共有43栋居民楼，涉及3605户住户。小区内老年居民占比达39.6%，其中独居老人占比高达52%。由于建成时间较早，小区存在配套设施不完善的问题，居民生活服务的便利性较差，居民们对加装电梯、增设无障碍设施、丰富便民服务内容、改善社区环境等方面的需求十分迫切。劲松一区和二区（即劲松北社区）作为试点区域，具备相对独立性和典型代表性，几乎涵盖了老旧小区普遍存在的各类"通病"，像人员构成复杂、公共设施陈旧落后、停车困难等问题在这里都较为突出。

2018年7月，愿景集团与劲松街道签订战略合作协议，引入社会资本实施小区改造。2019年8月，劲松北社区"一街两园"示范区完成改造。劲松街道与社会资本愿景集团共同推进劲松北社区有机更新，打造出"区级统筹，街乡主导，社区协调，居民议事，企业运作"的"五方联动"劲松模式，使得劲松小区从众多老旧小区改造中脱颖而出。

2. 主要举措

"劲松模式"是北京市朝阳区劲松街道劲松北社区在老旧小区综合整治中的创新实践。该模式的核心在于引入社会资本参与改造，通过市场化方式进行投融资，吸引专业企业参与设计、规划、施工及后期物业管理，形成一种可持续的运营模式。具体而言，劲松模式的重点举措如下。

第一，创新投融资机制，运用市场化方式吸引社会资本推动老旧小区更

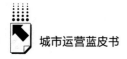

新与持续运营。老旧小区改造是一项长期工程，投资回报周期长。当前，我国老旧小区改造资金来源主要为财政资金，仅凭政府投入难以满足需求，后续管护亦面临挑战。住建部将老旧小区改造分为基础类、完善类和提升类三种模式，社会资本的投入主要在完善类和提升类。但没有改造资金来源、不产生新的盈利空间，自然没有企业愿意投入。以传统方式开展治理，难以从根本上解决劲松老旧小区的复杂问题。为此，劲松街道除申请市、区财政资金支持基础类改造外，还通过民意征集、社会招标等方式，与愿景集团签订合作协议，选定劲松北社区为试点，利用物业运营、停车管理、养老托幼等设施吸引社会资本，愿景集团投入自有资金3000万元（占总投入的45%）参与改造，通过物业管理、使用者付费、政府补贴、商业收费等多元化渠道，实现投资回报平衡。在改造过程中，重视对潜在盈利空间的挖掘，拓展老旧小区公共收入渠道，支持社会资本参与老旧小区综合整治和物业管理，帮助老旧小区改造探索可持续的"自我造血"机制。

第二，开创"区级统筹、街乡主导、社区协调、居民议事、企业运作"的"五方联动"推进新模式。其一为协同联动机制。在社会资本刚进入时，政府提供为期三年的补贴，用于填补物业运营成本，同时在政策扶持、资源调配、资金投入等多方面给予有力支撑。属地街道携手愿景集团，在规划、住建、房管等部门的专业指导下，对小区实施综合改造与品质提升工程，共同探寻社区长效发展的创新路径。愿景集团充分发挥自身优势，从全域顶层策划、片区整体更新规划、资金解决方案制定，到产业有效导入等各个环节，提供"全链条"服务，并搭建全周期发展平台。其二是系统性规划举措。一方面，严格对照上位规划要求，秉持规划先行理念，以科学规划引领发展方向，明确街道更新的目标与重点；另一方面，统筹"街区、社区、邻里"三个维度，充分发挥街道责任规划师以及入驻物业公司的专业规划设计能力。始终坚持"以人民为中心"的发展思想，精准把握社区定位、合理优化空间格局、科学配置各类要素、有效满足治理需求等核心要点，绘制出全面系统的规划"总图"，切实将规划方案落实到基层治理和街道项目建设中，保证规划执行的连贯性和稳定性，真正做到"一张蓝图绘到底"。

其三是沉浸式设计方式。在小区改造期间，规划设计师全程深度参与，驻场开展工作。在施工阶段，与施工团队紧密协作，根据现场实际情况灵活调整设计方案，保障项目高效推进的同时，最大限度减少对居民正常生活的干扰。在后期运营过程中，持续跟踪收集居民的使用反馈信息，针对不断涌现的新需求及时进行优化和调整。

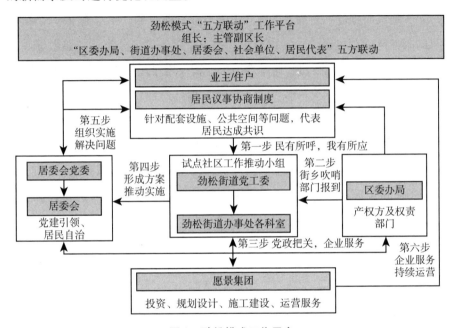

图2　劲松模式工作平台

资料来源：公开资料。

　　第三，推行"双改造"创新举措，精准把握居民需求，同步提升硬件设施与软件环境。在"劲松模式"的实际推行过程中，充分保障社区居民全程参与，让居民自主选择社区改造内容，既关注硬件设施的改善，又重视美好生活社区的打造。为精准确定居民需求，劲松街道联合企业项目团队开展了大量调研工作，发放了2380份调查问卷，并通过入户访谈、现场勘查、组织座谈会以及召开评审会等多种方式，对居民需求进行细致梳理。借助居民议事协商制度，在居民之间达成广泛共识。以平安社区、有序社区、宜居社区、敬老社区、家园社区、智慧社区这"六个社区"作为更新改造的总体目标，

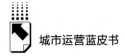
将"一街"（劲松西街）、"两园"（二区小公园、209小花园）、"两核心"（社区居委会、物业中心）以及"多节点"（社区食堂、美好会客厅、自行车棚、匠心工坊等）列为改造重点，围绕公共空间、智能化、服务业态、社区文化四大类别，涵盖16个小类、30余项具体内容，开展定制化改造。

第四，创新采用"先尝后买"的服务模式，通过"双过半"（即居民户数过半、建筑面积过半同意）的方式引入专业物业服务，并实施清单式管理。提供的服务包括环境保洁、绿化养护、停车管理、垃圾分类等。在做好基础物业服务的同时，持续推进社区综合服务，积极构建并落地"物业+为老"项目服务机制，将物业的全天候响应、维修、保洁、商户管理与社区居家养老服务有机融合，形成高效集约的社区为老服务体系。此外，物业服务企业主动融入党建引领的社区治理体系，有效充实社区服务力量，助力提升社区治理水平。居民先体验物业服务，满意后再付费。按照"谁投资、谁受益"的原则，构建受益者付费机制，逐步培养居民的付费意识，让居民在切实感受到生活品质提升后，逐渐接受物业服务付费理念，真正做到对居民需求的积极回应。

3. 实施成效

第一，探索出"微利可持续"的老旧小区改造市场化模式。

在劲松北社区改造过程中，突破了以往仅关注单个项目自身静态资金平衡的局限，以整体、动态的资金平衡观念指导改造工作，初步形成一套综合运营模式，涉及存量资源挖掘与物业运营等方面。目前正在运营的业态，如美好邻里食堂、美好理发、匠心工坊、便民菜站和百年义利副食店等，都是依据居民调研结果和实际需求确定的。企业通过引入与民生紧密相关的社区服务业态，结合街道的政府购买服务补贴等途径，逐步收回前期改造投入成本，实现"微利可持续"发展。

收益方面，依据公开数据，目前劲松项目的改造收益约为每年627万元，主要来源于两个部分。其一为服务管理收益，其中基本物业管理收益约为每年143万元，进入运营成熟期后预计可达每年220万元，便利服务及商业等收益约为每年30万元。其二为设施经营类收益，包括存量用房改造后的租金以及停车管理费。600多个停车位每年可产生110万元收益，存量用房租金收益每年约 267 万元，这些存量用房涵盖商业店面、兼具商业与公益性质的美好邻里食堂，以及公益性的社区公共活动空间等。

表 2 劲松项目改造收益

改造收益	收益来源	具体内容	金额
设施经营收益	存量用房租赁收益	经营性设施，约 600m²	267 万元/年
		半公益性设施，约 1000m²	—
		公益性设施，约 100m²	
	停车管理收益	600 余个停车设施	110 万元/年
服务管理收益	基础物业管理收益	政府 3 年扶植	143 万元/年
		物业管理收益	200 万元/年（成熟期）
	增值服务收益	便民服务及商业等收益	30 万元/年

改造支出方面，项目主要成本除了前期社会资本投入 3000 万元外，还有年均基础物业运营成本 279 万元。这两方面成为项目成本的主要构成。

表 3 劲松项目改造支出

改造成本		内容	金额
建设成本		基础类改造成本 提升、完善类改造成本	共约 3000 万元
运营成本	经营设施运营成本	经营性、半公益性设施运营成本	— （商户承担）
	服务管理成本	基础物业管理成本 （含停车管理及公益性设施运营成本）	约 279 万元/年
		增值服务成本	与该项收益相比较低

根据企业测算，结合综合运营收益，项目在动态平衡运营、财务等成本的基础上，运营 10 年可实现资金平衡，运营 20 年可实现 2%～3%（考虑到企业综合资金成本 5%～6%）的较低收益率。

第二，实现"硬件"升级和"软件"再造。

一是"硬件"升级，环境改善明显。适老化改造，织补便民服务和公共

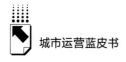

活动空间，增加电梯、邻里食堂、便民商店、绿化环境、活动场地，使得建设超过40年的老社区焕发生机，居住生活更便利、更舒心。二是"软件"再造，建立了老旧小区改造的良性长效机制。改造后，劲松北社区迎来了巨大的变化。在人群、基础设施、配套服务三方面将原来存在的"错配"改变成现在的"适配"。一方面，居民的生活便利性和安全感得到极大提升，居民足不出社区就能满足生活所需，涉及环境类接诉即办案件同比下降约60%，人民群众幸福感大大增加。另一方面，居民也有了更强的"主人翁"意识，更加关心社区建设、主动参与社区治理，在每周组织的睦邻会、社区公益课和垃圾分类等活动中，参与踊跃、建言献策。同时，通过周末电影、跳蚤市场、书画插花培训、趣味比赛等丰富多彩的文化活动，邻里感情更加温馨。在此基础上，推进落实居家养老，通过为高龄老人家庭安装"一键呼"、进行无障碍设施改造、志愿者上门关怀等措施，不断提升居家养老的幸福感和舒适度。

表4　劲松社区改造前后对比

改造前：三类错配	改造后：适配策略
居住人群错配： 社区服务、设施均不"适老"(社区现状不符合老年人日常生活基础的安全性、服务性需求)； 周边更多职业年轻人应享受职住平衡(周边商务区上班的大量年轻职场人有职住平衡要求)	居住人群置换： 保留产权，部分老年人集体置换到养老型社区； 周边年轻职场人士入住劲松社区，实现职住平衡
基础设施错配： 消防设施不足(消防设施设计标准低，楼内无消防设施，社区乱停车阻碍消防通道，一些高层住户封闭窗户，发生火灾时无法逃生。总体上，小区存在火灾隐患)； 适老设施缺失(多层无电梯，社区没有无障碍设施，老年居民长年无法下楼，无法享受正常晚年生活)； 排水等管线设施老化(社区排水老化，夏季雨水倒灌地下室，房屋上下水管道渗漏、堵塞)	实施和服务提升： 满足社区基本安全、便民设施及服务要求； 满足老年人适老化的设施和服务要求，同时延续劲松文化和历史，激起老年人对过去的荣耀感； 满足年轻职场人士所需的设施和服务要求，具有时代感和科技感； 建设基本的儿童设施及服务； 通过运营活动，邻里关系重建让社区充满活力
配套服务错配： 缺乏安全管理(楼道堆放电动车易燃杂物，消防通道堵塞等问题无人管理)； 缺乏人员管理(门禁安防全部损坏，流动群租人群无法管理)； 缺乏老年关怀(对独居老人身体情况缺乏了解，有可能发生非正常死亡等恶性事件)	

美好客厅改造前   美好客厅改造后

图3 美好客厅改造前后比较

资料来源：公开资料。

低效空间改造前   低效空间改造后

图4 低效空间改造前后比较

资料来源：公开资料。

第三，形成老旧小区改造"劲松模式"样本。

北京劲松更新改造项目已累计获得包括央视新闻联播、人民日报、北京日报等主流新闻媒体近两百次报道。北京市委十二届十次全会明确提出"劲松模式"是基层治理的大突破，是小切口见效快的重大创新，要不断总结、完善，加快全市推广，并将推广"劲松模式"列为全市2020年改革任务。《北京市国民经济和社会发展第十四个五年规划和2035年远景目标纲要》也提出，推广"劲松模式""首开经验"，引入社会资本参与。"劲松模式"探索出老旧小区自我更新的可能性途径，提供了老旧小区改造治理中的一个样本模式，也为社会治理精细化展示了精治善治的"朝阳经验"。

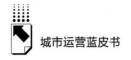
（四）打造"多彩贵州"品牌——贵州无形资产运营项目

1. 案例简介

贵州"多彩贵州"品牌的出台背景可以追溯到 2005 年，当时贵州省委、省政府决定实施"多彩贵州"文化品牌战略，旨在展示贵州的文化特色和魅力，促进经济社会的发展。"多彩贵州"品牌的提出，源于贵州丰富的自然景观、多彩的民族文化以及深厚的历史底蕴。贵州拥有美丽的山川湖泊、瀑布洞穴、森林湿地等自然景观，是名副其实的生态之都。同时，贵州还是一个多民族聚居的省份，各民族之间的文化差异和特色明显，形成了多姿多彩的民族文化。此外，贵州世界自然遗产数量高居全国榜首，拥有"地球绿宝石"荔波、赤水丹霞、海龙屯、梵净山、亚洲第一大瀑布黄果树瀑布、织金洞世界地质公园等众多世界级旅游资源，以及超级大桥、中国天眼、茅台、"村 BA"等众多世界级名片，红色文化、阳明文化、屯堡文化、民族文化星光熠熠。这些都为"多彩贵州"品牌的打造提供了丰富的资源。

"多彩贵州"品牌具有鲜明的区域公共品牌属性和产业属性，是贵州在国内独具优势的重大国有无形资产。近年来"多彩贵州"品牌无形资产运营，坚持在无中生有中以创新为先导，探索路径创新、方式创新、手段创新、机制创新，初步探索形成了品牌资产暨品牌价值运营管理的模式。如今，"多彩贵州"品牌已成为贵州省最具影响力的文化品牌和文化符号之一，代表着贵州的形象和正能量。它不仅在对外树立贵州新形象、对内提升文化自信上发挥了积极作用，还促进了贵州经济社会的全面发展。

2. 主要举措

第一，深入挖掘民族文化。

贵州坚持省、市、县三级联动，充分利用其丰富的民族文化资源，通过挖掘、整理、传承和创新，将民族文化元素融入旅游产品中，打造了一批具有浓郁民族特色的文化产品和文化活动。例如，推出了一系列以苗族、侗族等少数民族文化为主题的旅游线路和文艺演出，吸引了大量游客前来体验。通过举办"多彩贵州歌唱大赛""多彩贵州旅游文化节""文化和自然遗产日""世外桃源·人间样板"等大型文化活动，提升了"多彩贵州"品牌的知名度和影响力。

第二，策划打造文化品牌战略。

贵州实施了"贵系列"品牌战略，通过政府引导和市场运作，推动品牌产品多元化培育，打造了一系列"贵系列"品牌精品，并构建了"贵系列+N"品牌矩阵。制定了严格的品牌认定标准和品牌认定程序，确保品牌质量，并通过建立品牌管理平台，提供线上线下一体的品牌服务。

推动品牌市场化运营，实行品牌授权经营，鼓励市场力量参与品牌运营，并通过网络销售、直播带货等形式扩大线上营销规模。

建立动态监管机制和品牌保护体系，对品牌进行监测分析，确保品牌的质量和市场认可度，同时打击品牌仿冒、商标侵权等违法行为。"多彩贵州"品牌在2010年全面完成了商标注册，获得知识产权，通过外宣和公益性活动推广，树立了区域公共品牌形象，初具公共品牌的公信力、影响力，形成了引领爽爽贵阳、中国凉都等九个市州的城市品牌架构。

第三，探索品牌资产融合发展。

充分认识到品牌作为无形资产所蕴含的商业价值，熟练运用品牌资产和相关标准，对产业链上游的供货方、生产基地以及下游的销售渠道、营销商进行有机整合。随着品牌资产内容的持续丰富，部分品牌在市场上崭露头角，具备了一定的影响力和竞争力。像以"多彩贵州风"为标识的演艺产业，凭借独特的民族文化表演吸引大量观众；"多彩贵州贵银"引领的旅游商品业，推出众多具有贵州特色的银饰等旅游纪念品；"多彩贵州水"带动的生态产业，主打优质水资源开发；"多彩贵州酒"代表的白酒业，弘扬贵州白酒文化；"多彩贵州网"所处的互联网行业，为贵州信息传播搭建重要平台；"多彩贵州航空"所在的交通服务业，助力贵州对外交通连接；"多彩贵州街"打造的文旅综合体，融合文化与旅游消费场景；"多彩贵州非遗周末聚"作为非遗保护利用活动平台，推动贵州非遗文化传承。这些品牌在各自领域发挥作用，拉动了投资，创造了就业机会，提升了贵州的整体形象。

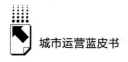
第四，大力强化品牌的宣传推广工作。

借助电视、广播、互联网等多元化传播渠道，加大对"多彩贵州"品牌的宣传力度。在互联网传播方面，贵州推出"重点推介+流量吸引+政策优惠"的组合策略。在线下，前往北京、上海、香港、澳门等重要客源地开展文旅招商推介活动；在线上，发起各类营销活动，全方位展示贵州"好看、好玩、好吃、好爽"的旅游形象，吸引更多游客和投资者关注贵州。同时，还积极参加国内外各类文化展会和旅游推介活动，提升品牌的国际知名度和影响力。

3. 实施成效

第一，旅游品牌影响力提升，旅游收入大幅增长。

"多彩贵州"品牌已成为贵州文化旅游的代名词，吸引了大量国内外游客前来探访，贵州的自然风光、民族文化、历史传承等特色元素得到了广泛传播，形成了独特的旅游品牌形象。贵州旅游业实现了"井喷式"增长，旅游总收入和旅游及相关产业增加值均实现了显著增长。十多年来，贵州接待旅游总人数从2011年的1.7亿人次增加到2023年的6.36亿人次，旅游总收入从1429.48亿元增长到7404.56亿元，贵州从文旅大省逐步迈向文旅强省。

第二，品牌知名度显著提升，荣誉奖项不断。

"多彩贵州"品牌在国际上的知名度和美誉度不断提升，成为贵州走向世界的一张亮丽名片。通过参加国际展览、演出等活动，展示了贵州的自然风光、民族文化等特色元素，吸引了更多国际游客前来探访。贵州的民族文化、传统手工艺等在国际上得到了广泛关注和赞誉，为贵州的文化输出提供了更多的机会和平台。"多彩贵州"品牌荣获了多项荣誉和奖项，如2022年中国品牌"新时代品牌十年·卓越品牌案例"、2024年多彩贵州文化公司获国家文化产业示范基地荣誉、大型民族歌舞《多彩贵州风》荣获2023～2024年度国家文化出口重点项目等，这些荣誉进一步证明了"多彩贵州"品牌的影响力和价值。

第三，文化传承与创新取得新进展。

依托"多彩贵州"品牌，贵州的文化创意产业发展迅速，建立了黔东南高新技术产业开发区民族文化创意产业园、仓酷文创园、融汇·贵阳零五文体园、新光里文化创意产业园等一批融合多业态、多模式的文化创意园区和产业基地，培育了一批具有竞争力的文化创意企业，如贵州电子商务云、贵州禾田文化传媒有限公司等。上述文化创意产业园区和基地以及文化创意企业，共同推动了贵州文化创意产业的快速发展，为贵州文化传承创新做出了重要贡献。

（五）创新融资模式探索住有所居——红土深圳安居 REITs

1.案例简介

随着城市化进程的加速，深圳市面临严峻的住房供需矛盾，尤其是对新市民和青年人的住房保障问题日益突出。为解决这一难题，深圳市政府积极探索住房保障的新模式，推动保障性租赁住房 REITs（Real Estate Investment Trusts，房地产投资信托基金）的试点，旨在通过金融创新，引入资本市场力量，助力保障性租赁住房的建设和运营，实现住房保障的可持续发展。红土深圳安居 REITs 项目，作为国内保障性租赁住房基础设施 REITs 的先行者，不仅为深圳乃至全国的保障性租赁住房发展提供了新的融资渠道，也为推动住房租赁市场的健康发展做出了积极贡献。

项目原始权益人为深圳市人才安居集团有限公司、深圳市福田人才安居有限公司和深圳市罗湖人才安居有限公司。计划管理人为深创投红土资产管理（深圳）有限公司。基金管理人为红土创新基金管理有限公司。底层资产运营机构为深圳市安居创新私募股权投资基金管理有限公司、深圳市房屋租赁运营管理有限公司。除了以上公司，还包括托管人、监管银行等交易参与方，具体参与方如下表所示。

表 5　红土深圳安居 REITs 项目参与方

参与方	参与机构名称
基金托管人	招商银行
计划托管人	招商银行深圳分行
基金管理人	红土创新基金管理有限公司

续表

参与方	参与机构名称
计划管理人	深创投红土资产管理(深圳)有限公司
外部管理机构	深圳市房屋租赁运营管理有限公司
原始权益人	深圳市人才安居集团有限公司、深圳市福田人才安居有限公司、深圳市罗湖人才安居有限公司
项目发起人	深圳市人才安居集团有限公司
基础资产项目公司	百泉阁管理公司、锦园管理公司、鼎吉管理公司
基础设施资产	安居百泉阁项目、安居锦园项目、保利香槟苑项目、凤凰公馆项目
配套停车场整体承租人	安居(深圳)城市运营科技服务有限公司

资料来源：红土深圳安居 REITs 招募说明。

深圳安居保障性租赁住房 REITs 选取了位于深圳核心区域的优质保障性租赁住房项目作为底层物业资产，为安居百泉阁项目、安居锦园项目、保利香槟苑项目和凤凰公馆项目 4 个保障性租赁住房项目，分别位于深圳市福田区、罗湖区、大鹏新区和坪山区。建筑面积合计 13.47 万平方米，租赁需求旺盛，确保了稳定的租金收入和良好的运营前景。出租率方面，红土深圳安居 REITs 旗下项目接近满租状态；租户结构方面，红土深圳安居 REITs 底层资产的租户以企业为主，收入来源较分散；租约期限方面，红土深圳安居 REITs 所持项目租约期限以 2~3 年为主。

表 6　底层物业资产基本情况

物业资产	总建筑面积（万平方米）	住房部分及配套商业设施建筑面积（万平方米）	套数	估值总价（亿元）	估值单价（元/平方米）
百泉阁	5.36	3.97	594	5.76	10747
锦园	3.51	2.69	360	3.01	8554
保利香槟苑	1.65	1.65	210	0.68	4150
凤凰公馆	5.15	5.16	666	2.13	4133
合计	15.67	13.47	1830	11.58	7388

资料来源：红土深圳安居 REIT 招募说明。

2. 主要举措

第一，制定完善的基金运营制度框架。

高度利益绑定缓解潜在代理问题。传统公司治理理论认为主要存在两类代理问题：一是所有权与经营权分离情况下，作为代理人的经营者为了谋取私利而牺牲所有者利益；二是控股股东为寻求私利而侵占中小股东利益。红土深圳安居 REITs 规定"基金初始设立时在扣除必要的预留资金后全部投资于深创投-深圳人才安居保障性租赁住房资产支持专项计划发行的资产支持证券"，从而将 REITs 与资产支持证券的利益更紧密地绑定在一起，确保基金管理人完成对标基础设施的收购，减少 REITs 持有人与基金管理人之间的信息不对称，缓解第一类代理问题。红土深圳安居 REITs 规定"原始权益人深圳市人才安居集团、福田安居公司和罗湖安居公司作为战略投资者认购 2.55 亿份基金份额，占本次 REITs 发售比例的 51%，其中 20% 的部分持有期自上市之日起不少于 60 个月，超过 20% 部分持有期自上市之日起不少于 36 个月"，将原始权益人利益与公共投资者利益更紧密绑定，不仅彰显了集团对于基础资产未来收益的高度把握，还可防范原始权益人向 REITs 高价出售资产、销售低质量资产等侵占中小股东权益等第二类代理问题。

融资用途促进保租房良性循环。为落实"房住不炒"的保障性租赁住房行业发展定位，2022 年 5 月中国证监会和国家发改委联合发布的《关于规范做好保障性租赁住房试点发行基础设施领域不动产投资信托基金（REITs）有关工作的通知》（以下简称《保租房通知》），明确要求"发起人（原始权益人）应当为开展保障性租赁住房业务的独立法人实体，不得开展商品住宅和商业地产开发业务"。红土深圳安居 REITs 的原始权益人是深圳市人才安居集团及其子公司，是深圳市人才住房专营机构，仅开展保障性租赁住房建设，无商品住宅和商业地产开发业务。《保租房通知》还规定"发起人（原始权益人）发行保障性租赁住房基础设施 REITs 的净回收资金，应当优先用于保障性租赁住房项目建设"，原始权益人深圳市人才安居集团、福田安居公司和罗湖安居公司严格贯彻"专款专用、专门负责"的理念，将全部募集资金以资本金方式用于募投项目建设，拟投入项目包括安

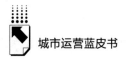

居福厦里 A213-0386 项目、福田区华富北棚改项目和罗湖区南湖街道船步街片区棚户区改造项目等保障性租赁住房，可扩大深圳市保障性租赁住房供给，切实缓解深圳市住房结构性供需矛盾，形成投资良性循环。

第二，构造科学合理的交易结构。

在交易架构的搭建上，"公募基金+ABS"的契约型 REITs 模式备受关注，以红土深圳安居 REITs 为例，其采用的契约型组织形式，契合我国基础设施 REITs 发展现状，是在现有法律框架下的理想选择。鉴于我国尚未出台 REITs 专项立法，为遵循《证券投资基金法》中证券投资基金不得直接投资不动产的规定，红土深圳安居 REITs 运用"公募基金+ABS"架构间接投资不动产。这一架构既规避了与现行法律及监管制度的冲突，又降低了立法成本，显著提升了发行效率。

红土深圳安居 REITs 项目的基础设施资产支持证券，通过"直接受让"方式获取基础设施项目公司的全部股权，进而实现对基础设施资产的完全所有权掌控。该交易架构呈现契约型、权益型、外部管理型的特点，基础设施项目产生的现金流是偿债的主要资金来源。其中，资产支持专项计划在架构中起到资金流动性管理的关键作用，而公募基金则负责对外公开募集资金，吸引众多投资者参与。这一融资架构主要由底层资产、资产管理人、产品管理人以及最终持有者四个核心部分构成。

具体的交易流程如下：首先，设立红土深圳安居 REITs。由基金管理人发起设立封闭式基金，通过公开发行募集资金，原始权益人深圳市人才安居集团、福田安居公司和罗湖安居公司作为战略投资者，认购 REITs 份额的51%，剩余49%由公共投资者认购。其次，红土深圳安居 REITs 运用募集资金，认购"深创投-深圳人才安居保障性租赁住房资产支持专项计划"发行的全部资产支持证券（ABS）。计划管理人设立专项管理计划，基金管理人（代表基金）认购专项计划发行的资产支持证券，成为其持有人，并将专项资金委托给计划管理人管理。然后，计划管理人"直接受让"原始权益人持有的项目公司股权。计划管理人依据与各项目公司原股东（即原始权益人）签订的《股权转让协议》支付股权转让价款，"直接受让"基础设施项目公司（鼎吉管理公司、百泉阁管理公司、锦园管理公司）100%的股权，同时按照《股东借款协议》向项目公司提供股东借款，使得专项计划持有保障性租赁住房安居百泉阁项目、安居锦园项目、保利香槟苑项目、凤凰公馆项目。在项目运营过程中，基础设施项目公司通过监管账户收取运营收入，并按照《股东借款协议》向计划管理人偿还股东借款本金和利息，分配股息、红利等股权投资收益。之后，计划管理人按照相关条款约定，将资产支持证券收益划拨给基金管理人。最后，基金管理人依据《基金合同》约定，向投资人分配基础设施基金份额收益。

在保障投资者权益方面，红土深圳安居 REITs 通过两步实现资产风险与原始权益人风险的有效"资产隔离"。第一步，在 Pre-REIT 阶段，原始权益人深圳市人才安居集团于2021年9月17日设立全资子公司深圳市安居鼎吉管理有限公司，并于2022年1月14日确定其为申报发行保障性租赁住房基础设施 REITs 的项目公司，随后将保利香槟苑项目、凤凰公馆项目按账面净值划转至该公司。同时，罗湖安居公司和福田安居公司也分别于2022年1月21日和2022年1月26日设立全资项目公司，并完成相关项目资产的划转。截至2022年3月31日，各项目公司取得对应项目的房屋所有权及土地使用权，实现基础资产与原始权益人的初步隔离。第二步，在 REITs 发行后，原始权益人在收到首期股权转让价款时，将项目公司100%股权转让给红土深圳安居 REITs 的计划管理人，REITs 间接持有基础资产权益，通过"真实出售"，将与基础资产相关的租金收益、增值收益、利息收益等所有权益与原始权益人完全分离，实现完全的"资产隔离"，切实保障投资者权益。

在投资结构方面，红土深圳安居 REITs 通过认购资产支持专项计划的全部份额，资产支持专项计划再对项目公司进行100%的股权投资和100%的债券投资，形成"股+债"投资结构。这一结构不仅有助于项目公司合理规划企业所得税，还将投资者的投资收益构成多元化，由稳定的借款利息和不确定的股息、红利组成，有效降低了投资风险。此外，依据我国税收法规，在非金融企业债权投资和股权投资之比小于2：1时，企业可在扣除利息费

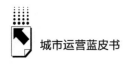
用后计算应纳税所得额，"股+债"投资结构使得项目公司的借款利息能够在税前扣除，减轻了项目公司的所得税负担。

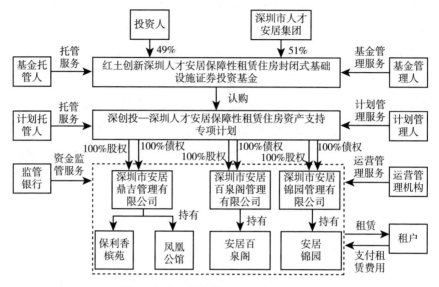

图 5 红土深圳安居 REITs 交易结构图

资料来源：红土深圳安居 REITs 招募说明。

3. 实施成效

第一，发行阶段市场反响积极，受到专业投资人高度认可。红土深圳安居 REITs 在机构投资者网下询价、公众认购环节均创纪录，充分展现出广大市场投资者对深圳市发展活力、改革创新成果、营商环境，以及住房专营机构资产质量和运营能力的高度肯定。该产品发行规模达 12.42 亿元，上市首日涨幅高达 29.99%，机构投资者网下询价倍数为 133 倍，公众认购倍数达到 254 倍，发行定价现金分派率为 3.95%，这些数据均在发行时刷新了全国行业纪录。

第二，促进住房租赁市场的专业化和规模化发展。在推动住房租赁市场发展方面，红土深圳安居 REITs 模式意义重大。它标志着国有企业在资本运作和管理层面的创新突破，有力地推动了租赁市场规模化经营企业的发展，显著提升了资产管理与运营水平，为居民居住品质的持续改善提供了坚实保障。随着保障性租赁住房 REITs 的不断发展，有助于优化我国当前以个人供给为主的住房租赁市场结构，促使市场朝着规模化、机构化和专业化方向迈进。通过为租客提供更符合需求的租赁住房，能够有效缓解住房租赁市场供给结构失衡的问题。此外，该模式注重提升租赁服务质量，稳定租赁关系，规范市场主体行为，切实保障租客的合法权益，有助于解决租住品质欠佳、租期不稳定等行业痛点。

第三，探索新的融资路径提升房地产资产流动性。REITs 项目的成功发行，为保障性租赁住房的可持续发展探索了一条新的融资路径。通过引入资本市场力量，降低了融资成本，提高了资金使用效率，形成了"投资建设住房—REITs 盘活资产—回收资金再投资"的良性发展格局。作为一种创新的金融工具，红土深圳安居 REITs 的上市加速了房地产资产的证券化进程，使得房地产投资更加灵活，有助于盘活存量资产，提高房地产资产的流动性和利用效率，提升资金使用效率。

第四，丰富资本市场的投资产品，为投资者提供了新的投资选择。红土深圳安居 REITs 具有稳定的收益分配和较低的风险，对于寻求稳定收益的投资者来说，是一个有吸引力的投资选项。红土深圳安居 REITs 的上市丰富了资本市场的投资产品，为投资者提供了更多元化的投资渠道，降低了不动产投资门槛和风险。投资者可以通过购买 REITs 份额，分享城市基础设施建设和房地产市场的收益。

第五，打通"募投管退"循环，"以存量带动增量"效果显著。红土深圳安居 REITs 在保障性租赁住房领域开拓出一条可持续发展的崭新路径。这一模式充分挖掘现有资源的潜力，同时激发了更多资源的开发活力。它成功打通住房租赁市场的"投、融、管、退"模式闭环，吸引众多市场主体投身住房租赁市场建设，为贯彻"房住不炒"理念、加速住房租赁市场发展提供了极具借鉴价值的经验。红土深圳安居 REITs 发行规模为 12.42 亿元，在扣除原始权益人战略配售、偿还存量借款等费用后，净回收资金 6.9 亿元。截至目前，已投入 6.7 亿元净回收资金，全部用于棚改项目投资。2023 年 1 月，该项目凭借突出的成果，入选国家发展改革委公布的 8 大类、24 个盘活存量资产扩大有效投资典型案例，并在全国范围得以推广，成为行业内的优秀示范。

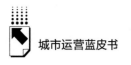

（六）文化IP赋能城市资产盘活——西安"长安十二时辰主题街区"

1. 案例简介

长安十二时辰街区坐落于西安曲江曼蒂广场，由陕西文投集团联合永兴坊文化产业集团、娱跃文化共同打造，入选文化和旅游部首批全国智慧旅游沉浸式体验新空间培育试点项目。作为国内首个沉浸式唐风市井文化生活街区，它参照《长安十二时辰》剧中场景进行复刻，成功盘活传统商业地产项目曼蒂广场，一跃成为西安乃至全国备受瞩目的热门文旅景区。

该街区共三层，建筑面积达24000平方米。负一层"攒星揽月·畅飨长安"还原了全唐市井生活场景，供游客沉浸式体验；一层"和合之美·风雅长安"是融合唐风主题的互娱休闲空间，雅俗共赏；二层"花萼相辉·夜宴长安"主打琼筵笙歌主题文化宴席体验。项目融合"热门剧集IP+沉浸式娱乐+主题餐饮+国潮零售"，围绕十二时辰精心打造一日十二序列内容，通过"12"维度的系列亮点体验，形成九个系列总计108个项目亮点，全方位构建唐朝时空。

2. 主要举措

第一，联合组建项目合资开发运营公司，充分发挥各自核心业务板块优势。

陕西文投集团承担项目开发运营公司的组建工作，旗下陕西文化旅游股份有限公司（以下简称"陕文旅"）作为项目开发主体，凭借在前期策划、资源整合和平台运营方面的优势，携手餐饮专业运营团队永兴坊以及影视IP方娱跃文化，共同开展长安十二时辰主题街区项目的整体开发运营。陕文旅与永兴坊组建合资开发运营公司（唐时良辰），又与娱跃文化成立IP开发拓展公司（唐耀文化），形成"项目+IP"双合资公司合作模式，为后续项目拓展和IP推广奠定基础。

陕文旅负责项目策划、开发及后期运营，永兴坊专注餐饮与招商板块，唐耀文化则着重长安十二时辰主题街区主题IP的延伸。这种分工模式将项目运营与IP运营分离，各团队凭借自身专长，在文化挖掘、场景塑造、产品设计开发、项目运营管理以及品牌市场营销等方面充分发挥优势资源，实现高效协作。

第二，结合项目区位优势，探寻差异化项目定位。

项目原为曼蒂广场，位于大唐不夜城附近，地缘优势是在大唐不夜城全国性文化景区制高点下，区域打卡氛围突出。运营团队在策划之初对周边景区进行调研摸底，周边曲江文化旅游集团打造的"唐"是盛唐、是皇家的唐，它是唐太宗、杨贵妃、唐明皇，大唐芙蓉园是皇家园林味道，游客在此类型景点能看到大唐的熙攘繁盛，但是感受不到大唐的民间烟火气。在此背景下，长安十二时辰街区运营团队给予项目差异化的定位，不同于周边皇家的宫廷气象，街区定位与民间的市井烟火气，它既要融入火树银花、极尽繁华的大唐盛世，又要区别于大唐不夜城街区那种高大上的皇家气象，营造出大唐的街巷感，让游客看看让人引以为傲的大唐老百姓是怎样生活的，形成差异化的"唐"体验。

第三，高度还原影视 IP，制造视觉刺激。

不同于其他景区，街区的打造没有用传统的建筑团队，而是使用了《长安十二时辰》影视剧的美术置景团队，用影视剧的手法在街区进行置景，将影视剧 IP 全场景还原，营造出来的"唐味"跟全国很多景区的"唐"具有相当大的差异性。街区高度还原影视剧《长安十二时辰》的场景，将剧中靖安司沙盘、日晷、望楼等道具场景等比例还原，包括火晶柿子、上元油锤、镜糕等多种唐朝美食，以及各类唐朝文创店铺。

项目结合原剧中的剧情、人物、道具、故事特色，以"攒星揽月·畅享长安""和合之美·风雅长安""花萼相辉·夜宴长安"为主题，倾心打造原汁原味的全唐市井生活体验空间、雅俗共赏的唐风主题互娱休闲空间、琼筵笙歌主题的文化宴席体验空间，并以"唐食嗨吃、换装推本、唐风雅集、微缩长安、情景演艺、文化盛宴"等六大沉浸场为核心，让市民游客能够在长安十二时辰充分享受到"观一场唐风唐艺、听一段唐音唐乐、演一出唐人唐剧、品一口唐食唐味、玩一回唐俗唐趣、购一次唐物唐礼"的一秒入唐体验，真正做一回唐朝人。

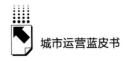

第四，丰富的文化体验与 NPC 互动，给予游客美的感受与文化浸染。

"长安十二时辰"主题街区在整体规划设计上将科技与历史相融合，将主题景观、演艺内容、商户业态等有机融合在一起，为用户带来身临其境的奇幻体验，游客可以在街区内享受到"观一场唐风唐艺、听一段唐音唐乐、演一出唐人唐剧、品一口唐食唐味、玩一回唐俗唐趣、购一次唐物唐礼"的全方位体验。长安十二时辰主题街区最新演艺节目单已经从开业的 7 场增加到目前的近 50 场，并且节目还在持续增加中。此外，街区还提供汉服购买、租赁以及唐代化妆造型体验，让游客更深入地体验唐朝文化。街区内有张小敬、李必、崔器、闻染、不良人等近百名 NPC 演职人员，他们扮成唐朝的才子佳人、文人墨客、道士僧侣等穿梭于街坊，在游客面前表演网剧经典剧情，而游客也可以上前与 NPC 演职人员自由互动，成为表演的一部分。

第五，及时动态调整运营思路，项目定位从景区升级为主题乐园。

试营业期间，项目 1.0 版本定位为一个有演出、有场景的商业街区，免费进入，然后在里边吃小吃、购买文创商品，通过商铺的租金来维持项目运营，模式与传统文商旅综合体项目一致。当发现试营业期间市场的关注点并不在小吃、文创这些传统消费项目，运营团队及时做出相应反馈，修改项目的底层逻辑，正式开业时，将项目 2.0 定位为一个收门票的商场，项目进入正向循环的模式，门票收入可以让演出、置景、活动不断进行创新，同时增加了游客的人数和逗留时间。2023 年，根据项目运营情况，暂停运营两个月进行再次升级，把所有的节目升级、重新排练，增加了 NPC 演员，将街区的 NPC 沉浸式互动延长到全天。门票价格从原来的58 元提到 168 元，尽管人数有所下降，但是观感度更好，演出内容更加丰富，客群更加细分，逗留时间更长，项目自此进入 3.0 版本，定位从景区升级为主题乐园。

3. 实施成效

第一，提升了西安作为旅游城市的知名度和吸引力，吸引大量消费者前来参观体验。全网曝光量突破 2 亿大关；以超过 20000 万的传播互动总数冲上抖音全国热榜第 4 位；单条视频最高播放量超过 3200W＋，83W＋的点赞数量，长时期占据抖音本地热榜 Top1；同时登上西安景点种草 Top1，微博登上同城热搜榜 Top1，全网互动量 5000 万＋，提升了西安作为旅游城市的知名度和吸引力，成为西安城市文化的新名片。目前日常游客量维持在 7000 人次左右，打卡的人群络绎不绝，周末节假日在 10000 人次以上，截至 2023 年底，共接待游客 350 万人次。

第二，被评为文化和旅游深度融合发展的优秀范式。长安十二时辰街区自开业以来，凭借其独特的唐风沉浸式体验和丰富的文化活动，获得了多项荣誉和认可，2022 年度获评由文化和旅游部颁发"文化和旅游最佳创新成果奖""2022 年国内旅游宣传推广十佳案例"，肯定了街区在文化和旅游创新方面的杰出贡献，成为首批文化和旅游部"全国智慧旅游沉浸式体验新空间培育试点"；2023 年度，在第七届中国文旅大消费年度峰会暨"龙雀奖"评选中，获得"最佳沉浸式商业综合体""最佳文旅目的地运营品牌"等奖项；2024 年，长安十二时辰主题街区荣获陕西省首届非遗年度盛典"年度典型案例"；在 2024（第十九届）中国商业地产行业发展论坛期间举办的 2023 年度商业地产行业"星耀奖"颁奖盛典上获得"年度商文旅融合突出贡献奖"，体现了街区在商文旅融合方面的突出贡献。

第三，摸索出可供借鉴的转型之路，为中国各地的历史古都文旅融合发展提供解决方案。中国作为历史文化博大精深的文明古国，也孕育着很多各有千秋的历史城市文化，除了西安，还有北京、杭州、洛阳、开封等，古都 IP 的打造与沉浸式文商旅的结合正在成为国内历史文明城市的发展趋势以及新兴理念。作为全国首个沉浸式唐风市井文化生活街区，"长安十二时辰街区"项目的成功实施为其他城市的历史文化街区改造和文旅产业发展提供了有益的借鉴和启示，为中国各地的历史古都带来新业态、新希望。长安十二时辰街区项目运营团队沉淀下了项目管理模式和经验，积攒下了创新的方法、共情的方式、演艺的表现手法，形成了一套可复制可推广的解决方案，已获多地政府邀请进行文旅融合项目开发。

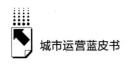

二　经验启示

（一）突出全面梳理分类盘活

存量资产盘活的手段和方法多样，对不同类别的资产匹配合适的盘活方式，撬动存量资产新活力则是资产盘活的主要目的。城市的存量资产类型多，且资产属性、经营状况各不相同，需要在全面梳理资产底数的基础上，灵活应用多种方式有效盘活存量资产。

全面掌握资产状况、理清产权关系，是盘活存量资产的起始点，特别是针对能够产生经营性现金流的资产、具备潜在价值的资产以及处于闲置或低效利用状态的资产，更要进行重点梳理。在完成资产清查、明确底数之后，需对存量资产展开可用性与经营性评估，严格依据法律法规开展清产核资、资产评估、确权登记以及特许经营权清查等一系列工作，并根据资产特性分类编制待盘活资产清单，为后续的资产盘活工作筑牢根基。

在推进资产盘活的过程中，应结合资产属性和经营实际状况进行分类盘点。以闲置资产、老旧厂房、零散地块等不同类型的存量资源为重点，参考各地的实践成果，依据经营效益和开发潜力，可将存量资产划分为强收益能力、低效待提升、无效待处置三大类别，然后针对不同类别匹配适宜的盘活策略。对于收益能力较强的资产，主要借助 REITs、资产证券化、PPP 模式、打包注入上市公司等金融手段和市场化运作方式，实现资产的自我增值，并将资产盘活回收的资金投入新的项目建设中，构建投融资相互促进、良性循环的商业运营闭环。对于低效待提升的资产，则可以通过改扩建、功能重新开发、实施城市更新项目、整合相关资产、推进混合所有制改革、引入战略投资伙伴和专业运营管理机构等途径，提升存量资产的运营管理水平，挖掘并提升其价值。而对于无效待处置的资产，可采取整合、承包、租赁、拍卖、转让等方式，让账面价值较低的资产以合理的市场价格实现盘活变现。

依托数字技术推动资产全生命周期管理。通过数字技术赋能手段，将进一步夯实国有资产底数，摸清城市国资国企存量资产的分布情况、存在形式、运营状况，提升资产管理效能、精细化水平和透明度，促进国资国企内部资源调配、盘活，提高资源使用效能。存量资产数字化管理首先是盘清资产，对资产接管、资产入账、权属办理、资产台账等资产管理流程建立规范标准，建立资产的卡片、可视化台账、管理规范等。通过数字化赋能，将资产管理、资产经营以及财务各环节及其数据打通，达到规范资产管理、提升增值服务、运营降本增效、优化资本管理的目的。

（二）协同城市更新与产业升级

产业是城市发展的基础和动力。城市更新不仅仅是基础设施升级和旧城改造，培育和发展新质生产力更需要将城市更新与推进创新、产业发展有机结合，推动产业实现高质量发展。挖掘闲置低效用地价值，借助创新赋能效应，打造多形式创新载体，进行功能转化提升，为城市产业升级改造腾挪空间，从而提振城市产业、激发城市活力，这是城市更新的核心价值。

利用腾笼换鸟重构城市新型产业空间，促进创新产业集群发展。通过疏解腾退，将低效空间升级改造为产业高质量发展承载空间，稳定疏解成效的同时，实现腾退空间的活化利用。推进空间规划与产业规划有机衔接，实现城市空间布局和功能结构优化，引导空间资源向产业转型升级的重点方向、重点领域、重点行业和重点企业配置，限制、淘汰落后产能。顺应创新人才与创新企业空间集聚的新特征，利用现有闲置楼宇、老厂房提档升级，构筑多元化、立体式的创新产业发展空间，引导符合产业导向的高技术、高附加值企业入驻，布局高科技产业、未来产业、新零售以及高端服务业等，让传统街区、服务业集聚区、科技园区等空间的创新能级提升，成为新技术、新业态、新模式的策源地、首发地、试验场、竞赛场，为产业升级提供空间支持与响应。

注重新产业新业态新模式的融入。通过引入新产业新业态，创新业务模式和服务模式，改变原有低效资产功能和资产结构，激活存量资产新价值，

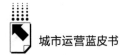

提高资产的质量，将推进资源的优化配置和高效利用。引入新产业，通过聚焦新兴产业，如新能源新材料、生物医药、信息技术等，带动传统产业的升级和转型，提高资产的经济效益和社会效益。发展新业态，通过整饰废弃、闲置资源并注入新业态形成新的价值空间，实现资产的多元化利用和价值的最大化。创新业务模式和服务模式，通过市场化方式深入推进优势资源的就地转化，提高资产的利用效率和产业的集中度。总之，盘活存量，"活起来"的不只是资产，还会带动产业发展、提升城市能级、满足群众需求，使城市"含新量"不断增高。

（三）强化土地功能混合利用

存量土地的有效盘活利用，是突破城市高质量发展瓶颈、促使土地资源向优质项目合理流动的重要方式。在经济发展方式加速转变的重要阶段，创新土地利用模式，挖掘土地潜在价值，提高土地节约集约利用程度，已成为城市迈向高质量发展的必然要求。土地功能混合利用，是在规划编制、实施以及建筑更新的各个环节，通过合理引导街区功能融合、地块性质兼容和建筑用途转变，实现高效集约的土地利用与空间发展模式。这一模式对于优化城市功能布局、增强城市发展活力意义重大。

在实际操作中，应注重土地的混合使用与高密集开发。以技术创新和产业发展对空间的需求为导向，打破单一的土地用途模式，强化功能的混合开发利用，实现多维度的复合发展。通过增加土地利用的兼容性，提升土地利用效率，更好地满足创新产业丰富多样的发展需求。在符合规划用地性质和建设用地兼容性要求的前提下，突破传统城市规划功能分区的限制，推动不同产业用地类型的合理转换。积极探索增加混合产业用地的供应，鼓励将工业、仓储、研发、办公、商业等功能互补的用地进行混合布局，实现空间设施的共享。在部分区域，依据实际情况合理配置用地比例，适当增加新型产业用地、生态用地、公共服务用地和住宅用地等。同时，推进"工业上楼"与地下空间开发，借助立体连廊、下沉广场等空间形式，实现地上地下空间的分层混合利用。这样不仅能适应新质生产力的培育和发展需求，还能增强土地资源配置的灵活性，为战略性新兴产业和未来产业的升级预留充足的发展空间。

表7　土地混合利用的多维度空间特征及效应

空间维度	空间特征	潜在的可持续效应
功能混合度	促进承载多样化的使用功能	有利于提升空间活力,提高城市韧性
功能平衡度	促进工作、居住、服务等基本城市功能均衡	有利于提升24h活力,提升空间安全性
步行渗透度	促进空间的步行可达性、适宜性和连接度	有利于促进交往,发展绿色交通
空间紧凑度	促进空间容量提升,以及公共交通导向布局	有利于提升土地使用效能,促进绿色交通发展
历史氛围度	延续并强化地方空间历史文化特征	有利于提升归属感和满意度

（四）重视社会资本的应用

盘活存量资产、激活无形资产、推动城市更新都需要注入大量资金，很难单独依靠政府的资金投入，因此引入社会资本参与尤为重要。鼓励和支持社会资本发展，激发民间投资活力，有效盘活存量资产，形成存量资产和新增投资的良性循环，对于提升基础设施运营管理水平、拓宽社会投资渠道、合理扩大有效投资以及降低政府债务风险等具有重要意义。

要扩大有效益的投资，吸引社会资本投资增量，首先要解决社会资本"投什么"的问题，明确支持社会资本参与的行业领域，如城市建设、科技创新、文化旅游等，采取升级改造与功能转型相结合的方式，充分挖掘闲置资源在城市更新和产业创新方面的功能价值，吸引社会资本参与；其次要解决社会资本"怎么投"的问题，规范参与流程和准入退出机制，推介手续健全、具有回报的项目，明示合作流程、投资价值和风险等，鼓励在招商运营等方面具备专业优势和资源的第三方机构参与盘活工作；还要解决社会资本"投得好"的问题，提升政务服务水平，协调项目与金融机构信息共享，促进信贷资源合理配置，在审批许可、经营运行等方面打造公平竞争环境。

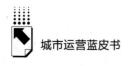
（五）融合无形资产与有形资产

可持续性有生命力的城市运营，是通过有效结合城市的有形资产与无形资产，通过市场化的手段进行资源的优化配置和高效利用，从而实现城市的稳定、健康、可持续发展。无形资产是盘活当地存量资产的重要资源，注重有形资产与无形资产融合，将形成有形资产和无形资产"1+1>2"的效果。

将看得见的存量资产、潜在的存量资源运作好、开发好、利用好。注重非实体资产价值，实现资产显性化。全面排查各行政事业单位、国有企业账户沉淀资金，优化整合资金账户，重点关注股权、债权、经营性房产、各类无形资产以及预计可带来收益的资产。全面清查户外广告、加油（气）站、停车场、充电桩、公园绿地、出租车、自来水、污水、公交线路运营等可市场化配置的特许经营权，重点关注特许经营权现有种类及利用情况、现行收费标准、预期可实现收益等，对可进行市场化配置的公共资源，积极纳入有偿使用管理范围和资产综合管理范畴，通过新型 PPP、REITs（不动产投资信托基金）、ABS 融资（资产支撑证券化融资）等方式，推动无形资源显性化，实现资源向资产转化。

参考文献

袁晶哲、张瑾：《"动批"到金科新区的蝶变与升华》，《北京党史》2024 年第 5 期。
《"工业锈带"华丽变身"城市秀场"》，《工人日报》2024 年 8 月 27 日。
《首钢园：用活用好冬奥遗产 打造城市复兴新地标》，《中国旅游报》2022 年 3 月 24 日。
杨勇：《国有企业闲置房屋土地资产的规范化管理与盘活策略研究》，《房地产世界》2024 年第 7 期。
梁颖等：《资金平衡导向下北京老旧小区改造的问题与策略研究——以劲松北社区改造为例》，《上海城市规划》2022 年第 4 期。
袁华：《多彩贵州品牌无形资产暨价值运营管理模式探析》，《理论与当代》2022 年第 5 期。

张笑妍：《中国基础设施 REITs 的运作模式分析》，河北金融学院硕士学位论文，2023 年。

《项目+IP 做好文旅融合发展"大文章"》，《西安日报》2022 年 7 月 25 日。

戴筱頔、程伟波：《把握机遇加快盘活存量国有资产》，《国资报告》2023 年第 7 期。

陈阳、阳建强：《旧城中心区土地混合利用优化的调控路径审视——应对"非均衡发展"现象的南京案例思考》，《城市规划》2024 年第 2 期。

B.10
提升品质案例分析与启示

国研经济研究院课题组[*]

摘　要： 本报告通过南京江宁百家湖硅巷、温州鹿城区、杭州"城市大脑"项目三个案例，分析城市品质提升的实践经验，并总结出相应启示。百家湖硅巷立足自身优势找准定位，成片整体更新实现开放边界，培育现代化创新生态，高标准完善配套设施，成为城市转型更新样板示范区。温州鹿城区开展老街"微改造精提升"，创新"留改建"分类更新模式，打造口袋公园，盘活"桥下空间"，构建起新的城市治理格局。杭州"城市大脑"搭建平台构建"三个一网"体系架构，强化场景赋能，坚持集约高效，创新合作模式，在政务服务、城市运行、社会治理方面取得显著成效，开启智慧城市建设新篇章。基于这些案例，得出以下经验启示：注重公共服务功能织补，通过整合资源、挖潜空间，在街区和小微空间尺度提升公共服务品质；重视创新生态营造，打造多元交融的生态系统，构建功能复合的公共场所，加快构建全域创新应用场景，吸引创新要素集聚；以城市文脉为积淀，推动历史文化融入居民生活、城市建设和文旅新业态，传承和发展城市文化；整体协同建设数字政府，促进条块部门整体协同，加快构建多元共治格局，充分发挥数字平台作用，提升城市治理效能，推动政府治理现代化。这些案例和启示为其他城市提升品质、实现高质量发展提供了借鉴。

关键词： 城市品质　城市更新　智慧城市　创新生态

---

* 执笔人：姚莲芳，经济学博士，国研经济研究院总经济师，主要研究领域为城市发展战略研究、产业转型升级研究、经济形势分析、新型能源发展研究等；操玲姣，武汉市社会科学院区域经济研究所副研究员，经济学博士，主要研究领域为区域经济发展、产业转型升级、消费经济研究等。

一 案例分析

（一）打造集智慧与创意的共享园区——南京江宁百家湖硅巷

1. 案例简介

南京 2018 年出台的《南京市推进高新园区高质量发展行动方案》中，首次提出城市"硅巷"计划。江宁百家湖硅巷位于通淮街以东、秦淮路以南、秦淮河以西、胜太路以北，面积约 2.3 平方公里。北接高铁南站，南邻百家湖商圈，周边分布多个地铁站点，绿地资源优越。百家湖硅巷建设之初面临如下情形：第一，中小企业为主，低成本错位发展，推动生产性服务业升级；第二，缺乏强有力的龙头产业和知名企业，片区发展特色不突出；第三，中小企业自主更新为主，更新推进缓慢，55% 尚未更新，也为公共空间体系重塑亮点提供了机遇。因此，在公共空间体系薄弱，整体风貌无特色，配套不完善，公共生活匮乏，品质急需提升的背景下，百家巷硅巷拟打造江宁乃至南京城市转型更新样板示范区，展现国际化、高端化、品质化新形象。

按照"一次规划、分步实施、产城融合、创新赋能"的原则，百家湖硅巷打破"工业用地点状的、碎片式的更新方式"，对大规模的老工业区重新定位，整体规划，一盘棋开发，是在南京同类地区的首次尝试和模式创新。目前，已打造"江宁 2.3 百家湖硅巷"，以"无界共享，绿趣硅巷"为理念，从生活模式、工作模式、生态模式整体考虑，打造出集智慧与创意的共享园区，体验绿色与自然的生态街区，感受生活与文化的活力社区。目前，董村路、胜利路、挹淮街、秦淮路、双龙大道已经建成并对公众开放。硅巷改造后在整体风貌和园区品牌、就业吸引力上都有了明显提升。

2. 主要举措

江宁开发区锚定"老城重塑"，多举措打好绿色环境建设牌、空间集群

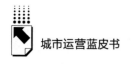

发展牌、产业优化升级牌、管理创新智能牌和企业服务主动牌，让百家湖硅巷"旧貌换新颜"。其主要举措如下。

第一，立足现有特点和优势，找准发展定位。

结合市区规划定位及江宁区的资源禀赋，与秦淮、鼓楼、玄武硅巷错位差异化发展，百家湖硅巷紧扣大商务、大商业的时代发展趋势，挖掘区域创新创意、文化特色，塑造品牌效应，重新梳理区域内绿地及公共空间资源，有目标有导向地重塑整体公共空间系统，打造特色鲜明、功能完善、类型多样的硅巷公共空间。按照政府主导、市场推动，政府监管、企业自主，分期推进、渐进实施等开发原则，重点发展科技研发、商务办公、商务金融等主导功能和商业商贸、休闲娱乐、居住生活等基本功能，培育创新创业企业，提升主导产业核心竞争力与整体带动力，争当南部新城重要的现代服务业中心、东山副城门户形象的展示区、旧工业区更新改造的示范区。

第二，成片整体更新，实现开放边界。

百家湖硅巷实行以片区为单位的公共空间整体更新机制，投资少，见效快，更有利于保证整体建设风貌的统一协调，对园区整体品牌形象改善具有较好的效果。从规划到落地全流程管理，能更高效地协调用地权属及建设问题，最大程度实现规划设计意图，解决规划与落地实施"两张皮"的问题。结合硅巷企业定位，确定创新、共享的公共活力硅芯作为激发思维和促进交流的核心区域。以硅芯发散，打造挹淮街、临淮街、胜利路、董村路4条商务办公、科技文化互动的活力绿街。通过道路网格及地块功能在片区内打造9个独具特色的公园，形成网格内的交往核心，利用4km的绿色硅环串联硅芯及公园，促进周边市民与自然环境的联系、激发创造活力、享受沉浸漫步体验。真正实现设计意图与滚动开发过程中企业公共空间与市政道路界面的"无界共享"。

第三，培育现代化创新生态。

百家湖硅巷致力于打造具有全国影响力的产业数字新高地以及国际性现代化创新生态社区。硅巷区域聚焦总部经济、数字工业、集成电路和商务金融"3+1"主导产业，建成了紫金研创、名家科技大厦、南岸瑞智等16个创新载体项目，孵化载体总量突破150万平方米。成立南京首个楼宇经济联盟，近50家楼宇产权单位、运营企业、物业公司等参与。积极打造包括科技研发、人力资源、法律服务、金融支持等全方位的创新服务体系，为更多科创型企业提供创新创业的活力空间、营造创新创业的新生态。围绕数字经济、信息服务、集成电路、人工智能等产业，引进了以中汽创智、西门子、爱立信为代表的一批总部及功能性机构以及同方知网、天辰礼达、策立科技等数字经济、信息服务相关企业2000余家，创造出数十亿的产值。与菲尼克斯共建"南京数字工业和产业互联网生态共创中心"，通过政府搭建平台、市场开辟赛道、企业成为赛手的方式，吸引和导入国内外优质创新生态资源，推动百家湖硅巷发展成为南京数字科技对外展示的窗口。

第四，高标准完善配套设施。

按照国际化、精致化、品质化、集约化标准，高标准建设市政设施、绿化景观、城市小品、管线配套、路面出新等功能配套，重点解决窄路密网、路面停车等问题，促进绿化景观等生态环境与楼宇建筑等物理形态和谐统一，构建地下、地面、空中三位一体的立体城市格局。充分依托物联网、云计算等信息技术打造百家湖硅巷服务管理系统，为开发区智慧城市建设探索有益经验。以南岸瑞智文化创意园为例，它是2017年由上海大涵投资近亿元，通过优化原有低密度高绿化的空间布局打造的花园式办公区和创意生态商务区，国际知名品牌物业仲量联行提供24小时一站式优质管理服务，为创意人士提供集工作、休闲和生活于一体的新生活模式，是南京首个"甲级服务"精品办公园区。

3. 实施成效

百家湖硅巷在江宁开发区城市品质提升和产业集约发展每个阶段都发挥了先锋引领作用。2012年，胜太路、天元路的"优二进三"计划开启了开发区土地再开发的1.0版本，此时百家湖硅巷内NR99园区的转型正处于博弈阶段，走在整体谋划的前列；2015年起开发区着力推进单个企业地块的再开发，即2.0版本NR99园区成为成功典型；2019年起低效用地

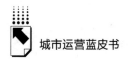
再开发的3.0版本——中小工业集中区的更新启动，百家湖硅巷又提供了试验参照。随着用地更新由"点"到"面"不断"扩容"，百家湖"硅巷"模式中的诸多创新优势持续发挥影响力，如在转型机制上充分利用再开发优惠政策、灵活进行收益分配、积极调动企业主动性等，在转型效应上重点关注新兴产业选择、街区空间营造等。因此，百家湖硅巷的外部效应不仅仅局限在园区、街区和城市片区内，更是深刻影响了江宁开发区整体的经济社会发展。

（二）擦亮城市暗角留住老街乡愁——温州鹿城区构建城市治理新格局

1.案例简介

近年来，温州鹿城区积极响应国家关于城市更新与精细化管理的号召，致力于推动城市有机更新，盘活资源存量，持续开展"强城行动""治理创新年"等行动，大力推动旧城更新，盘活闲置边角地块，解决城市治理中"暗角"问题。鹿城区政府采取了一系列有力措施，探索具有鹿城特色的基层治理新路径，通过老旧小区改造、基层治理创新、城市边角地块多元化利用以及夜间经济发展等多方面努力，成功擦亮了城市暗角，为市民提供了更加整洁、有序、宜居的城市环境，打造了高水平建设首位城区的治理样板。随着一系列创新举措的落地生根，鹿城区正逐步构建起一个政府主导、多元参与、共建共享的社会治理新格局。

2.主要举措

第一，开展老街"微改造精提升"。

鹿城区作为温州市的中心城区和老城区，历史悠久，共有住宅小区818个，其中老旧小区多、两无小区（无业委会、无物业）多，这些成为城市管理的短板。为了解决这些问题，鹿城区持续推进现代小区建设，探索具有鹿城特色的基层治理新路径。

一是多方赋能业委会。鹿城区通过集中攻坚，由区委组织部牵头，住建、民政等部门指导，发动街镇、社区、网格等力量，动员真正讲政治、懂治理、有责任心的业主参选业委会。同时，鹿城区协助小区打造共享阵地，提高业委会成员政治待遇，实现小区业委会全域滚动覆盖，且队伍年轻化趋势明显。

二是建立三方议事机制。鹿城区推行党建引领小区治理"三方议事堂"工作法，由社区、业委会、物业等三方，每月定期组织召开议事会议，推动形成重大事项三方联议、民生实事三方联办、矛盾问题三方联调、定期公开处置进程的议事处置闭环，解决重点难点问题，提升小区治理水平。

三是多元参与城市基层治理。鹿城区不断盘活村社资源，打出基层治理"组合拳"，着力提升群众幸福感。例如，通过公开招募有责任心的民企或国企参与运营邻里食堂，实现了政府监管、企业运营的合作模式，保障食堂运营可持续化。此外，还有"社区吹哨、部门报道"等工作机制，紧盯群众急难愁盼，从"解剖一个问题"到"解决一类问题"，推动形成更多高质量发展成果。

四是探索引入社会资本。在改造过程中，项目不采用全部征收、全面拆除、重新建设的传统模式，转而探索引入社会资金，对该片区实施改造提升。地块内房屋根据住户意愿，部分由政府组织征收、进行产权置换，部分则由运营商直接向户主租用。新模式在避免高额的财政支出的同时，也避免了因拆征赔偿而引发的各类社会矛盾。

第二，因地制宜，创新"留改建"分类更新模式。

坚持"应留尽留""应改尽改""应建尽建"原则，在最大限度保留老城区特色建筑和空间格局的基础上，针对项目"量身定制"，采取"绣花"功夫进行修补、织补式更新，充分挖掘可能"沉睡"的存量资源，腾挪空间发展新业态、新场景、新功能，延续城市特色风貌和城市记忆。不论是在小坝坊的改造工作中，还是在双井坊的城市更新中，设计团队都秉持着"保留温州韵味"的理念，让具有温州特色的市井烟火气留下来，让现代生活走进去。

第三，打造口袋公园。

鹿城区优化设计理念，建立了"任务、责任、时限"三张清单，将城

小坝坊改造前 小坝坊改造后

图1 小坝坊改造前后

资料来源：公开资料。

市中的闲置地、边角地转变为口袋公园，并明确分工，强化责任落实，确保口袋公园建设项目按计划进行。

一是加大提升改造，盘活城市空间。对现有的口袋公园进行改造提升，如时代广场周边口袋公园根据交叉口地形分区打造，用景观花草营造花海景观，结合木栈道、汀步、老门台，给都市生活的人们一种别样的体验。通过见缝插绿、拆墙透绿的方式，将城市中的闲置地、边角地转变为口袋公园，如中梁首府南侧沿河绿地的口袋公园，通过绿化清理、园亭改造和慢行道修复，提升了原有的口袋公园品质，增加了入口处的弧形石河新中式景石组合，搭配种植罗汉松，形成视觉亮点。

二是强化功能分区与设施配置。口袋公园的设计注重功能分区和设施配置，满足不同年龄段市民的需求。建设儿童友好型公园，如市区首个儿童友好公园位于印象南塘景区白鹿洲公园内，公园总占地面积21.5公顷，总投资1300多万元，包含了森林探险主题乐园、曲水流沙、龙舟主题乐园、水杉步道等儿童友好项目。在口袋公园的建设中，结合城市有机更新，增强口袋公园与城市其他功能空间的衔接和复合利用，整合、串联城市公共空间，让市民真切感受"推窗见绿 出门见园"的良好出行体验。

三是强化文化赋能与展示。在口袋公园的建设中融入当地文化元素，如瑞德锦园北侧口袋公园，以"幸福园"设计理念，一体化改造原有爱心桥，种植中层植物樱花，丰富视觉观感，并在区域内增加与市民互动的小品，丰富社区邻里文化交流。

瑞德锦园北侧口袋公园　　　　　　　　中梁首府南侧临河口袋公园

图2　鹿城区口袋公园

资料来源：公开资料。

第四，盘活"桥下空间"。

为深入实施"强城行动"，鹿城区以高标准推进桥下空间焕新升级，让无人问津的城市"边角余料"成为"金角银边"。不仅提升了城市的整体形象，还增强了市民的获得感和幸福感，让桥下空间成为城市生活的一部分。

一是强化规划指引。鹿城区住建局牵头出台了《温州市鹿城区桥下空间利用规划》，规划提出构建空间、经济、社会、生态等4个效益评价维度对存量土地进行评估。在排摸约30万平方米存量面积的基础上，精心筛选了26处桥下空间作为改造提升的重点点位，涉及9个街镇。截至2024年7月，已提前完成金丽温高速、S1线等5个2024年度桥下空间提升项目，有效盘活存量空间约7.2万平方米。

二是着力补齐公共服务短板。充分利用桥下空间，强化体育健身、城市停车、绿化景观等公共服务设施。位于中央绿轴上的露营基地即是一个生动的例子。该基地占地30亩，集运动、音乐、市集、露营、亲子萌宠、潮流艺术等多种元素于一体，预计总投资达1500万元。其一期工程自2024年2

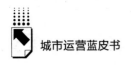

月正式开放以来，迅速成为都市生活的新热点，日客流量达上千人次，已成功举办 20 余场大型活动。

双屿街道温丽高速康盛路至马坑新街段的桥下空间，曾是脏乱差的代名词。改造后，这里变身为宽敞明亮的运动场、秩序井然的停车场、绿意盎然的小花园，满足了周边居民对健身娱乐和停车的迫切需求。

三是实行"一桥一策"。通过"一桥一策"定制方案设计和配套建设，鹿城区充分挖掘桥下生态、文化等资源底蕴，实现功能复合升级，激活生态文化空间，推动桥下空间功能升级利用，让被遗忘的角落焕发生机。

3. 实施成效

第一，环境卫生不断改善。

鹿城区已基本形成投放、收集、运输在内的生活垃圾分类体系，连续 5 年获得全省生活垃圾分类工作优秀县市区称号。2024 年以来，完成改造提升居民小区垃圾房 400 多座，在 65 个居民小区开展易腐破袋试点，投放准确率达到 90% 以上，率先开通垃圾分类专用"站点+线路"的收集模式，覆盖辖区 960 多个居民小区等，收运易腐（生鲜）垃圾约 60 吨/日，收集有害垃圾约 5000 公斤/月。

第二，基础设施不断优化。

2024 年，鹿城区完成公园改造提升 9 个，面积共计 13.74 公顷，完成 6 条道路车行道的大修改善，对 395 座城市桥梁、隧道等进行定期安全检测及风险评估，完成 2 条道路人行道的净化提升，累计维修城市道路面积达 30 余万平方米。闲置空间焕新，通过系统研究编制桥下空间利用规划，推动桥下空间资源的多元化利用，已完成投用的桥下空间达 46 处，预计年底前将新增公共停车位 1900 余个、体育场所 18 处。

第三，生态环境质量不断提升。

2024 年，完成公园改造提升 9 个，面积共计 13.74 公顷，其中包含新改建口袋公园 8 个，改造面积共计 2.44 公顷；整治"祛疤栽花"面积 0.7 公顷；新增立体绿化面积 650 平方米；实现高质量公园绿地开放共享 0.2 公顷；完成重点景观道路改造提升 16 条，关键节点的绿化美化提升 45 处，彩化面积约 1.8 公顷……在鹿城的街头巷尾、天桥隧道、江岸湖边，出门即入景正成为市民享受城市美好生活的日常。

（三）开启智慧城市建设新篇章——杭州"城市大脑"项目

1. 案例简介

杭州作为中国的数字经济先行城市，一直致力于利用现代信息技术手段提升城市管理效率和服务水平。为了解决日益严重的城市拥堵问题，杭州于2016 年率先提出并启动了城市大脑建设，以交通领域为突破口，开启了智慧城市的新篇章。

杭州城市大脑采用新型政企合作模式，引入社会资本和技术力量，共同推动城市大脑的建设和运营。同时，成立混合所有制的"杭州城市大脑有限公司"，实现市场化运作和可持续发展。城市大脑由中枢、系统平台、数字驾驶舱、场景四要素组成，聚焦群众"急难愁盼"问题和推进城市治理现代化，着眼破除城市病，通过全社会的数据互通、数字化的全面协同和跨部门的流程再造，构建政务服务"一网通办"、城市运行"一网统管"、社会治理"一网共治"的"三个一网"体系架构，在共同富裕、护航亚运、基层治理等方面发挥了重要作用，逐步形成了一套科学有效的超大城市数字治理系统解决方案。

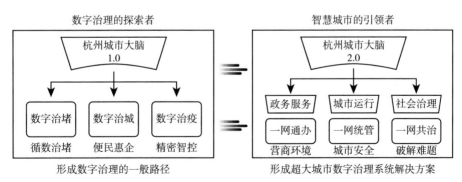

图3　杭州"城市大脑"体系架构演进

资料来源：公开资料。

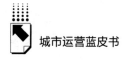

2. 主要举措

第一，搭建城市大脑平台，建构"三个一网"体系架构。

一是系统谋划、高位推进，市委、市政府高度重视"城市大脑"建设，连续三年召开"城市大脑"推进会，高效统筹推进"城市大脑"建设，形成了书记亲自抓、市长重点抓、分管市领导牵头抓的工作格局。二是迭代生长、一体演进，注重解决问题、传承发展、能力沉淀，一体推进政务服务"一网通办"（提升优化营商环境）、城市运行"一网统管"（保障城市安全运行）、社会治理"一网共治"（系统破解复杂难题），努力实现从数字治理探索者到智慧城市引领者的转变。三是统筹建设、综合集成，按照"三个一网"的架构体系，并建立"城市大脑"2.0场景系列任务清单，实现"一本账"管理。建构城市治理操作系统，制定相关技术标准规范，有序推进100多个场景的综合集成。

第二，强化场景赋能，探索数字治理服务一般路径。

杭州城市大脑注重数据资源的整合和共享，通过建设大数据中心和AI计算处理中心，实现了海量数据的实时采集、处理和分析。围绕"一脑治城，两端赋能"的运行模式，以"管用、好用、想用、耐用"为目标，构建实战实效、智能决策、服务直达等能力。一是探索形成场景建设路径方法。构建重大需求、多跨场景、重大改革事项"三张清单"，谋划多跨场景，在场景构建中找到改革突破口并形成改革方案，依托改革方案开发形成重大应用。随着城市大脑建设的深入，其应用场景逐渐拓展到城市治理的各个领域，包括公共安全、环境保护、旅游服务、医疗卫生等，形成了多领域、全方位的智慧化治理体系。二是建构两端协同的治理与服务体系。打造数字驾驶舱，为治理侧提供城市运行监测、预测、预警、协同、调度、决策、指挥等能力，不断积累和沉淀城市治理的能力；依托"浙里办杭州频道"建设，以"大集成、广应用"为目标，打造服务市民和企业的服务端，全面构建直达服务体系。累计上线应用275个，注册用户1914万，日活跃量55万人。

第三，坚持集约高效，建构一体化智能化支撑体系。

一是形成数据高质量供给体系。坚持"有数好用、有好数用、用数解难题、用数助转型、用数促发展、用数很安全"目标，推动数据供给侧改革，形成"需求驱动、全量归集、有标贯标、无标立标，以标控质、达标入库、协同共享"的数据高质量供给体系。二是建构垂域模型应用生产体系。按照"城市大脑+人工智能"战略布局，构建1个"智能中枢"支撑政务垂域应用生产培育，打造"城市大脑"生成式预训练大模型数智产品，培育N个行业大模型应用。目前，已培育"亲清小Q""杭小忆""小灵光""安珍儿—健康大模型"等垂直领域的大模型应用。三是推进数字孪生城市建设。聚焦"复杂体、危险体、隐蔽体"城市安全隐患、重点区域等城市治理难题破解，聚力打造一体化、工具化、可视化、动态化的数字孪生底座，打造一批"数字孪生+"应用，建构一套数字孪生城市运营保障体系，形成数字孪生城市建设运营新模式。

第四，创新合作模式，聚力带动数字产业蓬勃发展。

杭州城市大脑采用新型政企合作模式，引入社会资本和技术力量，共同推动城市大脑的建设和运营。同时，成立混合所有制的"杭州城市大脑有限公司"，实现市场化运作和可持续发展。一是持续讲好"城市大脑"故事，用好"一厅两馆"载体，利用大模型技术打造"数字讲解员"，持续提升"城市大脑"运营宣传能力。2020年以来，累计接待4000批、8.6万人次。二是不断挖掘"城市大脑"背后产业潜力，成立杭州"城市大脑"产业协同创新基地和杭州"城市大脑"联合创新中心，为各地提供城市治理数字系统解决方案。三是不断总结实践经验，形成城市数字治理理论体系。颁布并实施《杭州城市大脑赋能数字治理促进条例》。

3. 实施成效

第一，政务服务"一网通办"。

聚焦打造最优营商环境，推动从依申请办事服务向增值式服务升级。建构"6e数智营商"体系，"杭州e办"办件线上办理率超90%，建立"杭州企呼我应"涉企诉求闭环处置机制，累计受理涉企问题63万件；"杭州e投"助力投资项目全生命周期管理；"杭州e融"累计撮合融资3239亿元，服务26.2万家经营主体；"政策e享"累计上线政策7233条，主动推送政

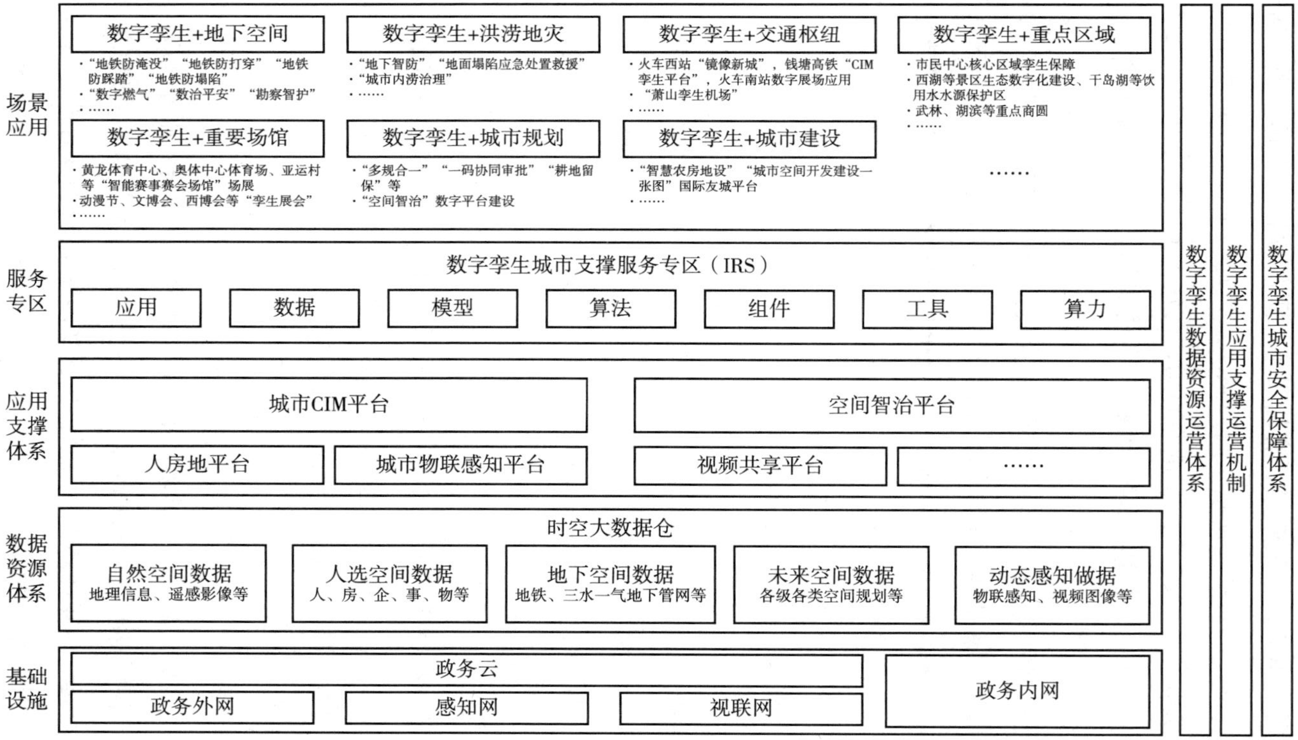

图 4 杭州"城市大脑"数字孪生底座

资料来源：公开资料。

策 100.5 万次，累计兑付 893 亿元，惠及 60.5 万家企业、218 万名员工；"企业 e 信"为 4004 家企业完成信用"一键修复"。

第二，城市运行"一网统管"。

推动从管好城市运行一件事向保一方平安升级。持续推进城市生命线、公共安全、生产安全、自然灾害四大领域核心业务数字化，城市安全数字底座初具雏形。"地下隐患智防"覆盖十区 893 平方公里，累计分析处置 425 处高中风险点。"地铁安全智控"打造"防淹没""防打穿"等系列场景，有力保障 516 公里 256 座车站的平稳运行。"内涝监测预警平台"监控 33 个易积水点、72 个隧道、184 个下穿通道、1833 个地下空间等重点设施，累计整改隐患 81 个。

第三，社会治理"一网共治"。

全面赋能难题破解、共富低碳、基层治理和赛会之城建设，"智慧交通""数智宜居""一老一小""智慧医疗""智慧教育"五大智慧系列全面上线。以"智慧交通"为例，着力破解公交分担率不够、红绿灯不智能、监测预警能力不足等难题，整治减少运行低效、与地铁重复的公交线路 80 条，新增优化地铁接驳线 196 条；"慧眼识堵"实现 50 个路口从严重拥堵提升至基本畅通，38 条市区道路时速提至 20km 以上。

二　经验启示

（一）注重公共服务功能织补

"织补"，顾名思义就是把残破的东西加上材料编织、缝补完整。城市"织补"不仅仅是对城市肌理、建筑风貌等物质形态的织补，更是对产业、文化、公共服务等非物质形态的织补。在城市运营中注重公共服务功能织补，除了必要的生活基础设施改造，应更加关注社区互动与城市连接，促进社会关系重组与激活。

公共服务功能的缺口，包括教育学位、基层卫生服务站、服务中心、消

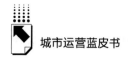

防站、派出所等的缺口,实质上是空间资源的匮乏。补上空间资源缺口的关键是按照整合资源、深度挖潜、高效利用、均衡布局、跨区统筹的路径,盘活现有公共设施资源,挖潜闲置空间资源,补充相关配套公共服务设施缺口。在街区尺度,以重大项目推动的街区更新为核心路径,引导项目加强与周边对接联动,实现单个片区环境、功能和品质的系统提升。比如,新华1949产业园二期项目建成后,与街区公共服务有效融合,积极利用开放空间举办公益性文化展示交流活动,实现公共服务的社会共享。在存量小微空间尺度,以其点状更新利用为核心强化活力引擎,实现对民生服务的针灸式精准织补。比如,针对老旧城区设施配套不足问题,全面推进基础保障类服务全覆盖的"15分钟社区生活圈"建设,推动图书馆、体育场等一批文化设施建成开放,塑造步行可达、使用舒适、智能高效的生活方式,增强公共服务的品质化和多元化。

(二)重视创新生态的营造

在新经济模式和新经济形态条件下,企业需求从以前的要素资源配置走向创新生态的有效供给,在此背景下,好的营商环境是营造创新生态赋能发展,让真正创造财富的主体以更低的交易成本、更集中的精力获得优先、超额回报。哪里的创新生态质优,人才就会流向哪里,资金、技术、资源、市场、服务等就流向哪里,从营商环境升维到创新生态高度,以创新生态带动经济社会发展。

一是营造创新交往空间,打造多元交融的生态系统。强化创新人群与各类要素之间的互动交流,拓宽创新主体间正式与非正式的沟通渠道,让创意、技术、资金、服务等创新要素能够更加频繁地交流互动、碰撞融合,以此提升创新可能性。大力推进街区公共创新空间建设,逐步缩减低端产业占用的空间,重点发展共享办公空间、孵化器、加速器以及公共创新中心等众创空间。有选择地开放校区、社区和园区,增强封闭性大院与城市的互动,提高街区对创新型人才和企业的吸引力。推动街道向生活实验室转变,聚焦美好生活、智能生产、宜居生态、智慧治理等领域,积极建设沉浸式人工智能街道、创新应用实验室和城市未来场景实验室。通过城市更新，将分布式科创空间、高端产业社区建设与社区型"硅楼""硅街""硅园"打造相结合，为创新提供更优质的空间环境。

二是构建功能复合、高活力的公共场所。以轨道站点核心区域为重点，提供立体化、全天候的多元业态、完善设施和充足的公共交往空间，建设开放灵活的中庭、屋顶花园和室外活动场地，打造步行友好、归属感强的街道。策划并开展创新办公、创意展示、创客交流等各类活动，充分激发街道的活力。实施土地混合使用和高密集开发策略，合理利用地上地下空间，借助立体连廊、下沉广场等空间形式，实现立体空间的分层混合利用。构建以智慧化城市为支撑的空间体系，打造集工作、生活、休闲于一体的创新复合空间，促进人与人、人与技术、人与信息之间的互动交流。整合区域内的各类资源，将商业、办公、居住、文化休闲等功能有机融合，打造"10 分钟生活圈""15 分钟服务圈""24 小时生活服务圈"，满足居民多样化的生活需求。

三是加快构建全域创新应用场景。通过打造丰富的创新创业活动场景和高品质生活场景，吸引人才、知识、技术及数据等高端要素汇聚城市。合理利用城市优质的土地空间资源，开放更多具有吸引力的城市应用场景，推动政产学研用深度融合，为创新驱动发展提供有力支撑。围绕中心城区现代服务业的转型升级目标，将传统街区和服务业集聚区打造成新技术、新业态、新模式的发源地、首发平台、试验区域和竞争场所，助力城市创新发展。

（三）以城市文脉为积淀

文化是城市的灵魂，城市文脉传承有助于打造共同精神家园、凝聚强大向心力、激发持久建设热情、培育高度文化自信，切实增强人民群众获得感、幸福感、安全感。随着城市化的高速发展，各地城市都将面临日益严重的历史文化遗产保护与发展的矛盾，尤其对于那些既拥有千年历史文化又在全面进行现代化建设的大中型城市，为此，必须要解决好这样一个核心问题：让历史街区在适应社会发展变化的同时，保留遗产的精神实质，实现文

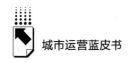

化的有机演进，使城市文脉得以传承、延续，发挥其巨大价值。

一是推动历史文化融入居民日常生活中。注重让延续城市文脉的成果惠及当地民众。通过提升改造配套设施、加深生产生活融入度，让历史文化名城充满鲜活的市井气息。让红色文化、工业遗产以及老树、老街、老物件等，发挥生产和生活方面的实际作用和特殊价值，既要保护好城市的历史文化遗产，塑造出独特的城市风貌，又要实现文化的创造性发展和创新性转化，满足人民日益增长的美好生活需要。

二是推动历史文化融入城市建设中。在实施城市更新行动中，注重对老旧街区改造等项目文化价值的挖掘和创新利用，文化应留尽留，活态应传尽传，创新文化业态，保证历史文化的整体性、创意开发的有序性和规划设计一体化，让城市建筑、人文景观、人居环境更具辨识度和审美性。同时，进一步健全发掘、阐释、利用历史文化资源的制度机制，推动中华优秀传统文化创造性转化、创新性发展，统筹抢救性保护、预防性保护和数字化保护，讲好城市故事，留住文化记忆，彰显时代风貌。

三是推动历史文化融入文旅新业态中。在"拆、治、兴"并举的城市更新要求下，通过"传统+新兴+创意"的多元业态植入，传承"老字号"，导入新兴业态、文创艺术，进行多维度产业升级，让市民在时尚消费中，找寻文化之根和文明之脉，打造具有鲜明特色和深刻内涵的文化品牌，吸引外在消费，保持更新区域的持续活力。

（四）整体协同建设数字政府

城市治理结构复杂、涉及的治理要素多样，数字政府作为一项复杂的系统工程，不仅包含治理理念、治理主体、治理客体、治理内容、治理范围、治理技术、治理组织机制及治理评价等治理形态基础要素，还要综合考虑与数字城市、数字乡村、数字法治政府、数字生态等治理载体的统筹协调，因此，推进数字政府建设要求体系架构与多元要素主体注重整体性与协同性，既避免传统政府信息化建设中出现的割裂化、孤岛化和分散化等问题，又确保数字政府作为政府治理现代化驱动力的有效性。

一是促进条块部门的整体协同。现阶段，数字政府角色和定位已发生重大变化，成为助推数字经济、引领数字社会、营造数字生态的根本动力和先导工程，各地加强数字政府顶层设计优化，需要强调战略全局性，尤其要遵循"整体性思维"，不断促进条块部门的整体协同，以整体性治理全面提升数字政府治理效能。当前，各地积极探索类似融合治理和整体智治模式，如北京市构建了"七通一平"共性支撑底座，在此基础上打造数字服务、数字监管、数字营商三大业务场景，推动数字化"全市一盘棋"协调发展；浙江省构建了"1612"数字化改革体系，以一体化智能化公共数据平台大力推动数据共享，形成"浙系列"政务品牌。

二是加快构建多元共治格局。城市治理过程中面临的治理问题综合繁杂，治理环境瞬息万变，若是仅依靠政府的力量进行管理与回应，往往会面临力量单薄、资源不足等困境。数字化、智能化技术的广泛运用，政务数据、企业数据、社会数据的海量聚集，使得传统的"信息孤岛"逐步实现互联互通，极大赋能了基层自治、民主协商、社会参与。顺应这一趋势，应完善共建共治共享的社会治理制度，最大限度调动人民群众参与社会治理的积极性、主动性、创造性，推动多元共治格局加快构建。

三是充分发挥数字平台的作用。数字平台作为第四次工业革命浪潮中组织边界跨越的有效载体及工具，能在一定程度上重塑城市治理模式，为城市治理新格局的建构奠定基础。打造智能集约的数字平台，通过整合政务服务、公共服务、社会服务，发挥平台联动性、共享性、整体性、智慧性等多重优势，推进城市社会互动模式与网络结构的形成和发展，有效提升公众获得感、政府办事能效、社会创新参与水平，对城市治理发挥赋能效用。我国众多城市充分发挥数字平台的统合优势，包括上海、北京、成都、深圳等城市打造如"一网统管""接诉即办""智慧蓉城""城市大脑""鹏城智能体"等具有中国特色的数字化创新项目，探索出以数字平台优势来提升城市治理效能的新路子。

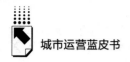

参考文献

《高架桥下闲置地成休闲好去处》,《温州日报》2024 年 8 月 6 日。

江璇:《工业园区转型的中产化进程与效应》,南京大学硕士学位论文,2020 年。

《隐形"富矿"如何点"数"成金》,《金融时报》2024 年 10 月 31 日。

姚莲芳、操玲姣、朱耘婵:《我国创新城区建设实践及其启示》,《武汉社会科学》2023 年第 2 期。

宋晔琴、顾丽梅、张扬:《数字平台何以赋能超大城市敏捷治理——基于组织边界跨越视角的分析》,《上海行政学院学报》2024 年第 1 期。

杨佳麟、王绍森、李立新、唐洪流:《基于城市织补理念的历史街区保护更新探索——以漳州古城东宋河片区改造为例》,《华中建筑》2023 年第 3 期。

何晓婷、曾瑞雪:《数字政府整体协同建设的理论框架与实现路径》,《西南民族大学学报(人文社会科学版)》2024 年第 7 期。

专题篇 ⟫

B.11
从流量到留量：网红城市的
出圈启示及长红路径分析

国研经济研究院课题组 *

摘　要：　本报告围绕网红城市展开研究，分析其内涵、发展沿革、案例、打造路径及长红策略。网红城市是因社交媒体推动而走红的城市现象，其发展经历传统旅游城市靠自然禀赋走红、新一线城市凭人工景观走红、非传统旅游城市借网络热点走红三个阶段。通过西安、重庆、淄博、哈尔滨等城市案例发现，城市资源是网红城市发展根基，情绪价值是出圈利器，游客需求是风向标，多元主体发力是建设模式，文旅产品拓展是共同特质，科学技术和媒介营销分别为发展活力与助推器。打造网红城市，可从挖掘资源塑造城市 IP、利益相关者共建友好城市、媒介内容焕新城市形象、契合游客需求、数字技术赋能城市升级等方面着手。网红城市要实现"长红"，需以城市品

---

*　执笔人：姚莲芳，经济学博士，国研经济研究院总经济师，主要研究领域为城市发展战略研究、产业转型升级研究、经济形势分析、新型能源发展研究等；侯媛元，中国传媒大学硕士研究生。

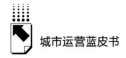

牌塑造为核心，以流量带动文旅产业发展，促进城市形象营销推广，提升城市综合品质，建立多元化运营盈利模式，从而将流量转化为留量，增强城市竞争力，实现可持续发展。

关键词： 网红城市 社交媒体 数字赋能 城市品牌

一 网红城市的内涵

（一）网红城市的研究回顾

"网红"是"网络红人"一词的简称，最早可以追溯到 1997 年的 BBS 时代，在 2016 年成为年度热词，指的是在现实或网络中因某个事件或某个行为被网民关注而走红的人。随后，"网红"的概念内涵逐渐泛化，在互联网上拥有较高流量、被广泛关注的事物和现象，都被冠以"网红"的前缀，如"网红活动""网红景点""网红美食"等。网红城市就是由社交网络中"网红"的概念延展而来，严格意义上来说网红城市包括 2008 年通过网络论坛和博客走红的城市，但"网红城市"一词真正被认知且广泛应用是在 2016 年短视频兴起后。学者将网红城市定义为"因社交媒体推动而催生的城市走红现象"，指借助互联网平台高黏性、碎片化传播的属性，将美食、景点、文化等独特的城市标签作为传播内容，经由用户生产内容（UGC）扩散，在短期内迅速成为城市热点话题，引发大量线上关注和线下参与的网红现象。

随着抖音、快手等社交媒体平台的崛起以及流量经济在城市发展中重要性的日益提升，网红城市成为学界研究的重要议题，研究内容较为丰富，涉及形成机制、发展策略、旅游者感知和行为等多个方面。在形成机制上，社交媒体、用户参与、城市营销、资本平台等是网红城市形成的关键要素，乔秀峰认为媒介和社会的深度融合是网红城市形成的根本逻辑；杨扬指出资本的纵向拓展、城市的内向更新、移动智能媒体的多向赋能共同驱动了网红城市从概念走向现实；张玉和王雨欣认为网红城市是"人""媒""城"共同作用的结果。在旅游者感知和行为上，多数学者采用网络文本分析的方法对用户评论和游记进行总结归纳，探究旅游者对城市符号和旅游服务的感知、游客行为和体验特征等，发现游客感知到的网红城市符号可以分为参与体验、观光游览、文化知识、情感等多个类别，游客的旅游体验呈现出明显的生活化特征，旅游文化服务成为网红城市旅游公共服务吸引力的核心。在发展策略上，学者聚焦于西安、重庆、淄博等网红城市，试图总结城市品牌塑造和可持续发展的经验。孙平和王德刚认为有效治理、核心 IP 打造、价值共创、适应性演化能力是网红城市品牌生态圈塑造的四个阶段，也有研究指出"人—地"情感关系的建构和地方意义的生成是城市可持续发展的关键因素。

综上所述，互联网的快速发展拓展了城市形象传播的方式和渠道，催生了"网红城市"这一城市竞争新模式。越来越多的城市正积极调动城市文旅资源，结合互联网新型传播途径打造网红城市，以吸引网络注意力和发展城市经济。学界对于城市的"网红化"现象多有关注，但缺乏系统化的深入探究和全面总结。因此，探索不同网红城市的打造路径以及如何将"出圈"红利转化为"长红"动力是值得重视的现实课题。

（二）网红城市的发展沿革

我国网红城市的出现与网络社交媒体的发展密切相关，大体可以分为三个阶段，不同阶段的网红城市的城市定位和走红方式存在不同，第一阶段的丽江和厦门是传统旅游城市，主要通过特色鲜明的自然景观和互联网旅行社区及博客走红网络；第二阶段的西安、重庆和长沙是新一线城市，具备文旅发展的基础设施、稳定客流和人工景观，主要通过抖音等短视频平台走红；第三阶段的淄博、哈尔滨、天水是非传统旅游城市，在文旅方面知名度有限，通过图文和短视频带来的热点话题迅速走红网络。

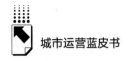

1.第一阶段：以自然禀赋走红的传统旅游城市

2008年，我国互联网快速发展，网民数量达到2.98亿，互联网普及率以22.6%的比例首次超过全球平均水平，穷游网、驴妈妈等旅行社区以及博客等由用户进行内容生产、以图文为主要形式的互联网媒体成为人们获取旅行信息的重要渠道。这一时期凭借区别于大都市的小资氛围、自然景观以及诗和远方走红于互联网，吸引无数文艺青年争相前往的丽江和厦门可以称之为初代的网红城市。

2.第二阶段：以人工景观走红的新一线城市

2017年，抖音、快手等短视频平台发展势头强劲，用户规模突破4.1亿人，成为品牌推广和内容消费的新风口。"西安永兴坊摔碗酒""玉林路小酒馆""现实版千与千寻""李子坝魔幻轻轨""超级文和友"等主题的短视频在互联网上爆发式增长，成都、西安、重庆、长沙等新一线城市凭借短视频和人工景观成为新一代的网红城市。

3.第三阶段：以网络热点走红的非传统旅游城市

随着新媒体平台的加速发展，去中心化传播成为发展趋势，用户个人在社交媒体上发布的内容的影响力与日俱增，成为传播城市形象和营造城市热点的主要推手。这一时期的网红城市不再局限于级别和体量，只需一个网络热点便能带火一座城，资源禀赋欠佳或知名度有限的非传统旅游城市迎来了走红的机遇，淄博以烧烤热点、榕江以村超热点、哈尔滨以冰雪热点、天水以麻辣烫热点等成为新晋网红城市。

二 网红城市的案例解析

从西安永兴坊的"摔碗酒"到重庆的穿楼轻轨，从长沙橘子洲头的璀璨烟火到成都憨态可掬的大熊猫，从淄博温情满满的烧烤到哈尔滨银装素裹的冰雪大世界……近年来，越来越多的城市在互联网上强势"出圈"，吸引全国各地游客前往打卡，成为文旅消费的热点城市。抖音、快手、小红书等新型社交媒体的崛起给予了城市同等的"出圈"机会，短、平、快的视频节奏和精准匹配的流量分发机制将优质内容不断推送给更多用户，打造出城市的独特标签，为城市发展注入新的活力，让西安、重庆、长沙等城市相继成为网红；新冠疫情后文旅消费市场快速复苏，消费者的整体出游意愿显著加强，关注节约和理性消费的新型消费心理促使淄博、哈尔滨等非传统旅游城市走出物美价廉的网红之路。每座城市都有其独特的资源优势和发展策略，打造网红城市的过程既有相似之处，也呈现出不同的特点。基于此，本报告选取西安、重庆、淄博和哈尔滨等城市作为研究案例，通过深入分析揭示不同城市"网红化"的发展策略，为后续我国其他网红城市的打造提供一定经验和启示。

（一）案例分析

1. 千年古都、历史名城——西安

（1）城市的网红之路

——引爆阶段：游客生成内容的偶然出圈

"摔碗酒"短视频的爆火是西安成为网红城市的开端，摔碗酒是陕南接待贵宾的一种习俗，事件发生地永兴坊是2014年开业的仿古建筑景点，多年来并未引发游客和本地市民的过多关注，2017年底，游客拍摄的15秒短视频让"摔碗酒"成功出圈，魔性的背景音乐、解压的摔碗方式以及美好的民俗寓意激发游客的传播和尝试兴趣，收获了数千万的点赞，成为城市的热门话题；西安大唐不夜城的"不倒翁"小姐姐也是通过游客拍摄的短视频在短时间内爆红于网络，充满唐风古韵的妆容服饰和新颖有趣的互动形式掀起传播热潮，再一次带火了西安。西安出圈的"摔碗酒""不倒翁""李白对诗"等话题起初都来自游客生成内容，通过抖音短视频平台快速传播至不同圈层，成为引爆城市的契机。

——持续爆火阶段：历史文化IP的不断生成

在"摔碗酒"和"不倒翁"等现象级IP出圈后，西安并未停滞不前，而是不断推出新的文旅景观和活动，打造独属于城市的历史文化IP。2018年西安市政府和抖音合作推出"西安年·最中国"活动，2021年大唐不夜城打造"与李白对诗赢肉夹馍"活动，2022年基于电视剧《长安十二时

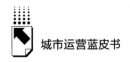

辰》和唐朝文化建造了长安十二时辰主题街区，2022 年西安城墙打造"无人机+VR 沉浸式"体验活动，2023 年大唐不夜城推出"盛唐密盒"互动小剧场，2024 年西安春节联欢晚会分会场播出《山河诗长安》节目，再现盛世长安的恢弘景象……这些精心设计的文旅 IP 一次次点亮西安的网红名片，延续西安的话题热度，丰富城市的网红标签，让西安从 2017 年出圈起到现在一直是全国热门旅游目的地之一。

2023 年，西安全年接待游客数量达到 2.78 亿人次，旅游收入再创新高，达到 3350 亿元，同比增长 65.03%。根据新京智库发布的《新京报"网红城市"潜力报告（2024）》，西安的长红指数为 94.66，仅次于北京和武汉，位居全国第三。

（2）打造网红城市过程中的特点

——持续挖掘和打造城市话题

西安作为十三朝古都，历史底蕴广博而深厚，对文化元素和历史基因的不断挖掘和活化是西安城市 IP 出圈的基底。西安市政府努力挖掘城市历史文化资源，利用现代科技手段创新打造了"西安年·最中国""大唐不夜城""长安十二时辰"等品牌 IP，持续发力延伸网红热度。2018 年西安推出"西安年·最中国"系列活动，以复原历史文化的各项民俗活动为核心，以声、光、电等高科技手段为点缀，花车游街、沉浸演艺、景点灯光秀、非遗民俗等带给游客最具中国特色的年味体验，已成为打造城市文化品牌的经典案例；西安大唐不夜城以盛唐文化为背景，将各类演艺融入其中，不仅有常态化的《再回长安》《再回大雁塔》驻场演艺，还在街区中设置了形式多样的小型互动场景，包括敦煌飞天、悬浮李白等，突出夜经济和潮流文化，吸引了许多年轻游客；陕文投 2022 年推出的长安十二时辰主题街区借助电视剧 IP 和唐朝市井文化，等比还原影视场景，打造歌舞演艺、沉浸互动、游玩购物等在内的一体化文商旅空间，让历史文化得以立体化、生活化呈现。西安市将文旅 IP 作为城市出圈的重要推动力，通过不断推出新活动、新场景牢牢抓住旅游者的注意力，激发文旅消费市场活力。

——政府和平台联手进行营销

西安在网络平台的影响力不断扩大，成为名副其实的"抖音之城"，是政府和平台合作营销的成果。西安市政府通过"摔碗酒"事件意识到短视频对文旅的推广作用，在2018年召开主题会议探讨如何利用"抖音"进行城市宣传，并在4月份与抖音达成合作关系，推出"四个一"合作方案，优先蓝V认证、专人指导运营、发起城市主题挑战赛、邀请抖音达人深度体验、拍摄旅行纪录短片等，基于抖音的产品在世界范围内宣传西安的文旅资源。抖音联合西安市旅游发展委员会策划"跟着抖音玩西安"活动，激发游客参与体验和网络传播的积极性，让游客自发上传畅游西安的短视频，从游客视角解构西安传统固化的城市形象，赋予了西安更加多元、亲和的新标签。西安市政府借助抖音平台亿级日活跃用户量的流量和渠道优势，凭借着官方宏观宣传与游客个人自发内容的产出，推广西安的文化旅游资源，获得源源不断的流量，成为长盛不衰的旅游目的地。

2. 8D魔幻、影视之城——重庆

（1）城市的网红之路

——热度提升阶段：影视营销打开城市知名度

2016年4月电影《火锅英雄》用大量的空镜头展现重庆因地貌而造就的独特建筑形态，集合了防空洞、过江索道、穿楼轻轨等城市景观，也带火了重庆洞子火锅这一特色美食；2016年9月电影《从你的全世界路过》以重庆鹅岭二厂、十八梯作为取景地，吸引了众多文艺青年前往拍照打卡；2019年电影《少年的你》选取了重庆铁路中学、皇冠大扶梯、魁星楼、筒子楼等场景，筒子楼古旧的建筑、八边形的天井、纵横交错的楼梯通过电影画面深深印入观看者的心中，重庆再次火遍大荧幕；2020年电视剧《风犬少年的天空》赋予了取景地大兴村浓烈的青春色彩和生活化气息，使得大兴村成为新的网红打卡地。这些影视作品通过镜头和故事再现了重庆的文化、美食、景观，成为重庆的旅游宣传片，电影流量给拍摄地带来了巨大的客流量，打开了城市的知名度。

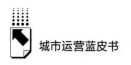

——持续爆火阶段：短视频营销打造热点话题

重庆的走红也离不开短视频的助力。抖音、快手等短视频平台放大了重庆的城市魅力，赋予了重庆特定的城市符号，2017年《中国有嘻哈》爆红网络，节目冠军为重庆说唱歌手，他的口头禅"勒是雾都"相关短视频在抖音上获得千万播放量，成为重庆的音乐符号；2017年旅游博主打卡洪崖洞，并带上"现实版千与千寻"的话题在短视频平台进行发布，使得洪崖洞游客翻了三倍；2018年李子坝轻轨、长江索道等景观在抖音收获百亿播放量，短视频特定的角度和洗脑的音乐增强了重庆魔幻景观的视觉冲击力，使得五一期间重庆旅游人数快速增长；2019年重庆市文旅发展委员会开设抖音官方宣传号，开启重庆文化旅游宣传的短视频时代。与影视作品相比，短视频覆盖的人群更加广泛和多样，短、平、快的特征也迎合了快节奏的社会生活方式，使得重庆城市形象相关视频的创作量和播放量霸榜抖音，在一夜之间成为游客眼中的"网红城市"。

2023年，重庆接待过夜游客1.03亿人次，同比增长88.1%，旅游及相关产业实现增加值1206.82亿元，同比增长13.5%。根据新京智库发布的《新京报"网红城市"潜力报告（2024）》，重庆的长红指数为87.72，位居全国第十一。

（2）打造网红城市过程中的特点

——影视作品赋予生活空间意义

影视作品通过故事情节、人物表演、场景塑造、音乐烘托、镜头转换等内容的营造，融入了制作者、表演者和观看者自身的想象和意义解读，使得影视取景地不再是单纯的物理空间，而是充满了影视符号和意义表征的叙事性空间。重庆独特的地貌景观和阴雨多雾的气候特征使其成为天然的摄影棚，无需花钱造景就能收获真实又迷幻的镜头场景，再加上重庆市政府把握影视作品对城市形象传播的正面效应，在"影视+文旅"上纵深发展，率先建立了影视拍摄一站式服务机制，促使了许多与重庆相关联的影视作品的诞生。《少年的你》《从你的全世界路过》《风犬少年的天空》等影视作品使观众对重庆的印象更加具象化，《火锅英雄》展现了重庆充满烟火气的火锅文化和豪爽泼辣的语言风格；《少年的你》展现了重庆立体、复杂的楼宇交通，为重庆增添了青春忧郁气息。电影镜头的叙事让重庆不再是抽象和宽泛的城市概念，而是由洪崖洞、筒子楼、鹅岭二厂、李子坝轻轨、火锅等具象的吸引物组成的目的地，游客能清楚认知到重庆具有的景观和美食，并将对影视作品的情感和喜爱投射到影视取景地，产生"跟着电影去旅游"的"朝圣"和打卡行为。

——景点改造迎合游客需求

重庆的持续走红与其以游客需求为导向，不断对景点设施进行改造，丰富游客的审美、游玩、打卡体验密不可分。在2023年全国国内旅游宣传推广十佳案例名单中，重庆成功入选，成为最宠游客的城市。热门景点洪崖洞本身存在着空间狭小、消费内容匮乏等问题，不具备吸引游客停留和重游的条件，2020年小天鹅集团开始对洪崖洞景观、设施、内容进行全面改造和提档升级，打造了包括"母城记忆沉浸式体验区"、"巴渝十二景"科技文旅项目、"未来重庆"赛博朋客体验区、主题餐厅等在内的沉浸互动景点，丰富洪崖洞的消费内容；为了承担网红效应带来的巨大客流量，重庆在千厮门大桥旁建设了多条大扶梯，并在嘉滨路到朝天门路段打造了交通慢行系统，疏解交通压力，为游客提供良好的出行体验；为了满足夜游游客的出行需求，重庆将轨道交通、公交的运营时间延长至凌晨2点；为了给游客提供拍照打卡的角度和空间，重庆市政府在李子坝下建设观景平台，提供最佳观景点，并在观景平台对面的半坡岩壁上新栽植一批三角梅等观赏植物。重庆从游客视角出发，力求做到尽善尽美，在网络上收获了良好口碑。

3.灵魂烧烤、诚信之城——淄博

（1）城市的网红之路

——起势阶段：政府主导打造城市IP

淄博市政府在2015年开始布局和发展夜间经济，烧烤是其中一个环节，持续多年的露天烧烤治理工作有效规范了淄博烧烤产业的运营。2020年淄博市政府开始通过构建多媒体营销矩阵进行"淄博烧烤"IP推广。在明星达人营销上，2020年薛之谦在音乐会上分享了淄博烧烤用餐体验，B站美食博主"盗月社"和抖音美食博主"特别乌啦啦"发布视频推荐淄博烧烤，2023年2月市政府邀请抖音千万粉博主"大漠叔叔"通过直播推广淄博烧烤；在官方媒体营销上，2019年文旅淄博微信公众号开始宣传淄博烧烤，2020年6月淄博市开展了第一届烧烤大赛，进一步打响淄博烧烤的名号，2022年《大众日报》报道《淄博烧烤里的双城爱情》，为淄博烧烤注入浪漫色彩，同年推出首届淄博烧烤店"金炉奖"推荐活动，筛选出品质好、服务好的烧烤名店，不仅给游客就餐提供优质选择，还激励了烧烤店的良性竞争；在纪录片营销上，2021年8月央视纪录片对淄博烧烤进行了介绍，2021年11月知名美食纪录片《人生一串3》把淄博作为选址地点，对淄博烧烤进行了推荐，2021年12月山东卫视播放了《"淄博烧烤"：酱的传奇》纪录片。淄博市政府通过明星达人推荐、官方媒体营销、纪录片宣传等多种渠道为淄博烧烤成为网红爆款奠定了流量基础。

——引爆阶段：事件营销形成热点话题

2023年3月"大学生组团到淄博吃烧烤"的话题成为抖音同城热搜榜第一，灵魂三件套的独特吃法和烟火气的场景吸引了众多关注，给淄博带来了第一波热度。媒体深挖淄博烧烤和大学生的背后故事，发现该话题与2022年大学生在淄博隔离，离开时淄博市政府为大学生准备了烧烤，并约定来年再来做客的温情故事相关联，更是引发了网友的点赞传播；3月底，中央广播电视台持续聚焦并分析淄博出圈事件，给予了认可和肯定；4月8日知名打假博主B太的测评为淄博带来了流量高潮，淄博热情真诚、诚信经营的形象深入人心；淄博的网络流量在9日冲上顶峰，成为网红达人、媒体、游客纷纷前往打卡的网红城市。

——持续爆火阶段：优质服务延续网红热度

在淄博烧烤火爆网络之后，政府的积极参与和有效治理为美食IP的热度延续添砖加瓦。顺应消费者需求，淄博市政府组织召开"淄博烧烤"专题发布会，公布举办烧烤节、开通烧烤交通专线等举措，并在政务服务平台上线"淄博烧烤"专区，提高烧烤相关事项的处理效率；市场监管部门加强商品质量和价格的监管和治理工作，对假期前后住宿业价格的涨幅进行调控，对于不打表、拒载的出租车以及被游客投诉的烧烤店进行停业处罚，构建"诚实淄博"的名片。针对游客，政府直接发放25万烧烤消费券、设计推出烧烤主题游、规划了21条烧烤公交线、每日出警1000余名为烧烤活动保驾护航、拓展烧烤业态场景；针对本地居民，淄博市精神文明办发布《致全市人民的一封信》，呼吁本地居民错峰出行、让利于客，塑造了淄博政通人和、热情好客的城市形象。同时博主和游客生产的网感内容也丰富了城市话题，游客在社交媒体上分享在淄博见到的有趣的人物和暖心的事件，使得淄博街区随机地点出摊卖绿豆糕的老大爷、八大局卖鸭货的小哥、暴躁喊号送餐的烧烤店小男孩等人物在抖音、小红书等社交媒体上走红，"乘坐烧烤专线收到淄博文旅局投喂""淄博人民真热情"等话题频出，不仅使淄博市政府和居民的热情举措得到更广泛的传播，还从游客视角出发以实际体验为淄博热情好客的城市形象增加可信度。

2023年，淄博全年共接待国内游客6114.9万人次，同比增长67.6%，实现国内旅游收入630亿元，同比增长68.4%。在欧维数据发布的《2023年上半年中国网红城市指数TOP20》榜单中，淄博以212.46的网络热度指数位居全国第一。

（2）打造网红城市过程中的特点

——温情底色深化情感体验

淄博烧烤的走红之路一直与温暖和热情相关联。早在疫情期间，被隔离在淄博的大学生结束隔离之际，淄博市政府以淄博烧烤作为送别礼，不仅在大学生心中留下了温情烙印，也促进了淄博烧烤在网络上的情感传播，"大学生组团到淄博吃烧烤"的热点事件更是演绎了一段双向奔赴的动人故事。话题爆火后淄博市政府以服务为核心，通过精细化的服务切切实实让游客感受到淄博市政府的厚重人情味。本地居民的热情好客和主动帮助也进一步推动了游客的情绪唤醒和情感满足，当地居民免费送游客到车站、免费将房子给订不到酒店的游客居住、积极担任志愿者等举动拉近了主客之间的距离，以真情和行动丰富了淄博的城市品格，使游客认知到淄博不但有烧烤，还有"温度"和"好客"。此外，淄博

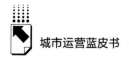

烧烤自身具备的人间烟火气更深化了游客的情感体验，淄博烧烤为游客提供身心放松的场所，让游客从快节奏的生活和高压力的工作中解脱出来，烤制过程中产生的烟火气营造了悠闲自得、原汁原味的市井生活氛围，与朋友、亲人围坐在烤炉旁满足了游客的社交需求。淄博以温情作为城市底色，用诚意和服务传递幸福和温暖，使游客获得物质和情感的双重满足，是城市出圈的流量密码之一。

——"烧烤+"丰富文旅产品

淄博市政府对本地的文旅资源进行充分发掘，以"烧烤+"理念打造多元化文旅产品，延伸了淄博的流量链条。淄博市不断推出"烧烤+"系列项目，"烧烤+夜游"模式通过开放齐鲁欢乐世界、红叶柿岩、颜神古镇等热门景点的夜游，让游客在享用烧烤后仍能体验丰富的夜间场景；"烧烤+音乐"模式通过举办烧烤音乐节，让上万游客一起烧烤、一起唱歌，获得听觉、视觉和味觉的三重体验；"烧烤+露营"模式通过建设网红露营基地，提供帐篷、木屋、聚会等服务满足游客的露营需求；"烧烤+非遗"通过推出"就在淄博"城市艺术 SHOW、文化馆奇妙游、文化灵魂"三件套"等活动，让根植于淄博历史文化的陶瓷、琉璃、丝绸等"淄博好物"随烧烤一起出圈，带动了淄博陶瓷琉璃博物馆等文旅景点游客量的大幅提高；"烧烤+文化"模式将烧烤的流量转化为淄博文化的热度，打造"齐地文化"新IP，发掘聊斋文化、红色文化等文化基因，积极策划了多条以聊斋城景区为主要游览点的旅游线路，新开通 6 条旅游公交专线，免除蒲松龄故居的景点门票，打造聊斋文化美食节，推出"马户""又鸟"等文创产品，充分发挥本地资源优势。淄博以"烧烤+"产业模式走出以热点 IP 带动文旅产业整体发展的非传统旅游城市的网红之路。

4. 真诚型市格、冰雪之都——哈尔滨

（1）城市的网红之路

——起势阶段：政府主导的话题预热

哈尔滨市政府通过一系列举措打牢冰雪文旅的基础，在政策规划上，发布《哈尔滨冰雪文化之都（冰雪经济）发展规划（2022—2030 年）》《哈尔滨市支持冰雪经济发展若干政策措施》等文件，为冰雪经济的发展提供指引；在组织架构上，黑龙江建立了省一级的"旅游联席会议机制"，所有地市涉及文旅的部门都在这个框架之内，整合全省资源服务总体规划；在营商环境上，文旅部门联合监管部门打击哄抬物价、缺斤少两的"宰客"行为，肃清旅游消费市场不良现象；在文旅活动上，推出"哈尔滨冰雪季活动"，构建冰雪节庆、冰雪文化、冰雪艺术、冰雪体育、冰雪经贸、冰雪时尚创意和群众性冰雪七大板块系列活动，推出百余项冰雪活动，丰富冰雪文旅体验。同时从 2023 年 10 月起，开始在各网络平台进行造势。与抖音生活服务合作推出了"冬季旅行超有范·冰雪温泉季"活动，邀请本地文旅达人和明星在抖音平台分享冬季旅行经历和攻略；在快手、抖音、微博和今日头条等平台进行话题预热，如"冬天要去一次哈尔滨""哈尔波特""B 太来哈尔滨了"等，提高游客对哈尔滨标志性景观和特色美食的认知度，为城市积累网络热度。

——引爆阶段：危机公关挽回城市口碑

2023 年 12 月 18 日的冰雪大世界退票事件是哈尔滨爆火的契机。冰雪大世界开园第一天，因为客流量较大游客体验不佳，面对游客的不满和投诉，景区当天就暂停售票并且为部分游客办理退票，文旅局领导也第一时间赶赴冰雪大世界进行督导。现场处理完毕后，文旅局在二十四小时之内发布《致广大游客的一封信》，向所有游客道歉的同时，给出具体整改措施，包括设置排队信息提示、增加安保和接待人员、线上线下受理投诉信息等，赢得游客好感。这次危机公关事件是哈尔滨爆火的开端，哈尔滨市政府在黄金二十四小时内及时反应、真诚道歉、做出行动，与网络上的一位旅游博主玩了一天后要求退票的行为形成鲜明对比，引发网友和白鹿视频、澎湃新闻等官媒的参与探讨，有关哈尔滨冰雪大世界的话题和视频热度飙升，"游客为哈尔滨冰雪大世界正名""请再多给冰雪大世界一点耐心"等话题上榜热搜，舆情危机成功转化为正面宣传。

——爆火阶段：多方主体的共同发力

危机公关事件使得哈尔滨迅速出圈，为了将流量转化为留量，哈尔滨市政府秉持游客至上的理念，努力打造公共服务型政府。12月19日哈尔滨市商务局向本地餐饮和住宿企业发出服务质量倡议书，要求保证游客的住宿和用餐体验；12月25日哈尔滨市人民政府发布《致全市人民的一封信》，号召市民热情待客、让路让景，激发了本地居民的荣誉感和待客之心；哈尔滨市政府时时关注游客需求，紧盯网络评论，应游客要求打造了人工月亮、带翅膀的黑马、温暖驿站，推出了商场交响乐团表演、鄂伦春族同胞带着驯鹿互动、白狐接客、淘学企鹅等特色活动和景观。随着各种暖心服务的提供，无数游客和网络达人前往哈尔滨旅行打卡，并在社交媒体上进行传播，创造了一些有趣的热梗，包括"南方小土豆""夹子音""冻梨摆盘"等，从游客的视角凸显哈尔滨的有求必应，哈尔滨冰雪游热度飙升。本地居民也是这一阶段城市营销的重要一环，"尔滨你让我感到陌生"的话题从第三方视角出发，以醋味叙事的方法说明哈尔滨给予游客的特殊待遇以及城市形象的改变。这一阶段政府、游客和市民都为哈尔滨网络热度的提升贡献了力量。

——持续爆火阶段：其他城市参与的话题联动

"小砂糖橘"话题的出现是哈尔滨事件营销的新阶段，文旅价值链得到延伸，带动其他省份共同发展。2024年1月2日广西的"小砂糖橘"奔赴哈尔滨研学旅游引发网友关注，1月5日广西赠送200吨砂糖橘和沃柑答谢哈尔滨，并且发布短视频邀请东北人民去桂林游玩，1月6日黑龙江回馈10万盒蔓越莓，话题冲上热搜，不仅让两地的特色农产品得到巨大曝光量，还提高了哈尔滨和广西文旅的热度，营造了各民族团结一致、互帮互助的和谐氛围。受此影响，各地文旅纷纷效仿，云南为答谢哈尔滨热情款待"小菌主"赠送松茸饼干，柳州、贵州、成都等地文旅部门相继制造和营销"东北小冻梨"抵达各地旅行的话题，掀起了城市文旅部门网络营销的热潮。这一阶段的营销不再局限于哈尔滨这一政府主体，而是扩展到其他省市的政府部门，通过话题联动、互赠礼物、借鉴学习等营销方式实现热度共享。

2024年元旦期间，哈尔滨市累计接待游客304.79万人次，实现旅游总收入 59.14 亿元，游客接待量与旅游总收入达到历史峰值。据新京智库发布的《新京报"网红城市"潜力报告（2024）》，哈尔滨的长红指数为 85.34，位居全国第十五。

（2）打造网红城市过程中的特点

——拟人化营销激发情感共鸣

城市的拟人化传播是哈尔滨走红的典型特征。哈尔滨以"低姿态"出圈，最初的舆论公关事件就采用真诚道歉和迅速整改的方法，后期更是有求必应，用无人机在索菲亚教堂上空制造假月亮、豆腐脑放糖、烤红薯配备小勺子、中央大街铺地毯等，花式宠粉，给游客提供了充足的情绪价值。哈尔滨作为东北城市，留给人们的最初印象是豪爽质朴、不服就干，但哈尔滨政府部门和本地人对待游客的种种举措以及层出不穷的热点话题，让游客察觉到城市优雅浪漫的一面，塑造了豪爽热情又细致体贴的真诚型城市人格，"尔滨"成为游客对城市的亲切称谓，"哈尔滨，共和国长子，性别男，身高 185+，喜欢南方姑娘……"成为城市的自我介绍，独一无二的人设不但更具辨识度和记忆点，而且让游客对政府和本地人的情感投射到了城市整体，与城市之间的相处从人与物转化为人与人的平等互动，建立了更亲密的情感关系。

——醋味叙事构建第三方视角

哈尔滨在打造网红城市的过程中构建了以市民为主体的第三方叙事视角。2023 年 12 月 31 日本地市民发布的"尔滨，你让我感到陌生"短视频收获百万点赞，是哈尔滨市民叙事的开端。在网络流量的引导下，本地人纷纷出镜，在短视频平台"抱怨"哈尔滨"专宠外来游客，冷落本地居民"，用幽默风趣的腔调和语言展现了哈尔滨的热情好客和差别对待，凸显了哈尔滨给予外地游客独一无二的厚待和礼遇。市民的第三方叙事和政府的服务相互配合，政府负责提供优质服务和满足游客需求，市民则通过"醋味叙事"为服务增添价值和意义，从而使游客对哈尔滨投射更多的关注和情感。并且本地市民并非真的在发泄不满和抱怨，反而积极参与服务型城市建设，免费为游客提供热饮、接送和住宿服务，线上玩梗线下参与的反差感体现了市民

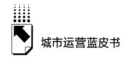

的集体荣誉感和哈尔滨和谐奋进的城市精神，让游客更深入了解和感受哈尔滨的历史和文化。

（二）案例启示

1. 城市资源是网红城市的发展根基

网红城市往往拥有独特的文化、历史和自然资源。西安拥有兵马俑、大雁塔、古城墙等历史遗迹，肉夹馍、羊肉泡馍等代表性的美食文化；重庆拥有高低起伏的自然地貌，鲜香麻辣、口味醇厚的川菜文化，吊脚楼、重庆方言等巴渝文化资源；淄博拥有"小饼+烤炉+蘸料"组合而成的烧烤文化，陶瓷、丝绸、琉璃等民俗技艺；哈尔滨拥有索菲亚教堂、中央大街、交响乐等东欧文化资源，冰雪大世界、太阳岛雪雕博览会等冰雪文化资源。这些人文和自然资源是城市发展文旅产业的根基，通过对不同资源的挖掘和利用凝练出城市的魅力和特质，能够对游客产生实实在在的吸引力，为游客提供特色化和高质量的消费体验。

2. 情绪价值是网红城市的出圈利器

网红城市的线上传播和线下服务都体现出满满的情绪价值，满足了游客不断提升的精神需求。网络环境和信息纷繁复杂，具有价值和意义的事件才能迅速感染大众情绪，引发情感共鸣，在各圈层间持续传播，西安"摔碗酒"为游客提供了负面情绪和生活压力的宣泄口，让用户和西安产生了情感联结；疫情期间隔离大学生和淄博市政府的良性互动为烧烤附加了感恩、善意、真诚等价值，淄博才能凭借"大学生组团吃烧烤"事件出圈。网红城市政府、市民和商家的温情善意塑造了"有温度的城市"，花式服务和有求必应将快乐、热情传达给游客，让游客在潜意识中对城市产生归属感。情绪价值已经成为现代年轻人最想获取的旅游体验之一，是城市成为网红和持续出圈的关键。

3. 游客需求是网红城市的风向标

网红城市一直以游客需求为导向，洞察了解游客需求，迅速改进满足，用优质的业态、服务、产品承接线上流量。重庆聚焦影视旅游者，对鹅岭二厂、白象居、洪崖洞等著名影视取景地进行改造升级，建设旅游配套设施，设置影视打卡点，平衡居民和游客诉求；淄博将大学生作为关键客群，洞察大学生追求性价比的消费心理，开设烧烤专列，发放消费券，降低吃、住、行、娱等各个环节的旅游成本；哈尔滨关注南方游客需求，通过在中央大街铺地毯、设立温暖驿站、改进餐饮服务减少南北差异给南方游客带来的不便，并在社交媒体平台上筛选游客诉求，及时对景观进行创新改造，丰富游客体验。网红城市以游客为中心，以游客需求为发展方向，才能持续吸引游客。

4. 多元主体发力是网红城市的建设模式

网红城市离不开多方主体的共同发力，政府主导、市场运作、市民参与相辅相成，携手促进网红城市良性发展。在西安、重庆、淄博和哈尔滨的案例中，政府、企业、市民的身影随处可见。政府为网红城市的建设提供良好的政策环境和文化氛围，不断提升通信、水电、交通等基础设施，出台城市资源挖掘、核心品牌打造的宏观政策文件，为企业和人才提供良好的营商和就业环境；企业作为市场主体，在利益和流量的驱动下，不断创新业态和产品，提升网红城市的经济发展活力；市民在政府号召和主人翁意识的作用下，积极参与网红城市建设，以热情的行动帮助游客，以积极的态度创作和传播城市品牌形象，增强城市的凝聚力和向心力。

5. 文旅产品拓展是网红城市的共同特质

网红城市往往能够保护和发掘城市的文旅资源，打造丰富多彩的文旅产品和活动，让网红流量渗透到更多城市文化业态、旅游景点、生活元素中。西安将历史文化与旅游产业深度融合，从"摔碗酒"到"不倒翁"，从大唐不夜城到长安十二时辰主题街区，从未停止过 IP 创新；淄博热度源自"烧烤"，但又不局限于烧烤，不断拓展业态场景，"烧烤+露营""烧烤+音乐""烧烤+非遗"层出不穷，激发游客的消费热情；哈尔滨将可利用的文旅资源开发到极致，推出"冰面热气球""淘学企鹅""人工月亮""鄂伦春族表演"等文旅活动，涉及冰雪资源、东欧风情、民俗文化等多元内容。文旅产品拓展能够给游客带来源源不断的新意，也能将热度辐射到更广泛的消费圈层，是网红城市应当具备的共同特质。

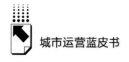

6.科学技术是网红城市的发展活力

网红城市的政府服务、资源保护、业态创新、城市营销都离不开科技的助力。正因为具备 AR、VR、云计算、大数据、区块链等数字技术，哈尔滨才能打破政务壁垒，建立跨区域、跨部门的"旅游联席会议机制"，为调动各地资源服务网红城市打造奠定基础；西安才能建立完善的文物保护监测系统，总结古城墙的病害发展规律，实现历史遗产的数字化保护；重庆才能建成科技片场，为影视剧组提供数字摄影棚、录音棚、置景间等现代化综合性服务，在"影视+文旅"上纵深发展；淄博这一非传统旅游城市才能在算法逻辑和精准推送下凭借温情和烧烤走入公众视野。科技能够赋能城市文旅高质量发展，为网红城市注入源头活水，加快城市走红的步调。

7.媒介营销是网红城市的助推器

流量经济时代下，公众注意力成为城市争夺的重要资源。不论是新媒体平台，还是影视、综艺和音乐，都是城市走红的重要渠道。以用户生成内容为主的抖音、快手、B 站、微博等新媒体平台连接着广泛的信息传播网络，通过图文、视频等形式展现城市的景观、风俗、美食，让城市被更多人看到、听到、感受到。影视、综艺和音乐将城市元素隐含在优质的内容中，赋予了城市获得巨大流量的契机，《成都》和成都、《去有风的地方》和大理、《唐宫夜宴》和河南无一不是通过作品推动城市形象传播，展现城市的文化和魅力。城市成为网红需要打造和营销，媒介传播让城市热点不断发酵和升温，是城市获取流量和关注的重要手段。

三 打造网红城市的路径

通过对西安、重庆、淄博和哈尔滨等城市的走红之路和发展特点进行分析，发现不同城市打造网红城市的路径具有共通之处，主要体现在以下几个方面。

（一）挖掘资源塑造城市 IP

随着旅游消费的日常化以及"全域旅游"发展理念的深化，游客的旅行方式和城市的资源运作模式产生了较大变革。过去旅游吸引物局限在名山大川、历史古迹、主题公园等文旅资源上，使得被游客广泛认知并争相前往的旅游目的地多是文旅资源禀赋较好的传统旅游城市。现在游客从"观光游"向"沉浸式旅游"转变，衣食住行等城市生活方式也成为一种文旅资源，只要城市具有某一方面的独特吸引力，即使不具备得天独厚的文旅资源和规模宏大的文旅项目，也能成为热门旅游目的地。越来越多二、三线的非典型文旅城市从产品、服务、人物、场景等多个角度挖掘和赋予城市与众不同的个性化标签，讲述城市独特的故事和文化，吸引线上线下的诸多关注。因此打造网红城市的关键还在于从城市的文化底蕴和生活方式中挖掘出具有独特性、文化性和感染力的元素，如淄博的烧烤、长沙的夜生活、理塘的丁真等，投入资金、人力和其他资源，围绕核心元素进行故事设计、场景营造、文创开发、业态融合，将其创新打造为城市的品牌IP，增加城市的记忆点和情感触点。

（二）利益相关者共建友好城市

1. 政府主导

政府是打造网红城市的主导者，在网红热度的准备期、引爆期、持续期都发挥着巨大作用。在准备阶段，政府通过一系列宏观规划和结构调整为城市文旅发展打牢基础。首先，政府在确定城市的核心旅游吸引物后，出台相关政策和规范引导产业发展和品牌打造；其次，文旅产业作为综合性产业，具有跨部门、跨区域、跨行业的显著特性，需要政府出台联合管理机制，建立跨部门合作组织和行业发展协会，实现城市文旅资源的统一调度；同时，城市走红需要造势和营销，文旅部门借助短视频、直播等新兴媒体，明星、网红达人等意见领袖，以及音乐、影视、综艺等传播渠道形成全方位营销矩阵，抓住每一次机会提高城市的曝光度，为城市走红创造契机；最后，城市环境和配套设施是文旅产业的重要支撑，需要政府不断优化网络、交通、水电等基础设施以及游客服务中心、旅游接待设施、旅游娱乐设施等文旅配套设施。

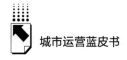
在引爆阶段，网络舆情事件的发酵为城市带来话题热度，政府的及时反馈打开了线上流量转化为线下客流的通道。西安、重庆、淄博是通过豪爽解压的"摔碗酒"、现实魔幻的取景地、人间烟火气的烧烤等正面事件强势出圈，而哈尔滨则是通过在"退票事件"中低姿态、高效率的处理方式，将舆情危机转化为正面口碑。无论是正面事件还是危机事件，都会在短时间内为城市带来大量的网络关注度。政府部门需要具备互联网思维和舆情处理能力，迅速反应，抓住流量，积极引导，在舆情事件中与公众进行双向沟通，及时了解公众诉求并做出行动，以真诚、大方、热情的服务态度回应游客需求，瓦解负面印象，让城市通过热点事件成功脱颖而出。

在热度持续阶段，网红城市政府的行政效率、城市治理能力和公共服务水平是优化游客在场体验的"三大抓手"。在行政效率上，政府部门要快速建立起以旅游为中心的协调管理机制，调动文旅、交通、市场监管、安保等部门共同发力，打破行政壁垒，简化审批流程，让行政效率与城市热度同步提升。在城市治理能力上，政府部门要对生产安全、治安矛盾、舆情风险等城市治理难题做出有效应对，建立标准化生产规范，加强日常监管督查，保障餐饮生产安全；增加巡逻防控人员，发布旅游秩序管理规范，缓解居民、商户和游客之间的矛盾；建立商户红黑榜，严惩宰客行为，稳定市场物价；开办座谈会，建立舆情处理机制，增加正面宣传，降低舆论风险。在公共服务水平上，政府部门要从网红景点改造和新消费场景拓展两个方面入手，为欠缺旅游服务设施和游客承载能力的生活化景观增加观景台、休息座椅、绿化带等基础服务设施，并不断开发新消费场景，疏解核心区的客流量，为游客出行打卡提供多样化选择。

2. 市民参与

市民是打造网红城市的重要参与者。当具有地域特色和历史沉淀的城市生活方式成为激发游客旅游需求的吸引物时，生活在城市中的本地居民也成为城市文化的重要载体和城市形象的构成因素。市民群体长期扎根在城市中，见证着城市日新月异的繁荣发展，本身就具备一定的主人翁意识。淄博、哈尔滨市政府通过发布《致全市人民的一封信》，倡导市民让路、让景、让利给游客，不仅消解了游客增多给本地居民生活造成不便引发的不满情绪，而且激发了市民的文化自豪感和认同感，使得多数市民在自身利益和集体利益产生冲突时毫不犹豫地选择后者，积极主动担任志愿者，自发维护城市秩序，免费提供看管行李、私家车接送、热饮零食等服务，对于游客曝光的违规行为本地人集体声讨、公开抵制，以实际行动向游客释放善意的信号，彰显了万众一心的市民精神和真诚奉献的公共情怀。市民的积极参与成为网红城市的亮丽风景，与游客之间的良性互动通过社交媒体广泛传播，是打造网红城市必不可少的情感利器。

3. 市场运作

企业是市场运作的主体，在打造网红城市的过程中扮演着重要的角色。网红品牌建设不仅需要政府通过宏观调控为企业提供良好的营商环境和发展平台，更需要企业通过行业自治、诚信经营、活化创新成为政策的积极践行者。面对行业高质量发展需求，企业主动参与建设行业协会，如淄博的烧烤协会，制定行业运营规范和行业标准，总结行业发展规律和创新模式，对行业经济繁荣和品牌打造起到了引领作用；同时，企业自发合法合规经营，以诚信为本，遵循行业定价规则，保证产品和服务质量，坚决抵制价格欺诈、销售假冒伪劣产品的行为，在游客心中树立了良好的口碑，以实际行动让城市获得了游客信任和网络热度；此外，企业是文旅产品和服务的提供者，积极利用城市文旅资源和现代科学技术，创新打造文旅项目和品牌，无论是西安历史文化 IP 的活化创新，还是淄博"烧烤+"的不断拓展，都离不开企业紧跟文旅消费热点，投资建设实体项目的付出。

（三）媒介内容焕新城市形象

1. 新媒体平台营销

随着移动端设备的普及以及无线通信技术的成熟，抖音、快手、B 站、小红书等新媒体平台应运而生，城市形象传播进入了以城市生活为中心的视觉主导阶段。新媒体平台中的城市相关内容从多视角、多层次、多维度对城市资源进行发掘和活化，能够以小见大，从细微的生活图景展现城市的魅力

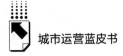

和精神，也使得城市形象构建的话语权从政府和传统媒体手中下沉至普通用户，让长期处于失语状态的居民和游客获得了前所未有的话语表达权，政府、游客、市民在新媒体平台中创作的内容共同构成了网红城市的城市形象。

——城市视角

网红城市的可见性，是地方政府介入后资源调动和城市营销的结果。当城市形象传播进入了注意力营销的流量阶段，富有"网感"成为政府和企业的重点建设方向，大多政府、景区和企业不仅建立了自己的宣传团队，通过官号亲自下场进行宣发和直播，还与新媒体平台建立了合作关系，政府资源优势和平台流量优势强强联合，依托线下热门地标和美食不断推出创新内容，通过积极的议程设置，引导用户参与官方主题活动，形成宣传合力，持续强化城市正面形象，西安的"毛笔酥"和"在汉城穿汉服"、哈尔滨的"哈尔波特"等都是政府主导的话题营销。从淄博到哈尔滨，城市人格化传播是城市营销的新趋势，与过去为城市设计吉祥物、将食物拟人化代指城市等"人格化"宣传举措不同，哈尔滨依托城市本身的气质标签将"性格""人设""故事"赋予整座城，对城市人格进行塑造，"尔滨"成为"宠粉"、"有求必应"、"提供情绪价值"的"人"，大众将情感投射在城市上，想象它是"霸道恋爱脑的男性"或"优雅宠溺的女性"，与其进行平等交流和情感互动，获得情感代偿。为城市编写故事、打造人设的"人格化"建设成为网红城市出圈的撒手锏。

——游客视角

尽管政府可以通过议程设置来引导城市话题，但新媒体平台以 UGC 生态为主，低门槛、传播速度快等特性使得每个用户都拥有描述一座城的权利，现阶段的城市形象传播充满了个人叙事和个人表达，用户创作和发布的美食、街景、文化等图文和短视频具有较强的视觉吸引力，同时碎片化、多样化的内容拼绘出城市市井生活的不同侧面，一定程度上消解了官方叙事中刻板、严肃的城市形象，使得城市更加生活化和世俗化，更加贴近用户心理。"热梗"传播是从游客视角打造城市"破圈"效应的重要营销方式，游客在短视频平台发布城市旅行经历，在算法的偏向性导流下传播至共同的兴趣社群，让更多人使用相似的关键词分享自己的经历，在用户不断模仿和改编的过程中，诞生了浓缩大量信息但语言简洁的"热梗"。这一现象在哈尔滨的走红之路中尤为清晰，一些南方游客在旅行 vlog 中以"南方小土豆"自称，充满幽默感的梗化语言引发了众多网友的共鸣，成为哈尔滨的网络热词，并在网友的二次创作中衍生出"广西小砂糖橘""东北小冻梨"等其他热梗。网红城市之所以能够破圈传播，正是借助了年轻游客群体的造梗能力和互联网模因的病毒式感染力，在媒介中时时"在场"，不断抛梗、用梗，让城市参与到网络文化的狂欢之中。

——市民视角

从市民角度进行新媒体营销是打造网红城市的新路径。在西安、重庆和淄博的城市营销中，市民多是积极参与到城市治理和服务工作中，通过游客创作内容成为城市媒介景观的一部分，而非从自身视角出发参与到媒介叙事中，是营销的客体而非主体。哈尔滨则创造性地加入了市民叙事，从市民的第三方视角突出哈尔滨的"宠粉"特性。市民作为城市的常住者，熟悉城市的风俗文化和功能布局，更能感知到城市的变化和更新，从市民的创作内容中展现的城市风貌更加质朴化和生活化，从市民口中叙述的内容也更具真实性和可信度。市民参与内容共创补充了政府、游客叙事视角的盲点，让游客从常住者的角度去了解和感受城市，是网红城市形象传播和营销的升级。

2. 影音综营销

一部剧、一首歌、一个综艺节目都能带火一座城，赵雷的《成都》带火了成都的玉林路，《从你的全世界路过》带火了重庆的鹅岭二厂、《向往的生活》带火了一个个乡村取景地。精心制作的影视剧、音乐、综艺节目本身就自带流量光环，用户出于娱乐消遣或追星的目的观看节目，被集中展示的城市风貌和生动感人的故事情节所吸引，将对影音综的喜爱和感受投射到现实物理空间，进而做出媒介"朝圣"的行为。在城市中进行旅行打卡成为用户网络交往中的重要谈资，人们运用这种社交货币来获取他人的点赞、好评和转发，不断强化自身的群体身份和印象管理，这也是线上流量能

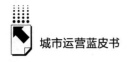

够转化为线下客流的重要原因。影音综营销是西安、重庆等网红城市营销的重要渠道,《长安十二时辰》《少年的你》等作品为城市带来了巨大的客流量,当地政府不断推进"影视+文旅"发展模式,与新媒体平台合作发布"跟着影视去旅行"等系列话题活动,对拍摄取景地进行空间改造和基础设施提升,邀请明星达人共同制作文旅综艺等,通过影视、综艺、音乐等为城市文化和景观带来新的活力。

(四)游客导向契合市场需求

目前年轻消费群体已经成为旅游市场的主力军,网红城市正是"Z世代"进入旅游市场的直接产物,"Z世代"作为"网络原住民",生活与移动互联网密不可分,线上分享信息和线下旅行打卡已经成为普遍的消费习惯,网红城市之所以能够受到年轻人的追捧在于其精准迎合了这类人群的旅游需求。

1. 性价比

根据《中国青年网民社会心态调查报告(2022)》,年轻消费群体的强消费意愿和强储蓄意愿并存,意味着其愿意为了取悦自己进行旅行消费行为,同时又具有理性控制意识,注重旅行产品和服务的性价比,"特种兵式旅行"的盛行就是这种消费心理的体现。提供具有性价比的产品和服务是城市走红的重要因素之一,如淄博、哈尔滨等网红城市,虽然耗费的时间成本较高,但经济成本较低,城市出台的严格监管市场物价、发放消费券、开通专线等措施有效降低了游客的旅行成本,契合了年轻群体的消费观念,对目标客群具有强吸引力。

2. 情绪价值

网红城市给与游客的情绪价值和情感体验是城市出圈的关键。在快节奏和高压力的社会生活中,旅游是人们放松身心、感受美好生活的解压阀。网红城市通过共情传播塑造了富有亲和力的城市标签,如西安"摔碗酒"的豪爽和侠气、淄博烧烤的人间烟火气、榕江"村超"的淳朴和竞技乐趣,这些城市标签通过网络传达给用户,击中大众情绪的靶心,使得城市成为游客情感寄托的有意义的目的地。线上的情感联结激发用户前往城市实地旅行，在生活化的真实场景、厚重的人文气息、热情真诚的服务态度、快乐纯粹的文旅活动中忘却生活中的烦恼，得到心灵的慰藉。因此，打造网红城市需要关注情感这一需求要素，通过线上的共情传播和线下的情感体验为游客提供丰富的情绪价值。

3. 社会价值

为游客提供社会价值也是网红城市重要的功能属性。旅游是满足受人尊重、自我实现等高层次需求的方法之一，年轻消费群体渴望从旅游经历中获得群体归属感、建立社会关系、加强自我形象，对很多年轻人来说，让旅行"看起来美好"甚至比旅行本身更重要。网红城市积极对热门空间进行改造升级，为游客提供便于打卡的唯美环境，重庆为穿楼轻轨打造最佳角度观景台、哈尔滨在教堂前设置"公主旅拍"，满足游客的审美需求和构建自身美好形象的需要。其次，网红城市政府不断打造城市 IP，并通过建立多媒体营销矩阵进行推广，这些 IP 内容在社交媒体中广泛传播后往往自带流量，成为用户间的社交货币，游客更愿意采用城市热门关键词来分享旅行经历，通过与群体一致的行为获得归属感和认同感，这种分享行为也进一步提高了城市的知名度，吸引更多游客来探索城市。

（五）数字技术赋能城市升级

1. 数字化传播

数字技术的发展改变了内容生产、传播渠道、传播效果等城市形象传播的多个方面，给予了每个城市平等的走红机会。政府、游客、市民共同参与成为城市形象塑造的主流模式，人人都是城市形象内容的生产主体，"随手拍"深入到城市的大街小巷，使得越来越多日常生活内容和场景出现在数字平台上，成为城市新的媒介景观，扩展了城市的媒介内容。从传统媒介和官方宣传中感知城市形象的时代已然过去，以微博、微信、抖音、小红书为代表的社交媒体成为人们获取信息的主要渠道，也成为城市形象营销的重要阵地。网红城市利用数字化技术赋能城市形象营销，提升城市形象传播的即

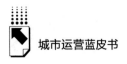
时性、广泛性和互动性，通过 5G 传输技术和大数据将城市热点话题即时分发给感兴趣的人群，加速城市热度的发酵，并通过网络社交平台与游客进行实时交流互动，深化游客对城市的感知和情感。

2. 数字化治理

网红化发展在为城市带来流量和热度的同时，也是对城市治理体系和治理能力的一场考验。运用大数据、人工智能、云计算、区块链等技术创新城市的管理模式和治理方式，是网红城市应对风险和挑战的重要手段。网红城市能够依托智慧化应用程序，在线上搭建诉求建议接收中心，优化信息处理流程，如淄博在政务平台增加"烧烤"专区，发布"智慧淄博"服务小程序，为游客提供一站式便捷服务。同时，网红城市能够利用大数据分析技术对景点的客流和车流进行监测，做好游客分流工作，有效提高了城市的流量承载力，大数据和云计算也实现了城市舆情的实时监测，让政府能够从繁杂的网络信息中提取关键词，及时进行正面引导，降低舆情风险。此外，网红城市将数字化技术运用在跨部门、跨层级的治理上，如淄博、哈尔滨建立旅游联席会议机制，通过区块链技术打破部门、区域间的信息壁垒，便捷了政府资源共享，能够调动协调不同部门服务于文旅发展。数字化技术赋能城市治理能力和体系升级，是城市能够抓住流量契机、关注度不断提升的重要因素。

3. 数字化场景

随着新媒体技术的蓬勃发展，5G、VR、AR 等数字化技术进入日常生活，成为产业发展的新动能。城市持续出圈的秘籍就在于不断利用数字化技术赋能和打造新型文旅消费场景和文旅沉浸体验，如西安大唐不夜城的"盛唐幻境"AR 游，将 AR 技术和盛唐文化融合，塑造数字拟态景象，嵌入线下真实场景中，飞天仕女、千宫之宫等奇幻场景丰富了游客的游览体验；重庆的城市照明智能控制系统将光影与建筑融为一体，增强城市的立体感，核心商圈的 LED 裸眼 3D 大屏为游客提供视觉盛宴，科学技术和城市场景的巧妙融合使得重庆获得"赛博朋克之城"的称谓。城市以科技赋能文旅，充分应用人工智能、虚拟现实、元宇宙等技术手段对传统文旅景观、街区、商业综合体等进行再造，搭建数字化文化体验场景，多元化、强交互、沉浸式的文旅空间不仅契合了游客深度体验的需求，而且创造了新的文旅消费增长点，助力城市在"网红城市"的比赛中奋勇争先。

四 网红城市如何"长红"

网红流量是一把双刃剑，在为城市带来红利的同时，也不可避免的会引发潜在的挑战和难题。从长远发展来看，网红城市存在以下几个问题：一是网红热度难以持续，一个营销事件、一个网红热词能在短期内为城市带来巨大的流量，但很难对公众注意力形成持续的吸引力，多则几个月，少则几天，流量便会"退潮"，城市又重归沉寂；二是网红流量难以带动城市GDP，城市出圈虽然能为经济发展带来活力，但旅游业在经济中占比较小，且理性消费心理导致游客的整体消费水平不高，不足以带动城市 GDP 的增长，如哈尔滨、淄博、天水等网红城市，GDP 增速仍处于全省后部；三是网红流量对城市基础设施承载能力提出挑战，大量游客的涌入超出了城市的承载力，必然会对当地市民的出行、用餐、游玩造成不便，且部分网红打卡地为生活场所，游客的停留和打卡行为消解了私人和公共的界限，挤占了居民的日常生活空间，引发居民和游客间的矛盾，对城市口碑造成负面影响；四是城市形象传播内涵和文化的缺失，新媒体平台的分发机制以热度和流量为标准，导致对城市历史文化和生活内涵挖掘不足，传播内容高度同质化和娱乐化；五是网红 IP 的盈利模式单一，多数景观和活动并不收取门票，IP运营方将商铺租借给商户进行餐饮、文创等经营活动，主要靠租金、广告和赞助来获取收入，盈利点较少，客流量的增加也使得景区 IP 研发费用和运维成本大幅提升，收入和支出的不平衡导致增收不增利的现象，如 2024 年上半年西安的大唐不夜城仅盈利 23.53 万元，大明宫遗址公园亏损近 6000万元。面向未来，如何将"流量"转化为"留量"，将"网红"转化为"长红"，形成真正的城市竞争力，是网红城市面临的重要议题。本报告从以下五个观点出发，为网红城市的可持续发展提出建议。

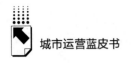
（一）以城市品牌塑造为核心

"网红"只是让城市某一方面的特质展现在公众视野，城市要想"长红"，还需要挖掘支撑城市发展的可持续的核心吸引力，将其塑造为城市品牌。品牌定位是城市品牌塑造最基础和最关键的环节，需要政府对城市的经济实力、文化精神、区位条件、自然资源等进行整合、识别和甄选，确定城市在哪种类别的资源上具有比较优势，如西安的历史文化，成都的休闲氛围、哈尔滨的冰雪资源等，基于优势资源确定城市的品牌定位，要突出城市的个性化和差异化，便于公众识别和记忆，如西安的"三都四城"、成都的"公园城市"、东莞的"国际制造名城"等，为城市的发展指明方向；品牌建设是长期工程，需要政府做好总体规划，制定和出台三至五年的城市品牌建设专项政策，如西安市发布的《西安国际消费中心城市培育创建三年行动方案（2022—2024年）》，对体制改革、设施优化、督导落实等进行全面部署，调动各部门、企业、民众参与城市精神和文化传承，形成上下协同的建设合力；品牌传播是连接受众的关键环节，需要根据城市定位和品牌战略打造城市宣传片和城市符号标志，通过报纸、杂志、电视等主流媒体的宣传，抖音、小红书等网络社交媒体的传播，地标建筑、公共设施等户外媒体的投放，以及大型活动的举办，将城市的文化资源和社会生活方式传达给目标受众。城市品牌塑造能够提升城市综合竞争力和可持续发展能力，是城市走向"长红"的加速器。

（二）以流量带动文旅产业发展

网红效应给城市带来巨大关注度和客流量，对旅游产业的带动效果明显，城市应乘东风做大做强文旅产业。依托流量带来的城市知名度，加大招商引资的力度，通过资源整合、体制改革、政策补助等培育本土文旅龙头企业，通过降低成本和优化服务引入高新企业，优化城市企业梯队建设，丰富市场运作主体，充分激发文旅市场活力；推动跨产业融合发展，重视"旅游+"发展模式，通过旅游产业与科技、教育、医药、体育、工业等产业在更高水平和更广范围的交相融合，推出研学旅游、康养旅游、乡村旅游等多元化的产品和业态，如重庆的影视旅游业态、淄博的"烧烤+"业态等，满足游客多样化的消费需求；利用科技赋能文旅产业高质量发展，运用智能设备、虚拟现实、光影技术等数字技术，持续打造数字展馆、沉浸式演艺、互动式街区等创新项目，如西安推出的长安十二时辰主题街区、城墙 VR 游等，丰富游客的在场体验；延长文旅产业链，围绕"吃住行游购娱"等旅游全要素，构建上下游协同的完整产业链，从文旅资源挖掘和开发到旅游产品和服务的设计、营销和消费，从旅游交通建设到旅游相关设备生产，实现从生产低附加值产品向高附加值产品转化，如哈尔滨推出的冰雪运动、冰雪文化、冰雪装备等全产业链发展模式。网红城市要从产业链思维出发，将网红化发展作为新的经济增长点，建立完善的文旅产品和服务供给体系，让流量真正作用于区域经济发展。

（三）促进城市形象营销和推广

网红城市凭借营销事件和热点话题走红，要想持续获取流量和关注度，还是要强化城市形象的营销和推广。城市需要把握和制造热点，利用大数据实时监测网络上的话题动态，抓住转瞬即逝的城市热点，通过官方参与、话题联动等放大已有的流量和影响，将突发型热点转化为城市标签；同时也要学会制造热点，不能一味遵循流量逻辑，而是要挖掘与城市生活和文化相关的人物和故事，创造能体现情感、意义、精神的话题内容，彰显城市的文化底蕴和温情底色。网红城市要建立更广范围的多渠道传播矩阵，积极与图文、短视频、直播等新媒体平台建立合作关系，培育本地特色博主，形成以政府为主要组织者、以民众为主要参与者、以网络红人等 KOL 为辅助传播者的多元传播主体，形成以新媒体平台为主要阵地，以影视、综艺、音乐为"软传播"载体的多元传播渠道，保持目的地的在线可见度。网红城市要精心策划文娱活动、节庆赛事等进行线下文旅推广，通过举办马拉松、村超等体育赛事，草莓音乐节、迷笛音乐节等音乐盛会，国际冰雪节、国潮文化节等节庆活动，激发在场游客的参与和消费热情，不断擦亮城市名片。网红城

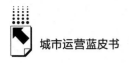
市走向"长红"需要不断推广和营销，保持游客对其的新鲜感和信任感，让更多人了解和认同这座城市。

（四）提升城市综合品质

宜居宜业宜游是城市建设的重要内容，一个城市的发展目标不只是宜游，更重要的是宜居宜业。网红城市要将流量转化为城市综合品质提升的新动力，在设施、服务、人才、治理等方面为城市的长远发展打牢基础。在设施方面，网红城市要强化道路、桥梁、照明、路标等市政基础设施的检修和维护力度，保证城市的正常运行；改善城市的生态环境，加大城市公园和绿化建设；规划和设计更多具有文旅功能属性的服务设施，如观景台、美食街、民宿区等，增强客流承载力。在服务方面，网红城市要以游客需求为导向，借鉴淄博、哈尔滨等城市的有效措施，提升文化、交通、行政、娱乐、安全等游客重点关注的旅游公共服务质量，发挥政府、居民、企业三方合力，以真诚、热情的服务态度留住游客。在人才方面，网红城市要通过降低人才落户门槛、完善评价和激励机制，引进青年人才，还要加强现有人才队伍的职业道德建设和业务培训，整合政府、企业和高校资源，政府搭桥，校企合作，培育更多高素质和高水平人才。在治理方面，网红城市要利用科学技术打造智慧城市，实现全行业覆盖、全时空监控、全流程控制；构建社会治理共同体，让政府、社会、公众共同参与城市治理，有效平衡城市文旅发展和居民日常生活；完善应急处理机制，建立投诉统一处理平台，严厉打击不正当市场行为，提高治理效率和治理水平。

（五）建立多元化运营盈利模式

网红文旅景点开发资金需求量大，投资回报周期长，运营维护成本高，只有增强自身的造血能力，活化利用网红 IP，建立多元化的盈利模式，平衡好社会效益和经济效益，才能实现可持续性的"长红"发展。面对门票免费或降价带来的营收压力，网红景区一方面要提高外部"输血"的融资能力，加强与地方政府的沟通和合作，以政策支持和财政补助保障景区发展，通过招商引资、借贷融资等获取多渠道的融资支持；另一方面要增强自身的造血能力，加强业务拓展，以"门票减法、服务加法"为策略，将收入的源头从门票转化到餐饮、住宿、体验项目、文创产品等多样化的消费领域，从租金收入、广告收入和自有业态营业收入等多渠道创收，在景区内开发更多文化艺术场馆、优质文旅演艺、精品民宿集群、特色餐饮场所等二次消费产品，聘请专业团队为网红IP设计更具审美性和文化性的文创产品，与知名品牌进行合作，通过IP之间的联合营销，增加本土IP的知名度和经济价值，提供导游服务、VIP体验等增值服务，举办文化节、音乐节、手工艺体验等活动，探索多元化的盈利模式；同时，网红景区需要进一步优化运营管理模式，引入智能化技术，如智能安防、智能导览、能源监控、数据化运营等，合理控制景区容量，有效节约运营成本。

综上所述，网红城市是流量经济时代下城市发展的新趋势，虽然不同城市的网红化过程呈现出不同的特点，但打造网红城市离不开蕴含城市文化和生活内容的城市IP的推陈出新，也离不开数字技术的进步对城市的焕新升级，更离不开利益相关者共同参与文旅产品创新、服务供给和媒介营销。网红城市要想形成持久的吸引力和竞争力，必须将城市品牌塑造作为核心目标，推动文旅产业的业态融合和产业链延伸，强化城市品牌和形象的营销、推广，提升城市综合品质，建立更多元化的运营盈利模式，实现可持续发展，将流量真正转化为留量。

参考文献

沈霄、王国华、杨腾飞、钟声扬：《我国网红现象的发展历程、特征分析与治理对策》，《情报杂志》2016年第11期。

吴玮、周孟杰：《"抖音"里的家乡：网红城市青年地方感研究》，《中国青年研究》2019年第12期。

乔秀峰：《网红城市形象塑造的融合传播与主体协同》，《传媒》2022年第11期。

杨扬：《制造"网感"：网红城市的形成及其对人城关系的重构》，《编辑之友》

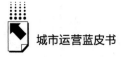

2023 年第 2 期。

张玉、王雨欣：《小城的突围：网红"小城"的构筑逻辑和长红对策》，《城市发展研究》2023 年第 11 期。

陆宇彤、黄燕玲、黄毅等：《家喻户晓能否门庭若市？"网红城市"旅游形象符号演变与圈层结构研究》，《旅游科学》2024 年第 6 期。

王浩、张海芹：《旅游生活化："网红城市"旅游者行为与体验特征研究——基于百度指数和 UGC 的淄博市游客大数据分析》，《干旱区资源与环境》2024 年第 2 期。

蔡礼彬、万方亮、李平：《从"网红"到"长红"：旅游公共服务吸引力与供给次序——基于抖音"淄博烧烤"话题的用户评论分析》，《消费经济》2024 年第 2 期。

孙平、王德刚：《从"媒体出圈"到"价值共创"：非传统旅游城市目的地品牌生态圈塑造研究》，《山东大学学报》（哲学社会科学版）2024 年第 1 期。

范红、何佳雨：《社交媒体视域下的城市品牌共建模式——以淄博烧烤网红事件为例》，《新闻爱好者》2023 年第 10 期。

Abstract

This report takes "Cultivate and Develop New Quality Productive Forces for the 15th Five Year Plan" as the theme, focusing on the synergy between high-quality urban operation and the cultivation of new-quality productivity. By optimizing the allocation of elements such as "people, land, finance, industry, technology, digital, government, and culture", and centering on sustainable income, the adaptation of assets and elements, the efficiency of people's livelihood services, and intelligent urban governance, it promotes the healthy, efficient, and sustainable development of cities. The report aims to refine and form a toolbox, methodology, and case library for the coordinated development of high-quality urban operation and new-quality productivity, and use the idea of "learning by doing" to promote the overall improvement of the operation quality of various types of cities at all levels in China.

The development of new-quality productivity injects a strong impetus into the high-quality development of cities and profoundly drives the transformation and reshaping of urban development. Urban operation and new-quality productivity promote and develop in coordination with each other. Looking ahead to the 15th Five-Year Plan period, cities need to carry out innovations and reforms in many aspects, such as promoting urban planning reform, strengthening urban organic renewal, expanding operation financing channels, advancing the intelligent development of cities, diversifying operation entities, and deepening the urban operation system reform according to local conditions, so as to promote the sustainable high-quality development of cities.

The report constructs an urban operation index system covering five major fields of "stable income", "optimized elements", "activated assets", "people's

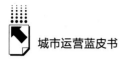
livelihood services", and "intelligent governance", aiming to evaluate the current situation and trends of urban operation. The evaluation shows that China's urban fiscal system is undergoing a deep adjustment, the element allocation among cities is significantly differentiated, and elements such as digital and technology play a significant role in improving total factor productivity. At the same time, benchmark cities at all levels have formed characteristic operation models. Facing challenges, it is necessary to promote cities to shift from scale expansion to quality leap through paths such as activating stock resources, optimizing element allocation, and improving governance efficiency, providing support for the cultivation of new-quality productivity.

In the specific fields of urban operation: In the field of stable income, facing challenges such as insufficient kinetic energy for tax growth, it is recommended to implement coordinated reforms such as improving the circulation mechanism and innovating debt governance; in the field of optimized elements, the urban element allocation shows a gradient differentiation, and it is recommended to implement a project to improve the efficiency of element allocation; in the field of activated assets, cities face problems such as excessive capitalization of land, and it is recommended to implement the "Urban Asset Renewal Project"; in the field of people's livelihood services, the levels of education, employment, and urban-rural coordination among cities show the characteristics of "good at both ends and weak in the middle", and it is recommended to implement the "Project to Improve the Quality and Efficiency of People's Livelihood Services"; in the field of intelligent governance, the digital governance of Chinese cities is generally in the primary stage, and it is recommended to carry out targeted reforms in various aspects.

The report deeply analyzes the practical cases of benchmark cities in various fields of urban operation and summarizes their successful experiences to provide reference for the high-quality operation of other cities. Among them, the focus of optimizing elements is to ensure scientific and technological innovation, coordinate element allocation, and integrate the digital economy with the real economy; to activate assets, it is necessary to comprehensively sort and classify, coordinate urban renewal and industrial upgrading, and attach importance to the application of social capital; to improve quality, it is necessary to pay attention to the weaving and supplementing of public service functions, attach importance to the creation of an innovation ecosystem, and pay attention to the construction of urban context and digital government.

Keywords: Urban Operation; New Quality Productive Forces; High-Quality Development

Contents

I   General Reports

Abstract: This paper focuses on the situation of urban operation in China, deeply explores the close connections between new-quality productive forces, urban development, and urban operation, providing theoretical support and practical guidance for high-quality urban development in the new era. With the advancement of urbanization, China's urban development has entered a critical transition period from incremental expansion to stock renewal and connotative improvement, facing challenges such as demographic structural changes, real estate market adjustments, and fiscal revenue-expenditure pressures, urgently requiring the search for new development momentum. As an advanced productive force consistent with the new development philosophy, new-quality productive forces play a significant role in urban development. By promoting the convergence of new-type factors, optimizing industrial structures, transforming kinetic energy, and upgrading urban forms, they inject strong momentum into high-quality urban development.

Urban operation is a crucial link in cultivating and developing new-quality productive forces. Cities are not only carriers of productive factors but also aggregations of production relations, and urban operation serves as an important pathway for constructing new-type production relations. Urban operation and new-quality productive forces mutually promote and develop synergistically. Urban operation aids the formation of new-quality productive forces by optimizing the allocation of resource factors and providing support for the development of new-type laborers, means of labor, and objects of labor; in turn, new-quality productive forces provide technological support for urban operation, enhance the quality and efficiency of urban factors, inject vitality into urban operation innovations, and drive innovative transformations in urban operation concepts, spaces, and subjects.

Looking ahead to the 15th Five-Year Plan period, new-quality productive forces will prompt significant changes in urban development orientations, including the shift of management models from "construction" to "governance," spatial patterns from industry-city integration to innovation-industry-city integration, financial capital from capital income to operational income, key factors from land-based to digital-based, and governance subjects from government-led to multi-stakeholder participation. To adapt to these changes, cities need to implement innovations and transformations in multiple aspects, such as promoting urban planning reforms, strengthening organic urban renewal, expanding financing channels, advancing smart urban development, achieving diversification of operation subjects, and deepening urban operation system reforms according to local conditions. Efforts should also be made to strengthen top-level design, provide financial support, establish multi-subject participation pathways, and construct factor incentive mechanisms, thereby driving sustainable high-quality urban development.

Keywords: Urban Operation; Urban Momentum; New-quality Productive Forces; Operational System Reform

B.2   China Urban Operation Index Report (2024-2025)

Research Group of Guoyan Institute of Economic Research / 048

Abstract: The report constructs an urban operation indicator system covering five domains of "stable income", "optimized factors", "activated assets",

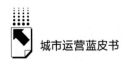
"people's livelihood services", and "smart governance" around eight major elements of "people, land, finance, industry, technology, data, culture, and governance". The report points out that China's urban fiscal system is undergoing profound adjustments, with the proportion of land fiscal revenue declining due to adjustments in the land market; factor allocation among cities is significantly differentiated, and elements such as digital and technological factors play a significant role in improving total factor productivity; cities of different scales and tiers have their own characteristics in activating assets; the efficiency of urban people's livelihood services shows significant characteristics of hierarchical differentiation and regional agglomeration; and the urban smart governance system presents characteristics of multi-dimensional differentiation and gradient evolution. In practice, many cities have explored good experiences in urban operation and become benchmark cities. Activating stocks of resources, optimizing factor allocation, and enhancing governance efficiency are important paths to promote the transformation of cities from scale expansion to quality improvement.

Keywords: Indicator System; Urban Classification; Benchmark Cities; Learning Benchmarks

II Topical Reports

B . 3 Analysis and Outlook of Stable Revenue Fields in China

Urban Operation (2024−2025)

Research Group of Guoyan Institute of Economic Research / 114

Abstract: Currently, the overall balance of local general public budget revenue and expenditure is tight, with significant differentiation in the balance and growth rates of debt across cities at all levels, lagging transformation of state-owned capital platforms, and a sluggish supply-demand situation in the land market. Stabilizing urban revenue and optimizing revenue structure have become urgent priorities. Practices of benchmark cities show that under the backdrop of tight fiscal balance, systemic reforms such as optimizing the tax structure, innovating debt management, activating state-owned capital platforms, and enhancing land efficiency can effectively strengthen fiscal resilience. Learning from the experience of benchmark cities, it is recommended to make coordinated efforts in dimensions such as tax source cultivation, debt restructuring, state-owned capital activation, and land efficiency improvement to build a sustainable urban fiscal revenue system.

Keywords: Local Debt; Cash Flow; Land Finance; State-owned Capital Platforms

B. 4　Analysis and Outlook of Optimization Elements in China Urban Operation (2024-2025)

Research Group of Guoyan Institute of Economic Research / 144

Abstract: The factor allocation in cities at the prefecture level and above in China generally exhibits the characteristic of gradient differentiation. The flow and agglomeration trends of core elements such as human resources, technology, and digital factors are highly correlated with urban hierarchies, and significant differences exist in factor flow and agglomeration among urban clusters. The new urbanization strategy calls for building a people-centered factor allocation system, promoting the transformation of factor allocation toward quality improvement, and achieving a substantial leap in factor allocation efficiency. Benchmark cities have formed demonstrative practical experiences through targeted policies, innovative mechanisms, and industrial integration. Urban factor allocation urgently needs to establish a " factor upgrading-industrial transformation-urban development " collaborative evolution mechanism, implement factor allocation efficiency enhancement projects, and focus on addressing key bottlenecks in elements such as human resources, finance, technology, and digital factors.

Keywords: Talent Elements; Financial Elements; Technological Elements; Digital Elements

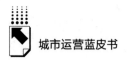

B.5 Analysis and Outlook of Asset Activation in China Urban
Operation（2024－2025）

Research Group of Guoyan Institute of Economic Research / 176

Abstract：Currently, Chinese cities face challenges in asset activation, such as over-capitalization of land, imbalance between infrastructure investment and operational efficiency, and ecological asset management and operation still being in the initial stage. The average value pattern of stock land in cities at all levels still shows a gradual decline, the growth rate of urban fixed asset stock exhibits a growing gap, and ecological asset operation embodies the level of urban ecological civilization construction. Benchmark cities have formed replicable practical experiences through innovative mechanisms, industrial integration, and policy coordination. It is recommended to build a "spatial reconstruction-asset regeneration-value upgrading" trinity asset operation system, implement the "Urban Asset Renewal Project," and promote the activation of urban existing assets.

Keywords：Land Assets；Fixed Assets；Ecological Assets

B.6 Analysis and Outlook of Public Services in China Urban
Operation（2024－2025）

Research Group of Guoyan Institute of Economic Research / 208

Abstract：The education and employment levels, as well as the urban-rural coordination level in Chinese cities, exhibit the characteristic of "strong at both ends and weak in the middle." High-administrative-level cities and some economically developed regions have achieved remarkable results in education, employment, and urban-rural coordination by virtue of policy advantages, resource agglomeration, and historical foundations. Some small cities, due to their small scale and light burden, can also easily achieve effectiveness with policy and financial support. However, prefecture-level cities at the middle hierarchy have limited improvements in people's livelihood areas. Benchmark cities have formed replicable practical experiences in education-employment, urban-rural coordination, and ecological protection through institutional innovation, resource integration, and targeted policy implementation. It is recommended to establish cross-regional coordination mechanisms for talent and funds in education and employment; build a dynamic balance mechanism for urban-rural income growth in urban-rural coordination; and implement tiered energy conservation and emission reduction assessments to optimize the spatial layout of ecological governance in the field of ecological protection.

Keywords: Serve People's Livelihood; Education and Employment; Urban-rural Coordination; Ecological Protection

B.7   Analysis and Outlook of Smart Governance in China Urban
Operation (2024-2025)

Research Group of Guoyan Institute of Economic Research / 233

Abstract: Driven by digital technologies, urban governance models are undergoing profound transformations. However, the overall digital governance in Chinese cities still remains in the primary stage, with limited depth and breadth of applications. There are certain gaps in the business environments across cities at all levels in China. The comprehensive level of urban brands demonstrates a pattern where influence increases synchronously with the elevation of urban hierarchy, while the service capabilities of digital governments are strongly correlated with urban development stages. Benchmark cities have achieved comprehensive improvements in government service efficiency, urban image promotion, and market entity vitality through empowering governance systems with digital technologies. Aiming at the problems existing in urban governance in China, it is recommended to leverage cutting-edge technologies such as big data, cloud

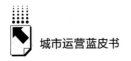
computing, blockchain, and artificial intelligence to advance the construction of urban business environments, urban brands, and digital governments, and promote the modernization of urban governance systems and capabilities.

Keywords: Urban Governance; Digital Empowerment; Business Environment; Urban Brand

III Case Studies

B.8 Case Analysis and Insights on Optimization Elements

Research Group of Guoyan Institute of Economic Research / 251

Abstract: This paper deeply analyzes successful practices in optimizing factors in urban operation through multiple cases and summarizes universal experience and insights. Wuhan's "3551 Talent Plan" attracted a large number of innovation and entrepreneurship talents and enhanced regional innovation capabilities by implementing measures such as a talent "registration system" and points-based certification. Guangzhou's low-altitude economy industry fund adopted a "mother fund+sub-fund+direct investment" strategy to promote the development of the low-altitude economy industry. Anhui Science and Technology Big Market constructed a six-in-one model of "government, industry, academia, research, application, and finance" to facilitate the transformation of scientific and technological achievements. Changshan County's "Two Mountains Bank" leveraged digital empowerment to activate ecological resources, achieving the transformation of ecological value and common prosperity. Zhengzhou deepened the reform of industrial worker teams, improved workers' skills, and promoted enterprise innovation and development. Suzhou's "Industrial Brain" construction integrated industrial data to help industrial agglomeration and upgrading. These cases demonstrate effective paths for optimizing factor allocation from different perspectives, providing valuable experience for urban development. First, priority should be given to providing factor guarantees for scientific and technological innovation, accelerating the agglomeration of diversified innovation subjects, building collaborative innovation platforms, strengthening the construction of various service platforms, and increasing efforts to introduce and cultivate innovative talents, so as to promote high-quality economic development through scientific and technological innovation. Second, it is necessary to coordinate the allocation of traditional and new-type factors, leverage the multiplier effect of digital factors, expand the development space for resource and environmental factors, promote higher-level collaborative matching of production factors, and stimulate the vitality of market entities. Finally, deep integration of the digital economy and the real economy should be promoted, digital technologies should be widely applied in traditional industries, the radiation-driven advantages of digital economy industries should be leveraged, and the innovative leading role of digital platform enterprises should be utilized to cultivate new-quality productive forces and shape the core competitiveness of urban industries.

Keywords: Optimizing Factors; Innovative Allocation; Digital Factors; Digital Economy

B.9 Case Analysis and Insights on Asset Activation

Research Group of Guoyan Institute of Economic Research / 277

Abstract: This paper focuses on cases of activating assets, analyzing various successful practices and summarizing experience and insights. Through cases such as Beijing New Power Financial Technology Center, Shougang Park and Langyuan, Beijing's "Jinsong Model", Guizhou's "Colorful Guizhou" brand, Red Clay Shenzhen Anju REITs, and Xi'an's "Twelve Hours of Chang'an" theme block, it demonstrates the paths and effects of activating different types of assets. The New Power Financial Technology Center has achieved a transformation from a traditional wholesale market to a financial technology demonstration zone; Shougang Park and Langyuan integrate industrial heritage with modern urban development; the "Jinsong Model" introduces social capital for the renovation of old residential areas; the

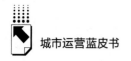

"Colorful Guizhou" brand promotes the integration of regional culture and economy; Red Clay Shenzhen Anju REITs innovates financing models to support housing security; and the "Twelve Hours of Chang'an" theme block empowers urban asset activation through cultural IP. These cases bring many insights: comprehensively sorting out assets and activating them by category, adopting different methods according to asset characteristics, and using digital technology to improve management efficiency; coordinating urban renewal with industrial upgrading, tapping land value, and integrating new business formats; strengthening mixed land use, breaking the single-purpose model, and meeting industrial development needs; attaching importance to the application of social capital and solving key issues in social capital participation; and integrating intangible assets with tangible assets to promote the transformation of resources into assets. These experiences provide important references for activating assets, promoting industrial upgrading, and improving urban quality in urban development.

Keywords: Activating Assets; Urban Renewal; Industrial Upgrading; Financial Innovation

B.10   Case Analysis and Insights on Quality Improvement

Research Group of Guoyan Institute of Economic Research / 318

Abstract: This paper analyzes the practical experiences of urban quality improvement through three cases: Nanjing Jiangning Baijiahu Silicon Alley, Wenzhou Lucheng District, and Hangzhou's "City Brain" project, and summarizes corresponding insights. Baijiahu Silicon Alley has positioned itself based on its own advantages, achieved open boundaries through integrated regional renewal, cultivated a modern innovation ecosystem, and improved supporting facilities to high standards, becoming a model demonstration zone for urban transformation and renewal. Wenzhou Lucheng District has carried out "micro-renovation and fine improvement" of old streets, innovated a classified renewal model of "preservation, renovation, and construction," created pocket parks, activated "space under bridges," and constructed a new urban governance framework. Hangzhou's "City Brain" has built a platform to establish a "three-in-one network" architectural system, strengthened scenario empowerment, adhered to intensive efficiency, and innovated cooperation models, achieving remarkable results in government services, urban operations, and social governance, and opening a new chapter in smart city construction. Based on these cases, the following experience and insights are drawn: emphasizing the complementation of public service functions by integrating resources and tapping potential spaces to improve public service quality at the scale of blocks and micro-spaces; attaching importance to creating an innovation ecosystem by building a diversified and integrated ecosystem, constructing functional composite public spaces, accelerating the establishment of citywide innovation application scenarios, and attracting the agglomeration of innovative elements; taking urban context as the foundation to integrate historical culture into residents' lives, urban construction, and new cultural tourism formats, inheriting and developing urban culture; and promoting integrated and collaborative construction of digital government to enhance overall coordination among departments, accelerate the formation of a multi-stakeholder governance pattern, fully leverage the role of digital platforms, improve urban governance efficiency, and advance the modernization of government governance. These cases and insights provide references for other cities to enhance quality and achieve high-quality development.

Keywords: Urban Quality; Urban Renewal; Smart City; Innovation Ecosystem

Ⅳ Special Topic

B.11 From Traffic to Retention: Insights and Analysis of
Internet-Famous Cities' Breakthrough and Popularity
Paths *Research Group of Guoyan Institute of Economic Research* / 337

Abstract: This paper studies internet-famous cities, analyzing their

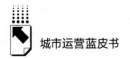
connotations, development evolution, cases, creation paths, and strategies for sustained popularity. An internet-famous city refers to an urban phenomenon that gains fame through social media promotion. Its development has gone through three stages: traditional tourist cities becoming popular due to natural endowments, new first-tier cities rising to fame via artificial landscapes, and non-traditional tourist cities gaining popularity through online hotspots. Through case studies of cities like Xi'an, Chongqing, Zibo, and Harbin, it is found that urban resources form the foundation for internet-famous cities' development, emotional value serves as a key tool for breaking through, tourist needs act as a barometer, the involvement of multiple stakeholders represents the construction model, the expansion of cultural and tourism products is a common trait, while science/technology and media marketing serve as development vitality and boosters, respectively. To create an internet-famous city, efforts can be made in excavating resources to shape urban IP, building stakeholder-co-created friendly cities, refreshing urban images through media content, aligning with tourist needs, and empowering urban upgrading via digital technologies. For internet-famous cities to achieve "sustained popularity," they must focus on urban brand building, leverage traffic to drive cultural and tourism industry development, promote urban image marketing, enhance comprehensive urban quality, and establish diversified operational profit models. This way, traffic can be converted into retention, enhancing urban competitiveness and achieving sustainable development.

Keywords: Internet-famous Cities; Social Media; Digital Empowerment; Urban Brand

皮 书

智库成果出版与传播平台

❖ 皮书定义 ❖

皮书是对中国与世界发展状况和热点问题进行年度监测，以专业的角度、专家的视野和实证研究方法，针对某一领域或区域现状与发展态势展开分析和预测，具备前沿性、原创性、实证性、连续性、时效性等特点的公开出版物，由一系列权威研究报告组成。

❖ 皮书作者 ❖

皮书系列报告作者以国内外一流研究机构、知名高校等重点智库的研究人员为主，多为相关领域一流专家学者，他们的观点代表了当下学界对中国与世界的现实和未来最高水平的解读与分析。

❖ 皮书荣誉 ❖

皮书作为中国社会科学院基础理论研究与应用对策研究融合发展的代表性成果，不仅是哲学社会科学工作者服务中国特色社会主义现代化建设的重要成果，更是助力中国特色新型智库建设、构建中国特色哲学社会科学"三大体系"的重要平台。皮书系列先后被列入"十二五""十三五""十四五"时期国家重点出版物出版专项规划项目；自2013年起，重点皮书被列入中国社会科学院国家哲学社会科学创新工程项目。

皮书网

（网址：www.pishu.cn）

发布皮书研创资讯，传播皮书精彩内容
引领皮书出版潮流，打造皮书服务平台

栏目设置

◆ **关于皮书**
何谓皮书、皮书分类、皮书大事记、
皮书荣誉、皮书出版第一人、皮书编辑部

◆ **最新资讯**
通知公告、新闻动态、媒体聚焦、
网站专题、视频直播、下载专区

◆ **皮书研创**
皮书规范、皮书出版、
皮书研究、研创团队

◆ **皮书评奖评价**
指标体系、皮书评价、皮书评奖

所获荣誉

◆ 2008 年、2011 年、2014 年，皮书网均
在全国新闻出版业网站荣誉评选中获得
"最具商业价值网站"称号；
◆ 2012 年,获得"出版业网站百强"称号。

网库合一

2014年，皮书网与皮书数据库端口合
一，实现资源共享，搭建智库成果融合创
新平台。

皮书网

"皮书说"
微信公众号

权威报告·连续出版·独家资源

皮书数据库
ANNUAL REPORT(YEARBOOK)
DATABASE

分析解读当下中国发展变迁的高端智库平台

所获荣誉

- 2022年，入选技术赋能"新闻+"推荐案例
- 2020年，入选全国新闻出版深度融合发展创新案例
- 2019年，入选国家新闻出版署数字出版精品遴选推荐计划
- 2016年，入选"十三五"国家重点电子出版物出版规划骨干工程
- 2013年，荣获"中国出版政府奖·网络出版物奖"提名奖

皮书数据库　　"社科数托邦"
　　　　　　　微信公众号

成为用户

登录网址www.pishu.com.cn访问皮书数据库网站或下载皮书数据库APP，通过手机号码验证或邮箱验证即可成为皮书数据库用户。

用户福利

- 已注册用户购书后可免费获赠100元皮书数据库充值卡。刮开充值卡涂层获取充值密码，登录并进入"会员中心"—"在线充值"—"充值卡充值"，充值成功即可购买和查看数据库内容。
- 用户福利最终解释权归社会科学文献出版社所有。

数据库服务热线：010-59367265
数据库服务QQ：2475522410
数据库服务邮箱：database@ssap.cn
图书销售热线：010-59367070/7028
图书服务QQ：1265056568
图书服务邮箱：duzhe@ssap.cn

社会科学文献出版社 皮书系列
SOCIAL SCIENCES ACADEMIC PRESS (CHINA)

卡号：542438282568
密码：

S 基本子库
SUB DATABASE

中国社会发展数据库（下设 12 个专题子库）

紧扣人口、政治、外交、法律、教育、医疗卫生、资源环境等 12 个社会发展领域的前沿和热点，全面整合专业著作、智库报告、学术资讯、调研数据等类型资源，帮助用户追踪中国社会发展动态、研究社会发展战略与政策、了解社会热点问题、分析社会发展趋势。

中国经济发展数据库（下设 12 专题子库）

内容涵盖宏观经济、产业经济、工业经济、农业经济、财政金融、房地产经济、城市经济、商业贸易等 12 个重点经济领域，为把握经济运行态势、洞察经济发展规律、研判经济发展趋势、进行经济调控决策提供参考和依据。

中国行业发展数据库（下设 17 个专题子库）

以中国国民经济行业分类为依据，覆盖金融业、旅游业、交通运输业、能源矿产业、制造业等 100 多个行业，跟踪分析国民经济相关行业市场运行状况和政策导向，汇集行业发展前沿资讯，为投资、从业及各种经济决策提供理论支撑和实践指导。

中国区域发展数据库（下设 4 个专题子库）

对中国特定区域内的经济、社会、文化等领域现状与发展情况进行深度分析和预测，涉及省级行政区、城市群、城市、农村等不同维度，研究层级至县及县以下行政区，为学者研究地方经济社会宏观态势、经验模式、发展案例提供支撑，为地方政府决策提供参考。

中国文化传媒数据库（下设 18 个专题子库）

内容覆盖文化产业、新闻传播、电影娱乐、文学艺术、群众文化、图书情报等 18 个重点研究领域，聚焦文化传媒领域发展前沿、热点话题、行业实践，服务用户的教学科研、文化投资、企业规划等需要。

世界经济与国际关系数据库（下设 6 个专题子库）

整合世界经济、国际政治、世界文化与科技、全球性问题、国际组织与国际法、区域研究 6 大领域研究成果，对世界经济形势、国际形势进行连续性深度分析，对年度热点问题进行专题解读，为研判全球发展趋势提供事实和数据支持。

法律声明